《21世纪交通文化建设研究与实践》系列丛书

航海文化

辛加和　主　编

人民交通出版社
China Communications Press

图书在版编目（CIP）数据

航海文化 / 辛加和主编. - 北京：人民交通出版社，
2009.12
（21世纪交通文化建设研究与实践系列丛书）
ISBN 978-7-114-08078-4

Ⅰ. 航… Ⅱ. 辛… Ⅲ. 航海-文化-研究 Ⅳ.U675

中国版本图书馆 CIP 数据核字（2009）第 215397 号

《21世纪交通文化建设研究与实践》系列丛书

书　　　名：航海文化
著　作　者：辛加和
责任编辑：张征宇　乔文平
出版发行：人民交通出版社
地　　　址：（100011）北京市朝阳区安定门外外馆斜街3号
网　　　址：http://www.ccpress.com.cn
销售电话：(010) 59757969，59757973
总　经　销：北京中交盛世书刊有限公司
经　　　销：各地新华书店
印　　　刷：中国电影出版社印刷厂
开　　　本：787 × 980　1/16
印　　　张：21.25
字　　　数：347 千
版　　　次：2009 年 12 月第 1 版
印　　　次：2009 年 12 月第 1 次印刷
书　　　号：ISBN 978-7-114-08078-4
印　　　数：0001-4000 册
定　　　价：58.00 元

交通文化建设研究工作指导委员会

主　　任	黄先耀	
副主任	何建中　孙国庆	

成　　员	柯林春　陈永久　张　润　任明英　杨根林
	张月斌　余昌平　王新华　李云鹏　马宝亮
	王　镭　贺建华　钟　华　梁晓安　王永明
	黄　强　徐俊池　李伟红　陈汉发　孙立成
	周　伟　李作敏　丘建华　徐世强　李宗琦
	刘文杰

交通文化建设研究工作联络组

组　　长	柯林春	
副组长	黄克清　洪晓枫	

组　　员	王先进　王海峰　齐树平　杨俊威　胡　斌
	严志明　覃万兵　何发举　王之安　辛加和
	王淑敏　宋　颖　侯海强　马平原　邱　铭
	羊　磊　胡利民　葛树增　章　婧　胡建华
	向良凯　李　春　徐　丽　李和仁　梅　君

《航海文化》研究委员会

主　　　任	张富生	
副　主　任	李云鹏　傅向阳　辛加和	
成　　　员	时国权　张登波　姚　勇　相熔钢　李海洋 吕鲁凯	

《航海文化》编写组

主　　审	王先进
主　　编	辛加和
编写人员	李海洋　马洪进　王民锋　张　昊　吴绪明 谢志达　杨吉鲁　姜立东　徐玉基

《航海文化》编写协作单位

中国海运（集团）总公司

总　序

　　国民之魂，文以化之；国家之神，文以铸之。"加强文化建设，明显提高全民族文明素质"，是党的十七大提出的实现全面建设小康社会奋斗目标的新要求。胡锦涛总书记在党的十七大报告中明确指出："当今时代，文化越来越成为民族凝聚力和创造力的重要源泉、越来越成为综合国力竞争的重要因素，丰富精神文化生活越来越成为我国人民的热切愿望。要坚持社会主义先进文化前进方向，兴起社会主义文化建设新高潮，激发全民族文化创造活力，提高国家文化软实力，使人民基本文化权益得到更好保障，使社会文化生活更加丰富多彩，使人民精神风貌更加昂扬向上。"这不仅深刻阐明了兴起社会主义文化建设新高潮的重大现实意义和深远历史意义，更为新时期加强文化建设指明了方向和路径。

　　交通文化是社会主义先进文化的重要组成部分，是交通行业的灵魂，是实现交通又好又快发展的重要精神支柱。交通运输是支撑经济良性发展、促进社会全面进步的基础性、先导性产业和服务性行业，服务是其本质属性。基于这一认识，我们提出了"交通发展要服务国民经济和社会发展全局、服务社会主义新农村建设、服务人民群众安全便捷出行"，提出了"发展现代交通业，建设一个更安全、更通畅、更便捷、更经济、更可靠、更和谐的现代公路水路交通系统"。从文化的角度看，这也正是我们基于交通运输的本质属性和交通行业的神圣使命所作出的价值选择，是交通文化的核心内涵，是引导交通事业科学发展的价值导向，也是贯彻落实党的十七大关于加强社会主义文化建设的具体体现。

　　交通部党组高度重视文化建设工作。2006年全国交通工作会议明确提出："努力建设具有鲜明行业特点和时代特征的交通文化，用文化和精神的力量凝聚全行业，使交通行业更加充满活力，不断开创交通事业发展的新局面。"2006年6月26日召开的全国交通行业精神文明建设工作会议更加明确地提出："加强交通文化建设，努力增强行业软实力"，力争文化建设在今后五年内取得明显进展。随后，部印发了《交通文化建设实施纲要》，对交通文化建设的指导思想、目标任务、工作原则和工作措施作出了具体安排和部署。这是交通部颁布的第一个有关交通文化建设的重要文件，它强调新时期交通文化建设要深入贯彻科学发展观和构建社会主义和谐社会的要求，建设具有鲜明时代特点和交通行业特色的精神文化、制度文化和物质文化；要以实践社会主义荣辱观为主线，以弘扬爱国主义为核心的民族精神和以改革创新为核心的时代精神为重点，大力加强精神文化建设；要在实践中加强探索和研究，系统总结交通文化建设的丰硕成果，确立符合先进文化前进方向和交通事业发展要求的交通行业的核心价值体系；要实施"五个一工程"，即形成一批交通文化研究成果，提炼一种交通精神，征集确定一个交通行业徽标，创作一批交通文艺作品，完善一批交通博物馆，将全行业文化建设提高到一个新水平，全面增强交通文化的吸引力和感召力，不断增强交通行业的凝聚力，提升交通行业的影响力，提高交通发展的软实力，为交通事业又好又快发展营造良好的文化环境。

为全面深入推进交通文化建设工作，2006年11月部务会议研究决定成立了交通文化建设研究工作指导委员会，按照行业文化、系统文化、专业文化、组织文化四个层次，分别成立了交通行业文化建设研究总课题组和公路文化、道路运输文化、交通规费征稽文化、港口文化、海事文化、救捞文化、船检文化、航海文化、廉政文化、公路执法文化、长江航运文化、交通公安文化、路文化、桥文化、车文化、站文化、船文化、航标文化、航道文化、交通行政机关文化、交通企业文化和交通事业单位文化等22个子课题组，由行业内有一定研究基础、有积极性、有较好的支撑条件、具有代表性的部门或单位牵头，并邀请文化学、管理学、社会学等方面的专家学者共同参与，按照力求出精品的要求，系统地开展了交通文化研究工作。经过广大研究人员一年多的辛勤劳动和艰苦努力，研究工作进展顺利，取得了一批可喜的研究成果。出版这套多卷本的《21世纪交通文化建设研究与实践》系列丛书，是交通文化建设研究成果的重要组成部分。丛书从多个层面、多个领域系统地总结了交通文化源远流长的发展历史、积淀丰厚的特色文化、形式多样的实践活动、绚丽多彩的建设成果。"系统文化"侧重于交通行业不同系统的特色文化研究，重点提炼和阐述了各系统具有系统特色的价值理念；"专业文化"侧重于不同专业领域的特色文化研究，重点是收集、挖掘和整理了交通行业物质文化成果；"组织文化"侧重于交通行业不同组织的特色文化研究，重点梳理、凝炼和展示了各类交通组织的特色价值理念、行为规范和形象标识。整个研究工作坚持以社会主义核心价值体系为指导，将"铺路石"、"航标灯"等交通行业传统精神与包起帆、许振超、陈刚毅等先进典型所展现的时代精神有机结合，在建设交通行业核心价值理念体系方面做了积极探索。

　　交通文化建设是一项长期性、系统性、复杂性的工作，既要整体部署，又要稳步推进。近年来，尤其是实施《交通文化建设实施纲要》以来，全行业日益重视交通文化建设，注重丰富交通发展的文化内涵，取得了一些有行业特点和时代特征的文化成果，涌现了青岛港、天津港等一批优秀企业文化建设单位和青岛交运集团"情满旅途"、南京长途汽车站"爱心始发站"等一批知名服务品牌，形成了南京交通局"交通文化通论"等一批理论研究成果。《21世纪交通文化建设研究与实践》系列丛书的出版发行，对于全国交通行业深入贯彻落实党的十七大精神，兴起交通文化建设新高潮，进一步提高交通行业凝聚力和战斗力，推动交通事业又好又快发展，切实做好"三个服务"，必将起到重要的推动作用。

交通部部长　李盛霖

二〇〇七年十二月十三日

导　论

　　交通为人员流动和物资流通提供基础条件，为人和物的空间位移提供运输服务，是支撑经济良性发展、促进社会全面进步的基础性产业和服务性行业。交通是一个古老而年轻的行业，自农业社会到工业社会以至信息社会，交通就一直伴随着人类文明的发展而演进，并构成人类文明的重要组成部分。中国是一个具有悠久历史的文明古国，在延绵数千年的文明进程中，曾造就了其他文明古国概莫能及的相对发达的交通体系；新中国成立后，中国交通事业进入一个崭新的发展阶段，经过近60年的建设尤其改革开放近30年的建设，交通发展在数量规模、质量水平和结构层次等方面都发生了翻天覆地的变化，取得了举世瞩目的成就，已跻身世界交通大国之列，正朝着世界交通强国迈进。中国交通发展的历史伟绩和现代成就为中华文明和世界文明做出了重大贡献，与此同时，在这个历经风雨的漫长岁月中，勤劳智慧的中华民族创造了与历史俱进、与时代同步的丰富多样、绚丽多彩的交通文化，为中华文化和世界文化的不断发展增添了更加丰富的内涵和更为亮丽的色彩。

一、交通文化的概念

　　理解交通文化的概念需先考查文化的概念。关于"文化"一词，长期以来，国内外一直没有形成统一的定义。但是，人们对文化内涵的解释还是存在共识，一般认为：文化是人类在社会历史发展过程中不断创造的各种精神财富、制度体系和物质财富的总和，其核心内容是人类创造各种精神财富、制度体系和物质财富所秉持的或反映出的价值理念。这是人们对社会主文化内涵所作的解释。基于这一认识，人们于是对隶属于社会主文化的各种亚文化的概念也做出了界定，如组织文化、系统文化和行业文化等。

　　交通文化也是隶属于社会主文化的一种亚文化，交通文化建设的理论渊源是文化人类学。对于交通文化的概念，可以根据社会主文化概念的核心内容和基本要素作出界定：交通文化是交通行业在长期的交通建设、运输和管理实践中逐步形成并不断发展的为广大交通员工所普遍认同并付诸实践的具有鲜明行业特点和时代特征的价值理念，是交通行业各种精神文化、制度文化和物质文化的总和，是交通发展的重要成果，是交通文明的重要结晶。其中，精神文化是交通行业的核心文化，是交通行业纲领性的核心思想，是指导交通发展的核心价值；制度文化是交通行业的浅层文化，是交通行业制定并执行办事规程、道德规范和行为准则所秉承的价值理念；物质文化是交通行业的表层文化，是交通行业生产物质实体、展现外在形象所秉承的价值理念。对于这一概念，可从以下角度进一步理解其内涵：

交通文化的核心内容是价值理念。价值理念属于意识形态或思想认识范畴，体现为交通行业对交通发展所秉持的态度、所采取的方式和所表现的行为，为交通发展所倡导的精神、所制定的规范和所树立的形象，这些态度、方式和行为都自觉或不自觉地反映了交通行业所秉承的价值理念，从而形成了交通文化。

交通文化的本质要求是强调实践。交通文化是交通行业普遍认同并付诸实践的价值理念，其突出强调价值理念的实践性，强调所倡导的价值理念要得到普遍认同和真正落实，要使之内化于心、固化于制、外化于形，从而在交通建设、运输和管理实践中发挥出实际的作用，为交通发展提供精神动力、制度保障和物质基础。

交通文化的层次定位是行业文化。从价值理念的从属主体来看，有国家的、民族的、组织的和个人的价值理念等，交通文化则属于整个交通行业的价值理念。因此，交通文化是对整个交通行业各部门、各单位价值理念的提炼与整合，代表了交通行业从业人员的主流思想，代表了整个行业广泛认同和普遍接受的价值理念。

交通文化的鲜明个性是交通特色。交通文化是交通行业的特色文化。各个行业的特色文化在其形成和发展过程中，虽然受到整个国家、民族的价值理念的影响，但各个行业生产特征、服务要求和管理模式存在很大差异，其价值取向也必然存在较大差异。交通作为经济社会发展的基础性产业和服务性行业，其所秉承的价值理念自然也有别于其他行业，从而有其自身鲜明的个性特色。

二、交通文化的特点

不同行业有其各自的结构形态和嬗变沿革，以及不同的静态表征和动态特征，因而体现出与之相对应的文化体系特点。从这方面考察，交通文化具有多样性、层次性、传承性、时代性等突出特点。

交通文化的多样性。交通行业由多个系统、多种专业、多种组织构成。从职能范围看，交通行业主要有公路建设与管理、道路运输、规费征稽、港口、航运、海事、救捞、船检、公安等系统；从专业性质看，交通行业主要有公路、桥梁、车辆、站场、船舶、航标、航道等专业领域；从组织性质看，交通行业主要有行政机关、执法单位、交通企业和事业单位等组织。不同的系统、专业、组织都有其自身的生产特征、服务要求和管理模式，因而具有不尽相同的价值理念，从而形成了文化的多样性。交通文化的多样性，要求交通文化建设要充分考虑不同文化价值理念的个性与共性，整个行业的文化建设在价值理念的提炼和价值体系的整合上要兼收并蓄、博采众长，从而形成能为整个行业广泛认同并普遍接受的价值理念。

交通文化的层次性。按照交通行业的职能、专业和组织等分类，可将交通文化细分为交通系统文化、交通专业文化和交通组织文化，各组成部分按照某种秩序有机结合，呈现出一定的层次性。其中，行业文化是一个面，系统文化是一条线，组织文化是一个点，专业文化则可看作对系统文化的细分，因为公路、桥梁、车辆、站场、船舶、航标和航道等是隶属于各交通系统的物质实体。整个交通文化体系因此呈现出一种"点–线–面"式的层次特征。各层次文化所秉承的价值理念具有内在的联系，一般来说，上层文化价值理念是对下层文化价值理念的归纳，上层文化更为抽象，下层文化更为具体。交通文化的层次性，要求提炼、整合交通行业的价值理念要自下而上、由点到面，逐层归纳，从而形成具有深厚基础的价值理念。

交通文化的传承性。交通文化形成于交通发展的实践，并随着交通的发展而发展。交通发展过程就是交通文化形成的过程，交通发展的历史沿革就是交通文化的传承沿革。交通发展在不同时期面临着不同的发展任务和发展条件，因而有着不同的价值理念和文化内涵。传承是发展的基础。交通文化的传承性，要求用历史唯物主义和辩证唯物主义的观点和方法去认识交通文化，从源远流长、积淀丰厚的发展历史中发掘、提炼交通文化的价值理念元素，充分吸收传统文化的合理成分，进而将交通行业优良的传统文化发扬光大。

交通文化的时代性。中国乃至世界交通发展都已进入新的阶段，快速推进中的中国交通现代化要求坚持科学的价值理念，发展先进的交通文化，以此促进交通事业又好又快发展。因此，建设交通文化，必须坚持先进文化前进方向，在传承交通传统文化的基础上，充分融入现代意识，不断丰富和发展其科学内涵，确立具有时代特征的价值理念，发展具有现代意识的物质文化、制度文化和精神文化体系。

三、交通文化的功能

交通文化的作用集中体现在"内聚人心、外塑形象"两个方面，具有凝聚、导向、激励、约束、外塑和辐射等基本功能。认识这些基本功能，是认识交通文化的建设目的与建设意义的基础。

交通文化的凝聚功能。交通文化所倡导的价值理念一旦为整体行业认同并接受，就成了千百万从业人员共同的理想与追求，进而以其强大的粘合力，从各个方面将整个行业及其成员聚合起来，形成巨大的向心力和凝聚力，形成强烈的集体意识团队精神，为实现共同的理想与追求而齐心协力、共同奋斗。

交通文化的导向功能。交通文化所倡导的价值理念是整个行业的共同理想和共同追求的集中反映，代表了千百万交通人的主流思想和主流意识。这种共同的理想和追求，通过教育和灌输，会引导行业的个体与群体在思想、观念上做出调整，使其与整个行业所确立的价值取向保持一致，从而起到一种导向作用。

交通文化的激励功能。交通文化建设的核心要旨是以人为本、以文化人，强调确立共同的理想、营造和谐的氛围。这些都有利于增强各部门、各单位干部职工的使命感和责任感，激发干部职工的积极性和创造性，使广大干部职工乐于参与交通建设，乐于发挥聪明才智，为实现共同理想、实现自身价值而做出努力。

交通文化的约束功能。交通文化一旦形成，就建立了自身系统的价值理念，就为行业整体及其成员明确了价值取向，同时也确立了道德规范和行为准则，从而对行业整体及其成员起到一种约束作用。但是，这种约束具有自觉性，是一种软约束，这种软约束产生于整个行业的文化氛围，使各个成员产生共鸣，继而达到自我控制。

交通文化的外塑功能。交通行业特色文化所倡导并实践的价值理念是交通行业的旗帜，旗帜就是形象，这种形象包括理念形象、行为形象和视觉形象。这些形象是社会公众了解和评价交通行业的标志和表征。因此，交通文化具有外塑形象的重要功能。

交通文化的辐射功能。交通文化的辐射功能主要体现在所倡导并实践的价值理念通过外化而为广大社会公众所了解、所感受，会影响整个社会价值理念的形成与发展，从而使交通文化成为社会主文化的生长点和贡献源，为社会主义文化大发展、大繁荣做出贡献。

四、交通文化的载体

凡文化均有其价值理念的承载体或附着体。人类通过劳动创造文化。人类的劳动作用于自然形成物质文化，作用于社会形成制度文化，作用于人类自身形成精神文化。交通文化的载体主要包括主体载体、组织载体、制度载体和物质载体等。从根本上说，建设交通文化就是建设和优化这些载体。

主体载体。交通行业从业人员是交通行业的主体，自然也是交通文化的主体。交通行业从业人员既是交通行业价值理念的倡导者和实践者，也是交通行业价值理念的承载者和传播者。交通文化说到底是交通人的文化，是交通人的思想意识和价值取向。建设交通文化，要注重人的决定性因素，突出人的主体性地位，一是注重发掘广大从业人员的价值理念元素，确立具有深厚群众基础的价值理念体系；二是注重依靠广大从业人员建设交通文化，践行价值理念；三是注重通过文化建设来提升广大从业人员的综合素养，运用文化的力量来增强从业人员的凝聚力和向心力，激发交通从业人员的积极性和创造性。

组织载体。交通行业的行政机关、事业单位和交通企业等各种组织，既是交通行业的基本单元，也是交通文化建设的基本单元。这些组织作为交通文化的载体，与文化的内在联系主要体现在以下几个方面：一是组织内涵反映组织文化的性质。组织内部共同的目标追求、一致的价值取向、和谐的分工合作都是文化使然，其既是文化作用的结果，也是文化自身的表征。二是组织结构体现组织文化的个性。组织结构决定了组织内部的职责关系，其选择和形成受到组织文化的影响，并反作用于组织文化，从而使得不同的组织结构体现出不同的文化个性。三是组织功能体现组织文化的要求。组织的功能主要体现在整合人力资源、规范人的行为、满足人的需要，从而履行组织使命，实现组织目标，这些功能和作用与组织文化的功能和作用是一致的，正好体现了组织文化建设的目的和要求。建设交通文化，要求将组织建设作为重点内容，着力提升组织管理理念，改进组织管理方式，按照科学管理、规范管理的要求，优化组织的内部结构与协作关系。

制度载体。制度是要求组织成员共同遵守的办事规程、道德规范和行为准则。组织制度和组织文化之间关系十分密切。一方面，组织文化是组织制度制定与执行的重要决定因素，影响着组织制度的形成及其功效的发挥。组织制度是组织文化的产物，组织制度所具有的规范约束和激励作用等本身就体现了组织文化建设的直接目的和内在要求。这样，组织制度就成为了组织文化的重要载体，组织制定并执行各种办事规程、道德规范和行为准则都反映了组织文化所倡导的价值理念。另一方面，组织制度对组织文化的形成和发展也具有重要影响，有什么样的组织制度也必然会使组织成员表现出相应的处事态度和行为方式，从而营造相应的组织氛围、孕育相应的组织文化。建设交通文化，要求将制度建设作为重点内容，按照以人为本、科学管理的要求，以实现员工价值、规范员工行为为价值取向，着力健全组织内部的管理制度，推进制度创新与制度变革。

物质载体。物质载体是反映交通文化特色内容的重要载体和交通文化先进程度的重要标志。交通文化的物质载体主要包括以下几类：一是交通行业的生产资料，包括基础设施、运输装备及其支持保障系统，如公路、桥梁、车站、港口、航道、航标、车辆和船舶，办公场所、生产车间和服务场所等，这是交通生产力的物质基础，其外形特征、结构特点、技术价值、美学价值、历史价值、民族特色、地域特征、人文内涵及其社会经济意义等，是交通文明的重要标志，也是交通文化的重要特色所在。二是交通行业的形象标识，如各系统、部门和组织的徽标、着装和歌曲等，这也是交通文化的可感知性象征物，充分体现了交通文化的个性和风格。三是交通行业各种组织保障员工基本权益、提升员工综合素养的各种实体手段，如保健、卫生和安全等设施，技术培训、职业教育和文化教育等文化设施，这些也都充分体现了交通文化的个性和风格。建设交通文化，要求将物质载体建设作为重点内容，既要着力保证物质实体的经济社会意义，也要着意丰富物质实体的技术价值、美学价值、历史价值、民族特色、地域特征和人文内涵，着力提升交通行业的外在形象。

五、交通行业的价值体系

交通文化建设坚持社会主义先进文化前进方向，用马克思主义中国化最新成果武装和教育广大干部职工，用中国特色社会主义共同理想凝聚力量，用以爱国主义为核心的民族精神和以改革创新为核心的时代精神鼓舞斗志，用社会主义荣辱观引领风尚。经过长期的探索与实践，交通行业逐步形成了具有鲜明行业特色和时代特征的交通精神文化、制度文化和物质文化，形成了实践证明对于引导交通事业快速发展、科学发展、和谐发展具有重要指导作用的价值体系。

（一）行业使命：发展现代交通，做好"三个服务"

发展现代交通，促进民富国强，是国家和人民赋予交通行业的神圣使命。交通是支撑经济良性发展、促进社会全面进步的基础性产业和服务性行业，是促进经济增长、优化产业布局、改善人民生活、保障国家安全、维护社会稳定的基础条件和重要依托。交通发展的主要任务是发展现代交通业、实现交通现代化，根本目的是促进人民富裕、实现国家强盛。在目前及今后相当长时期内，交通行业围绕履行这一使命，必须把握世界交通发展的总体趋势和我国交通发展的阶段特征，着力调整交通结构、转变发展方式、推进自主创新、完善行业管理，加快推进交通由传统产业向现代服务业转型，努力提高做好"三个服务"（服务国民经济和社会发展全局，服务社会主义新农村建设，服务人民群众安全便捷出行）的能力和水平。

（二）共同愿景：建设一个更安全、更通畅、更便捷、更经济、更可靠、更和谐的现代化公路水路交通运输系统，实现人便于行、货畅其流，让人们享受高品质的运输服务，让经济社会发展更加充满活力，让交通与自然、交通与社会更加和谐。

交通行业致力于建设一个更安全、更通畅、更便捷、更经济、更可靠、更和谐的现代化公路水路交通运输系统，体现了交通行业基于自身使命而对未来交通发展愿望与发展前景的美好憧憬，对未来交通发展目标与发展效果的理想追求，是交通行业重要的价值取向。为实现这一愿景，一代代交通人前赴后继，作出了艰苦卓绝的不懈努力，取得了举世瞩目的巨大成就，交通事业各个方面不断地实现了历史性突破和跨越式发展。目前，公路主骨架、水运主通道、港站主枢纽和支持保障系统建设全面推进，高速公路、特大桥梁、长大隧道和专业码头建设快速发展，万车竞发、百舸争流的繁荣景象已经初步形成，货畅其流、人便于行的良好效果已经日益显现，现代化公路水路交通运输系统已经初具规模，更加宏伟的发展目标正在又好又快地大力推进之中，交通发展的美好愿景必将成为现实。

（三）交通精神：艰苦奋斗、勇于创新，不畏风险、默默奉献

交通精神是民族精神和时代精神在交通实践中的生动体现，是对交通行业先进典型精神内核的高度概括，是交通行业广大从业人员共同创造的精神财富，是交通行业履行自身使命、实现共同愿景的强大动力，代表了交通行业广大从业人员的思想意志和精神风貌。交通精神的核心要素是"艰苦奋斗、勇于创新，不畏风险、默默奉献"。

艰苦奋斗是交通行业的优良传统。立足我国建设任务繁重、经济基础薄弱的基本国情，交通行业各条战线广大员工，本着高度的使命感和责任感，始终保持勤俭节约、艰苦朴素、拼搏进取、努力奋斗的优良传统，大力推进我国的现代化交通建设，确保交通发展的质量、效益和效率，创造了无数可圈可点的光辉业绩，涌现了以"一代人要有一代人的作为、一代人要有一代人的贡献、一代人要有一代人的牺牲"的"青岛港精神"，"胸怀祖国、热爱边疆的爱国精神，刻苦钻研、勤奋好学的进取精神，不懈探索、敢于突破的创新精神，恪尽职守、忘我工作的敬业精神，淡泊名利、清正廉洁的自律精神，生命不息、奋斗不止的拼搏精神"这一"刚毅精神"，以及"勇闯新路、改革进取的精神，干字当头、艰苦奋斗的精神，遵纪守法、诚实劳动的精神，领导干部以身作则、吃苦在前、享受在后的精神"这一"华铜海精神"等为代表的彰显艰苦奋斗精神的先进典型。

勇于创新是交通行业的时代追求。锐意进取、勇于创新，是交通行业在长期的改革与发展实践中不断适应新的形势变化和发展要求，有效解决突出矛盾和问题，不断取得重大进展与突破的成功经验。长期以来，交通行业抓住机遇、与时俱进，

注重理念创新、科技创新、体制机制创新和政策创新，为实现交通事业又好又快发展提供不竭动力，涌现了以"报效祖国，服务人民的主人翁精神，立足本职、追求卓越的敬业精神，求真务实、勇攀高峰的科学精神，锲而不舍、勇于拼搏的进取精神，团结协作、淡泊名利的团队精神"这一"起帆精神"，"爱岗敬业、无私奉献的主人翁精神，艰苦奋斗、努力开拓的拼搏精神，与时俱进、争创一流的创新精神，团结协作、互相关爱的团队精神"这一"振超精神"，"恪尽职守、忘我工作的敬业精神，立足岗位、刻苦自励的拼搏精神，敢为人先、勇攀高峰的创新精神，凝心聚力、团结协作的团队精神"这一"孔祥瑞精神"，以及"凝心聚力的和谐意识，拼搏奉献的创业精神，敢为人先的创新精神，追求卓越的创优精神"这一"润阳大桥精神"等为代表的凸显勇于创新精神的先进典型。

不畏风险是交通行业的突出意志。交通建设逢山开路、遇水架桥，车辆行驶于陡峭险峻的群山之间，船舶航行于风急浪高的水面之上，无不存在一定风险，正所谓"行船走马三分险"。长期以来，中国航海者面对风浪惊涛的海洋环境和突如其来的各种困难，总是勇往直前、镇静应对、精诚协作，圆满完成国家和人民交付的各项运输任务，彰显了"乘风破浪、不畏艰险、同舟共济"的"航海精神"。尤其，在发生海上安全事故的情形下，我国海上搜救队伍更是凭藉精湛的技能和过人的胆略，不顾个人安危，及时赶赴现场，全力施行搜救，确保人民生命与财产安全，凸显了"把生的希望送给别人、把死的危险留给自己"的"救捞精神"，是交通行业坚强意志力和大无畏精神的突出体现。

默默奉献是交通行业的真情付出。我国公路水路交通建设、运输和管理大多是在气候恶劣、地形复杂、人烟稀少的特殊条件下展开的，广大交通建设、运输和管理人员，无数的铺路工、养路工和航标工，寒来暑往、经年累月，不顾风吹雨打、不计名利得失，在平凡的岗位上、在艰苦的条件下，恪尽职守、真诚奉献，用宝贵的青春和人生，铺就了无数大道、送去了万家温暖、确保了万家平安，留下了无数可歌可泣的感人事迹，涌现了以"为人民服务到白头"的"小扁担精神"，"爱岗敬业、默默奉献"的"铺路石精神"，"燃烧自己、照亮别人、奉献社会"的"航标灯精神"，"尚法弘德，为民负责，执法为民，服务社会"的"海事精神"，以及"尽职在岗、奉献在船"的"孙彪精神"等为代表的凸显默默奉献精神的先进典型。

（四）职业道德：爱岗敬业、诚实守信、服务群众、奉献社会

交通行业开展职业道德建设，坚持用社会主义荣辱观引领风尚，按照《公民道德建设实施纲要》的要求，大力倡导并努力践行以"爱岗敬业、诚实守信、服务群

众、奉献社会"为主要内容的职业道德，为交通事业又好又快发展提供有力的制度保障。

爱岗敬业是职业道德的基础。爱岗敬业要求从业人员干一行、爱一行、精一行。交通行业为全社会提供交通基础设施和客货运输服务，交通工程建设关乎百年发展大计，客货运输服务涉及广大公众利益，从业人员首先要热爱本职工作、履行岗位职责，要结合岗位需要、立足岗位工作，加强业务学习、注重实践锻炼，不断提高个人综合素质，在工作中恪尽职守、精益求精，为保证工程建设和运输服务质量作出自己应有的贡献。

诚实守信是职业道德的精髓。诚实守信要求从业人员做到诚实、诚恳、讲信义、守信用。交通行业倡导并实践诚实守信的职业道德，要着眼于切实解决交通、运输和管理中群众反映强烈、社会危害严重的突出问题，健全诚信机制，开展诚信教育，强化诚信意识，进一步推进"共铸诚信交通"实践活动，做负责任的行业、负责任的部门、负责任的岗位，努力提高整个行业的公信力和信誉度。

服务群众是职业道德的更高要求。交通行业本身是服务性行业，服务是交通的本质属性，做好服务是交通发展的突出主题。交通行业各部门、各单位广大员工要着力增强服务意识，努力提高做好服务的能力和水平。要继续开展文明行业、文明单位、示范窗口建设活动，大力推行热情服务、周到服务、规范服务，为人民群众提供更加安全、便捷、高效的优质服务。

奉献社会是职业道德的最高境界。交通作为经济社会发展的基础性产业和服务性行业，与社会生产和社会生活的各个方面息息相关，广大从业人员要将奉献社会作为职业道德建设的出发点和归宿，立足各自的本职工作，以宽广的胸襟和坦荡的胸怀，以自己的才华和汗水真情地反哺于人民、回馈于社会，在奉献中实现自我、发展自我。

六、交通文化建设的现实意义

大力推进交通文化建设，是交通行业深入贯彻落实科学发展观，促进交通事业全面发展的重要方面。党的十七大报告指出：深入贯彻落实科学发展观，要按照中国特色社会主义事业总体布局，全面推进经济建设、政治建设、文化建设、社会建设，促进现代化建设各个环节、各个方面相协调；推动社会主义文化大发展大繁荣，要坚持社会主义先进文化前进方向，兴起社会主义文化建设新高潮，提高国家文化软实力。大力推进交通文化建设，就是要确立符合先进文化前进方向和交通事业发展要求，具有鲜明行业特点和时代特征的价值体系，并付诸交通发展实践，提升交通文化软实力，为实现交通又好又快发展提供精神动力、制度保障和物质基础。

建设交通文化有利于确立共同理想，树立共同目标，进一步增强发展现代交通的使命感和责任感。理想就是信念，理想就是旗帜。交通文化建设大力倡导并努力践行建设一个更安全、更通畅、更便捷、更经济、更可靠、更和谐的现代化公路水路交通运输系统，致力促进人民富裕、实现国家强盛，这些核心价值一旦为交通行业各部门、各单位干部职工所接受，就成了广大交通员工共同的理想和信念，成了统一干部职工思想认识的旗帜和标杆，进而增强广大交通员工的使命感和责任感，引领广大交通员工为发展现代交通、促进民富国强而自强不息、奋斗不止。

建设交通文化有利于继承优良传统，弘扬时代精神，进一步提高做好"三个服务"的能力和水平。交通精神是交通行业的灵魂。交通文化建设大力倡导并努力践行以"艰苦奋斗、默默奉献、不畏风险、勇于创新"为核心要素的交通精神，是交通行业继承优良传统、体现时代要求，努力做好"三个服务"的精神追求和强大动力。建设交通文化，弘扬交通精神，就是要宣传先进典型，弘扬浩然正气，以此激发广大交通员工的积极性和创造性，使之成为不断提高做好"三个服务"的能力和水平的强大动力。

建设交通文化有利于凝聚行业力量，提升行业形象，进一步增强构建和谐交通的凝聚力和影响力。交通文化建设按照以人为本的核心要旨，在精神文化、制度文化和物质文化等各个层面，大力倡导并努力践行交通发展的事业追求和社会责任，努力实现好、维护好、发展好用户利益、公众利益、员工利益。这些价值取向，既是一种宣示，更是一种承诺，其所体现的人本主义和人文关怀，有利于改善交通行业的内在氛围、提升交通行业的外在形象，改善行业内外的关系，提高交通行业的凝聚力和影响力，从而提升交通发展的软实力，促进交通事业又好又快发展。

（执笔人：王先进　刘卫民　顾枫　李春　樊东方　毕仁忠　邱曼丽　刘利　张榕榕）

前　言

　　航海是人类拓展生存环境和加强相互交往的途径之一。迄今为止，人类的航海历史已有数千年之久。在探索广袤浩大、变化莫测、蕴涵无穷危险和未知的海洋的过程中，人类形成了灿烂的航海文化。从古老的帆船到远洋轮船，从航海博物馆到各国航海日的设立，航海文化丰富多彩，无处不在。它体现在有形的航海器物中，融合在航海人的行动中，渗透于各国的航海战略中，融化在各民族的文化中。

　　航海文化和航海活动二位一体、共生共存。航海者在漫长、曲折和充满风险的航海实践过程中，创造了丰富的物质财富和精神财富。这些物质财富和精神财富就是我们所说的航海文化。航海文化根植于航海活动当中，随着航海活动的产生而产生，并且随着航海活动的发展而不断积累。没有航海活动就没有航海文化。

　　航海文化随着航海活动的发展而发展，但也需要有意识的建设过程。客观来说，由于航海文化根植于航海活动中，所以，无论建设与否，它都是客观存在的，有了航海活动就有了航海文化。只是，在有意识地开展航海文化建设之前，航海文化是处于一种自发形成的状态，既包括优秀的、需要继续发扬的文化因子，也包括不符合时代要求的、需要扬弃的文化因子。而我们所说的航海文化建设，指的是建设优秀的航海文化，是在挖掘、总结原有航海文化的基础上，继承其精华，剔除其糟粕，吸收行业内外、国内外先进的价值理念，从而建设成为先进的航海文化，为航海事业的发展提供文化动力。这个过程就是一种有意识的、自觉的过程。现在，我国已经开始走上了这样一条自觉建设航海文化的道路，虽然还只是处于起步阶段。例如，我国在纪念郑和下西洋600周年之际，决定自2005年起将每年7月11日设立为"航海日"，同时也作为"世界海事日"在中国的实施日期。"航海日"是由政府主导、全民参与的、全国性的法定活动日，设立"航海日"对于增强全民的航海意识、海洋意识，促进航海及海洋事业的发展，开展爱国主义教育，弘扬中华民族精神，增进中国和世界各国的友好交往意义重大。首届"航海日"主题为"热爱祖国、睦邻友好、科学航海"。又如，从2006年开始，在交通部的推动下，我国航海业开始了如火如荼的航海文化建设工作。这些行动都标志着我国的航海文化从自发形成状态开始朝自觉建设状态转变。

航海是人类重要的交通方式，所以，航海文化是交通文化的重要组成部分。根据我国交通部2006年7月14日印发的《交通文化建设实施纲要》，交通文化建设的研究按照行业文化、系统文化、专业文化和组织文化四个层次进行，航海文化属于交通文化建设研究范畴，主要研究航海系统的特色文化建设问题，重点是研究航海系统的精神文化，提炼和阐释航海系统具有系统特色的价值理念。加强航海文化建设，将进一步促进航海业的发展，从而为整个交通业的发展作出贡献，促进交通业更好地服务于经济社会发展。

首先，航海文化建设对中国航海事业的发展将产生积极作用。航海文化的核心部分是对航海事业发展具有导向作用的精神文化。这种精神文化，既是对我国传统航海文化精髓的继承和发展，也是对国外航海文化先进思想的借鉴和吸收。继承传统航海文化的精髓，有利于全面提高我国航海人的素质，提高航海企业的竞争力，促使我国航海事业健康、协调、可持续发展；而借鉴国外航海文化的优秀成果，有利于我们充分接纳和利用别国或其他民族先进的文化成果，以固我海疆，振我中华。

其次，航海文化建设将为国家航海决策指明战略方向。政策与文化是相互促进又互相制约的两个方面，正确的决策需要先进文化的指导，决策的递进也会充分体现文化发展的指引作用。邓小平同志提出以开放沿海地区、开发近海资源、开拓远海公土为基本方针的海洋经济战略思想，经过30年的改革开放实践，极大地促进了我国海洋事业的发展和腾飞。新形势下，党和国家又适时地提出实施海洋开发战略、全国经济规划等重大决策，确立了新时期我国海洋事业发展的重要战略任务。由此可见，先进的文化对国家发展的影响力是任何其他力量不可比拟的。因此，发展当代航海先进文化是把中国建设成为亚洲乃至世界航海强国的重要思想基础。

再次，优秀的航海文化将会促进中国航海经济的繁荣发展。航海文化对航海经济的发展能够产生深刻影响，文化、经济一体化已成为全球经济发展的潮流。在发展中国航海事业的重要时期，就越是需要加强优秀航海文化的建设，着力提高全民族的航海意识，为经济发展和航海综合能力的全面提升提供强大的精神动力和思想支持。航海文化核心价值体系是航海文化意识形态的本质体现。先进的航海文化核心价值取向，关系着中国21世纪航海强国发展目标的实现，关系着未来中国社会主义经济的繁荣富强。建设当代航海先进文化以促进航海经济的全面快速发展，首先要树立民族航海强国价值观，从国家战略需求出发，与2020年全面实现小康社会的目标相适应，建立全新的航海认识体系。以开放促开发，调整海洋产业结构，优化布局，放眼全球海洋资源，形成中国特色的社会主义航海事业，这就是我们建设航海先进文化的最终指向。

航海事业在国民经济中具有重要作用，航海文化的建设是建设航海强国的必要条件，是和谐发展的保证，有助于国家战略的实现。17世纪西方政治家英国雷莱爵士有句名言："谁控制了海洋，谁就控制了世界贸易；谁控制了世界贸易，谁就控制了世界的财富，因而就控制了全世界。"航海业不仅是沿海国经济发展的重要组成部分，而且在一定程度上也体现和决定着国家的兴盛或衰败。临海国家发展历史表明，航海兴，则国家兴；航海弱，则国家弱。

中华民族的伟大复兴，中国改革开放与现代化建设，为我国航海强国建设提出了迫切的需要和提供了强大的推动力。我国国家战略的许多目标，如大力促进出口贸易，确保海洋战略通道的航行安全和能源运输通道的安全；最终解决台湾回归祖国问题，实现祖国统一；反对霸权主义，维护世界和平，促进世界各国共同繁荣发展，建立公正合理的国际政治经济新秩序；落实科学发展观，保护好海洋这一人类经济社会可持续发展的最后和最大的空间、人类资源的最大和最后的宝库、世界经济发展的最大和最后的增长点等，都迫切需要和全面推动着我国航海强国的建设。

实施航海强国战略，有助于21世纪初叶我国全面建设小康社会战略目标的实现。党的十七大提出的实现我国全面建设小康社会奋斗目标的新要求，从2000~2020年，使我国人均国内生产总值在2000年的基础上再翻两番，人民的小康生活水平更加富庶。海运是国民经济重要的基础性和服务性产业，应充分发挥海运在参与国际竞争、保障我国经济社会发展、引导区域和流域产业布局等方面的积极作用，为加快推进社会主义现代化创造良好的条件。实施建设航海强国战略，会使海运成为我国国民经济发展新的增长点，满足经济发展对资源日益增长的需要，并支撑我国国民经济的高速增长、和谐发展，推动我国全面建设小康社会战略目标的实现。

实施建设航海强国战略，有助于贯彻落实科学发展观，实现我国经济社会的可持续发展。国际社会普遍认为，21世纪是海洋世纪，海洋是21世纪人类社会可持续发展的宝贵财富和崭新空间。海洋是整个地球的生态环境基础，是整个人类生存和发展的物质基础。据测算，海洋和沿海生态系统提供的生态服务价值，远远高于陆地生态系统所提供的价值。海洋是地球尚未充分开发利用的自然资源宝库和巨大的生态环境空间，是等待人类去开发利用的"第六大洲"。实施航海强国战略，有助于缓解地球环境污染、人口爆炸、能源危机、资源枯竭等全球性问题，实现经济社会的可持续发展。

实施航海强国战略，有助于我们彻底解决台湾问题，完成祖国统一大业。这是21世纪初叶我国所面临的一项战略任务。解决台湾问题，实现祖国统一，无非是采取和平与战争两种方式。加强航海强国建设，特别是加强海洋军事强国建设，我们才能有效地遏制住国际上敌对势力对台海局势的插手，遏制住台独势力的膨胀，实现台湾问题的和平解决，完成祖国统一大业。

21世纪初叶的我国航海强国建设，将有力地推进中国现代化建设，推动中华民族实现伟大复兴。实施航海强国战略，事关中国现代化建设的战略全局，事关中华民族的前途命运，应该成为21世纪我国的国家大战略。我们应该动员各方面的力量，全面落实和加紧实施建设航海强国战略，以建设航海强国战略的实施，促进我国的现代化建设，推动21世纪中华民族的伟大复兴。

而航海强国的建设离不开优秀的航海文化。航海文化包含着航海强国的内在精神，是一个国家成为航海强国的内在动力和外在表现，是航海强国始终保持旺盛生命力的源泉。考察人类的历史就会发现任何一个航海强国都拥有着深厚的航海文化。近代历史上的英、美、日、俄等航海强国，之所以能在世界航运界发挥重大作用并产生广泛的影响，其深厚的航海文化是一个非常重要的原因。文化是经济持续发展的强大的动力和保证，建设航海文化，通过航海文化的导向功能、凝聚功能、约束功能、激励功能以统一、提升全体航海人的价值观；向全社会宣传我国优良的航海文化传统和我国航海事业的辉煌成就，获得社会的广泛认同和支持，从而促进我国航海业的发展，既是贯彻落实航海强国战略的必然，也是实现国家战略的重要条件。

实施航海文化建设战略还是航海企业管理的创新。航海企业是航海文化建设的主体之一，航海企业的企业文化建设是航海文化建设的重要组成部分。随着全球经济一体化及知识经济时代的到来，企业的发展面对新的挑战和机遇，企业文化成为提高航海企业核心竞争力的重要因素，是航海企业综合实力的重要标志以及发展的重要资源。

航海文化建设对社会文化的建设具有促进作用。航海文化是人类在航海的实践中形成的精神成果和物质成果的总和，它是千百年来沿海人民顶狂风、战恶浪、不畏艰险、勇于拼搏、敢于冒险的结晶，其开放、开拓和进取的精髓是对我们传统文化的有益补充。中华文化固然博大精深、源远流长，但是客观来讲，还存在诸多不足，例如封闭性、保守性较强，而独立性、创新性、冒险精神和竞争意识不足。这些都不利于我国在全球化发展的新时期参与世界性的竞争，不利于我们实现创新型国家的发展战略，不利于提升我国的国家竞争力。所以，弘扬航海文化，有利于在我国传统文化中注入开放、开拓、进取、创新的意识，使这些新时代必需的精神意识不断得到强化，从而促进人们行为的改善，并体现在建设创新型国家的实践中。

　　航海文化的建设是一个复杂、持久的工程。航海文化是无数代航海人在长期的航海实践中创造的物值财富和精神财富的总和。航海文化的建设，需要持续深入推进，需要深入开展理论研究和实践总结，需要实现理念的升华与价值的落地，需要通过文化建设来大力提升航海人的素质、全面促进航海业的发展。

《航海文化》课题组

目　录

赏析篇　源远流长

第一章 航海文化的本色

海洋是人类的摇篮，也是航海文化的源泉。临海而居的人们在与大自然进行斗争的进程中，在认识海洋、征服海洋、利用海洋的漫长岁月里，积累了多元的航海知识，进行了多样的航海实践，由此形成了各具特色的航海文化。每个国家，每个民族的历史都不一样，对海洋认识的出发点和思维方式也不一样，因此，世界各国海洋文化的历史形成之间有着本质的区别，本章我们将追根溯源，回眸历史，从中国五千年的兴衰中，找到中国航海文化演进的脉络，虽然不敢妄称见微知著，但也期望能从中得到启发，为中国航海文化新纪元的开辟提供借鉴。

一、航海文化的基因

文化是一种特殊的"生命"，具有诞生、遗传、变异和消亡的基本生命轨迹。文化的基因是文化产生与遗传的关键，其含义主要通过两个方面来理解：首先是复制因子，具备遗传、变异和选择三个特征；其次，教化与模仿是文化基因的主要传递方式。文化基因通过模仿传播的过程就是文化遗传的过程。

（一）航海文化的源流

有着五千年文明史的中国，既是一个大陆国家，又是一个海洋国家，有960万平方公里辽阔的陆上疆土。根据世界海洋法规定，中国拥有的海洋国土面积是299.7万平方公里（包括内水、领海及专属经济区和大陆架）、18 000多公里的海岸线和5 000多个大小岛屿。自古以来，中国的先民就开始了各种各样的海上活动，也孕育出多种与海洋有关的民族文化形态。

1. 航海文化的起源：上古——夏商周时期

上古先民们对海洋和航海的认识，经历了漫长的岁月和长期的实践。由于地质变化的原因，上古大陆经历了海浸，先民们傍河面海而居，主要靠渔猎为主要生活来源。人们为了获取生活资料，在劳动生息的过程中，创造了带有海上活动特色的龙山文化和百越文化。这两支文化，以舟筏水上运载工具

21世纪交通文化建设研究与实践

为条件，以漂航为特征，开始了上古先民的海上活动。

上古的水上运载工具创造了筏以后，飞跃到了一个主动建造水上运载工具的新时代。独木舟的问世，人类文明史上出现了舟船的雏形。龙山文化和百越文化随着海上活动，传播到南北沿海及海外各地，逐岛漂航，一直到达了拉丁美洲西岸。

中国航海事业的初创时期，经历了夏、商、周和春秋、战国，有一千七百多年之久。在此期间，各民族之间经历了大融合，奠定了中华民族的基础。海上活动也转化为社会生产力的组成部分，作为一种社会事业而逐步成长起来。

从夏代开始，形成航海事业必须具备的船舶、航线、港口三个条件同步发展起来了。木板船和帆的出现，是造船史上一次划时代的飞跃。帆与木板船相结合，推动着航海事业的活动范围日益向远海延伸。

西周及春秋战国时期，北方造船技术突破了一叶扁舟的水平，有了多人撑驾的大船，并且出现了四船并联的维舟。春秋战国吴、楚、越崛起于长江中、下游和东南沿海，舟帆相继，航运成为当地诸侯的政治、经济命脉，造船能力已相当可观。

夏、商、周三代是航海事业的初创阶段。由于商品交换的需要，在船舶建造和航海技术发展的基础上，海上航行成为一种交通运输手段，成为社会生产力的组成部分，航海既有航行目的，又有了基本航线，成为一项独立事业。航海技术水平随之发展起来，观天察水、船舶操驾的经验知识日趋丰富。

到了周代中叶至战国时期，进入了我国航海事业的初创后期，航海事业既将形成。这个时期的特征，是出现了航业经营者。在《诗经·大雅·大东》上说到"舟人之子，熊照是裘"，指明已经有一些人借行舟贩运发财致富了。又如1957年安徽省寿县出土了一件"鄂君启金节"，这是楚怀王赐给一位名叫启的鄂地封君的行船特许证。金节铭文中规定，特许这位鄂君启的150艘船，以三船为一组，编成一支船队，以武昌为基地，常年在长江、汉水、湘江、资江、沅江、澧江和赣江上行船经商。金节上还规定了货物装载限制、免税办法，沿途停泊管理等事。这是至今所见我国最早的航运管理记载，显见这时已经有了官营的航运业。

自从夏朝建立了我国历史上第一个奴隶制国家以后，我国社会进入文明时代，与以前的氏族社会相比，是一个划时代的进步。在社会生产中出现了商品和交换，出现交换的媒介——货币，随着商品交换流通的扩大，航海事业便应运而生。在夏商周三代漫长的岁月里，根据不同年代的造船技术、航海经验、港口兴建三个条件发展的不同程度，航海事业遵循着由低级到高级的规律，相应地发展起来。可以说，夏商两代是我国航海事业初创的前期，到了西周和春秋战国时期，我国的航海事业已达到初创期的成熟阶段。不过这时候的航海事业还受着封建领主割据的地域性限制，还未能成为全国一致性的同步活动，所以在航线开辟的远近、港口兴建的早晚等方面，南北沿海各地的进展并不平衡。但在物质基础上，作为航海事业构成的港、航、船三大基本要素俱已齐备了。在地域观念上，春秋战国时期，阴阳家大九州学说兴起，突破了儒家"禹之序九州"的成说。提出中国之外还有如似中国同大的九州，"有稗海环之，人民禽兽莫能相通"，将全世界划分为九大州，每大州中又各分为九小州，中国仅是九小州中的一州。"以为儒者所谓中国者，于天下乃八十一分居其一分耳。"这种学说，《史记》说它"闳大不经"。但在这种"闳大不经"的学说中，闪烁着一种强烈的向海外发展的精神，激励着人们向海外探索的热望。它预示着一个新的时代即将到来。这种大九州的观念和港、航、船的物质基础结合起来，为相继而来的秦汉航海事业发展，准备了前提条件，也为航海文化的形成和发展奠定了基础。

2. 航海文化的发展：秦朝——两汉时期

夏商周三代，是中国航海事业的初创时期。到秦朝统一全国以后，航海事业走上了一个新的历史时代，进入了发展时期，开始探索并逐步形成了"蓬莱神山的传闻"到"南亚海上丝绸之路"的航海文化元素。这段时间自公元前221年到公元589年，约800年，出现了秦始皇、汉武帝和三国时的孙权这样几位历史人物，他们是我国航海事业发展过程中的积极推行者，对中国航海事业做了许多有益的事情。秦汉及三国时期的航海事业，既承袭前人的成果，又为后世航海事业的更大的发展创造了条件。

公元前221年(秦始皇二十六年)，秦始皇统一了中国，建立我国历史上第一个统一的封建地主专政的国家，辽阔的疆域东至大海，西至甘青高原，南至岭南，北至河套、阴山、辽东，揭开了中国中期封建社会的序幕。同时派人出海，将内陆驰道与江、河、湖、海的航路互相衔接，构成全国一体的水陆交通网，争取开港出海，试图通过沿海港口向海外发展，推进了航海事业的发展。秦始皇四次巡海，扩建了琅邪港市，令徐福率童男童女数千人，两次出海远航。

徐福东渡是中国航海史上的大事。他所率领的大规模船队，按既定目的地，沿着前人开辟的航线，带着中国的先进文化和生产技术，远渡重洋，到了日本列岛。

西汉年间，是中国航海事业的发展前期，它的标志是南亚海上丝绸之路的形成。汉武帝刘彻积极开拓了通向国外的商路，采纳了番阳令唐蒙的建议，发楼船兵十万攻下南越，开辟了从广州徐闻、合浦通向印度和斯里兰卡的远洋航线。造船技术和航海技能提高以后，使海洋可以成为无远不至的通途。汉武帝七次巡海，对推动航海事业的发展起了重要作用。在汉武帝晚年，沟通了我国北起辽宁丹东，南至广西白仑河口的南北沿海大航线。还开辟了通向朝鲜、日本、印度和斯里兰卡两条国际航线，为我国航海事业的发展，开辟远洋航线奠定了基础。东汉巩固了海上丝绸之路，但与日本的海上往来受政治影响较大，对倭国都是无偿的支援，没有航海贸易的意义。

不过也正是由于汉代航海家的积极活动，开阔了人们的视野，改变了人们的认识，蓬莱神山的传闻被彻底破灭了，开始了中日人间世界的现实交往，日本的弥生文化被推到一个跨时代的大发展阶段。东汉至六朝期间，也是中国航海事业发展期的后期。这段时间，与西汉相比已有所不同。东汉时期，在社会上出现了一大批既占有土地，又控有劳力，并掌握着武装力量的封建割据豪族大姓，且在东汉末年从统一走向分裂。自黄巾起义后，除有西晋的短暂统一之外，一直到隋开皇九年(589年)为止，前后分裂割据了近400年。这段时间是中国航海事业发展期的后期阶段，大致又可分作两个时段。前一段在东汉时期，它在西汉的基础上略有推进。后一段起于三国时期，由于东吴偏居东南沿海一隅，据有地利，而且航海事业对东吴的盛衰影响甚大，迫使东吴必须致力向海外开发。这段时间是我国航海事业承前启后的关键时刻。在此期间，航线开辟和航海技术都有较大的发展和提高。

应该说，东汉时期的东西方海上活动范围，比西汉的时候发达了。这是中国与世界有关地区社会经济共同发展的结果。在这段时期之内，我国的航海事业主要便是依托着东南沿海这片乐土继续向前发展的。这一段时间，是我国航海发展承前启后的关键时期。

《梁书》中的记载，反映了当时的海外交通已远远超过前代规模。至于提到所及之处近者三五千里，远者二三万里，可以说，大体上对东南亚、西亚及北非一带都有来往了。以后宋、齐、梁、陈几朝的海外活动以及唐、宋两代的航海大发展，可以说都是东吴时期奠定的基础。

3. 航海文化的繁荣：唐朝——明朝初期

唐、宋两代在隋朝的基础上，将

我国的航海事业推向一个繁荣时期。这段时间自隋朝开国算起(581年)，至南宋覆亡为止(1279年)，共经历了近700年。在此期间，海上往来的地区，除南洋各地仍如前代以外，在东方与日本之间已在经济、文化等方面开始全面交往。在西方，与一个长于远洋航海的阿拉伯帝国，共同把亚非航海推进到一个新高度。唐宋两代航海事业的繁荣，既决定于国内外政治、经济因素，还决定于当时的造船能力和航海技术水平。而航海事业的发展，又对社会的进步起着重要的促进作用，"耀兵"、"示富"，航海贸易的文化色彩越来越浓厚。

此阶段，在船舶建造、航线开辟、港口扩建和航运管理等方面，都达到了比较完备的水平。实现了港、航、船三者有机的整体发展，我国的航海事业进入了一个新的历史高峰。

由于唐宋航海事业大发展的需要，推动着我国早期的潮汐研究，突飞猛进走在世界的前列。中国古代的观测家，从来没有怀疑过月球对潮汐的作用，始终贯彻着中国人的自然主义有机论的世界观，将月球与大地联系在一起观测和考察，终于得出了科学的结论。另外，在唐宋航海事业大发展的时候，便绘制出了实用的航海图。在欧洲直到14世纪，在地中海地区才开始出现以实用为目的绘制的航海图。

中国海船上开始使用罗盘定向导航的时间，约在宋宝庆二年(1226年)以前，这一年赵汝适写的《诸蕃志》说道，"舟舶来往，惟以指南针为则，昼夜守视惟谨，毫厘之差，生死系矣。"以理而论，此时提到的已不是指南针而是罗盘了，若无罗盘上的指向分度，便不可能做到"守视惟谨，毫厘不差"。磁罗经应用于航海，它随着航海事业的发展，很快传播到海外。在各地，被各国航海家采用，并在实际航行中互相交流、补充。

唐宋两代时，我国的造船和航海技术都达到了世界先进水平，而当时航海贸易也处于比陆上贸易更为有利的地位，促进了与海外各国的航海往来。这是支持唐代社会经济上升，巩固宋代社会经济稳定的主要条件之一。特别是在唐代，中国先进文化对海外广大地区的影响，吸引着国外的商人、使者、留学生等络绎不绝地来到中国；同时，中国人也大批移居国外，从此旅居海外的华侨便得有"唐人"之名。唐宋时期，凡是"唐人"足迹所到之处，均为海船的活动范围，由而开辟的航线遍及亚非各地。

中国航海事业的鼎盛期，是从元朝至元十六年到明朝宣德八年郑和下西洋被停罢为止，前后154年间，船舶的建造能力和航海技术成就，均发展到前所未有的水平。船队规模之大，航行范围之广，均超越了历代前人。中国古代的航海事业，达到了旷古未有的高峰。

元朝十分重视航海事业，特由国库拨款建造海船与海外各国进行航海贸易。另外，元朝建都北京，京城衣食所需，主要依赖东南地区的财赋、物产支持，办理南粮北调的海上漕运，是为元代既定不移的国策。此时不仅远洋海船的形体构造、适航性能和装载能力为世界造船之冠，就是沿海运输船舶，也有创造性的发展。

元明两代的造船技艺和数量大大超过了前代的水平，为我国航海事业的新发展奠定了基础。元代四桅海船，大者有十帆，役使千人，载重量大约有300吨。明代初年建造了五桅战船、六桅座船、七桅粮船、八桅马船、九桅宝船。郑和船队中共有宝船63只，大者长达44丈4尺，阔18丈。庞大的海船船队航行于南洋及印度洋一带。中国的造船能力和造船技术、船队规模独步四海，冠绝东西。

元代明初时期港口得到快速发展。著名的港口如泉州港、浏河港、广州港、庆元港等，成为重要的航海和贸易基地，运输了珍宝、布匹、瓷器、茶叶等大宗的进出口货物。

郑和七下西洋是中国古代航海史上最为辉煌的事件。郑和先后率领当时世界上最大的"宝船"船队，浩浩荡荡，经东南亚、印度洋远航亚非地区，最远到达红海和非洲东海岸，航海足迹遍及亚、非30多个国家和地区。七下西洋，延续28年，与所到各国建立了密切的政治、外交、经贸关系，文化交流也经久不衰，开始了中国与东南亚各国交流的黄金时代。郑和下西洋，展示

郑和像

了中国当时具有世界领先的航海技术与船只制造技术，为世界航海事业发展作出了杰出贡献。

郑和率领着庞大的船队远航，是为达到永乐帝对海外各国"耀兵异域，示中国富强"，以徕远人。郑和船队中有一随行人员名费信，他曾随船下西洋四次，回国后著有《星槎胜览》一书，其自序说："天之所覆，地之所载，莫不贡献臣服。……夫王者无外，王德之体，以不治治之。王道之用若然；将见治化之效"。这篇序文，说明郑和下西洋主要是执行明代"朝贡贸易"的国策，争取达到"近者既悦，远者心来"。郑和第七次下西洋出发前，在福建长乐亲立了一个石碑，碑文的开头说："若海外诸番，实为遐壤，皆捧琛执贽重译来朝。皇上嘉其忠诚，命和等统率官校旗军数万人，乘巨舶百余艘，赍币往赍之，所以宣德化而柔远人也"。表明了他七下西洋的目的。

由于"朝贡贸易"本身包含着"耀兵"、"示富"、航海贸易三方面的内容，所以郑和下西洋还有一定的贸易活动。据永乐和宣德两朝对下西洋所颁的敕书来看，郑和下西洋的船队所载货物可分作三类。第一类是为维持"朝贡"的关系，对各国免费赠送的物品，即"给赐各番王等纻丝等件"。第二类是明朝廷"朝贡贸易"中降价贱卖的商品，这部分包括敕书中所说的"合用各

色纻丝纱锦等物"，"并带去银两、缎匹、铜钱等件"，"阿丹等六国进贡方物"，抵价代买的纡丝等件。第三类是特许下西洋人员在一定限额内的私人航海贸易货物，包括瓷器、铁锅、麝香等物，只有这一部分，才是在海外进行单纯贸易的商品。

综上所述，可以把郑和下西洋的目的归纳为主次两个方面，主要目的是推行"朝贡贸易"，反回来又用"朝贡贸易"作为对政治目的施加经济影响的手段，维护明朝与诸番国名义上的宗藩关系。正像《明书》和《西洋番国志》上概括的两句话一样，"通西南海道朝贡，宣德化而柔远人"。次要方面，是在明朝廷同意的限度之内，进行特许的私人"航海贸易"。永乐以后的"朝贡贸易"，在做法上明显有别于洪武年间。永乐以后的"朝贡贸易，改变了洪武朝那种有来无往的状态，而是派出船队，主动出海，是为"朝贡贸易"的第二阶段，即有来有往时期。

以郑和船队为代表的明初航海事业，在15世纪初叶，对亚非竺曼的影响是多方面的，甚至对其后的世界航海事业的兴起，也起到了不可忽视的作用，总的说来，其最大的贡献有两项：其一，开辟亚非海上交通网。郑和下西洋的主要目的是通过"朝贡贸易"怀柔远人，沟通航路，稳定东南亚的局势，与海外邻国建立睦邻关系。郑和七次

下西洋，是在唐宋元三代航海成就的基础上，把亚非各地的航路进行了一次全面的纵横串联和衔接，构成了西太平洋与印度洋之间畅通无阻的亚非海上交通网。值得注意的是，早在所谓的地理大发现之前，半个多世纪，在地球的东半边，中国的庞大远洋船

郑和宝船

队，以其空前的规模和气势，沟通了东西洋航路，把亚非广大海域连成一片，为人类航海事业作出了辉煌的贡献。其二，为世界地理大发现铺平东方航路。1405年郑和扬帆首航西洋，比哥伦布1492年到达美洲早了87年，比1497年达·伽马到达印度古里(科泽科特)早了92年，比1519年麦哲伦环球航行早了114年。当哥伦布航行美洲时，其船队仅有三艘帆船，其中最大的圣玛利亚号为100吨，另外的平达号60吨，里亚号50吨，三艘船共有水手88人。达·伽马的葡萄牙船队由四艘船组成，最大一艘120吨，另一艘100吨，其余两艘各为50吨，全队水手160人。麦哲伦的船

队有水手260名，帆船五艘，其中130吨者有两艘，90吨者有两艘，60吨者一艘。在航行中，这些西方航海家遭受到缺粮断水和疾病的折磨，达·伽马船队在航行中，因为对风信掌握不准，因而在海上进退两难。这些现象，在郑和船队的几十年航行中都很少见。郑和的船队中有随行的大型粮船和水船，保证饮食的充分补给，并随船跟有专职医生180人，平均每150人配备船医一名，随时防治疾病。从整个船队的规模和管理水平来说，都位居世界的前列。即从航路的开辟来说，当达·伽马到达非洲东岸后，在马林迪找到了富有航海经验的阿拉伯水手艾哈迈德·伊本·马季德

领航，沿着郑和船队的航路，横渡印度洋直达科泽科特，显见郑和船队下西洋的活动，与15世纪后期的地理大发现之间，有着许多不可分割的联系，可以说郑和是地理大发现的先导人物，为后来欧洲人进入东方世界铺平了道路。郑和下西洋的壮举，推动了人类社会的进步和互相了解，为以后的世界文明大交流、大发展，作出了不可磨灭的贡献。

4. 航海文化的衰弱：明朝后期——清朝

明代后期，日本倭寇、葡萄牙殖民主义者屡屡侵犯我国沿海地区，加之民间走私贸易和海盗猖獗，对中央和地方政权造成极大威胁，也不断骚扰沿海居民的生产生活。朝廷屡次征剿无法平定，采取了海禁政策。中国的航海事业处于封建专制政权的压制和殖民侵略者扼制的双重压迫之下，逐渐处于弱势，导致了航海文化的畸形发展。

在这段时期的明朝皇帝，多数腐朽昏庸，再没有像永乐帝那样热心支持航海事业的统治者。1465年明宪宗朱见深继位后，民间的航海事业正在严禁之下曲折迂回地发展着，其中正德年间的开海，只持续了十五六年，便由于两次涉外纠纷而终止了。明朝廷再次实行禁海，重新颁布的禁海法令比过去更加严厉。嘉靖年间出现了大规模的海上走私活动，也是在明代海禁政策压抑下，航海事业畸形发展的必然结果。而明王

朝对待民间航业的武装反抗，采取了军事镇压和招抚的所谓恩威并用的策略。而清廷为隔离郑成功与沿海人民的结合，阻断郑氏从航海贸易积累军费的途径，从顺治十二年(1655年)便下令禁海。

清代远洋航海事业，在规模上曾超越前代，由盛而衰，经历了一个挫折、恢复、兴盛和衰弱的曲折过程。清朝立国初年，为了防困郑成功的抗清活动，曾实行过迁海政策，给后人留下清朝一贯闭关锁国的印象。但历史事实并非如此，清朝确实有过禁海闭关的时期，甚至有时比明朝还要严厉。顺治十八年(1661年)实行迁海，沿海三五十里以内被毁为无人区，对沿海地区无疑是一场浩劫，更莫说航海事业的发展了。因为这种政策是从军事目的着眼的，自然也随军事上的节节胜利而步步放宽。康熙四年(1665年)，首先准许山东沿海居民出海，八年(1669年)再次准许宁波居民出海，十九年(1680年)，准辽宁、山东、直隶海船出海贸易。二十二年(1683年)统一了台湾，二十三年(1684年)即下令全国停止海禁。康熙帝开海，是与当时的经济稳定发展趋势相适应的。从这一年开海以来，一直到道光二十年(1840年)鸦片战争发生之前的156年时间内，对航海的限制是越来越宽，中间虽发生过一些波折，不过为时都不甚长。最盛时约有远洋商船600

21世纪交通文化建设研究与实践

余艘，运载能力达20多万吨。在船舶建造、船队规模、运载能力、航行技术等方面，都有所发展。但在衰老的封建制度束缚下，中国当时的航海与世界航海发展的规模和水平距离越来越大。在资本主义殖民侵略的冲击下，中国航海的停滞不前已成为必然趋势。随着帝国主义的入侵，清政府实行闭关锁国政策，使我国的航海业极度萎缩，与世界航海水平差距越来越大。

5. 航海文化的重生：清朝中后期——民国时期

十七八世纪，西方一些国家进行了资本主义革命，新兴的资产阶级急于向外扩张，将目标瞄准了中国和东南亚。到鸦片战争的前夕，来华的西方海船，1837年达213艘83 000余吨，与中国远洋商船总吨相等。此后十多年，中国远洋商船停滞不前，进入中国海域的洋船日益增多，西方资本主义殖民者对中国航海业的排挤，使中国的航海业经受了沉重打击。

英国在中国的茶叶贸易中获利极丰，但输出的商品受到中国自给自足的封建经济的抵制。为了消除巨额逆差，西方进行鸦片贸易，引发了鸦片战争。西方的坚船利炮，使腐败的清政府一再割地求和，开放五口通商，向西方殖民主义者打开大门。在内、外因素作用下，中国航海事业衰落已成定局。以侵华鸦片战争为转折点，封建的中国变成半殖民地半封建的社会。中国航海事业，便在殖民主义、帝国主义和封建主义的内外双重压迫下，进入了惨淡经营的中衰时期，经历了109年屈辱的黑暗岁月。

我国大中型民营航业，在轮船招商局成立后，封建统治势力对民营航业"不准另树一帜"，同时招商局与外商航业联合压迫民营航业，声称"倘有另家轮船争衡生意者，三公司(指太古、怡和与招商局——编者)务须跌价以驱逐他船为是"。在这种情况下，大中型民营航业难以迅速破土而出。民营航业不仅遭受来自国内封建势力的束缚和压迫，还面临着外国航业的排挤。这一时期，外国航业以其大量的大吨位轮船拥进中国，扩大在中国的航运势力，完全控制了中国的航运事业。1893年，外国轮船进出中国通商口岸的船吨，有2 200余万吨，占总吨量的79.1%，而10年后的1903年，外国轮船进出量剧增至4 700余万吨，占进出口总吨量的84.3%。进入20世纪，资本主义已发展到帝国主义，对殖民地进行疯狂掠夺，清政府腐朽昏庸，已无法抵御西方帝国主义的入侵，民族危亡，面临被瓜分的局面。清政府为了维持自己的生存，威慑于广大人民的救亡图存、收回利权的要求，不得不向国内新兴资产阶级作出一些让步，减少一定程度的阻挠，民营航业才同其他工业相继出现，逐渐成长。在半殖民地半封建的土地上开创的中国民营航业，对来自封建势力的阻挠和束缚，对来自外国航业的压迫和竞争，真是困难重重，屡遭挫折。早期开办的轮船公司，如浙江的"通益沪浙轮船公司"，汕头的"南合兴有限公司"，皆先后夭折。但仍有一些轮船公司保存并得到发展。他们有的是悬挂洋旗，托庇于外国势力；有的是创办者在封建集团中有一定的地位，取得封建官僚的支持；有的是由于地区商人和人民群众的支持，顶着外国航商的压迫和竞争而生存下来。但毕竟由于各国航运势力相互竞争，各自企图削弱对方，不断扩展自己的势力，以取得航运上的最大利润，而且它们利用从不平等条约中所享受的种种特权，对中国民族轮船业的排挤、压迫和掠夺则又是一致的。在半殖民地的条件下，中国航海事业只能步履维艰、缓慢发展了。

6. 航海文化的振兴：新中国成立至今

1949年中华人民共和国成立，中国挣脱了内外敌人施加的枷锁，昂首阔步，进入振兴时期。以招商局起义为标志，中国的航海从小到大，从弱到强，再度辉煌，成为世界航海大国，在国内建设和世界贸易中发挥了重要的作用。

1951年1月15日，招商局香港分公司的13艘海轮宣布起义，回到祖国的怀抱。在此基础上，组建了广州、上海海运局，开辟了沿海运输航线。为了新中国建设的需要，中国和波兰政府合资的中波轮船股份公司于1951年成立，成为国内首家从事远洋运输的企业，开辟了亚欧远洋航线，从此中国的航海事业逐步发展起来。1961年4月28日，广州远洋公司成立，我国第一艘远洋轮"光华"轮鸣笛远航。国家骨干船队——中国远洋运输（集团）总公司作为航运旗舰，四十多年来乘风破浪，成为国际知名企业，拥有和控制800多艘现代化船舶，载重吨超过5 000万吨，船队规模世界第二，散货船运能力世界第一，集装箱运力位居世界第六。

改革开放以来，我国的航海事业进入一个快速发展的时期。1996年成立的中国海运（集团）总公司，是国家的又一骨干船队，十多年来得到长足发展。沿海和内地一些省份均成立了远洋公司。与此同时，港口建设和造船能力突飞猛进，航海技术研究不断取得成果，培养和造就了一支高素质的海员队伍，我国成为名副其实的航海大国。

航海业发展的历史过程，也是航海文化不断积淀的过程。航海是人类生活不可缺少的一部分，它改善着人们的生活方式，推进着人类文化的发展。

（二）航海文化的内涵

中国的航海历史渊源流长，中国在航海技术上的古老发明也为后来14~15世纪大航海时代的到来奠定了重要的物质基础。在这五千多年的海上探索中，中国渐渐发现了航海文化形成的一般规律，也渐渐地在实践中形成了独树一帜的航海文化。但是对于何谓航海文化，航海文化应该包含哪些要素，中国的航海文化又当如何去辨析理解等问题，很少有人给出过明确的定义。在今天大力强调中国航海文化建设的大背景下，本章将综合多方的表述，去粗取精，结合主流，对中国航海文化的定义进行界定阐述，盼能起到开宗明义，正本清源的作用。

只要是有人类活动的地方，就有文化。只要是人类从事的活动，其中也必有相应的文化，因此，航海必然也有航海文化。沿用《辞海》中对于文化的定义，我们可以从广义上对航海文化作如下解释：航海文化是指一个国家或民族在航海活动过程中所形成的历史、地理、风土人情、传统习俗、生活方式、文学艺术、行为规范、思维方式、价值理念等。可以说，航海文化涉及了航海活动中的方方面面。这些文化形态中，有些是视觉上可以感知的，比如一些文学艺术、风土人情、传统习俗等。这些视觉上可以感知的文化形态是不同的航海文化呈现精彩和个性的重要媒介。而像价值理念、思维方式等不可通过视觉感知的精神层面的文化内核，就是我们从相对狭义上去理解的，同时也是我们要重点阐述分析的航海文化。由于我们旨在从主观能动性上，推动中国航海文化建设，因此航海文化研究的重点是与航海贸易相关领域的航海文化建设。

（三）航海文化的元素

航海文化涉及人们在航海活动过程中的方方面面，所以构成航海文化的要素也呈现出多元化的特点。在构成航海文化的诸多要素中，相对比较重要的是人文要素、技术要素、产业要素。

1. 人文元素

中国有着非常悠久的民间航海意识的传承，《越绝书·吴内传》就有海上活动习惯的记载"越人谓船为须虑……习之于夷。夷，海也"。后来的每朝每代，民间的航海活动并未因为国家政权的动荡或者政策的变更而发生存废。同时，现在的中国民间无论是出于生计，还是出于爱好，航海活动也是非常广泛，虽然不是全民如此，但在沿海地区，航海活动有着非常广泛的群众参与，所以中国目前已经具备打造强势航海文化的人文基础。

不过相对于西方航海中大量的探险和殖民因素，中国民间的航海人文更多的还是出于生计，出于民俗。与西方民间航海活动殊途同归的是，中国的民间航海也形成了自己的一套规程，有的甚至也曾以记载成册的形式代代流传，比如最近开始被世人关注的《更路簿》：1977年，有关专家在文昌和琼海调查时，发现了四本海南渔民在南海航行的《更路簿》。这些《更路簿》都是渔民祖祖辈辈的传抄本。它记载了由海南东部文昌的清澜港和琼海的潭门港航行至东南亚各地，尤其是航行至西沙、南沙群岛，以及西南沙群岛各岛礁之间的航海针位和更数(即航向和航程。过去渔民出海要点香，以香枝算更，一般以顺风计，一更10海里)。其中记录了渔民对西沙群岛常用的传统地名33处，南沙群岛常用的传统地名72处。曾有专家参照《更路簿》指示的航海针位和更数，绘制了一张南中国海航海图，与现代手段测绘的航海图惊人地相似！南中国海三百余万平方公里，仅凭经验和简陋的罗盘，没有数百上千年的积累，是很难产生《更路簿》这样精确的航海图的。据专家考证，《更路簿》大概形成于明末清初。这说明，海南渔民世代在南海西沙、南沙群岛航行和从事渔业生产，与西沙、南沙群岛连成了血脉关系，并构筑了南海的历史。《更路簿》也称航海针经，是帆船时期渔民自编自用的航海"秘本"。在过去的年代里，是每位船长必备的航海图，该簿共分八篇，第四、五、八篇无标题，其中以第一篇《立东海更路》、第二篇《立北海各线更路相对》最为重要。《更路簿》的作者绝不是一个人，而是海南渔民长期积累的智慧结晶，随着老船长一个个的离世，《更路簿》已难得一见。

2. 技术元素

技术要素是航海文化中同样不可或缺的一环，而且航海文化也主要是通过技术设备来反映其显性程度，一国航海文化的强势弱势，很大程度上反映在其技术要素的先进与否。可以说技术要素是航海物质文化（见下一节）的主要方面。离开足够的技术条件支撑，航海活动将受到极大的限制，以西欧大航海为例，当时中古晚期的西欧科技进步趋势几乎遍及各个领域，而且各个领域的进步不仅齐头并进，还往往相互交叉、彼此促进。此外，与生产密切相关的应用技术有了长足的发展，某些理论科学领域也出现了空前的突破。尤其在航海方面，船舶制造技艺的提高、航海技艺和航海设备的完善、天文地理等科学理论的发展、军事技术的不断改进以及海图或地图绘制工艺的提高，都对西欧大航海的成功起到重要的推动作用。而如今像美国、日本这样的航海强国，同样在航海技术上有着其他国家难以比拟的优势。中国在航海技术上的古老发明，像指南针、火药，曾经为世界航海的发展作出了重要贡献，甚至可以说是最为重要的奠基石。而现在中国在航海技术的发展上，也在多项技术领域中处于国际领先水平，随着国际上技术合作交流的深化，中国的航海技术总体水平逐步迈入世界航海强国之列。

这里我们介绍几种推动航海文化进入近现代文明的技术。

1569年，佛兰德地理学家G.墨卡托发明的圆柱心射投影图最适于航海使用，成为现代海图制绘的基础。墨氏海图的特点在于：在图上用直线连接任何两点，就是这两点之间的航向线，而且这条航向线是以恒向角交于子午线的。只要守定了所设的罗经航向，就能无误地从这一点驶到另一点。

海洋中船舶定位，最关键的问题在于经度的测定。这个问题，从13世纪以来就进行过多种尝试，例如测量月球与其他天体的角距而求经度，但需经过非常烦琐而复杂的数学计算，即使1614年J.纳皮尔的对数计算表问世，也不能减少若干计算量。

在此之后，虽然有很多新的计算经度的方法，但都没有离开观测月球与天体的角距的基本理论。一直到1735～1765年的31年中，英国人J.哈里森研制成基本上可用于海船的天文钟，1766年经过P.勒普瓦的改进，1825年才生产出可以在海船上实用的天文钟。至此，测月球与天体的角距以求经度的方法才开始被弃之不用。

1843年，美国船长T. H.萨姆纳发现了天测位置线，也称萨姆纳位置线；1875年法国海军军官圣伊莱尔提出了"高度差方法"，此法又称"截距方法"。从此，航海者可以方便地在海上通过对天体高度的观测，求出准确的经度和纬度。

第二次世界大战结束以来，海上运输日趋快速化和自动化，相应的航海

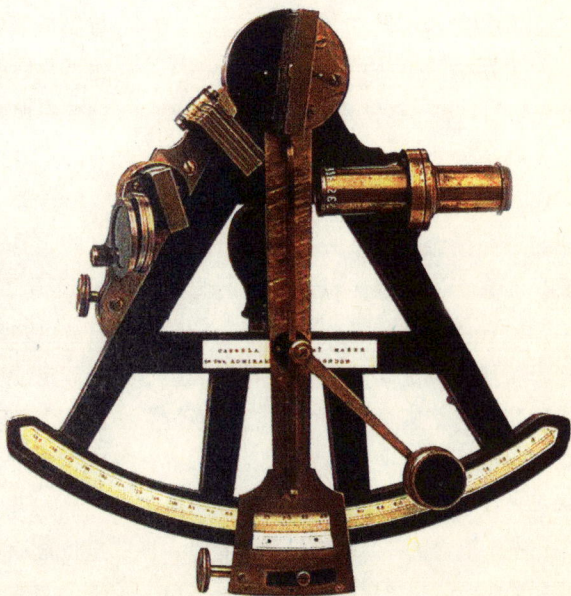

航海天文钟

技术也有了明显的改进和提高。

奥米加导航系统的应用——20世纪60年代初出现奥米加导航系统，1966年开始建台，全球范围内只设8个发射台，便能供给航海船舶在任何海域、任何时间、任何气象条件下，选择有利的配对台组获取双曲线信号以测定位置。接收机内装有微处理机，可以自动给出测点的经度和纬度。

奥米加系统的优点，在于它能够覆盖任何地区，甚至一定深度的水下。航行中的船不论在哪个海域和什么时间，只要有一台奥米加接收机，都能可靠定位。但由于电离层的突然波动，雨滴静电的干扰，天电效应等，奥米加信号的接收受到干扰，从而影响这一系统定位的准确度。

卫星导航系统的应用——地面无线电导航系统，在技术上总会受到这种或那种条件的限制，所以当1957年第一颗人造地球卫星送入轨道后，人们就渴望卫星能给导航系统打开一个新局面。在先后发表的多种卫星导航方法中，唯一被采用的是美国海军宇宙航空学小组研制成功的"海军导航卫星系统"。这个系统于1960年在伊斯坦布尔讨论会上第一次公布。1964年卫星进入轨道运行，1967年开放作为民用，至今仍在运行。卫星经过上空时，船舶接收机收到卫星的信号，比较卫星发射的频率和接收的频率，以及卫星的轨道数据，经过机内微处理机的计算，就能在接收机的面板上显示出船舶位置的经度和纬度。

海军导航卫星系统的卫星轨道高度只有1 000多公里，使得它的覆盖区域受到限制，尽管这个系统有6颗卫星按一定轨道分布在天空运行，中纬度地区也还得在每隔90分钟才能获得一次定位的机会。接收机定位的准确度，一般都可在0.15公里的圆内，只有当卫星经过上空时，它的仰角大于80°或小于10°的情况例外。

航行中的船舶利用海军导航卫星系统要隔90分钟才能获得一次测定位置的机会，这是不能充分满足航海定位要求的。现在的"全球定位系统"的卫星导航系统，它由18颗同步地球卫星组成，轨道高度在2万公里以上。这样就使得地面上任何地点、任何时间都有4颗卫星供连续定位选择。

全球定位系统从1977年开始进行试验，美国海军和空军联合先送入天空6颗卫星，以后陆续增添到18颗卫星，开放供航海、航空和航天使用。这样，全球定位系统就在全球范围内提供连续的、全天候的导航，它的定位准确度可在10米以内。

卫星导航系统能保证有很高的定位准确度，然而被动式的海军导航卫星系统所提供的准确度对商船并不具有很大意义。商船由于它的营运性质，对主动式的卫星导航更感兴趣。目前正在试验的"海事卫星通信导航系统"就是一种既可导航，又可通信的系统。它的优点在于导航的同时，主管部门可与船舶保持不断的通信联系，随时掌握船舶动态，对船舶的运行作更有效的调度。

自动标绘雷达的应用。自动标绘雷达是20世纪60~70年代初出现的对船舶避碰有很大作用的导航设备。在此之前，航海者要对通过雷达观测获得的信息进行标绘作业，量取与会遇船的最近会遇距离(CPA)，以判断与会遇船有无碰撞危险和决定应否采取相应的避让操纵。自动标绘雷达问世后，标绘和判断完全可由装置在雷达内的微处理机运算，并在荧光屏上显示。如果有可能发生碰撞危险，装置会自动地以图像和音响发出警报，并进行模拟避让，以确定可采用的最佳避让措施。由于自动标绘雷达对保证航行安全有重要作用，国际海事组织规定1984年9月1日以后建造的10 000总吨以上的船舶，都应装配自动标绘雷达。

航海自动化的发展。20世纪70年代，微处理机在船舶上广泛应用，在此基础上，发展出自适应自动操舵仪。当船舶的载货和航速发生变化或外界条件（气象、海浪）发生变化引起船舶操纵性能变化时，这一装置能感测到这些变化而自动调整控制参数，保持最佳的操舵状态。

航海技术应用电子技术和电子计算机技术后，各种航法计算实现了自动化；船舶定位实现了自动化；船舶的机舱管理、驾驶操纵也实现了自动化。集合这些自动化系统就能构成船舶驾驶自动化的综合导航系统。但目前这个系统有许多环节尚需人工操作，仍属半自动的性质。近期研制的综合导航系统不仅对会遇船舶，而且对岛屿、礁石等障碍物也可自动避碰，还可储存全部海图资料、航行通告、气象海浪等有关信息，从而能完成航线选择过程的自动化。

3. 产业元素

产业要素，是任何一个行业得以持续发展的关键所在，因为产业化的形成及扩大，才能使得任何一个行业获得足够的现金流，才能在行业中形成持续的供需关系。如果某种行业根本无法形成产业的话，那这个行业本身是不具备生命力的。对于航海来说，同样也是如此。由于航海有远洋运输、远洋勘探、远洋渔业等多种行业形式，这些行业之间又互为支撑，因此形成航海产业群落，对于强化航海文化的综合多元程度是一个重要的手段。

党的十六大报告指出，"发展文化产业是市场经济条件下繁荣社会主义文化，满足人民群众精神文化需求的重要途径。"党的十七大报告指出，"创作更多反映人民主体地位和现实生活、群众喜闻乐见的优秀精神文化产品。"打造强势航海文化，必须重视发展航海文化产业，启动航海文化生产力，整合航海文化资源，给航海文化产业以应有的地位和广阔的发展空间。

文化资源的衍生和文化产业的发展，具有很强的地域特点、行业特点和时代特点。航海文化具有自己相对独立的传统资源和独具魅力的行业特质。应根据航海文化的行业特色、资源优势、消费趋势、社会需求、产业化发展潜力，进行深入调查研究，制订航海文化产业发展规划，研究航海文化产业经济效益与社会效益的辩证统一关系，构建能促进航运经济发展和社会进步的航海文化产业运作模式和运行机制，使航海文化产业成为社会主义文化产业的重要组成部分。

二、航海文化的本质

任何事物都有现象和本质两个方面，都是现象和本质的统一体，航海文化也是如此。只看到航海文化的现象，对航海文化的认识就只能停留在表面浅层次上，而透过现象抓住本质才是探讨航海文化建设的任务。

（一）航海文化的结构

1. 纵向结构

航海文化作为一种文化体系，必然有其层次结构，这种层次结构的组成与其他各种文化体系大致相同。因此这里的阐述方式也将参考刘光明先生在他的《企业文化》中对于文化层次结构的表述。

首先，最外显的是物质层，即各种与航海有关的可视的文化表象，包括前面提到的航海技术、文艺作品、航海设备、航海机构建筑、航海人员的服饰等都属于物质层的范畴。航海技术和航海设备的发展方向全球各国都比较一致，只存在技术先进程度的比较，不存在个性的问题。但航海服饰、建筑形式、文艺作品却显示着不同国家对于航海文化的理解。带飘带的无檐帽，有披肩的水兵服，是当今国际上统一的水兵服饰款式。追溯其历史，帽子无檐而有飘带，源于风帆时代的水手装束，便于他们体察风向，也便于他们爬上桅桁去收放帆索，风大时又可用飘带扣住下巴。披肩原是肩垫，便于水手们搬动木材及用撬棒操炮等体力劳动。而现在，实用化作了浪漫，传统变成了时尚：无论是童装、女装、校服，时装设计师们纷纷从水兵服中寻找灵感。风帆、舵轮、铁锚等图案，给人以丰富的联想，设计师们把这些图案设计进邮票、钱币、磁卡、明信片、台历、挂历、纺织品和实用工艺品。海景画、船画、船模也早已成为许多家庭的装饰。北京人民大会堂上海厅也收藏有一艘沙船模型来作为上海的象征。

文学艺术也从造船、航海、海军生活中汲取养料寻找题材。《金银岛》、《海底两万里》、《茹尔宾一家》等小说，《冰海沉船》、《铁达尼克号》、《怒海争锋》、《加勒比海盗》等电影，世界名画《梅杜沙之筏》，世界名曲《舍赫拉查德》等等，向我们展示了广阔的海洋和丰富的人生。从影视和图片中，我们看到，在西洋古典帆船的船头，刻有精美的雕像，那是船的灵魂和人格的象征。直到一百多年前，船首雕像才从船上消失，但宗教和神秘的色彩一直延续到今天。对于每艘船舶，我们都给予独特的个性，其标志是每艘船都有名字，都要举行命名仪式。我们总是称船为"她"，而不是"它"。在地中海地区和我国东南沿海某些渔船的船首处，还可以找到画着的眼睛。在船上生活的水手将许多奇怪的迷信与禁忌代代相传，过去如此，现在也如此。

其次，是行为层，即航海者在航海活动过程中的行为特点，这包括航海人员在设备操作中的行为规范，航海者在航海活动中的指挥艺术以及民间航海活动中的一些习俗等等。由于任何文化的产生必然是人的活动的结果，因此对于航海者行为层的历史发展的研究，有利于我们更深层次地了解航海者心理与行为之间的联系。而这种航海文化中的

行为文化主要来自各种正式的或非正式的、严谨的或松散的、官办的或民间言传身教的教育体系。教育体系越完善，这种行为文化就越发在民族文化中呈现强势。中国古代的航海文化虽然曾经创造辉煌，但始终只是依靠民间不成体系的传授，而缺乏正规的教育体系，这多少也为日后的衰落埋下了伏笔，而在近代，虽然中国的航海业处于低谷，但由于政府已经意识到了教育的重要性，并在以后的政府中，比较重视教育，因此这也为今日中国航海文化逐渐走强奠定了基石。比如1866年创办的福建船政学堂，是中国最早的以现代科学技术培养和造就航海、轮机人才的专门学校。这个学校，不仅在中国海军建设史上，也在中国航海教育史上占有重要的地位。船政大臣沈葆桢1873年上奏称："创办之意，不重在造，而重在学"。规定所招聘的洋匠，在一定年限内负责将中国"匠徒"培养到具有独立操作能力的水平，然后将"洋匠"解雇离职，使中国的"匠徒"独立操作。以后其中不少优秀者被遣送到国外留学，成为中国海军中的骨干力量。商船航海新式人才的培养，直到辛亥革命后才开始，时办时辍，但也培养出不少航海和轮机人才，他们在航海实践中，带出一批能操纵机器、驾驶船舶的航潜人员，为中国航业的发展作出了贡献。早期出现的商船学校，主要有吴淞商船专科学

校、招商局航海专科学校和招商公学航海专修科、东北商船学校、广东省立海事专科学校等。抗战胜利后的三年里，中国一半以上的航海学校设在上海。更加密切了学校和航运企业以及航业界人士的联系，为上船实习和工作分配以及就业创造了条件。

而在新中国成立后的20世纪60年代，中远公司已建有自己的海运(海员)学校。到70年代末，中远在全国各地的海运(海员)院校共有7所，院校教学和基本建设有所进步，初步形成中远教育培训的基地，为中远船队和管理机关，输送了大批骨干船员和合格的业务技术干部，有力地支持了中远公司各项事业的发展。1972年，交通部批准增建天津海员学校及中远广州、上海、天津海员技校。天津海员学校的主要任务是培养水手、机匠、电工和在职远洋船员的短期培训，规模为学生800人，教职员工编制定员175人。广州海员学校是1973年10月经交通部批准建立的，学校发展规模为学生1 000人，教职员工编制定员205人。大连海运学校原由大连港务局领导，从1973年1月1日起移交中远总公司直接领导。该校主要培养远洋船员，兼为大连港务局培养技术人员。学校发展规模为学生1 200人，编制教职员工200人，实习工厂50人。南京远洋海员学校于1964年由中远公司接管，交上远分公司主管。1970年

改为远洋船舶配件厂，1973年3月又恢复定名为南京海员学校。该校设置水手、船舶电工、轮机工3个专业，同时保留远洋船舶配件厂，既办厂，又办校。该校教职员工编制175人。1978年4月，经交通部批准该校改为中等专业学校，改由中远总公司直接领导管理，学生人数由800人扩大为1 000人。专业设置除原有驾驶、轮机、船电专业外，增设通信专业。集美航海学校在"文化大革命"中并入厦门大学，更名为航海系。1973年9月，厦门大学原航海系改办为集美航海学校(中专)，交由中远总公司领导管理。学校发展规模为学生1 200人，教职员工200人。1979年10月该校改由交通部直接领导。青岛海员学校是中远总公司所属的第一所中等专业学校。1973年9月建校，规模为学生1 200人，设驾驶、轮机、船电三个专业。教职员工编制定员260人。1976年7月，中远青岛分公司成立后，该校归青岛分公司领导与管理。1978年10月，该校又改为中远总公司领导管理。学校规模由原定学生1 200人扩大为1 500人。上海海员学校于1972年经交通部批准筹建，后因种种原因没有落实。1978年3月，交通部批复建设上海海员学校，定为中等专业学校，在校学生规模为1 200人，设航海、轮机、船电、船舶通信等专业。

为了解决中远各海运院校学员的

实习问题，1972年远洋工作会议上提出，要落实海运院校实习船，并使其成为海运院校教学、科研、生产劳动的三结合基地。为此，交通部决定抽调客位较多的"雯皑"和"雯皓"两轮，在适当改装后，作为海运院校的实习船。这两艘实习船的产权属中远总公司，分属天津和上海分公司。属上海分公司的实习船由上海海运学院使用，同时承担厦门大学航海系（后改为集美航海学校）实习任务；属天津分公司的实习船由大连海运学院使用。除实习任务外，还承担一定的沿海和近海的客货运输任务。实习船行政业务（教学、科研、生产劳动安排）由学校负责，生产运输业务由远洋分公司负责。除此之外，中远总公司在1974年又确定"育华"轮（客货两用船）为天津海员学校的实习船。该轮以船员培训为主，并承担指令性客运任务，以及兼顾货运业务。1977年3月，远洋局决定将中远租船"华山"轮交给大连海运学校作为实习船，由中远天津分公司代管，改名为"育海"轮。同年10月，远洋局还决定将退役船"海智"轮交由集美航海学校，改名"育志"轮，作为直观教学基地。11月，又决定将退役的"延河"轮（后定名为"鲁海50"轮），交给青岛海运学校，作为教学实习船，并继续参加营运生产。

第三层就是制度层，即国家政府对于航海活动的各项法律法规，规章制度。建章立制是一国航海文化得以有序建设发展的重要手段。虽然在没有建章立制的情况下，也能形成非常鲜明的航海文化，但是这种情况下建设的航海文化是无目的的。从制度文化中，可以看出一国在相当长的一段时间内，对于航海文化发展方向的诉求。

最核心的一层是精神层，即一国建设航海文化所秉持的理念，所倡导的精神，所推崇的价值观等等。这也是航海文化建设的根本所在，任何物质文化、行为文化、制度文化，都是精神文化的体现和反映。虽然经过许多年的发展，各国的航海文化在物质上、在行为上、在制度上都已是今非昔比，甚至是截然不同，但在精神层上，我们仍能从中摸索出一脉相承的，或者是因果有据的文化理念演进线索。我们可以通过对精神层的研究，了解一国一民族的个性、精神与信仰，而这些将在以后的文章中作重点阐述。

2. 横向结构

如果说层次结构是文化由内而外形成的纵向呈现，是文化金字塔不同层面的构筑，那么其体系结构因为航海活动涉及人们生活的各个方面而呈现横向多元的形态，是文化多棱镜不同侧面的组合。

历史上，许多国家的航海活动皆源于民间，因此民俗文化就成了航海文化多棱镜中的一个侧面，普通黎民百姓的观念也直接影响着航海文化的形态。这种观念是自发而非强制形成，是渐变而非突变，因此往往代表着这个民族的信仰，或者生活习性。因此，民俗文化作为航海文化的一支虽然可能并不显得多么惊世骇俗，但却有着非常强大和持久的生命力。即便当作为生活方式发生改变后，后人依然会为了纪念过去的生活方式，而举行一些活动或者制作一些纪念物，而如果作为一种信仰的话，那其文化的延续性也会更加显著。

而在中国民间最为显著的航海民俗文化可能就是祈福了，这或许是源自先人对于海洋的未知而产生的敬畏。以宋代莆田泉州地区为例，民间祈风习俗，由来已久。由于古代航海技术水平所限，人们对海上天气的变化不能完全掌握，于是就把航路的顺风和安全寄托于海神的保佑，因而在宋代泉州沿海一带，民间盛行祈风习俗。清·道光《福建通志·卷9·金石志·石8》载：南宋·高宗·建炎八年（1138年）刻的莆田《祥应庙碑记》记："泉州纲首朱纺，舟往三佛齐国，亦请神之香火而虔奉之，舟行迅速，无有艰阻，往返曾不期年，获得百倍。前后之贾于外藩者，未尝有是。咸皆归德于神，自是商人远行，莫不来祷。" 这样的庙宇在泉州也不少，如建于北宋·嘉佑元年（1056年）的惠安洛阳昭惠庙、大观（1107~1110年）间改名的通远王祠、南宋的法石真武庙、庆元二年（1196年）的天后宫、庆元三年(1197年）的东石天妃宫等。

商业文化是航海文化的一个重要侧面。由于现在的世界国际之间相互的外贸依存度非常高，所以海运作为跨国运输的一个最重要的手段，由于其运量大、稳定性高、经济程度高等特点，在国民经济和国际贸易中的地位也非其他运输手段可比。在当前海上竞争最激烈的就是各国航运公司之间的竞争。而各国本身的商业文化也因此而反映在了航海文化中，由于各国随着交流的加强，商业文化之间的差异也越来越小，因此各国的航海商业文化虽然在各国航海文化体系中占据重要位置，但其个性化程度越来越小，共性则越来越强。当然，其本身的生命力也越来越强。

政治文化是航海文化体现强势的关键一面，一国的航海政治文化直接体现该国的当前国策或者战略发展方向。航海政治文化的生命力一般取决于其政府本身的政策的效用持久程度。执行殖民政策的国家，其航海政治文化中也会体现其显著的殖民性，和平外交的国家，其航海政治文化中也会体现突出和平性。中国历史上航海政治文化比较多变，多少与中国历史上朝代更替的频繁有关。

（二）航海文化的功能

1. 导向及约束功能

航海文化所蕴涵的价值取向及其价值选择与价值排序，直接决定了航海业的发展方向和发展思路，同时排斥与之相对或相反的其他价值取向，因而航海文化对航海活动具有导向和约束作用。这种功能通过价值观的内化来实现。

2. 凝聚及激励功能

航海文化由于是在强大的民间基础上由政府动员一切社会资源加以推动，所以其对航海业发展的社会凝聚功能会非常强大，从而激发每一个航海人员乃至全民族参与航海事业建设的积极性，进而对符合其价值理念的航海活动产生推动作用，航海文化越强势，推动作用越明显。这种功能也通过价值观的内化来实现。

3. 外塑及发散功能

航海文化所倡导并实践的价值观是一面旗帜，有外塑形象的功能，同时也影响整个社会价值观的发展。这种功能则是通过价值观的外化来实现。中美建交时期，"柳林海"轮出访美国就彰显了中国人民拒绝封闭，友谊长存的价值观，甚至"哈尔滨"号驱逐舰这样的军用舰船在出访海外时，都传达着中国人民热爱和平，睦邻友好的航海理念。

三、航海文化的特征

航海文化是一种独特的文化，它虽然有一切文化都具有的精神性、社会性、集合性、独特性和一致性的特征，但不能简单地把航海文化看做是社会文化的一部分，而是应该从更广的范围去总结航海文化的发展成果，去研究航海文化与社会文化的相互关系，从航海文化的实践过程去探讨和把握航海文化的发展趋势和规律，从而对航海文化的丰富内容和本质有更全面、更深入的了解。

（一）航海文化的特点

1. 地域性

航海文化形成的首要前提就是沿海。只有沿海的国家，才有一定的地理条件可以发展航海文化，但沿海只是一个必要条件，沿海国家的航海事业也并未因此而同样发达。这些国家虽然都具有沿海的地理特征，但是其沿海的形式和程度又有着诸多区别，这就决定了这些沿海国家的航海文化自然也呈现出不同的面貌和性质。因此，地域性是航海文化成型的一个基本特征，也是一个国家航海文化成型的最原始的出发点。

岛国的航海文化可以说是地域性特点最强的。英国，日本自古以来就一直是以航海著称的国家，从国家安全的角度出发，岛国相对有限的自然资源和狭隘的战略纵深使其国民一般都具有相当程度的危机感，尤其是处于地壳板块之间的日本列岛，南太平洋诸岛国，经常处在火山爆发引起的地震、海啸，以及海洋污染的威胁之下，这种因恶劣的地理环境而产生的生存危机感尤为强烈。而那些率先成功地走出原始土著或者封建地主的蒙昧，而迈入工业文明的岛国，由于掌握了向外拓展生存空间的工具，开始积极谋求获得更多的领土来增加躲避海洋灾难和战争的战略纵深，攫取更多的资源来减少本国国民的生存负荷。因此，他们必须通过航海活动来达到这样的目的，其航海文化从上层到民间往往从一开始就带有强烈的扩张性，这种扩张性可能会带来外贸经济和资本输出上的进步，但也可能导致军事上的穷兵黩武和侵略掠夺。

临海的大陆国家这种生存危机感自然没有岛国那样强烈，像美国、俄罗斯、中国这样的临海的大陆国家，如果不是政府人为地加强思想灌输，一般都比较缺乏生存的危机意识。这些国家有着国土上巨大的战略纵深，因此在面临重大侵略时，仍然不会轻易地被灭亡，在面临海洋自然灾害时，其受到影响的人口和土地也只是国家的一部分；另外，这些国家自然资源相对比较丰富，生存压力长期以来也不是很大。因此历

史上，这些国家的航海文化发展大多取决于民族本身的性格。当然，随着时代的变迁，这些条件也发生了性质上的变化。由于口岸经济的腾飞，使得这些国家的沿海地区的经济水平大大高于其平均水平，其对整个国家的经济影响作用及其安全敏感性也就显得非同小可。另外，当经济发展到一定阶段，不断增长的国内需求，也加大了对有限资源使用的压力，开始从海外寻求更多的资源，但多元的经济形态，保证了这些大陆国家的向外拓展意识不会像岛国那样更加急迫，较大程度地取决于政府的意志和政策的导向。

2. 民族性

如果说航海文化所具有的地域性是客观原因的话，那么航海文化所具有的民族性就是主观原因。可以这样说，一个沿海国家航海文化的性质很大程度上是其民族特性的体现。就民族性格来说，有的民族温和，其航海文化倡导和平，却又容易缺乏进取心，有的民族强悍，其航海文化具有开拓性和战斗性，却也极易具有攻击性和掠夺性，有的民族自信，其航海文化特点突出，却又可能缺乏包容性，从而衰落下去，有的民族谦卑，其航海文化善于学习，却也可能始终没有自己鲜明的个性，无法做强做大。这些都或多或少地在航海文化中得以体现。

美国是当前公认的海上强国，虽

然在整个世界航海史的舞台上，美国是晚来者，但是他很快便在航海事业上站到了世界的前列，并且在以后的时间内，始终保持着较大的领先优势。美利坚民族注重想象力和创造力，这使得当今世界上大多数先进科技都最早在美国大陆上被试验，被利用；另外，美国本身是个移民大国，又经过了频繁迁徙，这种历史背景使美利坚民族对不同现象更易于接受和认可，对异质文化持同情理解的心态，在此基础上，形成了多样性胜于单一性的世界观，宽容的习性也就应运而生，所以美国的航海文化也是以创新和海纳百川为特色，可谓是诸多航海文化的集大成者，再加上政治经济方面的强力支撑，也只有这样的航海文化才能在相当长的历史周期内保持相对稳定的优势。

英国是老牌的海上强国，占多数的英格兰人做事认真严谨，崇尚循规蹈矩，在某些方面又有些保守，所以在英国的航海文化中，我们虽然也能发现一些技术上的创新试验，但大部分技术又没能在英国的航海事业中被率先使用，所以英国的海上霸权虽然也曾经长期处于世界领先地位，但当世界各大海洋强国纷纷崛起的时候，英国的海上霸主地位便受到了严峻的挑战，并且已无优势可言，但是英国的航海文化又始终在世界上处于一个非常重要的地位。

其实，所有文化的基本特征之一就是民族性，这是一个民族立于世界民族之林的基石。中华文化是中华民族存在的标志。郑和七下西洋，是对世界航海史和世界文明史产生重大影响的历史事件，包括经济、政治、文化、外交、贸易、航海诸多方面，但影响持久的、时间越久越显其珍贵的，归根结底是一种文化现象，是积淀和凝聚了极为丰富深刻的中华传统思想文化内涵，它鲜明地体现了中华民族的理念情感、思维方式、价值取向。在郑和下西洋600周年纪念活动中，许多学者从大文化的层面上，对郑和精神作了深入探讨和挖掘，奉献了不少精彩篇章。但我们认为从航海文化角度，深入探讨和挖掘还显欠缺和不足。航海文化应当是郑和下西洋所蕴涵的精神文化内涵中一个极为重要的方面。我们在打造强势航海文化的过程中，要深入挖掘郑和下西洋丰富的航海文化内涵，发扬我国自古以来就已具有的航海文化优秀传统，发扬新中国成立以来当代航海人所铸就的新的航海文化精神，保持中国航海文化的民族性和独特性，不断增强建设航运强国的民族自信心。

3. 继承性

文化的形成必然要经过多年的积淀。在人类历史上，虽然经过了无数次破旧立新的大变革，但是绝大多数的文化因子还是被传承了下来，这些被传承下来的文化因子最终成了文化的基本形态。所以说,最根深蒂固的文化,往往就是积淀最久的文化。航海文化也是如此,由于有着悠久的航海历史,中国的航海文化也是在前人植树的基础上不断地添砖加瓦,今天中国要着力加强航海文化建设,非常重要的一点,就是要挖掘出中国航海史上那些顺应历史潮流的文化因子,加以发扬广大。重新从零开始,打造一个完全有别于过去的航海文化,对于航海文化建设者来说,既无必要,也不合理。因此,充分把握航海文化的继承性特征,对于航海文化建设者有着非常现实的借鉴意义。中华文明五千年,中华文化的精神财富是一座宝库。她如同黄皮肤黑头发的人种传承一样,思想文化也沁入了中华儿女的血脉心灵,无时无刻都在发挥着巨大的作用。航海文化作为一种文化形态,一方面,得益于中华文化的滋养。中华文明培育了航海者的素质,规范了航海人的道德情操。例如许多航海企业文化中都有"诚信"的内容,而"诚信"思想正是中华民族自古至今的美德,"仁、义、礼、智、信"作为"五常","人无信不立"作为做人的根本。航海人将潮信比作诚信,如期而至,漂泊全球,有诺必践。另一方面,航海文化为中华文化宝库不断增添了生动的思想内容。中华文化中的许多著名思想,都是从航海实践中归纳总结升华,而成为经典的传统文化。"海纳百川"的包容胸怀,

"五湖四海"的团结氛围、"哪吒闹海"的无畏精神,"八仙过海"的能力神通,"精卫填海"的顽强意志,既是航海文化的闪光亮点,也是中华文化的精彩华章。航海文化作为中华文化的有机组成部分,经过赋予时代内涵,散发出充满魅力的时代光辉,以崭新的面貌出现在人们面前,思想更为精辟,含义更为深邃,行为更为积极。在今日,航海人传承中华文化,谱写了许多可歌可泣的动人篇章。中国远洋运输(集团)总公司长期以来坚持"艰苦创业,爱国奉献"的企业文化,继承了中国先进文化的民族精神,高举起爱国主义这一光辉旗帜,写下了不朽的华彩乐章,成为中华文化在新时代的继承、实践、创新楷模。

4. 交融性

如果一种文化仅仅是自成体系,而缺乏与其他性质文化的交融,那这种文化的生命力便令人怀疑。而航海文化作为一种外向型的文化,其交融性更是全面体现在多个方面。航海作为交通运输的方式之一,与人民生活密切相关,也与其他交通运输方式密切相关。航海需要与其他交通方式相结合,才能完成物资和客流的运输全过程。一种交通形式的发展,装备的更新,技术的先进,效率的提高,不仅有利于本行业的发展,也促进了其他运输方式的进步。例如大型平板车的诞生,使船舶运输的超

大型设备实现了海陆联运；集装箱的诞生，使海陆一体化运输实现了门到门服务。这种行业的密切联系程度，也会在文化中产生作用，决定各自行业的文化具有其他文化的渗透。因此，一种交通行业的文化形成和发展，必然受另一种交通文化的影响、启迪、作用。这种长时间的渗透，产生了一种你中有我，我中有你的融合关系，既使交通各行业的文化更加丰富多彩，也融合了各行业文化的共同发展。例如出自航海的术语"抛锚"，成为汽车、火车等运输工具故障的专用词语；航海上的"一路顺风"，也成了其他交通安全的祝福用语，甚至成为出行的人们的共同期盼。航海文化与交通文化相辅相成，各具特色，共同发展。

（二）航海文化的特征

1.历史性

在地球上出现人类之前，就已经有海洋，可以说，人类一面世，其生存环境便面临着海洋的考验。可以说，那些临海而居的国家和民族的发展历史，本身就是一部与海共存的历史，航海便是人们与海洋共存的唯一手段，所以这些国家和民族的发展历史，同时也是一部一以贯之的航海史。一国的历史，取决于两方面，一是这个国家的政府治国的历史，二是这个国家的民族日常生活方式的历史，所以这也就决定了航海文化的历史性呈现如下两个特点。

航海文化是一国各个时期政府治国方略的反映。既然航海文化中有它的政治文化，那这种政治文化也势必体现在政府的治国方略中。尤其是航海技术的发展，一开始还只是民间的发明创造，而到了后来，航海活动的规模日益发展之后，单靠民间的力量已经很难有所突破，所以必然要倚仗一国的综合实力来推动航海技术的发展。航海文化的强盛与否，关系海洋国家的兴亡，而且航海文化的强势弱势固然与当局者的意志有关，但与历史的延续性关系更大。海洋国家如果存在比较弱势的航海文化，那就会遭到其他国家的海上入侵；海洋国家如果没有持续地推行强势航海治国方略，仅仅依靠少数几届政府的热情冲动，也很难积累起强势的航海文化，清政府时期中国的衰弱是最典型的例子。而像美国、日本这样的海洋国家，其航海政策历来处于其国策中的首要地位，所以其航海文化的强势地位也是历届政府前赴后继地推行强势航海政策而积累起来的结果。

航海文化以一个民族本身生活方式演进为基础，这种生活方式或许是为了生计，或许是为了兴趣，也或许就是毫无目的的民族天性使然。民族本身生活方式并不能保证一国航海文化的强势与弱势，但却是国家发展强势航海文化的必要条件。一个有着深厚民间航海文化基础的国家，其民族性格中必然具备勇于开拓、不畏风险的魄力和胆识。但凡有着强势航海文化的国家，一般都会具有强烈的民族自豪感，这一方面是因为航海是体现国家实力的重要象征，也代表着这个民族在世界上的地位，而离开了国家这样一个政治条件上的形态，民族就会丧失凝聚力，丧失归属感；另一方面是因为航海涉及民族生活方式的面之广，可以让每一个临海而居，甚至对航海有着向往的平民参与到航海文化建设中来，可以感觉到自己在其中所贡献的一份力量。

剖析航海文化的历史性，我们可以深切地感受到国家与民族在航海文化上的高度相关性，因此，热爱祖国这是每个公民所必须具备的信念，在航海文化建设中更具有巨大的现实意义。

我国政府明确提出要建设中国现代航海战略文化。而建设中国现代航海战略文化，就必须认真总结中国历史上传统的航海文化，总结包括郑和下西洋在内的中国古代、近代、现代航海历史正反两方面的经验，总结世界航海历史的正反两方面的经验，并根据我国经济、政治、文化和社会发展战略，形成中国现代航运发展战略思想，建立起我国航运事业正确的社会价值评价体系。郑和下西洋600周年纪念活动，是有史以来对郑和下西洋及我国航海史进行的

最大规模和最深入的一次总结、评判活动，其成果为我们丰富航运发展战略思维，建立现代航海战略文化，打下了良好基础。尤其是黄菊副总理在纪念大会上总结的历史经验，张春贤部长在纪念大会发言中关于"航运业是我国经济社会发展和对外开放的重要资源，是融入经济全球化的基础条件"；展望未来，"中国仍将是全球最具活力的航运市场之一"；弘扬郑和精神，建设航运强国，"把航运事业发展摆在更加突出的战略位置"等观点，应当成为我国航海战略文化的核心理念，并成为社会普遍认同的价值评价体系。

2. 时代性

航海是一项古老的活动，航海文化的积淀也往往是至少几个世纪的事情，但是对于一个国家和民族而言，航海文化又是最能体现其在科技、军事、经济理念上的先进性的，因此对于航海文化的时代性予以足够清楚的认识很重要。

航海文化的发展必然是与时代的要求相适应的，或者说，航海文化必然是反映时代要求的。首先，航海文化的时代性体现在国家对于先进科技的追求，科技水平是一个国家强弱的重要标志，而航海又是一国科技实力在与公民生活息息相关的实用科学领域相对比较综合的体现，反映了一国对于当前世界上科技最高水平的追求。此外，作为占国际间贸易比重最大的运输途径，航海

文化也在很大程度上反映着世界经济的发展思维，这主要体现在航运经济上，尤其像航运物流概念的兴起，更是将航海的范畴向大陆延伸，全球性或区域性航运中心的建设也成为各国积极融入世界经济，发展国内经济的重要手段。而国家能源储备战略的付诸实施，也要求航海文化在政治思想上、军事战略上保持先进性。即便郑和下西洋这样相对成功的航海活动也应科学分析。郑和下西洋是执行永乐皇帝"朝贡贸易"的使命，但由于这种贸易或贵买贱卖，或无价赠送，耗费巨大。如《明永乐实录》所记那样，"连年朝贡之使相望于道，实罢（疲）中国"。因此，永乐皇帝死后，郑和的大规模航海活动便被停罢了。

就航海文化本身具有的时代性来看，力求做到"科学航海"无疑是航海文化保持这种特性的关键所在，虽然我们现在在民间也有不少的民俗航海活动用以纪念某些历史事件和历史人物，或者是民族传承下来的某些习惯，这些当然也是航海文化的组成部分，但在今天看来，这些旧的习惯或者纪念活动并不代表航海文化本身的时代性，仅仅只是纪念而已。真正意义上的，对国家和民族有着深远影响的航海文化，必然是以时代性为鲜明特征的，必须是以"科学航海"为核心理念的。

在今天，这种对先进技术和先进理念的使用和秉承所诠释的时代性，已经成为中国航海文化建设的最关键工具。以技术为例，中国的航海文化建设始终在努力跟踪各个时期世界科技的变化，并积极地掌握使用。我们不妨看看中国航运的旗帜——中远集团在时代性方面的体现。这方面，中远集团很早就提倡无纸化办公，是国内最早应用大型计算机系统的企业之一。1980年，中远集团与日本三菱商事签订了购买富士通M-140F型计算机设备系统的合同，由此揭开打造"数字化中远"的第一页，到1987年，计算机已经在中远集团得到了广泛的应用。当大多数的企业还只用计算机进行文字处理时，中远集团已经利用高科技实现新的管理手段。

作为一个远洋运输企业，对集装箱的跟踪管理是中远的一项重要业务，传统的集装箱跟踪管理依靠手工方法，不仅费时费力，而且容易丢失，当集装箱达到几千只的时候，手工方法根本无法管理。因此，中远集团的计算机管理系统也最早应用到集装箱跟踪管理上。1981年，中远集团和上海海运学院合作开发了集装箱跟踪管理应用系统，可以随时了解各地的几千只集装箱和远洋船上的集装箱类型、数量及动态等，对分布在世界各地的集装箱进行科学管理。

1984年，中远集团在日本邮船、富士通和三菱事务软件公司的航海专家和计算机专家的指导下，开发出了"船舶动态管理系统"和"财务会计管理系统"，在各下属公司推广。"船舶动态管理系统"包括"航运调度管理"、"集装箱跟踪管理"、"计划与统计分析"三大应用软件。

当时，大多数的软件都是根据业务流程的现状进行设计，基本上是原有的业务流程的电子化翻版，但"船舶动态管理系统"是从修改船舶调度的规程入手。原来船舶向岸上、岸上向公司的汇报都是采用描述性语言，但"船舶动态管理系统"全部采用数字化、格式化、标准化语言。这种设计理念体现了管理软件要对原来的业务流程进行调整及推进管理现代化的思想。到20世纪80年代末，中远集团属下各大远洋公司均已采用计算机对船舶进行动态管理。

由此可见，计算机在中远集团的管理中必定扮演重要的角色，计算机由专业人员的科研应用到成为普通员工的岗位工具，趋势已越来越明朗。中远集团拥有上千个成员单位，船舶、员工、资产和业务范围分布在全世界，计算机技术对推进中远发展和统一管理有不言而喻的重要性。

1988年，在中远集团财务人员和IT人员的努力下，中远集团开发出了一套通用财务系统。这套通用财务系统开发出来以后，开始在广州、大连、上海、青岛、天津五大远洋公司推广。当时的推广很严格。首先对会计人员进行培训，然后布置作业，规定每人每天录入一篇5 000字左右的文章、做5个凭证，公司派人检查，不合格的就下岗。这种培训果然奏效，不仅使通用财务软件在各公司得到了顺利推广，还培养了一大批熟悉IT的会计人员。这样的管理行为与其说是向员工强化计算机业务水平，不如说是在员工中铁腕推进数字化的理念，是中远集团从经验管理向科学管理模式的转变。

管理是使理念变成行为的过程，中远集团在数字化的进程中培养了一支精干的IT队伍。他们当中既有资深的系统分析师、数据库专家、软件工程师，也有经验丰富的软件项目经理等专业人员。中远集团的管理手段因此发生了根本的变化，比如庞大的船员队伍原来是应用纸片式的调配卡，管理效率低下，差错率高，数字化科技解决了这一难题；每一艘远洋船舶都有几千张纸海图，应用起来很不方便，是一名远洋船长，提出了电子海图的设想，并最终建立起全球智能航海系统；中远集团各分支机构原来应用不同的财务软件，每到年终，集团财务部门总要加班加点进行各种财务数据的汇报、分析，全公司的年度结算要到第二年的4月才能够完成。引进SAP财务管理系统后，实现了全集团的财务统一管理，杜绝财务"死角"。现代科技从没有像现在这样对中远成长具有革命性的促进。在这个过程中，中远集团用数字化管理理念统一了全体员工的思想，成功地推进了管理创新和技术创新。

由此，我们可以得出：我们所说的强势航海文化，应当属于社会主义先进文化的一部分，要与时俱进，体现时代性。北大著名历史学家何芳川在论及文明视角下的郑和远航时说：郑和远航在文明进步历史上，树立起了一个前所未有的高度。但与此同时，在郑和远航船队的身侧，西方开启了大航海事业，那项大航海事业，根植于与郑和全然不同的文明环境之中，日益发展壮大，生生不息，终于带来了一个日渐全球化的近代世界。从这个意义上讲，西方大航海事业，虽然充满了暴力和野蛮，却在人类文明走向近代的过程中，树立起了一个更高的高度。我们在纪念郑和远航600周年的时候，全面总结历史经验，正确地传承郑和事业，有助于我们增加自觉性，减少盲目性，再树立一个文明的新高度。

我们今天弘扬和培育民族精神文化，既要反对妄自菲薄，也要反对枉自尊大，必须同时学习一切先进文化，汲取世界各民族的长处，弘扬以改革创新为核心的时代精神。打造强势航海文化，不但要弘扬郑和下西洋乃至整个中国航海史所蕴涵的航海文化优秀传统，同时要看到中国古代航海文化的历史局限性，认真汲取正反两方面的历史经验，面向现代化，面向世界，面向未来，打造民族的、科学的、大众的社会主义航海文化，发挥航海文化的熏陶、教化、激励、凝聚、润滑、整合作用，营造航运发展良好的舆论环境和文化氛围，提升全体社会成员对发展航运的支持意识和关切程度，促进航运事业健康有序和谐和可持续发展。

3. 开放性

自从国家的概念在人类活动中成型之后，大部分的航海活动就变成了主要以政府主导，以民间自发辅之的探寻新大陆活动或者不同国度的文化传递活动。秦始皇为求仙丹而派船出海找所谓的仙岛，这实际上也是一种新大陆；郑和下西洋也是明朝永乐皇帝向已知或未知的西洋各国展示天朝威仪，进行物质交换的外交活动。至于像鉴真东渡、海上丝绸之路则都是中国与隔海相望的周边各国实行经济、文化交流的典型。而西欧的大航海活动则是最为著名的发现新大陆活动。而随着地理大发现的渐渐结束，航海活动开始逐渐向全面的国与国之间的合作、交流，或者战争关系转变。所以国际性成为近现代航海文化的最主要的特征。

航海文化的国际性首先体现在国际地缘政治上，前面也提到，航海文化必然反映国与国之间的关系，但主要是隔海相望的国家之间的关系。隔海相望

21世纪交通文化建设研究与实践

的国家或需要通过航海来实现经济文化的交流，或通过航海来解决海上领土和资源的争端。其次就是体现在民族间的相互理解和共进上。很多情况下，民间的，尤其是以企业组织形式进行的往来与合作，是航海文化国际性最常规的表现。综观历史，单纯以军事威慑侵略殖民为主的航海文化，虽然也曾盛极一时，但这些航海文化基本都已经趋于没落，在更广范围内取而代之的是强调以睦邻友好为宗旨的软实力，这也是我们中国航海文化多年的历史积淀，这也让中国的航海业在经过了多年的战火和动荡之后，依然能够迅速重新崛起并屹立于世界之林。

1979年4月18日，上午10点半，飘扬着五星红旗的"柳林海"轮缓缓驶进美国西雅图港，顺利靠泊在91号码头。美国政府非常重视这次首航，在码

"柳林海"轮首次访美

头上举行了有政府高官、工商界人士和华侨等三百多人参加的、盛大的欢迎仪式。码头悬挂着"热烈欢迎中国'柳林海'轮首航美国抵西雅图"、"中美人民友谊万岁"、"热烈欢迎我们中国朋友"等中英文大横幅。整个码头人声鼎沸，鼓乐喧天。美国方面前来参加仪式的有美国参议员、运输部长、美国国家海运总署带署长、美中贸易委员会主席、华盛顿州女州长、LTV财团主席、莱克斯兄弟轮船公司主席及总裁、美国各主要港口代表等。当日晚，美方举行了有五百人参加的大型欢迎宴会，欢迎"柳林海"轮的船员。中国驻美首任大使柴泽民、中国交通部副部长彭德清也专程参加了活动。"柳林海"号的首航，在西雅图，乃至全美国引起巨大反响，各大媒体都以重要篇幅作了突出报道。在西雅图港口停靠十天，西雅图及美国各地闻讯赶来的美国朋友及华侨络绎不绝。"柳林海"号船长贝汉廷是新中国培养出来的第一代船长，几十年的航海生活，积累了丰富的经验，贝汉廷流利的英语、独特的人格魅力，使美国朋友叹服。贝船长说："我们跨越太平洋，建立

了一座桥梁——中美人民友好往来的桥梁。"

实际上，今天在中国谈航海，主要也就是在谈一种开放的精神。我们在面向海洋的同时，也面向天空，面向外太空。我们的文明意识应该超越当代西方的文明意识。我们能够从传统文化，从西方文化，从世界其他文化、文明当中汲取营养，用一种海的开阔的胸怀和眼光，来应对21世纪，来促成祖国的伟大复兴以及和平发展。

这也说明了新中国航海文化的建设者们已认识到航海文化的开放性特点。也正是因为充分认识到了航海文化开放性的特点，实施了"走出去"战略，中国的航海文化才重新从真正意义上又获得了新生。

4. 目的性

航海文化的一个非常重要的现实特征，就是它具有非常鲜明的目的性。比起过去单纯的炫耀国力和武力，易货获利，当今的海上强国的航海文化都有了更加明确的价值诉求。对于各国以交通运输为主要行业的航海文化来说，交通方式虽然多种多样，但目的只有一个，即安全、快捷、高效地将旅客或货物实现位移，航运是目的性很强的一个位移过程，它实现的是人、物、信息地域间的沟通和连通。这样，作为实现航海目的有力保障的航海文化就具有明显的目的性。其实，任何运输方式，都具

有共同的理念，强调的是以交通设施的贯通、业务能力的精通、积极良好的沟通和水陆通道的疏通，来实现平稳有序的流通和经济社会环境的畅通。例如航海和其他运输行业都是高危行业，存在一定的危险性，事故的发生率较高。自古至今，人类在保障运输安全上作了不懈的努力，形成了一种安全文化。航海的安全文化使航海人达成了某些共识，例如"船令如军令"维护了指挥者的权威；"同舟共济"需要全体成员加强团结；"一帆风顺"体现了全体成员的共同目标。这些理念经过千百年的实践，不仅成为航海人的共识，而且也成为其他交通行业的共同理念。这种理念的统一性，是由运输工具的特殊性，交通环境的复杂性，从业人员的局限性决定的。交通最大的挑战是安全，古代如此，现代更是如此。科学技术的发展，为保障安全提供了良好的基础，但是随着运输量的日益增多，运输装备的日益复杂，事故仍是整个行业的头等威胁，这就从客观上决定了需要以行业认可的文化的力量去统一思想，指导行动，保障交通事业的顺利发展。

（三）航海文化的走向

1. 行业与社会的统一趋势

在过去相当长的一段历史时期内，航海这个行业与社会并不是完全统一的。由于历史上，中国大部分的民

众长期以来一直在为民族独立和生存做斗争，因此，除了临海而居的人，其他人所处的社会生活与航海似乎并无太多联系。然而随着人民生活水平的日益提高，精神财富的日益积聚，国家地位的与日俱增，象征着国家综合实力的航海也逐渐走进了广大平民百姓的生活，不管是东南沿海，还是中西部内陆地区，普通公民越来越深刻地意识到航海业与每个人日常生活的息息相关，而在一些国内著名的航运公司纷纷登陆资本市场后，这种通过资本平台所建立起来的普通百姓与航海行业之间的利益相关性显得更加突出。曾几何时，在行业内早已是蜚声海内外的中远集团，在普通百姓心中却缺少认知度，而如今，中国远洋的股票早已经被诸多投资者视为资本市场的一颗明星，航运业的发展与社会的发展也呈现出共进退，同命运的统一趋势，而且随着以后航运企业在资本市场市值的不断扩大，同时国民经济对外贸进出口的依存度越来越大，航海文化所诉求的价值理念与社会文化所诉求的价值理念之间的统一趋势也会日渐明显。

当今的社会文化形态已经逐步脱离了传统的农业文化形态，而进入工业文化形态。工业文化形态的社会意识形态、社会价值理念、社会行为准则、社会文化心理、社会人际关系、社会道德范畴等，无不影响航海业。进步的社会文化对航海文化的内在影响，必然使航海文化更加文明进步，与社会文化更趋统一。如国家正式设立"航海日"，不仅为航海业的发展增添了助推剂，也为打造强势航海文化建立了一个广阔的活动舞台。其实，"航海日"本身就是文化范畴的活动，把7月11日定为"航海日"，更是把悠久历史文化传统与面向21世纪建设航运强国重任相连接的纽带，在国家产业政策、科研成果、航海文化与公众的关注和参与之间架起一座桥梁，是中国航海界的一张文化名片。我们要利用"航海日"这样一个法定的载体，打造强势航海文化，使"航海日"活动具有深刻的文化内涵、丰富的人文精神、独特的职业魅力，不但使业内人士凝聚更强的归属感、责任感，更要不断增强全社会对航海事业的亲切感、认同感，让更多的人，尤其是年轻人，了解"航海日"，喜爱"航海日"，认同航海事业，支持航运发展。

2. 民族与世界的统一趋势

航海文化的民族性，是指在不同的民族文化氛围中，必然产生不同特点的航海文化。航海文化的世界性，是指一个大的文化体系容纳着各个民族的文化特点，也包括航海文化的民族性特点。综观世界文化发展史，可以看到，不同地区、不同民族的文化，都在互相开放、互相交流、互相引进、互相吸取，同时又不断分化，这是各民族文化發展的一条规律，也是新世纪中国航海文化发展的规律。

海明威曾经说过：没有人可以像孤岛一样存在。同样，一个民族也不能自外于世界而存在。鲜明的民族特性是航海文化的基本特征，而国际开放性又是航海文化的现实特征，这在前面的阐述中都已经讲到过，既然同时拥有这两种特性，那么航海文化的未来特征必然是民族性与开放性的统一，这也推动着民族与世界的统一和融合。北欧航海中海盗文化曾经是古代北欧民族的一个特性，但是在当今世界，反海盗已经成了各国的共识，并且各种各样的针对海盗的联合演习也乐此不疲地到处展开，所以北欧航海中曾经的海盗文化只能是留在历史的记忆中，虽然当地也出售一些古代北欧海盗的装饰衣物，但那只是一种招徕游客的旅游资源推销手段，而不是对海盗文化的一种精神上的推崇。中国也在外交舞台中越来越体现大国的风范，并且与世界各国共同致力于打造和谐世界。而这种和谐世界一方面取决于国家利益的互相协调，另一方面也取决于民族文化的沟通理解。这与历史上通过军事对抗，民族对立来赢得生存空间的理念有着质的区别。而航海文化由于航海业本身有利于实现民族间交流的特点，也必然会在实现民族文化沟通理解的进程中扮演重要角色。

新世纪航海文化的民族性和世界性更加统一，不是与国外航海文化的简单交流，而是在保持中华民族的优良传统和价值观的基础上，广泛吸取世界各个国家航海文化建设的经验和长处，把中国的航海文化与世界的航海文化相结合，去粗取精，合成提炼，为我所用，从而形成具有中国特色的新世纪航海文化。

3. 内容与形式的统一趋势

世界上的一切具体事物都是内容和形式的统一，一定的内容由一定的形式来表现，一定的形式服务于一定的内容。文化必然同时具有形式与内容两方面，没有内容，文化就是一个虚无缥缈的海市蜃楼，经不起历史的风吹雨打，皮之不存，毛将焉附。没有形式，文化就是一个不曾雕琢的和氏璧，无法在历史上留下浓墨重彩。因此，只有内容与形式兼备，一种文化才能在历史上获得令人瞩目的成就和地位。形式是外，内容是里，只有表里如一，这样的文化才会具有影响力和内动力。前面说过，航海文化是一个开放性很高的文化形态，任何内容与形式上的不统一，都有可能因为给别人以表里不一成为阻滞交流的障碍。对于我国航海文化建设者而言，内容与形式的不统一也会影响他们对未来发展的判断，从而影响航海文化建设的进程。因此，新世纪航海文化内容与形式更加统一的特征，在航海业环境、航海业器物和航海业标识三个方面表现

航海文化 **35**

得尤为突出。

内容与形式的更加统一对于航海文化而言，其意义十分深远。中华文化体现在中国人的理想、愿景、价值观等诸方面，规范着做人做事的言行素养。中国的航海者作为中国人的组成部分，长期在中华文化的熏陶中，浓厚的中国情结使中国航海者深植了中国人的价值理念和行为规范。航海文化浸润了中华文化的灵魂，二者是一种水乳交融的渗透关系。中华文化为航海文化提供精神支柱，航海文化为中华文化丰富内涵。例如中华文化中的"义利观"，教育人们要正确处理"义"和"利"的关系，做到"义不容辞"，反对"见利忘义"。航海文化将中华"义利观"运用于海上实践，形成了航海人"见义勇为"的好传统。海上救助成为航海者的基本职业道德，不顾自身可能遭受船舶损伤、生命危险和财产损失，抢救海难成为固有的使命。中远集团历史上年年都有海上救助的动人事迹，说明中华传统美德已渗透到航海文化，成为航海文化的重要内涵。航海文化应当根据海运依托海水的关系，将中华文化融入船队建设中去，提倡"水流不息的敬业精神，水乳交融的团队精神，水滴石穿的进取精神，水清如镜的诚信精神，水润万物的奉献精神"，让中华文化在航海文化建设中大放异彩。中华文化的博大精深和航海文化的精彩纷呈构成了中国

航海文化的灿烂辉煌。

4. 功能与目的的统一趋势

功能服务于目的，目的反过来又驱动功能的强化。前面提到，航海文化具有导向及约束，凝聚及激励，外塑及发散三大功能。这三大功能使得航海文化的目的性也显得更加明确。尤其是在当前航海文化建设已经成为中国航海事业中的一个战略任务的时候，这三大功能在实现航海文化建设目的中的作用具有更加重要的意义。随着以后航海文化建设在整个航海事业中的主导地位的提升，一方面功能将越来越集中强化于目的的实现，而另一方面每一阶段的目的设计也会更加考虑到功能的因素。总之，在政府和民间已经基本完成对文化价值理念诉求的摸索之后，两者将渐趋高度的统一。

航海是人类交通中最为古老的运输方式，先人在各种交通方式中最早利用舟楫之利从事生产活动。近年来，迅速发展壮大的海运业支撑我国经济崛起，我国对外贸易对海运业的依存度达到90%，海运业已成为国民经济的重要行业，与其他交通行业一道，为现代物流作出了重要贡献。目前我国拥有海员51万人，加之陆岸管理人员以及相关产业，拥有一支庞大的职工队伍，占有丰富的航海文化资源。在航海、航空、公路、铁路和管道五种现代运输方式中，航海占据最为重要的地位。在近万

年的航海实践中发展起来的航海文化，是与其他交通文化紧密联系的一个有机整体。由于航海与其他交通运输方式的密切关系，航海文化既影响着其他交通文化的发展，也从其他交通文化中汲取营养，使之日益丰富和成熟。例如航海与陆路运输紧密联系，与内河运输融为一体，与港口建设相辅相成。航海贸易的需要，促进了海陆联运的衔接，海上作业与陆上作业的协同，航海文化植根于深厚的交通文化之中，使航海文化与交通文化相得益彰，共放异彩。交通行业被广泛认同的使命、愿景、精神、价值观、道德准则和行为规范，航海文化亦包含在其中。

更加成熟的航海文化，其作为航海业共同的思维和行为方式的机能，有助于人们实施决策，确定明确的经营思想和目的；明确的经营思想和目的，已成为航海文化不可缺少的重要组成部分，成为航海业区别于其他行业的重要标志，更能激发人们为实现经营目的而自觉地行动。航海文化的功能越完善，越能更好地从各方面促进和保证航海业经营目的的实现。

5. 群体与个体的统一趋势

航海文化的群体性，规定着航海业群体的综合素质；航海文化的个体性，要求航海人具备良好的个体素质。航海业工作者的个体素质好，不等于群体素质好；群体素质是航海业工作者之间有机的综合素质表现，而不是个体素质的简单相加。航海业是一个特殊行业，这种特殊性表现在文化上，体现了行业文化的特色。航海与海有关，与水有关，与天象有关，与气象有关，人的感性认识和科学技术的发展，形成了航海者对与航海有关的诸事物的认识程度。例如过去科学技术不发达，应对风暴等自然灾害能力差，往往借助神的力量祈求平安，产生了海神文化、妈祖文化；航海需要定方位辨方向，察天识水考验航海者对自然的认识能力，形成了人定胜天的思想。

航海文化群体与个体更加统一的特征，主要表现在以下几个方面：一是航海业群体和个体对航海业的目标趋向认同，形成统一的使命感和责任感；二是航海业群体和个体都有将追求本身价值的体现，形成一个价值的统一体，从而产生很大的自激力和自导力；三是在航海业个体素质增强的同时，航海业的群体力量不再是个体力量的简单相加，群体和个体成为具有"新增值"的系统力量；四是群体与个体将更加和谐，融洽的人际关系将使个体之间、群体内外互相理解和支持，使航海业产生强大的凝聚力；五是随着航海业领导人的个体素质不断提高，及时有效地调整航海业群体的思维方式和价值理念，使航海业群体的航海文化转换到位，共建生机勃勃的航海文化。

6. 继承与创新的统一趋势

航海文化来源于历史的、长期稳定的东西，这些如今仍在各种群体中起作用的东西就形成了航海文化的传统。如在航海文化中反映出来的经营哲学传统、价值标准传统、行为准则传统、伦理道德传统、经营方式传统、人际关系传统等。这些在历史过程中形成的传统，在稳定性和延续性的作用下，渗入现代航海文化的各个要素中，并在航海业成员的心理调整和管理控制中其作用得到加强。同时，我们还意识到，中华文化源远流长，在历史长河中不断注入新的内涵，创新使她始终保持魅力。古人提倡"苟日新，又日新，日日新"的观点，根据万事万物的变化，赋予了"与时俱进"的新内涵，使思想观念与时代发展同步，运用前瞻性的眼光去探索新的事物，推动了事物的发展。社会不断向着进步方向发展，航海文化也在不断发展变革。航海文化之所以有强大的生命力，其根本也是在发展过程中，融入中华文化的创新理念，善于学习世界上先进的科学知识，探索航海的奥秘，不断开拓了新的航线、新的市场、新的领域，创造出丰富的航海精神。在航海文化发展变革的过程中，航海文化建设将消除消极、落后的传统，肯定积极、进步的传统，将更加适应时代和航海业发展的要求。郑和下西洋成为中国航海者勇于开拓创新的典范，当代航海者在旧中国积贫积弱的"白纸"上，描绘了最新最美的创新画卷。自1951年中波轮船股份公司成立和1961年中国远洋运输总公司成立以来，新中国的航海事业不断地创造出一个又一个"第一"，刷新了一个又一个"记录"；同时，航海者接触面广，眼界开阔，不仅在改造自然的斗争中积累了丰富的经验，而且在外部世界中接触到许多新鲜事物，具有开放性的特质。在中国的对外交往中，航海界发挥了独特的作用。古代的海上丝绸之路，在发展贸易、引进技术、友好往来等方面发挥了巨大的作用，向外部世界宣传了中华文化，传播了中华民族美德，带来了别国的先进技术、先进装备。航海文化具有悠久的历史，在世界进入知识经济时代后，当代航海者汲取了旧中国一段时期闭关锁国导致落后的教训，航海文化与先进的科学技术相结合，体现出鲜明的时代特征。在改革开放的今天，航海界更是以继承和创新的姿态，兼收并蓄地学习世界上一切先进的东西，发展自己的事业，使中国成为名副其实的航海大国航海强国。

21世纪交通文化建设研究与实践

第二章　航海文化的历史坐标

一、航海文化的形成

客观地说，航海文化是伴随着航海活动的产生而产生的。所以，有了航海活动，就有了航海文化。发展到21世纪，我国许多航海企业开始进行企业文化建设，率先开始探索航海文化建设工作。2005年国家设立"国家航海日"更是奠定了航海文化建设的基础，本次2006年交通部组织的包括航海文化在内的22个子课题的交通文化建设工作，正式拉开了航海文化建设的序幕。所以，回顾我国悠久的航海历史和深厚的航海文化，可以把我国航海文化的形成分成两个阶段，第一阶段是从航海活动出现到20世纪末的自发形成阶段。在这个阶段，我国的航海文化一直处于自发形成的状态中，随着航海活动的产生、发展而自然而然地产生、发展；第二阶段是从21世纪初至今的自觉建设时期，在此阶段，我国航海管理部门、航海企业已经意识到航海文化的重要意义，开始有意识地进行航海文化建设工作，当然，现在还处于刚刚起步阶段。

（一）自发形成阶段

航海文化是随着人类的航海活动的产生和发展而产生、发展的，是人类文明发展的产物。所以，无论有意识地建设与否，航海文化都是客观存在的。航海文化看起来虚无缥缈，但在现实航海活动中却又无所不在。航海文化是融化在航海活动中、航海人的行为中的。自从航海活动出现以来，航海者在漫长曲折和充满风险的航海实践过程中，形成了许多行为方式、精神财富、物质财富，这些就是我们所说的航海文化，它包括海上航运、海上贸易、海上捕捞、海上军事活动以及航海意识和政策、航海科学技术、航海精神、航海宗教民俗、航海文学艺术等诸多方面的内容。

我国悠久的航海历史造就了灿烂的航海文化。2002年，考古学家在浙江萧山的跨湖桥发现了距今八千年的独木舟。由此，中国有文字记载的历史虽然有五千年，但是中国的航海史可以推断到八千年以前。在新石器时代晚期，我们的祖先已能用火与石斧"刳木为舟，剡木为楫"。在"航海起步时期"的夏、商、周年代，中国就已开始与日本列岛、朝鲜半岛、中南半岛通航。据

《朝鲜列传》记载，最大规模的跨渤海航行发生在汉武帝元封二年，即公元前109年。而据《中国航海史》论断，汉武帝在晚年又开辟了两条国际航线："一条从山东沿岸经黄海通向朝鲜和日本；另一条从广东番禺、徐闻、合浦经南海通向印度和斯里兰卡"。

三国时，孙权(182~252年)曾组织多次远航，到达台湾、海南岛和东南亚各国，故被历史学家称为"大规模航海倡导者"；曹魏则与日本的海上交通已有了固定的航线，并逐渐形成跨越黄海的"南道"航线，即以建康为起点，出长江口后转航向北，至山东成山角横跨黄海，抵达朝鲜半岛南部，过济州海峡、对马岛、壹岐岛后到达日本。到唐代，这条航线成了连接中国内陆、朝鲜半岛和日本列岛的最重要的航线，大唐、新罗、倭国三国间的国使、商贾、僧侣都频繁地来往于这条航线。隋唐五代到宋元时期，中国航海业全面发展起来。在以罗盘导航技术为标志的航海技术取得重大成就之后，中国领先西方进入了"定量航海"时期。明代郑和(1371~1433年)七下西洋，经过南海、横越印度洋，访问亚非几十个国家，最远到达东非索马里和肯尼亚一带。他打通了由中国横渡印度洋到波斯湾、阿拉伯海、红海以及东南非洲的航路，在亚洲和非洲之间建立了广泛的海上国际交通网路，是地理大发现的先导，不仅将

中国的航海业推向顶峰，也在人类的航海史册上留下了永垂不朽的英名。这一壮举是航海历史上的一大奇迹，同时也是人类认识世界和征服世界进程中的一座重要里程碑。中国清代思想家梁启超感叹地说："及观郑君，则全世界历史上所号称航海伟人，能与并看者，和其寡也。"

潮起潮落。随着中国封建主义日趋保守与僵化，从明初达到航海强国鼎盛之后而逐步衰落，特别是鸦片战争之后，中国成为受人欺凌的穷国和弱国，中国的航海业也随之一落千丈。明朝中后期，采取了"禁海"政策，焚毁出海船舶，阻断海外交通，开始闭关锁国。清朝建立以后，还一度实施"迁海"法令，制造沿海50里无人地带，规定"片帆不许下海"。这种"禁海"政策严重阻碍了中国航海事业的发展，导致中国经济文化越来越落后，与西方国家的差距越拉越大，使原来走在世界前列的中国航海事业长期陷于停滞乃至衰退的境地。

鸦片战争后，中国开始逐步沦为半殖民地半封建的国家，西方列强迫使清政府签订了一系列不平等条约，导致中国航权全部丧失，使中国海上和内河航运的命脉完全掌握在外国人手中。随之而来的是外国航运势力的入侵，英、美、德、日等国纷纷在中国设立航运公司，如旗昌、太古、怡和、日清等航运

公司基本上垄断了中国的近海、内河和远洋航运，使中国传统木帆船航业迅速陷入全面破产的悲惨境地。

辛亥革命后，中国航海事业虽有所发展，但极为缓慢。抗战胜利后，国民党政府通过接收日伪船只和购买美国的剩余船只，增加了商船吨位；民营轮船业也一度得到转机，建立了江海船队。但是国民党政府并不思重建家园，很快在全国发动了内战，这些船队也就完全成了他们进行内战和经济掠夺的工具，使中国航运业的发展势头昙花一现，转瞬即逝。

新中国成立后，中国航运事业才真正走上了全面恢复与重新振兴之路。特别是改革开放以来，健全和完善了航运管理体制，为中国海运业的发展注入了强大的生命力，航运事业获得了史无前例的大发展。建立起了比较先进和完整的现代化的航运体系，开辟了中国通往世界各大洲航线上百条，悬挂五星红旗的庞大的中国远洋船队航行于世界绝大多数沿海国家的数百个港口。在国际海事组织中，从1989年始，中国连续9届当选为A类理事国，成为世界所公认的航运大国。

综观我国的航海历史，在航海文化自发形成的阶段，航海活动的目的主要有两个。

一是经济目的。航海活动产生的根本原因是人类利用其"渔盐之利，舟楫之便"，也就是扩大生存途径，拓宽生存领域，从海洋中获得生活资源。特别是，中国海洋文化的基础和本质是"以海为田"，即立足于开发本地域的海洋水产等资源，而不立足于以海洋作为通道获取远方的财富。

二是国家战略目的。航海被作为扬国威、谋和平、建强国的途径。例如600年前的郑和下西洋背负着明朝政府扬国威、促和平的使命，本着"怀柔远人"，"和顺万邦"，"共享天下太平"的宗旨，倡导"王道"，反对"霸道"。同一百年之后的西方航海家不同，郑和既没有"普天之下，莫非王土；率土之滨，莫非王臣"，建立殖民地；也没有烧杀掠夺，抢了就跑。郑和从中国的东海岸向南、向西，一路播撒中国古代的先进文明，馈赠礼品，迎送使节，平等贸易，参与宗教礼仪，一路留下的是友好交往的佳话。郑和下西洋不仅带去了瓷器、工艺和文化，更架起了中国与世界沟通的友谊桥梁，建立并巩固了海上丝绸之路，传播中华文明，输出先进的科学技术，在本来战火纷飞的亚非世界开创建立了和平秩序，为世界文明进步作出了巨大贡献。充分体现了中华民族热爱和平、睦邻友好的传统美德。

而新中国成立后，更是本着振兴中华民族、建立富强国家的目的，在一穷二白的基础上艰苦奋斗，终于在今天建立起了从海洋研究、海洋开发到海洋管理一整套运行系统。在研究领域，建立了完整的学科体系，可与世界先进国家的海洋科学接轨，部分领域接近和达到了世界先进水平；在开发领域，进行资源的发现、开发与保护；在管理领域，已建立起了以国际法和公约为基础的中国海洋法律体系，其中《海域使用管理法》是世界上的第一部。

在经济目的、国家战略目的的统领下进行的航海活动中，产生了许多物质财富和精神财富，这就是航海文化。例如，郑和下西洋，表现的是和谐与和平、忠于祖国、勇于献身、艰苦奋斗及"以和为贵"的思想，凝聚着中华民族开放进取、和平友好、交流合作、经略海洋和敢为天下先的优秀品德，以及历代航海人吃苦耐劳、勇于探索的精神。新中国建立后，政府表现出了捍卫主权、维护和平的决心，发展经济、振兴强国的追求，改革开放、接轨国际的意识，航海运输企业表现出的报效国家、开拓创新的意识，以及航海人的爱国情操和坚韧品格；改革开放及市场经济条件下，我国政府和航海业更是本着科学发展、持续发展的原则，科学管理意识、市场导向意识、文化包容意识、队伍建设意识；航海人身上表现出时代所需要的安全意识、职业精神、环保素质。所有这些可贵的品质，无不在人们的思想、品格塑造方面发挥着作用，促

进了我国历史的发展，值得后人继承和弘扬。

在航海物质文化方面，从秦始皇统一中国开始，经汉、唐、宋、元至明朝初年，是中国封建社会发展的兴盛时期，也是中国海运业快速发展的时期，从公元前3世纪到公元15世纪这段长达1 800年的漫长岁月中，中国的航海事业与航海技术始终居于世界领先地位。英国研究中国科学技术史的专家李约瑟博士曾列举西方造船和航运等方面的许多原理落后中国达10个世纪以上。虽然中国有段时间处于落后境地，但新中国成立后，我们奋起直追，如今，我们的远洋船队已跃居世界前列，拥有国际少有、亚洲仅有的两艘国际最先进的半潜船"泰安口"和"康盛口"轮。

（二）自觉建设阶段

1984年前后，企业文化作为一种新的管理理论被引入我国，迅速得到了中国企业管理理论与实践界的积极回应。21世纪初，中国各界进入企业文化、组织文化建设的高潮期，航海业界也开始探索航海业内文化的建设工作。上至交通部，下至航海企业，都对航海文化建设给予了高度重视，表现出了很高的积极性，使我国航海文化由自发形成阶段过渡到自觉建设时期。

1.提升海运企业竞争力

为了提高我国海运企业的实力，

我国政府对海运企业逐步实行经济体制改革。1978~1984年，实行政企分开，减政、放权、搞活、让利，企业独立核算；1985~1986年，实行调整、整顿政策，抑制经济过热和双轨制问题；1987~1991年，实行承包经营、经理负责制、目标责任制；1991~1995年，转换经营机制，企业所有权与经营权分离；1997~2002年，深化国企改革，建立现代企业制度，实行股份制；2003至今，企业改制，实行产权多元化，彻底将企业推向市场，参与公平竞争。

在对外开放沿海运输权方面，政策从1987年禁止到1992年转变为适度放开，再到1993年保留批准权，规定合资挂中国旗；在国际海洋运输业方面，对外资企业逐步实行市场准入与国民待遇，1985年允许外商开办合资海运公司；在港口服务业方面，1992~1994年期间实施了公布价格统一化，实行无差别国民待遇；在海运辅助服务业，允许集装箱内陆服务经批准可合资多式联运，实行无差别无歧视政策；运价方面实行公平竞争。我国在加入WTO谈判中在海运方面承诺：无货载方面的限制；允许外商在华设立中方控股的合资船公司并可享受国民待遇；允许外商设立合资企业从事海运附属服务并享受国民待遇；保证外国船舶可在不受歧视和合理的条件下使用港口服务。

经营机制的转换彻底将我国海运企业推向国际竞争市场，去接受国际竞争的洗礼和考验。同世界上先进国家的企业竞争，在竞争中站稳脚跟，海运企业必须加强企业文化建设，提高自身核心竞争力。因此，我们要建设具有综合竞争力的航海企业，就必须坚持两手抓，一手抓经济发展，一手抓企业文化建设。

2. 打造航运强国的实力

纵观历史上世界各国强弱的更替，有着各种各样的原因。但其中有一条规律为史学界所普遍认同，那就是强于世界者必胜于海洋，衰于世界者必败于海洋。21世纪是海洋的世纪，是向海洋开发的世纪。因此，发展海洋事业，始终是每一个沿海国家所面临的战略任务。航海作为海洋事业中一个非常重要的组成部分，对任何一个沿海国家的发展来说，无疑发挥着基础性的、关键性的作用。

现在，我国是一个航海大国，还不是一个航海强国。虽然我国有世界上著名的船舶公司，如2005年，我国的中远集团和中国海运两大国有骨干企业双双进入世界前十大班轮公司行列。我国许多港口的货物吞吐量进入了世界前10名，如2006年，我国的上海港、宁波港、香港、广州港和天津港均进入了世界港口货物吞吐量前十强，占据了

"半壁江山",上海港更是将雄踞世界第一达二十年之久的新加坡港拉下马,自己取而代之成为第一;同样,在世界港口集装箱吞吐量前十名的港口中,也有香港、上海港和深圳港的身影出现。我国拥有规模庞大的商船队,目前我国拥有2 315艘国际船舶,5 414万载重吨,位居世界第四。如果再按照船舶的种类排名,我国拥有世界第九大油轮船队,第三大散货船队,第二大杂货船队,第七大集装箱船队。但中国仍然没有进入航运强国行列,我们距离航海强国仍有一段差距,需要实现由航海大国向航海强国的转变。

真正的航海强国还应该包括以下两个方面:第一,应该体现出一个国家的海运总体竞争能力;第二,应该体现出一个国家海运业的综合影响能力。从这两方面考察,我们显然还有很多的路要走,还有很多的工作要做。2001年2月,交通部在《关于航运业结构调整的意见》中,明确提出了要把我国由航海大国建成航海强国的目标,"到2020年,我国要实现水运业的现代化,实现由航运大国向航运强国的转变",并在《公路、水路交通发展三阶段战略目标》中具体列明了实施航运强国战略的阶段任务与若干措施。与航海强国战略确立相适应,经国务院批准,自2005年起,每年7月11日为中国"航海日",同时也作为"世界海事日"在我国的实施日期。

建设航海强国是我国实现中华民族伟大复兴的重要一环。中国海域较为辽阔,中国的领海38.8万平方公里,专属海域面积约为300万平方公里,大陆海岸线长18 000余公里。中国东南直面西太平洋,南部与南洋各国相望,近抵太平洋与印度洋的结合部,直逼两大洋的交通咽喉,扼制战略水道,居于较为有利的地区战略地理位置。特别是中国居于亚太地区的中心,亚太是当今世界三大经济区之一,也是世界经济发展最为迅速的地区。但与北美、欧洲经济区有一个非常大的不同点,亚太地区多数国家被海分隔,需要以海为媒沟通联系,以海为路进行经济交往,北美经济区的美国、加拿大濒临3个大洋,欧洲经济区则是由一块完整的大陆和大西洋构成,而亚太区相对来说比较分散。因此,海洋对亚太各国有着无法替代的重要作用,这种独特的地理形势为我国发展航运业带来了难得的机遇。中国要实现民族的伟大复兴,必须着力建设航海强国。

航海强国的建设离不开航运文化。航海文化是航运强国的内在精神与素质,是一国成为航海强国的内在动力和外在表现,是航海强国始终保持旺盛生命力的源泉。考之史证,任何一个航海强国无不拥有着深厚的航海文化。近代历史上的英、美、日、俄等航海强国，之所以能在世界航运界发挥重大作用并产生广泛的影响，其厚重的航运历史积淀而成的厚重的航海文化是一个非常重要的原因。毛泽东在《论新民主主义》中有一段话："一定的文化（当作观念形态的文化）是一定社会的政治和经济的反映，又给予伟大影响和作用于一定社会的政治和经济。"没有文化作为强大的动力和保证，经济不可能有长期的、持续的发展。因此，挖掘和发展航海文化，弘扬航海文化，通过航海文化建设提升航海人的价值观，通过向全社会宣传我国"热爱祖国、睦邻友好、科学航海"的优良传统，宣传我国航海事业的辉煌成就，获得社会的广泛认同和支持，从而促进我国航海业的发展，既是贯彻落实航海强国战略的应有之举，也是实现中华民族伟大复兴的紧要一环。

3. 建设优秀的社会文化

我们现在正在全力建设小康社会、和谐社会，实现中华民族的伟大复兴。为了实现这一历史目标，需要中华民族具有开放的胸怀、广阔的视野。从我们的传统文化来看，我国人民发源于黄河、长江两岸流域，肥沃的土地以及丰富的河流资源已经使人们习惯扎根于这种自给自足的经济，这就限制了人们朝海洋开发的意识。与种植、捕鱼这种纯粹的体力消耗相比，航海显然更具危险性。而且，在古时候，人们也只能利用海洋的渔业资源，这些鱼在内陆湖泊依然可以捕获，那么，为什么还要冒着生命危险去探索那变幻莫测的海洋呢？

其次，一方水土养育一方人，正是因为地理因素的差异使得中华民族在性格上有着自己的特性。我国的文化宣扬的是一种中庸之道，内敛之美，我们不会争强，也避免过于好胜。我国自古有训：父母在，不远游。这种特性也使我们放弃了对未知领域的探索，安于已知的事务。另外，我国并不像欧洲国家那样，身边都是长于航海的邻国，有一个迫使其航海发展的外在因素。在那样的环境下，如果自己不求发展，就只能被他国牵制。在东方，我国的文明一直处于领先水平，我国在外交上所做的也都是传授先进的技术和文化知识，而且我们从未感到过其他国家会对我们造成威胁，又怎会担忧海防之患。由此，我们的传统文化中稳定意识有余而探索精神不足、和睦意识有余而竞争思维不足。

而航海文化正好弥补传统文化中的这些不足。航海文化有以下四个最显著的特点：一是大气。所谓"大气"是指一种胸襟，一种宏观的气度与气魄，表现为非凡的想象力，海阔天空，不受羁勒。二是前瞻。航海的目的是到达彼岸。彼岸就是一个未知的世界，具有无限的吸引力。正是由于对彼岸的向往，人类才扬帆远航。郑和七下西洋、麦哲伦环球航行与哥伦布发现新大陆就是在向往与前瞻的鼓舞下完成的。彼岸不仅是航程的目的地，也是精神的动力源，劈波斩浪，一往无前，是对自然极限与自身极限的一种挑战，需要一种恢弘的境界和前瞻的思维。三是创新。大海亘古常新，具有恒定与变动两重特性。今日世界日新月异，竞争激烈，不能抱残守缺，必须着眼未来。既拥有传统，又享受现代。四是包容。"海纳百川，有容乃大。"海洋文化的另一个重要特征是它的包容性与多元化，包罗万象，涵盖古今。

航海文化的真谛意味着一种眼光，一种胸怀，一种不安于现状、勇于开拓、不断进取的精神，它可以运用于我们工作、生活的各个方面。克服自鸣得意、沾沾自喜、安于现状，"小富即安"思想。

一个国家，一个民族，只有领悟航海文化的真谛，自强自信，敢于创新，敢于取人之长，补己之短，方能自立于世界民族之林。同时，文化的包容性与多元化，不仅表现在物质文化形态的营造，更重在心灵世界的构建，尤其重要的是给青少年一代的成长提供一个多元的潜移默化的文化环境，塑造健全的个性，培养独立人格与创造精神。此外，海洋文化的包容性是积极和动态的，是主动接纳而非被动承受。当代世界的开放与竞争是同步的，既有经济的竞争，也有文化的竞争，谁主动占领了制高点，就能抢占先机，赢得主动。

通过建设航海文化，可以大力弘扬航海文化的特质，发挥航海文化的熏陶、教化、激励、凝聚、润滑、整合作用，营造航海业发展的良好舆论环境和文化氛围，提升全体社会成员对发展航海业的支持意识和关切程度，促进航海事业健康、有序、和谐和可持续发展。同时，可以使航海文化中的开放、探索、进取的精神，传达到社会大众的意识中，为新型的社会文化的塑造提供积极、强大的力量。

正是时代的需要，要求我们通过航海文化建设来增强航海业的凝聚力、提升航海业的影响力，促进航海业又好又快发展，推动我们实现航海强国之梦以及和谐文化、和谐社会建设。

二、航海文化建设的现状

"谁控制了海洋，谁就控制了世界"，这是美国著名军事思想家马汉在《海权论》中的经典论断。海洋占据了整个地球的三分之二，随着现代科学技术的不断发展，海洋价值逐渐被人们所认识，成为世界关注的焦点，被列为各国发展战略的重点领域，21世纪也因此被世界公认为"海洋世纪"。

中国是有着悠久航海历史的国家。回顾往昔，我们拥有着扬眉吐气的光荣和自豪，也品味过刻骨铭心的落后和耻辱。历史证明，航海，关乎国家的命运、民族的前途。今天，为了促进我国航海事业又好又快发展，为了全面建设社会主义小康社会，更为了中华民族的伟大复兴，我们需要建设先进的航海文化。

（一）航海文化建设的基本情况

航海文化随着航海活动的发展而产生，体现在航海活动中的海运组织和航海人的思想和意识之中，融化在海运组织的经营管理活动和航海人的言谈举止当中。所以，从本质上来说，航海文化是已经存在着的，我们这里的"建设"是指"建设先进的航海文化"，是在分析、总结现有的航海文化的优秀因素的基础上，根据未来发展战略制订能指导和支撑我国航海事业未来发展的航海文化，是自觉性的、有意识的建设活动。

现在，我国的航海业发展迅速，对航海文化的建设也日益重视，航海文化建设逐渐由自发性向自觉性过渡，并且自觉性越来越强。如许多海运企业已经开始有意识地建设自己的企业文化，制订了企业文化建设规划和企业文化文本，开展企业文化宣传和培训工作；政府主管部门、航海行业协会也日益认识到航海文化建设的重要性和导向性，积极推动航海业进行航海文化建设，如交通部开展的模范人物的宣传、企业文化建设优秀典型的宣传、航海文化建设课题研究等活动。

但是，我国的航海文化建设还存在诸多不足，需要在总结现有航海文化的基础上，根据未来发展战略，形成先进的航海文化，也即在原有基础上建设先进的航海文化。为了更好地建设航海文化，下面我们从政府航海战略和管理文化、航海组织文化、员工行为文化、航海物质文化四个方面对我国航海文化建设现状进行总结、分析。

1. 以我国政府战略为主导的航海管理文化

历史证明，什么时候实行对外开放、积极扩大对外经济文化往来，国家的航海事业以及整个国民经济和社会文明就会得到促进，走向繁荣和进步。相反，闭关锁国只能使本国经济停滞和衰退。从明朝中叶到鸦片战争，300多年的闭关自守使中国贫穷落后、愚昧无知。新中国成立后，吸取历史经验和教训，我国政府一直对航海业的发展极为重视。

新中国成立初期，我国国民经济百废待兴，发展国民经济，新中国着手开创海运业。1949年中央人民政府交通部成立，分设海运、河运和航道工程管理三个局，在大连、上海、广州成立三个海运分局。同时，积极发展沿海运输，促进国内货物交流；大力开展国际间海运合作，1950年与波兰合作，建立中波海运公司，1955年与捷克政府以代营方式合作；没有船舶，就进行船舶租赁，成立了中国外贸运输总公司；租用华侨华商船舶，管理其参与祖国外运；对国际海运代理业务统一经营和管理，并建立自己的运价系统。1958年又成立交通部运输局，加快组建远洋企业和船队；1961年成立中远总公司和广州分公司，组建了第一支远洋船队，利用贷款买船的方式，发展国营远洋运输船队。

1978年党的十一届三中全会后，政府工作重点重新转移到经济建设上来，对海运政策进行了重大调整改革。1981年，第五届全国人民代表大会第四次会议上，政府提出"若干年内中央的投资，应该首先考虑交通包括港口建设的需要。对吞吐能力不足的港口，必须首先加强技术改造。同时，要充分利用沿海的海运能力"。1983年又提出"有水大家走船"的口号，鼓励各地方、部门、行业、国营、集体、私人一起发展水运；1984年对远洋船舶归口管理；1985年对国际海运加强管理。在港口管理体制改革方面，原中央直属所有港口下放地方，改制为企业化。

改革开放以来，逐步取消了对本国船队保护政策。1988年取消了货载保留；1992年统一了中外船舶港口使用费标准，港口使用费平均提高1.5~2倍；1994年取消了造船贷款的优惠利率，取消了国内造船免缴增值税和进口设备关税的政策；1994年税制改革后，取消了税前还贷的优惠，所得税一律改为33%；在营运补贴政策方面，由20世纪80年代前计划经济的国家包揽政策转变为市场经济的自负盈亏政策。

同时，对海运企业逐步实行经济体制改革。实行产权多元化，彻底将企业推向市场，参与公平竞争。逐步对外开放沿海运输权；允许外商设立合资企业从事海运附属服务并享受国民待遇；保证外国船舶可在不受歧视和合理的条件下使用港口服务。

为了规范航海业的发展，政府还制定了一系列法律法规。如1984年1月1日起施行的《中华人民共和国海上交通安全法》；1993年7月1日起施行的《中华人民共和国海商法》；2002年1月1日起实施的《中华人民共和国国际海运管理条例》；2003年6月《中华人民共和国港口法》诞生；2004年6月1日起施行的《外商投资国际海运业管理规定》。

同时，政府积极加入各类国际航运组织和国际组织、国际条约，如在1973年我国加入联合国国际海事组织，2001年加入世贸组织，为我国航海业的发展创造了宽松的环境。

在全面建设小康社会和谐社会的新阶段，党和政府给航海业的发展指明了新的方向。2002年11月，党的十六大及国务院政府工作报告适时地提出实施海洋开发战略、全国经济规划等重大决策，确立了新时期我国海洋事业发展的重要战略任务；2005年，在郑和下西洋600周年之际，将每年7月11日作为"航海日"，同时也作为"世界海事日"在中国的实施日期；2006年3月《中华人民共和国国民经济和社会发展第十一个五年规划纲要》制定。其中，在第十章《振兴装备制造业》中提出："壮大船舶工业实力，加强船舶自主设计能力、船用装备配套能力和大型造船设施建设，优化散货船、油船、集装箱船三大主力船型，重点发展高技术、高附加值的新型船舶和海洋工程装备。在环渤海、长江口和珠江口等区域建设造船基地，引导其他地区造船企业合理布局和集聚发展"。在第十六章《拓展生产性服务业》中提出："积极发展水路运输，完善沿海沿江港口布局，重点建设集装箱、煤炭、进口油气和铁矿石中转运输系统，扩大港口吞吐能力。改善出海口航道，提高内河通航条件，建设长江黄金水道和长江三角洲、珠江三角洲高等级航道网。推进江海联运。"在2007年全国水运工作会议上，提出了"加快推进水路交通现代化是水运行业落实科学发展观、做好'三个服务'的重要举措"，提出了"到2020年总体实现水路交通现代化的目标"重大战略决策。

我国政府在管理航海业、促进航海业发展的过程中所采取的这些方针、政策、措施，是和政府在海洋战略和航海管理上一系列战略思想分不开的。这些战略思想也就是政府的航海战略文化和航海管理文化的内涵。这些思想包括如下内容。

（1）捍卫主权、维护和平的决心

中华民族曾经开拓过辉煌的海洋事业。但是，明朝至清朝时期，朝廷在开海、禁海、迁海的圈子中反复徘徊，中华民族在海洋领域的落后，造成的主权丧失、子民涂炭。

分析我国的地理环境，我国自北向南，完全处在岛链形成的半闭海状态和包围中。没有强大的海洋力量，就无法保证安全的出海通道和海洋国土安全。新中国成立后，中国开始实施海洋开发，克服重重困难开辟海运航线、建立远洋船队，以维护我国海洋国土安全、海洋权益安全，并为实现祖国和平统一提供基本保障。

中国发展航海业、建立海洋强国的目的不是为了争霸，而是维护世界和平，防止少数国家称霸，破坏国际和平环境。明代郑和七次下西洋不是为了掠夺其他地区的资源和财产，而是广泛传播文化与和平，今天的中国人依然秉承和平的思想，坚持"走向海洋、和平崛起"的理念发展航海事业。

（2）发展经济、振兴强国的追求

在中国，航运交通具有重要的地

位。沿海航运是沟通国内南北经济的重要纽带，促进了国内经济的繁荣和发展，为人民生活和工业发展提供了丰富的物资；而远洋航运是我国外贸的关键途径，可以使我国同其他国家互通有无，在全球范围内优化资源配置，提高生产效率，提高国家竞争力。现在外贸运输九成左右通过海运完成。同时，海上运输已成为中国石油、煤炭、钢铁等有关国计民生的战略性资源进出口的重要通道，关系国家的经济安全、政治安全和军事安全。另外，海运市场还会带动港口业和外代、物流、船代等相关产业的发展。

所以，从新中国成立起至今，政府对航海业一直极为重视。不同时期发展战略的制定、管理体制的改革、管理措施的调整、法律法规的颁布实施，无不着眼于适应国民经济发展的需要，提高我国海运的管理水平，提高在国际海运中的地位和国际竞争力，保证国家和人民的最高利益。

经过50多年的建设，如今，我国已成为现代海运大国，船队规模排世界第5位，对外经济贸易持续增长，经济实力不断增强，现代化进程一直加快，国际竞争力逐步提高。

（3）改革开放、接轨国际的意识

从我国海运的发展历程可以看出，我国政府在不断优化管理观念和政府职能，深化改革管理体制和经营体制；随着政治、经济体制改革把企业推向市场，取消保护，并对海运企业进行现代企业制度改革。同时，加快法规建设，由政府文件、暂行管理办法向行业法规和国家立法转变，减少政府干预，加强市场监管。另外，勇于开放国内海运市场，从对国内海运市场进行封闭保护改变为有限制地对等开放；给外资海运企业以市场准入和国民待遇；同时，积极走向世界，加入国际性航海组织，学习国际惯例，同世界接轨，融入全球经济的发展中。正是这一系列改革开放、接轨国际的措施，使我国的航海事业达到了世界先进水平。

（4）科学发展、持续发展的原则

历史经验告诉我们，强于世界的民族必盛于海洋，盛于海洋的民族必强于世界。海洋与一个国家或民族的兴起和衰落有着直接联系。而中华民族现代文明的伟大复兴，必须振兴海洋经济。《中国海洋21世纪议程》就提出了可持续发展海洋的理念。

海洋是人类社会可持续发展的宝贵财富和最后空间，是能源、矿物、食物和淡水的战略资源基地。我国政府已经深刻意识到，我国人口众多、资源相对短缺，许多关系国计民生的战略物资需要航海作为纽带。发展航海业，有助于缓解地球环境污染、能源危机、资源枯竭等全球性问题。

2. 以航海运输企业为主体的航海组织文化

与航海有关的组织都应属于航海组织。根据在航海业中发挥的不同作用，航海组织可以分为三类：一是代表政府对航海业实行宏观管理的交通部以及下属的海事局、水运司、救捞局等；二是海运方面的非政府组织，如中国船级社、中国船东协会、中国航海学会等；三是航海运输企业。

这些组织多数已经认识到航海文化的重要性，开始有意识地建设本行业或本组织的组织文化。例如：交通部对包括航海文化在内的交通文化建设非常重视，展开了全面深入的建设活动；海事局开展的海事文化建设活动也已初见成效；每年举办的"航海日"活动，也对中国悠久的航海文化及民族精神的传承和发扬具有重要作用。

航海运输企业是航海组织文化建设中的生力军。海运企业包括国内海运企业和国际海运企业，其中较有代表性的企业有：中国远洋运输（集团）总公司、中国海运（集团）总公司、中国对外贸易运输（集团）总公司、中国长江航运（集团）总公司等。

与我国的其他行业企业相比，海运企业有着自身显著的特点：一是肩负着政治使命和发展经济双重目标；二是在进行国际贸易往来的过程中，较早投入到国际竞争的环境中，接触到国际规则的熏陶；三是由于分支机构点多、面广、线长，具有流动性、分散性、涉外性、艰苦性、危险性以及跨地区、跨所有制、跨国经营的特点，管理更为复杂。我国海运企业结合本行业特点，开拓创新，不断进取，在发展和运行中形成、积累了许多宝贵的精神财富。这些精神财富是我国航海业持续发展的基石，需要认真传承下去。

（1）报效国家意识

我国绝大多数海运企业都是国有企业，船舶又是联系国内外的重要纽带，不仅关系企业自身的利益，而且代表着国家的形象、声誉，甚至关系着国家的命运。所以，我国的海运企业意识到：我们是党和国家的企业，当国家需要、人民召唤时，我们必须立即挺身而出，为国分忧。在国际业务活动中，始终坚持国家的利益高于一切，将爱国主义和民族主义精神贯穿于企业的发展。不仅搞好了企业的生产经营，而且不讲任何条件，一次又一次地完成国家交给的任务。例如，1991年1月天津远洋运输公司"永门轮"两次奉命奔赴索马里营救中国驻索援外人员；1999年6月中远集装箱运输有限公司"阳江河"轮到所罗门群岛接侨。

在许多海运企业的企业文化理念中，也都体现了报效国家的使命感。例如，中国外运在经营理念中提到：以"服务社会、服务国家"为价值取向的物流服务宗旨；招商局能源运输股份有限公司的使命是：为保障国家能源战略的安全发挥更大重要作用，为股东、员工和其他利益相关者不断创造价值；中远集团的企业精神是：求是创新，图强报国。

（2）科学管理意识

在参与全球竞争的过程中，我国海运企业积极学习外国的先进管理思想和管理方法，同时结合自身实际，谋改革、求发展，为我国航海业进一步抓住机遇、迎接挑战，积累了精神和物质的双重财富。

一是具有前瞻意识，注重战略规划。例如，在中远集团的企业文化体系中，经营理念是"全球承运、诚信全球"，经营目标是"创国际一流企业，跻身世界500强"。中国外运的战略目标是"把中国外运从一个传统的外贸运输企业建成由多个物流主体组成的、按照统一的服务标准流程和规范体系运作的、国际化、综合性的大型物流企业集团"。招商局能源运输股份有限公司的发展战略是："以远洋油轮运输业务为核心，积极开拓液化天然气运输业务，加强与战略伙伴的合作，以重点发展与中国进口能源相关的运输业务，争取经过3~5年的努力，将公司所属船队发展成为更具国际竞争力、保持国内领先地位、收益相对稳定并持续增长的大型能源运输船队。"

二是在战略目标的引导下，在收入分配制度、员工激励、组织结构、营销策略、竞争策略等各方面大胆探索，形成了许多行之有效的工作思路、工作制度，成为提高企业经营管理水平和经济效益的重要手段，提高了企业的核心竞争力。

（3）市场导向意识

我国海运企业在国际竞争环境中生存发展，形成了较强的市场意识。主要体现在：一是经营管理以客户的需要为出发点，为客户着想，满足客户的需要，为客户创造更大的价值；二是具有强烈的竞争意识，主动寻找市场、拓宽市场，彻底摒弃以往"等客上门"的官商式服务模式；三是本着"船期如金"的宗旨，坚持诚信经营、高效运作，赢得了国内外客户的赞誉。

例如，中远集团的企业价值观是"服务客户最优，回报股东最大"；中国外运在经营理念中提到"我们今天和未来所做的一切，都是以降低客户的经营成本为目标，为客户提供安全、迅速、准确、节省、方便、满意的物流服务。以'客户为中心'的物流服务精神，以'降低客户的经营成本'为根本的物流服务目标，以'伙伴式、双赢策略'为准则的物流服务模式"。这些都体现了很强的市场意识。

（4）开拓创新意识

与海洋接触的工作环境本身给了

航海人向着未知的领域不断探索的思维和勇气，在全球化的国际大环境中生存和发展的现实又给了航海人不断开拓创新的压力和动力。我国海运企业提出"走出去"的口号，在全球视野下制定发展战略，站在全球竞争的高度开拓新市场、新航线，开展跨国经营，打造跨国企业，追赶世界先进水平。例如，中远集团2000年大胆开拓已经没落的波士顿航线，不仅取得了经济利益，而且为波士顿提供了9 000个就业机会，赢得了当地政府的赞誉，取得了很好的社会效益。

（5）文化包容意识

许多海运企业在海外设立了分支机构、雇用外国当地员工，同时还有大量的外派船员。这些海运企业在经营管理的过程中，认识到不同文化之间的差异，养成了文化包容的思想，注意尊重不同文化背景的员工的风俗习惯；同时，在员工中开展文化差异、文化包容教育，使不同文化背景的船岸职工、海内海外员工协调一致、安心本职工作，增强企业的凝聚力和向心力。如中远集团的企业文化中对驻外人员的行为要求是：牢记使命，爱国奉献，尊重习俗，遵纪守法，团结雇员，文明礼貌，并大力倡导"进了中远的门，就是中远的人"的人本理念。

（6）队伍建设意识

船员工作环境艰苦，遇到的突发事故多，船员队伍没有过硬的作风、过硬的纪律，是不可能胜利完成各项任务的，因此，海运企业特别重视党建思想政治工作，这成为我国海运企业的一大显著特点。它们认识到，党建思想政治工作是我国国有企业的传统政治优势，是企业核心竞争力的重要组成部分，是企业管理链条中的关键环节，是企业发展壮大的基石。如中远集团开创并一直坚持的"支部建在船上"的党建思想政治工作经验，就是打造过硬航海从业人员队伍的法宝。

3. 以海运从业人员为主体的航海行为文化

从工作岗位和工作条件来说，海运从业人员主要包括三大类型：陆上员工、远洋船员、驻外人员。陆上员工主要包括海运企业的管理人员和后勤人员；远洋船员是指在轮船上工作的员工；驻外人员包括各海运企业派驻到国外分支机构工作的人员、在当地雇用的工作人员以及派驻外籍轮船的船员。

从我国海运从业人员的发展历史看，我国新中国成立后第一批海员是从军队转业而来的，所以具有严明的纪律、坚韧的品格，为后来的航海人做出了榜样；以后，随着我国航海人才教育的发展，经过学校培养、具有专业技术的人员逐步成为我国海运人员的主要力量。

新中国成立后，我国政府一直十

分重视对航运专业人才的培养和管理。20世纪50年代就成立了大连海运学院、武汉水运工程学院、南京海员学校等航运专业教育机构。另外，特别重视员工的生活和工作条件的改善；现在，对从业人员采取资格考核、持证上岗制度；2007年3月国务院还公布了《中华人民共和国船员条例》，以加强船员管理，提高船员素质，维护船员的合法权益，保障水上安全。

海运企业也非常重视对员工的管理。在日常管理中，从员工的思想教育、技能培训、事业发展、生活关心等方面进行人性化管理。现在，许多企业通过企业文化建设，统一员工的思想意识，贯彻员工行为规范，提高员工的素质，稳定员工队伍。例如，中远集团就分别对三种类型的员工制订了有针对性的行为规范。远洋船员行为规范是：爱船守章，服从指挥，安全操作，临危不惧，同舟共济，保护环境；陆上员工行为规范是：创新进取，服从大局，精诚团结，廉洁高效，真诚合作，互惠发展；驻外人员行为规范是：牢记使命，爱国奉献，尊重习俗，遵纪守法，团结雇员，文明礼貌。

总结我国海运从业人员的总体情况，可以看出，中华民族特有的文化传统、我国航海业的特殊发展历程、航海人的特殊的工作环境等众多因素的共同作用，在我国航海人身上形成了许多特有的品格。这些品格是我们航海文化的重要组成部分，也是未来航海文化需要继承和发扬的光荣传统。

（1）爱国情操

新中国成立之初，百废待兴。我国的航海业更是一穷二白，从零起步。同时，西方大国又对我国进行经济封锁。没有一支远洋船队，我国的外交、外贸工作时时受到掣肘。在这种情况下，我国航海业工作者为了国家的利益，不畏困难，开始了艰苦创业，并形成了许多光荣传统。例如，我国的第一艘远洋货轮——"光华"轮从一条千疮百孔的报废的邮船变成焕然一新的"光华"号的历程，从执行13次印尼接侨、3次印度接侨任务到承担运送修造坦赞铁路物资的援外任务的事迹，无不凝聚艰苦创业、爱国奉献的精神，成为历代航海人心中永恒的灯塔。

（2）坚韧品格

常年在大海中颠簸，孤独寂寞的煎熬，狂风巨浪的摔打，海盗、敌对势力的骚扰，使海员的生活异常艰辛。遇到某些国家和地区发生政变、战争，船员们还要面对枪林弹雨的考验。但是，船员们吃苦耐劳，坚韧不拔，坚守岗位，圆满完成国家和客户交给的任务。

例如，1980年9月，两伊战争爆发，数十条中外货轮被困在阿拉伯湾中，受到炮弹袭击，每天有无数的炮弹倾泻到轮船上。外轮船员争相弃船逃命，但中国轮船上的船员们坚守岗位，在炮火中奋勇抢险护船，党员莘留生光荣牺牲。他们用忠诚和热血展示了中国船员大无畏的精神，保护了国家利益。

又如，在1993年7月的"银河号事件"中，全体船员在40多天的时间里，克服了种种艰难困苦，经受住了严峻的考验。他们忠于祖国、忠于职守、不屈不挠的精神和维护祖国尊严的实际行动，令人钦佩。

（3）安全意识

跑马行船三分险，海运是高投入、高风险的行业，不但自然环境瞬息万变、国际环境变化莫测，还存在防不胜防的海盗问题。所以，安全是海运企业、特别是远洋航运企业永恒的主题，关系着千万个家庭的幸福。由此，航海人形成了高度的安全意识，时时警示自己"隐患就是事故，安全就是效益"，认真检修每一个环节，确保航行中人员、货物的安全。例如，中远集团的质量方针是：安全，快捷，优质，高效。安全被置于第一位，可见其特殊的重要性。

（4）职业精神

航海人有着严谨的工作态度和责任意识，养成了良好的职业文化。对待工作一丝不苟，对待客户的需要精益求精。例如蜚声海内外的中远广州远洋运输公司的"华铜海轮"，1984年开始出租。长期的出租，培育了华铜海人"爱国奉献"的华铜海精神，形成了自己的工作原则，这就是：对国家、对公司、对集体有利原则，确保安全、提高效益原则，领导带头、全员发动原则。在出租的十多年时间，没有出过一次事故，没有误过一天船期，没有违法违纪的事件发生，先后55次由装矿、装煤等改为装粮，验舱均一次通过，被国际航运界誉为"中国出租船的一面旗帜"，成为"海上中华名牌"。"华铜海轮"先后50多次受到国家、交通部、广东省的表彰，荣获全国"五一劳动奖状"。

（5）环保素质

我国是《73/78国际防止船舶造成污染公约》和《1990年国际油污防备、反应和合作公约》的参加国，目前两个公约均已对我国生效，企业和员工在工作中必须严格遵守。除了这些外在的环保要求，随处可见的赤潮、油污等海洋污染给了航海人触目惊心的震撼，常年的船上生活使他们深刻地体会到生活物资的珍贵。所以，我们的航海人对地球生态和环境保护有着更为深刻的体验，萌发出更为强烈的保护生态、保护环境的意识。例如，中远集团的企业文化体系中的环境保护规范是"全面管理，珍爱资源，保护环境，员工有责"，从思想和行为上对员工的环保素质进行重视和培养。

4. 以航海技术进步为主体的航海物质文化

航海需要船舶、港口和一系列导航、助航设施设备,这些有形的物质是航海文化的有形载体,同样属于航海文化的研究范围。新中国成立初期,我国的航海业可以说是在一穷二白的基础上起步的。沿海的运输船舶技术非常落后,多数是木帆船,借助风力和人力航行;国民党没来得及带走的远洋船舶被其炸毁瘫痪在水中、千疮百孔;港口的货物装卸还依靠工人用杠棒、箩筐、绳子等最原始的工具进行。

就在这样的基础上,我国航海人发挥艰苦奋斗的精神,不断开展技术改造,推动我国航海业快速向前发展。在新中国没有任何远洋轮船的情况下,我国航海人硬是把一艘报废的邮轮改造成了我国第一艘远洋轮船"光华"轮,开始了我国远洋运输的新历程;在装卸设备方面,发明、改进了抓斗、皮带运输机、吊车、叉式装卸车等设备,逐步实现装卸设备的机械化、自动化,提高港口的通过能力和装卸效率;在助航、导航设备方面,由过去的灯塔、灯船、浮标等传统航标,发展到现在的无线电航标、数字航标,导航信息精确度越来越高,促进了航海业的发展;沿海运输船舶方面,逐步由木帆船改变为技术设备先进、性能良好的新型专用、多用途

船;在远洋运输方面,如今,我们的远洋船队已跃居世界前列,拥有一大批世界先进水平的远洋船舶,如半潜船"泰安口"和"康盛口"轮,船上装有世界上最先进的SSP电力推进系统,即360度全回转螺旋桨,能有效地保证其航行和潜水操纵的灵活性与稳定性,并可在海上垂直下潜至19米深度,具有很高有科技含量。

船舶建造技术的改进、航海运输技术的发展,体现着科技进步对人类文明进步的影响,体现着科技进步对航海事业发展的促进,也体现着我国航海人对航海发展付出的心血、作出的贡献。

(二)航海文化建设的基本经验

航海在中国有着悠久的历史,也留下了许多优良的文化传统。特别是新中国成立后,更加重视航海事业的发展,形成了有中国特色的航海文化。航海业的发展形成了航海文化,而航海文化的传播将为航海业的发展注入强劲的活力和持久力。总结中国航海文化建设过程中形成的基本经验,可以为未来的航海文化建设提供借鉴和指导,更好地建设优秀的航海文化。

1. 根本方向:坚持党的领导和社会主义道路

新中国成立后,航海业的发展始终坚持党的领导和社会主义道路。我国是社会主义国家,坚持党的领导和社会

主义道路，不仅是社会主义事业需要坚持的两个基本原则，也是航海文化建设的基本原则。

社会主义文化是先进的、与时俱进的文化，为航海文化指明了根本方向。当代中国的先进文化就是体现当代精神的、与现有先进生产力相适应的中国现代新文化，即"十六大"报告强调指出的"面向现代化、面向世界、面向未来的，民族的、科学的、大众的社会主义文化"。这种先进文化是中华民族几千年优秀文化凝聚的结晶，是我们党和人民经过长期革命和建设的实践经验的总结，是中国特色社会主义的先进文化。当代中国的先进文化最重要的、核心的内容就是中国特色社会主义理论体系，包括邓小平理论、"三个代表"重要思想以及科学发展观等重大战略思想在内的科学理论体系。先进文化的内容决定了它具有时代性、实践性、科学性、民族性、开放性、创新性等一系列基本特征。在我国的航海文化建设中，无论是政府的宏观管理，还是海运企业的文化建设，无不体现着马克思主义的唯物主义观、实践观。

2. 重要基础：坚持继承民族优秀文化

文化的基本特征之一是民族性，这是一个民族立于世界民族之林的基石。中华文化是中华民族存在的标志，其基本精神来自儒家哲学，儒家学说是

中国传统文化发展的主流。儒学经历了两千多年的发展，经过提炼、升华，造就了"自强不息"、"厚德载物"的文化精神，形成了中华儿女勤劳勇敢、艰苦创业、坚韧不拔而又浑厚兼容的民族性格。中国文化主张谦虚谨慎、无私奉献、中庸之道和团结协作。郑和七下西洋，鲜明地体现了中国睦邻友好的悠久历史传统以及和平外交的理念。

中国航海日标志

新中国成立以来的航海文化建设过程中，政府主管部门、海运企业和员工在工作中继承中华民族的优秀文化传统，体现出了爱国敬业、自强不息等许多优良品格。例如，中远集团的发展史，凝结和体现了中华民族以爱国主义为核心的团结统一、爱好和平、勤劳勇敢、自强不息的伟大民族精神。又如，中国外运企业文化经营理念中的以"伙伴式、双赢策略"为准则的物流服务模式，以"服务社会、服务国家"为

价值取向的物流服务宗旨。再如，我国的"航海日"标志旗上的标志图形下半部分是中国传统图形"水纹"与"如意纹"的结合体，"水纹"体现了航海和海洋文化的特征；"如意纹"有"吉祥美好"的内涵，体现中华民族"和"的思想精髓和"礼"的精神境界。

3. 重要内容：坚持学习西方先进文化

航海作为一种海上交通运输手段，是人类社会生产力必要的组成部分。在与各国的航海活动中，不仅航海技术和商品交换得到了发展，中西文化的交流与融合也越来越强。中西方文化的差异体现在价值观与道德标准、社会关系、社会礼仪和社会风俗等方面。西方文化主张个人荣誉、自我中心、创新精神和个性自由；在企业管理理论方面，经历了古典管理理论、行为科学理论、现代管理理论、文化管理理论等发展阶段，形成了许多先进的管理思想、理念和方法。企业管理实践中侧重以制度为基础，讲究原则、追求效率。

在与西方企业进行业务往来的过程中，我国的航海组织不断学习西方的先进文化，逐步建立了结合自身实际的科学管理意识、市场意识、自主意识、职业精神，极大地促进了我国航海业的发展。

4. 重要途径：坚持政府主导与航海组织实践相结合

我国的航海文化建设一直处于政府的主导之下。在管理海运业、促进海运业发展的过程中，政府所采取的方针、政策、措施，体现了我国海洋战略和航海管理的战略目标，包括捍卫主权、维护和平的决心；发展经济、振兴强国的追求；改革开放、接轨国际的意识；科学发展、持续发展的原则，为企业的经营管理活动指明了方向。海运企业在党和政府的方针、政策的宏观指导下开展经营管理活动和航海文化建设，不仅实现了经济利益，而且为实现国家、政府的战略目标提供了保障。例如自2005年起，每年7月11日的"航海日"就是由政府主导、全民参加的、全国性的法定活动日；中宣部、国资委、交通部等相关政府部门也对航海文化建设模范企业组织专题宣传活动，例如，2004年对中远集团、中国海运的宣传活动。

在我们强调政府对航海文化建设的主导性的同时，也不应忽视航海组织的主体实践性。在政府的主导下，航海组织是航海文化建设的重要力量，如果没有航海组织的积极实践，政府的主导作用的效果就不能充分发挥。

5. 重要经验：坚持以海运企业为主体

航海文化的建设需要政府的主导，但最终要通过海运企业的活动体现出来。所以，海运企业作为航海活动的主体，也是航海文化建设的主体。海运企业在文化建设中的主体性体现在两方面：一是在国际市场环境下运行的中国海运企业主动承担起了航海文化建设的任务，如企业文化建设成果突出的中远集团、中国海运、中国外运等。二是以海运企业为主体的航海组织的创新性的经营管理活动，是航海组织文化建设的主力军。例如中远集团通过改革旧的分配关系，把与市场经济相匹配的年薪制以及相应的养老金制度等引入分配制度改革中，充分调动了经营管理者的积极性和责任心。

6. 基本方法：坚持精神、制度与行为联动

行业文化包括精神文化、制度文化与行为文化三个层次。精神文化是用以指导行业开展生产经营活动的各种行为规范、群体意识和价值理念，是以行业精神为核心的价值体系。制度文化是由行业的法律形态、组织形态和管理形态构成的外显文化，一般包括行业法规和行业的管理制度。行为文化是指行业员工在生产经营、学习娱乐中产生的活动文化。它包括企业经营、教育宣传、人际关系活动、文娱体育活动中产生的文化现象。因此，精神文化是核心，决定着制度文化，而制度文化又引导了行为文化，坚持这三者的联动性是我国航海文化建设的基本方法。例如，中远集团的核心价值观是"服务客户最优，回报股东最大"，相应地，企业文化手册制订了"公关活动准则"等制度文化以及"员工行为规范"等行为文化。

7. 重要形式：坚持弘扬先进典型的示范作用

行业文化或企业文化的建设有许多形式，如理念宣传、讨论会、培训、宣传典型人物等。我国的航海文化建设中充分使用宣传典型人物的方式，发挥先进典型的示范、带动作用。在我国航海业内，多年来涌现出了许许多多先进人物和先进集体，在他们身上鲜明地体现了我国航海文化的内涵。

先进典型的示范作用是巨大的，多年来，中宣部、国资委、交通部等多次开展弘扬先进典型的活动。如国务院国资委在中央企业范围内开展的"创建学习型红旗班组，争做知识型先进职工"活动及表彰其中涌现出的红旗班组标杆和先进职工标兵活动；交通部开展的"交通行业深入开展'学树创'活动"；交通部开展的"三学一创"宣传活动等。这些活动使先进典型的优秀品质在航海业内不断发扬光大，使航海文化建设的效果不断提高。

（三）航海文化建设存在的主要问题

我国的航海文化建设虽然取得了良好的成绩，但是由于自觉地进行航海文化建设的时日尚短，自觉性建设尚未全面开展，所以，航海文化建设还存在

许多亟待解决的问题。目前我国航海文化建设存在的主要问题如下。

1. 重要性认识不足

航海文化对航海业的发展具有重要作用。从文化与经济的关系来看,一方面,经济是文化的基础,决定了文化的性质和发展方向;经济为文化的发展提供物质条件、内容和形式。另一方面,文化对经济有巨大的反作用。第一,文化为经济发展提供"引擎",企业文化的出现也足以证明文化在经济生活中的重要地位。成功的现代企业往往有其自身的企业文化,这是企业的核心软件,通过企业文化的强大凝聚力、感染力、亲和力聚集人心,创造富含着企业文化形象的高附加值产品,企业之间的竞争、兼并或广告宣传大都在文化层面上展开。第二,文化为经济发展提供"燃料"。人是生产力中决定性的因素,以人为本,进一步激活人的潜能,可推动社会生产力向前发展。文化是实现人的自由和全面发展的重要条件,人越是发展,创造的物质文化财富就越丰富。第三,文化为经济发展提供"减振"。经济建设需要一个稳定的社会环境,文化不仅是政治与经济之间的黏合剂,同时也是政治与经济之间的缓冲层。同样道理,航海文化也会对航海业的发展具有"引擎"、"燃料"和"减振"作用。

但是,在我国的航海业发展历程中,对航海文化还没有给予充分的重视,主要表现在:还没有将航海文化建设提到战略高度,对全行业的航海文化建设缺乏统一规划,相关的理论研究不足,航海文化活动开展较少;航海文化还是处于自然而然的形成过程中,即以自发性建设为主,自觉性的航海文化建设意识刚刚萌芽,缺乏对其统一的规划和引导。

2. 理论研究不充分

目前,国内对航海文化建设的理论研究还存在不足,例如对"航海文化"这一名词的内涵、外延的把握不明确,界定模糊,并且还存在分歧;同时,还存在将航海文化等同于航海企业文化的现象。

"文化"的定义十分广泛,而且在不同学科的研究中,其基本定义差异很大。因此,研究航海文化,首先需要对航海文化中"文化"的定义进行比较科学的界定。文化有三个基本层次的定义,而在航海文化中需要采纳和使用的定义包含两个方面的内容,一是"广义文化"的概念,即基本等同于"文明"的概念,就是人类在航海活动中产生的、尤其是中国航海事业中产生的物质和精神性的要素;二是"中义"的文化定义,即研究航海活动行为者作为一个群体的共同思维模式、行为模式和形象特征。

无论怎样的文化,一般都会从三

个方面展开，即物质性的、行为性的和精神性的。航海是人类的一种活动，因此，航海文化的重点应该是人类的航海行为。但是，任何行为又离不开与之相关的物质和器物，因此，关于航海活动中的物质，也是航海文化的重点。此外，人类的任何活动都附着和产生人类的思想和价值观，因此，航海文化中对于精神层次的研究与发掘也必不可少。因此，航海文化的基本重心，应该是航海的行为文化，其次是航海物质文化和精神文化。

实际上，航海文化中包含多种活动主体和利益主体。作为更为广泛的概念讲，航海文化实际上是一种行业文化。这个行业中，既有政府及其管理行为，又有企业及其市场行为，还有个体及其职业行为，此外还有大量的各种性质利益群体。因此，航海文化建设，注定不同于组织文化和企业文化建设，而应从行业、航海活动两个视角考虑。但是，目前来看，对于这些理论问题，研究得很不充分，并且存在很多分歧，亟待我们做好这些工作。

3. 建设内容不全面

组织文化是在一个组织范围内开展的文化建设，如某家海运企业内部开展的企业文化就属于组织文化的范畴。而航海文化是行业文化，应该涵盖着组织文化。现在，我国的航海文化建设还没有形成整体态势，多数属于组织文化

建设活动，更多地表现为海运企业的企业文化建设，如中远集团、中国海运、中国外运的企业文化建设等。

航海文化作为一种行业文化，是指航海行业在人类文化、社会文化和经济文化背景中逐步形成的与本行业相关的基本信念、价值理念、道德规范，以及由此产生的思维方式、行为方式、品牌效应的综合体现。如果说文化作为一种"软实力"，日益成为一个国家和地区综合实力的重要组成部分，同样，一个行业的文化发达程度和特质内涵，也深刻地影响着行业的发展模式、制度选择、政策取向以及各种资源开发和生产要素组合的水平，从而也就深刻地影响着行业发展的速度、质量和水平。目前来讲，航海业还没有相应的行业规范、行业道德观等，这都是我们急需解决的课题。

4. 内、外传播不足

我们所提倡的航海文化，应该是凝聚着极其丰富的、深刻的中华传统思想文化内涵，并鲜明地体现了中华民族的理念情感、思维方式、价值取向的文化，它的作用不仅体现为在航海业内部统一思想、凝聚人心、促进航海业的发展；而且通过向外传播促进社会文化的发展，改造国民意识和传统文化中不足的成分。中华文化虽然博大精深，但也存在自给自足、封闭保守、开拓创新意识较弱等不足，航海文化中所特有的开

拓精神、创新意识、全球视野，可以弥补我们传统文化中的这些不足。

然而，由于自觉性的航海文化建设刚刚起步，在航海业内部和向外界的传播还存在不足，所以对内、对外的作用都还没有得到充分发挥，需要在以后的航海文化建设过程中不断加强宣传。

（四）航海文化建设的发展趋势

我国交通部在航海日的宣传中，明确指出："当前，我国航海事业正面临着新的发展机遇，航海文化建设应当抓住机遇，乘势而上，打造强势航海文化，为我国建设航海强国，增强公众航海意识而努力。"因此，打造强势航海文化，推进航海强国建设，必然成为中国航海文化建设的核心目标和必然要求。

从实践来看，随着我国越来越多的航海组织加入到航海文化建设的大潮中，我国航海文化建设的自觉性、主动性将越来越强，将会对我国航海文化的总结、创新和传承具有强大的促进作用。

从文化变迁和传承理论来看，一个体系内的文化会在体系内部不断产生文化"濡化"过程，即通过学习和教育，使文化在系统内一代又一代地传承下去。同时，一个体系内的文化也会与体系外的文化发生"播化"过程，即信息交流和相互影响。正是因为文化具有的

这种内部传承、外部传播的特性，航海文化作为航海业体系内的一种文化，必然会在航海业内不断扩大影响，并代代传承下去，促进我国航海事业的发展；同时也必然会与社会文化、其他行业文化互相交流、互相影响，将航海文化中的特质传播到社会文化和其他行业文化中，为社会文化的整体发展作出贡献。

由此，我国未来的航海文化建设必然会出现新的趋势。这些趋势，既为我们的未来航海文化建设指明了核心方向和发展思路，也是我们未来航海文化建设的结果。

1. 航海文化与航海战略的匹配性越来越好

行业战略是政府根据对内外环境的各种制约因素、有利条件等方面的分析，从全局出发制定的较长时期内行业发展所要达到的目标，以及实现这一目标的根本途径和方法的总体部署。它是行业对未来发展的一种整体谋划，决定着行业的发展方向。行业战略与行业文化的关系主要表现在三个方面：首先，优秀的行业文化是行业战略制订获得成功的重要条件。优秀的文化能够突出行业的特色，形成行业成员共同的价值理念，而且行业文化具有鲜明的个性，有利于行业制定出与众不同的、克敌制胜的战略。其次，行业文化是行业战略实施的重要手段。行业战略制订以后，需要全体成员积极有效地贯彻实施。正是

行业文化具有导向、约束、凝聚、激励及辐射等作用，能激发员工的热情、统一行业成员的意志，为实现行业的战略目标而努力奋斗。最后，行业文化与行业战略必须相互适应和相互协调。

同理，我国航海文化的建设还需要以国家宏观战略为依存，与我国海洋战略和航海战略及管理活动相匹配，二者相互促进，共同发展。海洋关系着一个国家的生存、发展，所以我国的海洋战略和航海战略无疑以政府为主导来制定发展战略、大政方针。航海文化的建设和发展应该与海洋政策法规的制定、社会和经济的可持续发展战略、国际化海洋世纪的发展战略统筹规划、协调一致，应该紧紧围绕着国家的发展战略，体现大政方针。

2. 政府主导与企业主体的联动性越来越高

一方面，在未来的航海文化建设中，海运企业将作为航海组织的最活跃的生力军，发挥更强大的龙头作用，带动整体发展。国家的海洋发展战略和大政方针是对航海活动的宏观管理方式，最终还是要通过海运企业的活动体现出来；航海文化中包含的精神理念最终也要通过海运企业、航海人的行动得以体现。所以，各海运企业应该在具体的经营管理过程、企业文化建设中，贯彻国家的战略规划，将国家的发展、企业的发展、个人的发展紧密结合起来。同

时，这个过程也是具体投入到我国整个航海文化建设的过程。

另一方面，政府、航海组织以及其他利益相关者的关系将更为密切，联动将愈加自觉。通过相关机制改革，政府通过更有效的宏观调控措施对海运企业进行宏观管理；海运企业在完成国家交给的政治、外交、经济任务的同时，不断促进自身的发展。相互之间的配合更加自觉和高效，从而最终形成和谐、高效的沟通协调机制。同时，海运企业与客户、国内竞争对手之间形成良性协作关系，合作共赢，更好地促进我国航海业的发展。这也是航海文化建设的一个重要方面。

3. 航海文化对经济发展的推动性越来越猛

航海文化的建设将带动航海业的发展进步，增强国力。航海文化建设既是对传统航海文化的总结，也是对现在航海文化的反思，并对未来的航海业具有导向作用。航海文化建设将通过发挥航海文化的熏陶、教化、激励、凝聚、润滑、整合作用，营造航运发展良好的舆论环境和文化氛围，提升全体社会成员对发展航海的支持意识和关切程度，促进航海业健康、有序、和谐、可持续发展；同时提高我国当代人的海洋意识，发展当代人的海洋精神，进而更加促进中国的对外开放，增加中国与世界各国的交流，促进我国经济、政治、文

化、社会的发展，增强国力，实现中华民族的伟大复兴。

4. 继承传统和接轨国际的融合性越来越顺

航海的精神就是开放、探索。我们今天打造强势的航海文化，不但要弘扬郑和下西洋乃至整个中国航海史所蕴涵的航海文化优秀传统，突出中国航海文化的特色优势，形成有中国特色的航海文化，同时要看到中国古代航海文化的历史局限性，认真汲取正反两方面的历史经验，顺应全球化的趋势，吸收国外文化的先进成分，丰富我们的航海文化，以更开放的姿态投入到国际竞争环境中，充分利用国内、国际两个市场、两种资源，打造国际竞争优势，使继承传统和接轨国际更好地相互融合，形成强大的航海文化。

5. 航海文化对社会文化的贡献性越来越大

总结我国的航海文化传统，爱国、开放、进取、高效是其最核心的内涵。以爱国、开放、进取、高效等特征的航海文化必将成为新时代文化的表率，为整个社会文化的塑造和进步发挥作用、作出贡献。在航海文化建设过程中，需要对总结出来的航海文化理念加大宣传力度，进一步强化国民的航海文化意识和观念，让"航海文化"深入人心；让人们体会到航海活动具有的深刻的文化内涵、丰富的人文精神和独特的职业魅力。从而不但使航海人产生更强的归属感、责任感，而且增强全社会对航海事业的亲切感、认同感，并用航海文化的精神内涵来陶冶自己。

600多年前，郑和率领船队七下西洋，遍访30多个国家和地区，他宣扬的"和平与交流"航海理念是历史上宝贵的财富。作为龙的传人，出于海而归于洋是龙文化的提升，也是我国关注海洋、大力发展海洋事业，建设航运强国和海洋强国、走和平发展道路的切实体现。郑和云帆万里的壮志雄心，正是中华民族自强不息、百折不挠的精神实质。

航海是国家综合国力与对外开放的体现，当今世界的发展，对航海提出了各种不同的要求，在共创"和谐世界"和建设现代文明社会中，航海本身在发展中不断拓展和逐渐专业化。当今航海的任务，已经不单纯是传统意义上的"运输"，而是根据特定的使命形成各自的系统，在维护主权、发展经济、创新科学、海上执法等方面发挥着重要作用，其活动空间已不局限于水面航行，而是从水面、水体到海底的整个海洋立体空间。

6. 航海文化对和谐世界的促进性越来越强

现在，我们国家正处于建设"和谐社会"的关键阶段，在国际上，胡锦涛主席于2005年9月15日在联合国总部发表演讲，全面阐述了"和谐世界"的深刻内涵，倡导建设和谐世界。无论是"和谐社会"还是"和谐世界"，都包含政治、经济、文化、生态等各方面的和谐。以强化整体、和谐、共生理念为特征，更加注重人性化、生态保护与可持续发展的未来航海文化建设，必将会为和谐社会、和谐世界的建设作出贡献。比如，2005年1月，中远集团正式成为联合国全球契约的会员，这是我国加强和谐航海文化建设的一个重要体现，必将对创建"和谐世界"起到积极的促进作用。

一是和谐的航海文化必然尊重航海从业者每个人的成长和发展，促进个体的全面发展，从而使航海文化建设建立在航海行业、航海企业和航海人之间的和谐关系基础之上。

二是航海活动促进了全球物资的交流，促进了全球性的资源配置，推动了全球经济的发展。同时，航海活动发挥民间外交的作用，促进了全世界人们之间的相互了解，促进了全球不同民族之间、种族之间文化的交流和传播，有利于全球朝和谐世界的方向迈进。

三是和谐的航海文化尊重人与自然之间的平衡发展，既承认人类的发展权，又承认海洋自然的发展权。人类不是海洋的奴隶，也不是海洋的主人，而是海洋的朋友。人类开发利用海洋的生产、生活活动的增长要与海洋生态系统的承载能力相协调，要有助于海洋的资源生产能力和环境自净能力的提高，既要反对以海洋环境保护为名取消海洋开发利用，又要反对那种一切以人为中心、一切从人的利益出发、以人的根本尺度去评价和安排海洋的人类中心主义的取向，从而实现人与自然发展的和谐关系。

三、航海文化的价值理念

价值理念，又称价值观，是人们用来评价行为、事物，以及在各种可能的目标中作出选择的准则。它通过人们的行为取向及对事物的评价、态度反映出来，是世界观的核心，是驱使人们行为的内部动力，对社会行为起支配和调节的作用。价值观作为人对社会存在的反映，由人们所处的自然环境和社会环境，包括人的社会地位和物质生活条件决定。处于相同的历史环境、自然环境和社会环境的人，会产生基本相同的价值理念。所以每一时期的社会都有共同认可的普遍价值标准，从而形成一致的或大部分一致的行为定式。这种普遍的价值标准的集合，就是该时期对某一事物的社会评价体系。

中华民族对于航海活动所持的价值理念，是跟随着社会历史沿革而和航海业的发展不断变迁和丰富的。其中一些观念为历史所淘汰，另一些观念则经过考验与沉淀被一代代国人所继承，形成中国航海文化价值理念中的主体部分。回顾其形成的过程，中国的航海业从以"混一海宇、万邦来朝"为目的的国家行为，到"师夷长技以自强"的强国途径，再到"走向海洋，和平崛起"的兴国之路，表现为一种爱国—开放—交流—和平，同时又与时俱进的时代精神，并与中国历史社会的发展紧密结合。

（一）航海文化价值理念的形成

中国航海文化中价值理念的部分，是中华民族在不同历史时期通过航海实践与探索，发展、积淀下来的关于航海活动的整体观念和价值判断。它主要表现为人们对航海活动的取舍模式、规划方向与理想信念等。中国历史上，大规模航海活动的主体是国家，所以航海活动可以说是国家行为，价值理念也很大程度上体现为国家观念和政策。

1. 古代航海价值理念

古代中国在拥有漫长海岸线的同时，地域广大、物产丰饶，为航海事业的发展提供了充足的物质保障，在物质上促进了航海业的发展与进步。然而丰足的物质基础、农本的经济模式，加之中华民族和平的性格，让古代国人的航海观念更倾向于显扬国威与文化交流的模式。此时占据主流的，是引导他们彰显大国主义航海行为的价值理念。

回顾从春秋战国至清代早期这一历史时段，中国航海价值观的形成背景恰是中国航海业从萌芽、发展、巅峰到中衰的整个过程。至少到15世纪中叶，我国的航海技术在世界范围内始终处于领先地位；航海由近岸航线发展到近海航线，并最终开辟远洋航线。技术的发达和眼界的开阔，使国人对海洋的征服欲望逐渐增强。大部分以国家为主体进行的远洋航运与航海交流，在两千多年之间不断加强，也使国人建立起了面向海洋的国际感和国家优越感。由此，这些观念元素塑造了国人以海洋大国自居的心态。不过，封建农耕经济模式还是让国人在对外时不喜征伐，而选择了"抚恤万方"的航海文化交流活动，并于明朝中期达到封建社会的高峰。其中，明朝郑和作为15世纪世界航海事业的启幕人，其七下西洋的航海壮举，标志着中国的航海事业发展到了当时历史的一个新高度。虽然明清两代长达四百余年的"禁海"政策让中国的航海贸易和海上文化交流几近消失，航海业发展戛然而止，但封闭的观念并非航海文化的主流。

虽然长期受到重农抑商思想左右，但国人一直对海洋抱有开放的态度。"以海为田"的传统真实地反映当时农本模式在海洋活动中的分工；《庄子》中"河伯望海"的寓言代表了古代内河文明和海洋的接触和交汇；《山海经》中"精卫填海"的神话传说，体现了古人征服海洋的意愿；《尚书·立政》中"方行天下，至于海表，罔有不服"的言论，打开的则是广阔的海洋政治视野。此外，海上丝绸之路的开辟，汉武帝巡海、东晋法显、唐代鉴真渡海弘扬佛法，与郑和下西洋等伟大航海实践，无不说明当时航海文化的进步性、外向性和开放性。当时对于航海的价值理念，一方面是朴素的利用海洋、征服海洋和改造海洋的愿望，主要通过生产、贸易、运输等形式实现；另一方面是升华后的弘扬国威、传播文化和和平交往的愿望，主要有航海贸易、海外交往和文化交流等内容形式。

纵观中国古代著名航海事件发生的历史背景，其航海价值理念的表现不同于西方文明进程中的武力征服。相反，中国航海价值理念基于强烈的国家优越感，以文化怀柔为主要特征。孔子"远人不服，则修文德以来之，既来之，则安之"观念的价值延伸，使古代中国航海活动逐渐培养出大国和平主义的性格和宽容建设的精神。这个时期的海权思想同样有所萌芽。郑和就曾说："欲国家富强，不可置海洋于不顾。财富取之海，危险亦来自海上"，这是一个即便放在今日也极富远见的观点。但海权思想没有在古代得到完善和充分发展。究其原因，是物质基础决定了上层建筑。中国航海文化在价值理念上的变化和更迭，充分反映出古代航海事业和整个社会上层建筑与经济基础的内在辩

证关系。

总之，中国古代的航海活动及其文化特质开阔了国人的视野，培养出国人在价值理念上的开放性和外向性，性格上的大国主义和和平主义。它分别体现在"抚驭万方，开放亲善"的文化模式、"正其谊不谋其利，明其道不计其功"的儒家义利观与以朝贡体系为特点的对外关系模式之上。作为古代当仁不让的航海大国，虽然中国最终没有朝"海上霸主"转向，但仍然将航海大国的价值理念烙刻在国人的脑海，成为航海文化在价值取向上的一个厚重基调。

2. 近代航海价值理念

纵观中国古代航海史，是延续四百余年的"禁海"政策阻碍了国人走向海洋的步伐，成为历史的转折点。虽然国人走向海洋的步伐从未停止，但在世界另一端的西方国家早已开始通过先进的科技和野蛮的掠夺，迅速建立起了强大的殖民航海文化，在航海发展方面超越了中国。最终，列强的坚船利炮使中国沦落为屈辱的半殖民地半封建国家。来到近代，"禁海"终被废除，以先进科技为手段的近现代航海也在中国出现，但中国的航海业却因国力的衰弱，始终得不到应有的生存环境和发展空间，逐渐进入一个缓行和反思的阶段。

历史上长期的闭关锁国和近代屈辱的殖民地史，让国人长久以来形成的航海大国价值观消失殆尽，取而

21世纪交通文化建设研究与实践

代之的是对航海作为国家富强手段和主权战略的思考。当时的社会现实是外有帝国主义侵略，内有封建主义压迫，中国航海业长期停滞不前。国人开始认识到，从鸦片战争开始清朝政府被迫与西方列强签订了一系列不平等条约，致使国家主权大量丧失；虽然辛亥革命推翻了封建王朝的统治，走向共和，然而软弱的民族资产阶级也并未让中国摆脱虚弱殖民地的尴尬。帝国主义垄断着包括远洋和近海航行在内的各领域的话语权，但这种垄断与压迫却客观上促发了航海价值理念的更新，唤醒了中国航海业上原本便具有的革新性、开放性和包容性的特质。

面对外敌入侵、内政腐败、航权丧失，国人开始抛却原本自固守成的航海取向，开始在真正意义上对海洋国家利益和国家航海战略进行思考。事实证明，航海业的发展依然是国人面对世界的一个窗口，被视为重振国威、强国自强的重要手段，为国人带来又一次价值理念上的更新。以魏源、林则徐、严复为代表的知识分子，主张加强海洋文化交流，"师夷长技以制夷"，对传统闭关自守的观念提出了挑战；清朝洋务派则主张"自强"、"求富"，对外学习，从实务方面发展了近现代航海事业，其建立的近代海洋军事带来了新的海防观念；孙中山则第一次提出了领海

的概念，指出只有海洋强大，国家才能强大。他们的主张虽各有不同，但意愿都在于"强国"。孙中山曾提出"国力之盛衰强弱，常在海而不在陆"，反映了当时民族资产阶级看待国家与海洋关系上的态度。孙中山在其《实业计划》中明确提出，中国应积极对外开放，向海洋求生存、求发展，外通内联，带动国家整个实业的发展。这个阶段，国人对航海的观念已上升到国家政治和国家战略的高度，把"以海兴国"的思想突出出来，把发展海洋权与制海权、发展海军与发展航海事业同国家民族兴衰紧密相连，这与一般的海洋忧患意识和以"历心于山海而国家富"、"兴渔盐之利，行舟楫之便"等传统海洋农业思想有了本质的区别。

由此可见，近代以来中国的政治、经济与军事等各个领域已无可选择地与航海联系在一起，国家的兴衰荣辱也无可选择地与航海联系在一起，航海业的发展实际上成了一个国家的战略问题。近代中国在认真总结了历史经验和反思中国国情的基础上，对中国航海文化作出了科学而理性的总结。"以海兴国"战略思想的提出，深刻地揭示了航海与国家政治、国家经济、国家安全，乃至与社会进步的内在关系。这个思潮源于强国自强的愿望，具有明显的革新性、开放性和包容性的航海文化价值理念特征。

3. 现代航海价值理念

新中国成立后，中国呈现出独立发展航海事业的蓬勃景象。不仅航海运输业、船舶制造业等发展迅速，海上贸易也大幅提高；远洋运输从无到有，从小到大，逐渐建设起包括具有各种船型的远洋船队；航海业地位日益显著，不仅成为经济交流的主要载体，更成为先进科技的集成与综合应用的重要领域。特别是进入20世纪80年代以来，随着对外开放的发展，我国的航海业进入高速发展阶段，并肩负起维护国家海洋主权，发展海洋经济，支持国家开放与繁荣的责任。

这一时期的航海文化价值理念仍然继承了革新性、开放性和包容性特质，同时深化了历史上"大国"和"强国"主义思想的价值认同，成就了以"爱国主义"为核心的新时期航海文化价值理念。革新性体现在大胆改革、锐意进取；开放性体现在打开国门、全面开放；包容性体现在和平发展、兼容并蓄；爱国主义则主要体现在吸收世界航海文化丰富营养的同时，继承发扬了华夏文明的精华；无数航海者接受国家和海洋的召唤，以振兴民族航海事业为己任，无私奉献，鞠躬尽瘁。在新中国航海业初创时期，爱国主义主要是表现为"艰苦创业，爱国奉献"，是一种开创基业的英雄主义的奉献精神；20世纪80~90年代，处在改革转型期的中国航海业，其爱国主义主要表现为"求是创新，图强报国"，是一种实事求是的实践与探索精神；进入全球化发展的新时期，中国航海文化表现出来的爱国主义，则是"勇夺第一，彰显一流，走向世界，为国争光"的时代风采。新中国的航海家们始终高举爱国主义的旗帜，使其自身获得了源源不断的强大精神动力。随着时代的发展，这一时期的国人站在了历史的高度，抓住了中国几千年来形成的封闭经济与数百年闭关锁国的根本症结，将中国航海业从海洋农业文明扬弃为海洋商业文明，打开国门，走向世界，为社会主义市场经济体制的建立铺开了更宽广的道路。

进入经济全球化的时代，航海文化的建设和发展要求中国的航海人以更加开放的姿态走向世界。因为当今的航海任务，已经不单纯是传统意义上的"运输"，而是根据特定的使命形成各自的系统，在维护主权、发展经济、创新科学、海上执法等方面发挥重要作用，并在创设"和谐海洋"和建设"和谐社会"的过程中不断拓展和逐渐专业化。所以，新时期的爱国主义精神体现在航海文化价值理念上，作为一种情感是国家情感与民族情感的统一；作为一种思想意识是航海意识与海洋意识的统一；作为一种行为是自身建设与对外合作的统一。它以"和谐"与"合作"的姿态，成为世界航海文明的重要组成部分。

（二）航海文化价值理念的特点

虽然在不同历史时期中国航海文化价值理念呈现不同的取向，但是从整体审视，各观念间仍有众多共同的特点。其中与世界性航海文化相通的共性，包括重商性、开拓性和开放性等；但由于地理环境、风俗民情、民族性格和文化内涵等的差异，中国航海文化价值理念又兼具个性，如包容性、农业性和大陆性等。这些都构成了中国航海文化价值观的主要特点，使其成为世界航海文化独特的、不可或缺的组成部分。

1.以重商和开拓为主要表现的外向性

航海活动内容本身决定了航海文化在观念上是外向的。这种外向性主要表现在人们在航海活动中的重商主义和开拓意识。

考察中国历代对航贸的重视和拓展不难看出，历代航海观念中都有着明显的慕利和重商性质。中国航海传统悠长丰富，航贸之利也早已为人民所认识、确认和追逐。古代中国航海文化在价值理念上首先从重视"鱼盐之利"和"舟楫之便"开始，虽然官方航海活动更多具有外交性和文化性，但民间航海实践却大量存在"开放商业型海洋文化"的元素，民间的航海动机都是比较纯粹的、贸易性的，并且，中国的海外贸易还一度对某些朝代的国家财富和政府运作起到了巨大的支持作用。

国家对航海活动的政策，在很大程度上反映了社会对航行活动的观念指向。汉代准许私人参与海外贸易便是古代"重商"的重要特征之一。汉代政府经常派使团到各国进行贸易，除陆上丝绸之路外，还有和南方领海诸国进行交通和贸易往来的航路。据史料考据，汉代海外交通的都会是番禺，船由合浦郡徐文县出发，大约可到达马来半岛、斯里兰卡和印度。同时，外国商人也纷纷来到中国。他们除了以"贡献"为名向皇帝贡土特产，换取远大于所贡的赏赐之外，另一个目的便是到广州开展商贸活动。唐宋元三代，中国东南沿海的广州、宁波和泉州等地，都先后设立了专门管理贸易的市舶司或市舶务。南宋时，仅市舶司的税收就占了整个皇室岁入的20%。成熟的商业道路，为后来明初郑和统帅舰队七下西洋铺平了道路，而繁荣的海外贸易和移民则密切了与海外诸国的关系。朝廷和民间的合力，商品经济和航海知识的发展，造就了国人的海商精神、海洋意识以及进取精神，也让国人主导了印度洋以东的国际贸易和航运，堪与16世纪前期西方重商主义的兴盛时期相比。近现代，远洋运输更加成为世界贸易的主要物流手段，承担着极大的商业功能和责任。孙中山先生《实业计划》的提出，就包含了近代民族资产阶级对航海业影响国家发展的清醒认识。新中国成立后，我国大力发展航海事业和海洋经济，组建了国有远洋船队以服务外交外贸，并逐渐发展成为我国经济建设中不可缺少的核心力量。这些都是航海重商观念在现实中的具体表现。

　　航海文化价值理念的外向性特点，还体现在人们对航海活动开拓意识的肯定。面对广袤和未知的海洋，航海活动一开始就与开拓行为紧密结合，古代航海活动展现出人们积极拓展航路、提倡官商并举、建设对外航贸的意愿。从海上丝绸之路的开辟到宋元时期航海贸易的空前繁荣，从初步认识"鱼盐之利"到建立完备的市舶制度以谋划航贸，无不佐证这一论述。汉武帝征服南越之后便开辟了直通南海的水路。南越首都番禺成为南海贸易的起点。公元前一、二世纪时，汉人足迹已抵南印度。公元二世纪时，由海上至中国经东南亚到印度的航路已相当发达。汉武帝曾多次泛海远征，显示汉初已有强大的舟师，东汉初可动员的水军军力已相当庞大，同时借以掌握南海重要物资，东方的海上交通也相当频繁。而明代郑和下西洋的壮举，至今仍然是开拓精神的代名词。

2. 以农业和大陆为主要指向的内向性

　　大陆文明在向海洋移植的过程中，存在着农业社会和大陆性格对海洋文化的深度制约，这是中国航海文化价值理念的个性化特点。和与生俱来的外向性特点同存的是，由于特殊的地缘因素、经济因素和文化因素的影响，中国航海文化价值理念内向性的一面，表现为人们在进行航海活动规划时，本身的对大陆文明的依赖和封建统治阶级对航海事业的阻挠。

　　中国幅员辽阔，历来以农为本，封建传统更使得土地在中华文化中占据了重要的地位。农业本位和大陆性格有力地左右着国人的航海观念。以统治阶级为例，中国古代封建秩序为核心的这种内向力，在背后影响着航海业的外向发展。它一方面使人们有意识地规范和引导航海业的发展，如唐、宋、元和明代某些时期，航海活动曾得到政策的鼓励和国家的支持；另一方面，当这种影响超过一定界限时，则对航海发展形成极大掣肘，如明清两代的"禁海"政策，这些都使中国始终无法从航海大国成为航海强国。究其突破界限的标准，就在于航海是否动摇了封建制度的经济基础。以农业的产出支撑帝国官方的远洋理想，始终是有悖于朝廷重农轻商的一贯政策的，理所当然遭到政治与文化的强烈反弹。中国农业文明的海洋足迹注定无法持久的直接原因，可以归结为封建制度的财富生产主要维系于土地，军事威胁也主要来自陆上，海洋贸易则处于极端边缘的地位。

航海价值理念上的内向性，还导演了古代中国封建统治阶级一次次的航海约制，国人的航海活动也曾因此一度停滞不前。虽然这是我国航海业发展过程中的一个不和谐音符，但却是中国航海文化不能割裂的组成元素，它从价值理念上，反映出我国特定历史时期的现实和时代旋律。在封建制度下，航海活动的商业利益只是农业制度的补充，文化和外交作用才是统治阶级的最大诉求。政治外交目的上升，表明了封建思维惯性的延伸和中华文化大陆性格的使然，代表一种与重利的海外交往传统相背离的海洋发展方针。如明代郑和航海并没有真正把海洋与国家的繁荣和强大自觉联系起来，而只是将海洋看做是陆疆的扩展，是秉承传统的封建大一统思想，通过海上活动移植封建王国的治国方略的产物。因此，在政治外交领域，主要是追求宾服和宗蕃关系，而不是着眼发展更积极、平等的地缘政治环境。在经济领域，一旦以航海贸易为主要内容的航海活动超出封建农耕制度的允许范围时，封建政府便毫不留情地进行压制。历史告诉我们，在明代中国航海业的巅峰之后，随之而来的是长达四百余年闭关禁海的荒唐举措。

3. 以开放和包容为主要特征的发展性

航海文化价值理念上的外向性和内向性，是中国航海业发展、航海文化形成一体的两面。在这个曲折的过程中，国人始终保持着对航海业开放的态度和包容的姿态，即便在举步维艰的禁海时期，也没有停止迈向海洋的步伐。考察中国航海文化价值理念的形成我们不难发现，这种开放与包容的态度，一直引领着中国航海文化的不断发展和深化。

从开放性角度看，中国古代的航海观念总体上是趋向开明的。这种开明表现在主流意识对积极拓展航路、发展官民并举的中外双向航贸关系，积极与外域建立多方面的联系等方面的肯定和认同。大量通过大海维系的朝贡关系很早就进入了中国历代皇权的词典；另一方面，在相当长一段时期内，利用大海作为媒介的贸易活动亦然十分兴旺。历代政府虽然努力发展朝贡关系，但由来已久的外交朝贡关系并未凌驾于航海贸易，更没有通过严禁民间航海而独尊官方航海的先例。宋元两朝虽然力图管制和主导航贸，但实际上也是寓管制于开放，民间海外贸易飞速发展，政府也因民间商贸繁荣而广辟财源。如宋代有赖于科技的高速发展，指南针的发明，造船业的发达，瓷器生产的产业化等等，刺激了海上丝绸之路的繁荣和兴旺，使其成为华夏海洋贸易最强盛的时代。这一切只是到了元末明初，才陡然逆转。

姿态的开放则必然迎来外来文化

的冲击和影响。然而以唐、宋、元为代表的航海繁盛时期，中国通过与世界对话，以文化开放、和谐相处与宽容的姿态接纳世界，却是在世界文明史中极为罕见的。当时，许多异域的文化、风俗乃至器物等都源源不断地从海上涌入中国，多元文化在这里展现出互相包容、相互融合的特有魅力。因为中国自古就是以儒家忠恕之道，道家静业修思为文化主流的国家，这种主流的底蕴便是和平、包容和文化统摄。在这样的氛围中，远洋航海活动更多情况下是友好的交流和学习。历代航海者都倾向于在留下的商贸和交融的同时，换来和平与安宁、丰富与传递，而不像欧洲海洋文化那般，每次伟大的探索之后，带来的是一个地区的战争与被征服。从这个角度来讲，国人对航海的态度取向是兼具开放与包容的，而非战争与征服。

所以，我们有见几千年来，航海让我们的文化不仅主导东亚文明而长期雄踞东方，更通过无数条海上丝绸之路，源源不断地把文明传播到东北亚、东南亚、北美洲、南美洲、大洋洲、南亚、阿拉伯半岛、非洲东海岸、欧洲各海洋及港口城市。通过航海，丝绸、瓷器、艺术和医学等西传欧洲，丰富和繁荣了欧洲的文化，造纸术和指南针等科学成就也促进地中海和欧洲航海事业质的飞跃，并对欧洲早期文艺复兴产生了广泛影响。而郑和的航海壮举不仅全面

加强了中国与各国长期友好交往的历史文化关系，而且开世界大航海时代之先河，对人类海洋文明的全球性传播和长足进步，产生重大、积极而深远的战略作用和影响。

所有这些，都展现出这种开放和包容价值理念带来的生命力和发展性。

（三）航海文化价值理念的评价

航海文化价值理念的内容，在一定的历史时期反映为当时关于航海活动的社会评价体系。社会评价体系，是指在一定历史时期各社会阶层成员所普遍认同的、具有主导和统摄作用的价值理念的总和。这些占主导地位的价值理念构成关联的整体，培养出社会成员趋同的文化判断和评价。相对于人们的个体价值理念，社会评价体系具有社会性、普遍性、结构性和稳定性等特征，同时兼具凝聚功能、导向功能和规约功能。简而言之，社会评价体系就是整个社会对什么应当而什么不应当的评价和判断。具体到中国航海文化价值理念的社会评价体系，其本质便是对航海活动发展取向的人心向背。中国航海业历经两千余年发展至今，社会评价体系已经逐渐成熟，社会成员普遍形成了对爱国主义、改革开放、与时俱进、和平发展、兼容并蓄、人海和谐等主要价值理念的深刻认同。

1. 社会评价体系的核心观念

爱国主义是中国航海文化社会评价体系的核心价值理念。它作为传播中华文明必要的精神认同，作为认识自我、强国自强内在的精神依托，和作为振兴中华、发展航海的不竭动力，由古至今始终都是我国航海业发展的主旋律。由于航海活动是一种国家对外的形象活动，是一双打开国际视野的眼睛和一位对话世界的使者，它赋予了中国航海人一系列神圣的民族使命。在这种情况下，爱国主义是航海者承担国家交付时代重任的重要精神动力。正是对国家与民族的热爱，鼓舞和激励着历代航海人奋勇拼搏、无私奉献、呕心沥血甚至为国捐躯。同时，中国航海业的发展和无数航海人的卓越实践，又为爱国主义不断注入了新的内涵。从弘扬大国威望到求富自强不息，从"艰苦创业、爱国奉献"到"求是创新、图强报国"，无一不是爱国主义内涵的丰富和拓展。在新的历史时期，爱国主义依然是中国航海文化社会评价体系中的核心观念，是社会评价体系的凝聚功能之所在，是"爱国航海"与"航海兴国"行为取向的价值支撑。

2. 社会评价体系的时代观念

应当指出，任何社会评价体系都不可避免地与社会、与时代环境紧密相连，从而必然包含具时代特征的价值理念。唯有如此，评价体系才能指引其社会成员适应时代的发展，在历史洪流中作出正确的抉择。在当代中国，"改革开放"和"与时俱进"这两个被广为认同的观念，也实实在在地构筑在航海文化社会评价体系之中。其中，改革开放是中国航海文化开放性、开拓性的体现；与时俱进则是中国航海文化对历史性、规律性的把握。

航海是开放性和开拓性的事业，与自守和封闭的意识格格不入。历史证明，"禁海"政策曾使中华民族丧失了原本外向的海洋意识，放弃了国家的海洋权益，闭关锁国的思想观念最终酿成了国家的积弱。最后，是价值理念上的"改革开放"为航海业、乃至整个社会经济文化发展提供了前所未有的机遇和动力。这种充满活力和外向性格的价值理念，也反过来促进我国改革开放事业的深入和扩展。中华民族在改革开放中表现出来的进取精神、在建设海洋中焕发出来的创造热情和在前进中克服困难表现出来的顽强毅力，恰恰是一个海洋性民族自强不息、锐意进取精神的生动写照。

"改革开放"观念的形成，除了是我们对航海活动本质的认识以外，也是我们对历史规律总结和把握的结果。这些都来自于"与时俱进"的价值理念。与时俱进，就是要"体现时代性，把握规律性，富于创造性"。历史唯物主义告诉我们，事物无时无刻不在发展变化。我们必须用发展的眼光看待在不同历史条件下和外部环境中的航海业，使社会对航海活动本身能够作出符合时代要求的评价判断。历史上，我国曾拥有强大的海权，但由于社会制度的制约和价值理念的滞后，没有能够把握发展的规律，没有能够重视优秀的实践与理论，最终国家海洋利益被弱化，海权也随之失落。当今中国的航海业具有"与时俱进"的价值理念，正是由于它，有助于继承和发扬中国航海的优良传统，有助于航海发展思路、内容和方法的创新，也有助于分析适应世界航海发展的新形势。

3. 社会评价体系的导向观念

一个成熟的社会评价体系，应兼具凝聚功能、导向功能和规约功能。如果说"爱国主义"为体系的凝聚功能提供了源头，而"改革开放"和"与时俱进"为体系的凝聚功能提供了认同度的话，那么，为体系中导向和规约功能提供支持的则是另外一些关键的价值元素，它们是："和平发展"、"兼容并蓄"和"人海和谐"，分别关注国家与国家、文化与文化和人与自然之间的辩证关系，也深层次地反映出中华民族对传统航海文化内在本质的体认。分别来看，和平发展是中国航海文化和平、友好性格的演绎，兼容并蓄是中国航海文化包容性、开放性的诠释，人海和谐是中国航海文化立足时代、科学发展的要求。

当今，整个时代的主题是和平与发展，维护和平、促进发展是不可阻挡的历史潮流。中国的航海业已然在经济全球化的进程中实现了自己的进步，融合其中并成为不可分割的组成部分，而且这种融合程度还在逐渐深化之中。选择和平发展道路，既是由中国国情决定的，也是由中国文化传统决定的。一方面，航海界通过争取和平的国际环境来发展自己，同时以自己的发展促进世界航海的和平；另一方面，自古以来中国航海文化有别于西方以战争和掠夺为特征的战神文化，是一种和平的文化——它反对殖民、种族歧视和垄断贸易，主张和平往来、自由贸易和平等待人。这种性格是民族性的、内化的和被广泛认同的，是中国由来已久处理国家与国家之间关系的原则。

而针对文化与文化之间的冲突，国人在价值理念上则向来趋于包容，即便在列强入侵的近代，最被广为接受的仍是像"中体西用"这样温和的兼容主义和改良主义取向。近代中国的航海史几乎就是一部与西方航海文化碰撞和交融的历史。其后的历史实践也告诉我们，兼容并蓄的文化取向和价值理念确实更有利于文化的融合、交流与创新，它帮助中国发展出了具有自己特色的航海文化。今天，中国航海业的发展依然接纳并实践着这样的理念，中国航海人通过与各种航海文化、各国海洋文明之间展开平等对话，不断在求同存异中发展自我，在相互借鉴中为提炼全人类共同的航海文化作出卓越的贡献。从外部讲，这是经济全球化环境下文化融合的诉求；从内部讲，这是中国航海文化传统的主张，即尊重他国文化，维护文明的多样性，协力构建和谐的世界。

在国人学会与国际、与文化作出对话之后，与自然环境之间的对话也日益成为一个重要的命题，越来越得到人们的关注。毋庸置疑，航海活动对海洋环境，乃至全球环境的演化产生着巨大的影响，保护海洋环境、促进人与自然和谐相处是人类共同的责任。党的十六大以来，党中央继承和发展党的三代中央领导集体关于发展的重要思想，提出了科学发展观，其基本要求就是全面、协调和可持续。"人海和谐"，正是中国现代航海事业对环境保护作出的直接回应，是其绝大多数社会成员的一致愿望。它是可持续发展海洋环境的基础所在。这种和谐地、可持续地发展航海的价值理念，把传统航海实践从"人"扩大到"人与海洋"系统，把道德对象的范围从人类扩大到海洋环境，科学地处理了人与海洋自然的关系。

"和平发展"、"兼容并蓄"和"人海和谐"，这三个价值理念，全面而立体地建立起中国航海事业发展的导向和规约框架，为中国航海文化社会评价体系提供了价值上的指向。更重要的是，它继承和发扬了中国传统文化中优秀的精神财富，展现出中华民族内敛含蓄的理念情感和和平和谐的人文关怀。

（四）航海文化价值理念的发展

社会评价体系是人类社会在发展进程中自发而不自觉形成的一种规范系统，具有历史性、社会性和自发性。而社会发展战略则是专门针对某一领域整体性、长期性和基本性问题的谋划，具有时段性、领域性和自觉性。总的来说，发展战略就是在一定的社会条件下，在对外部环境和内部条件进行分析、研究的基础上，对主要目标、发展方向、重大方针、经营策略和实施步骤作出的系统谋划。其内容，包括所要达到的目标，以及实现这一目标的根本途径和原则等。人们在充分认识某一社会领域的社会评价体系后，有意识并自觉地筹划部署该领域发展内容的过程，也是其发展战略形成的过程。所以，考察当代航海文化的价值理念，认识其发展规律，并以其正确影响我国航海发展战略的建设方向，是十分重要和有意义的。

1. 当代航海文化价值理念

当代航海文化价值观是以辩证唯物主义和历史唯物主义世界观为指导的，它以爱国主义、改革开放、与时俱进、和平发展、兼容并蓄、人海和谐等为价值取向，由此产生了自己的价值评价标准，大致说来，即凡是有利于我国社会发展建设的航海物质创造和精神创造，都是有价值的；凡是符合我国广大人民的根本利益、兼顾世界和平和谐的航海活动，都是有价值的。当代航海文化的价值理念不仅代表我国广大人民的根本利益，而且反映了航海史发展的客观规律。改革开放以来，我国坚持以邓小平理论、"三个代表"重要思想为指导，深入贯彻落实科学发展观，在准确把握航海发展趋势、认真总结我国航海发展经验、深入分析我国航海发展阶段性特征的基础上，形成了具有科学意义和时代特色的航海价值理念体系和规划蓝图。

（1）"以人为本"的价值理想

在价值理念上，科学发展观把以人为本作为其本质与核心，将以人为本渗透于全面、协调、可持续发展之中，强调任何事业的发展都是为了人民，发展依靠人民，发展成果由人民共享。航海业作为我国经济发展的重要支柱产业，也将"以人为本"贯彻到社会、经济活动的各个层面。如航运企业建设"以人为本"的企业文化、促进国际关系和平和谐的外交文化等，同时还承担起航海业应有的社会责任。

（2）"爱国主义"的价值理想

在航海文化价值评价体系中，爱国主义是核心内容。它意味着广大航海从业者是把国家和最广大人民群众的根本利益，作为思考自己发展问题的出发点和立足点的。在国家建设方面，人们认同航海业立足于当前发展的历史机遇和时代环境，以满足我国经济、社会、文化、政治等领域多层次、多方面的需求为目标的定位，在建设具有中国特色社会主义的事业中发挥其力量和作用，无数航海人也在其中以实际行动践行着爱国主义的理想信念。

（3）"改革开放"的价值理想

改革开放所代表的外向、创新和开拓的精神，是被当代社会所广泛认同的，同时也是最容易与航海活动和航海业发展的精神实质联系在一起的。从内容上讲，改革开放的航海价值理念可以说体现在对新时期航海建设形式的继续探索，对航海相关制度和体制的深入研究，还有对社会主义航海文化的科学建设，是当代航海文化中最具行动能力的价值理念。

（4）"和谐发展"的价值理想

时代呼唤人与环境和谐、可持续的发展。当代航海文化"和谐发展"的价值理念让航运业大力发展先进生产力，积极建设航海业的物质文明、精神文明，从而投入现代世界的海洋发展浪潮之中。航海从业者们努力促进着人与自然的和谐，实施航海的可持续发展战略，以科学发展观为指导，为世界提供物流、运输、勘探等服务，提供海洋环境的保障，并正确实行对外开放，协调国际国内的各种关系。

2. 价值理念对发展战略的影响

中国航海发展战略的制定和实施，与现代中国航海文化社会评价体系息息相关。一个顺应时代要求、符合历史规律的航海发展战略，必须得到广大社会成员的价值认同和情感支持，所以社会评价体系在很大程度上影响和左右航海发展战略的制定和实施；一个具有科学性、指导性和生命力的航海发展战略，则是航海文化社会评价体系与时俱进，不断丰富自身内涵的主要动力。当前，中国航海文化社会评价体系对航海发展战略思想的影响主要有以下几个方面：

（1）"历史性"的影响

无论是大国情怀还是强国宏愿，终究是爱国主义这一精神内核支撑起中国航海文化的构筑和演绎。2005年中国第一届航海日的主题是"热爱祖国、睦邻友好、科学航海"，2006年第二届航海日的主题则是"爱我蓝色国土、发展航海事业"。爱国主义的主旨在这个有着特殊意义的国家节日中被放在最突出的位置，由此可见其意义之重和认同之深。回顾新中国航海业的发展可见，新中国成立以来以航运业为代表的中国航海业在其各个发展阶段所具有的内在动力，归根结底是爱国主义精神。

新中国航海人的创业史实和精神气质告诉我们，每当祖国需要的时候，他们都会毫不犹豫地接受祖国的召唤，履行国家所交付的神圣使命。这既是中华民族优秀传统的继承发扬，也是21世纪中国航海事业发展的内在要求。

（2）"时代性"的影响

西方文明无论是爱琴海文明、地中海文明还是大西洋文明，都是伴随着航海业的发达、海洋商贸的繁荣而产生的。中国航海的兴衰史所折射的中国国力盛衰变迁，也佐证了"面海而兴，背海而衰"的客观规律。几个世纪以来，大洋彼岸的海洋文明对我国封闭固守的农耕文明形成了强烈的冲击，让中华民族萌发出了改革开放、与时俱进的愿望。观念造就出路，当代中国的航海业以其开放性与外向性的价值理念，开辟出一个东方文明与西方文明对话的平台，引领两种文明相互结合，成为中国社会主义现代化建设的外在引力。在航海发展战略上，毛泽东同志在新中国成立伊始就提出了"建设海上铁路"的战略思想；邓小平同志也把目光投向海洋，打开了沿海国门，实行改革开放；以江泽民同志为核心的第三代领导人则发出"振兴海业，繁荣经济"的号召。这些实际行动，从物质层面推动了经济增长，从精神层面带来了全球化背景下的更广视野。

（3）"国际性"的影响

2007年，中国航海日以"落实科

学发展观、构建和谐海洋"发展理念，为我国航海业的发展写下了一个崭新而又永恒的主题。确实，具有传统农耕文化特征的东方文明在历史车轮的推动下，正不断地与拥有海商文化特征的西方文明进行交汇。源于文化中和谐观念的推动，中国航海这一面向世界的事业，正在孕育一条汇合东西方文明的全新道路——绿色的和谐之路。党的十六大以来，胡锦涛总书记提出的"以人为本、全面协调和可持续发展"科学发展观，系统回答了经济社会"为什么发展"、"为谁发展"、"靠谁发展"和"怎样发展"等一系列重大问题。中国现代航海发展战略也正以融合东西方文明和海洋陆地文明为手段，以和谐发展为理念，开辟一条人海和谐的航海大道。它在和平交往的基础上，兼容并蓄地吸收世界航海文化的优秀价值理念，批判地容纳世界性文化的各类元素，以全球化的眼光实践着"以海兴国"的宏伟蓝图。

3. 航海文化价值理念发展趋势

（1）观念科学化

随着认识的深入和发展战略的不断完善，我国对航海业发展的总体规划和建设会趋向合理、科学。特别是在充分认识航海业和航海文化发展的客观规律之后，国家将有意识地引导和部署海洋建设，加大研究力度和投入力度，规范法制法规，协调各方关系，从国家政策的层面，保障、支持航海业的建设。以科学发展的态度实施海洋发展战略，弘扬航海人文精神，壮大海上力量，促进海洋开发，处理海洋事务服务。

（2）观念系统化

航海业是21世纪具有全局性、前瞻性、战略性的重大实践。随着人类向海洋进军力度的加深，航海文化及航海社会学科的研究将不断深入。在观念上，航海文化将逐渐被认知成为一个相互贯通、紧密联系的综合系统，其所关注的是以现实为基础，以历史为借鉴的观念创新，其所展现的是宏观、辩证、整合、创新的思维方式。在理论上，它要求各种有关航海活动和航海发展的观念、元素之间，以至与研究海洋发展的自然科学、技术科学、工程科学各学科之间，实现概念的磨合，最终结合成综合性的学科体系。

（3）观念普及化

21世纪是海洋的世纪，随着航海业的发展，国民将越来越认识到中国作为一个海洋国家，在世界文明史、世界航海史中的地位；认识到中国海洋文明的传统渊源，对世界海洋文明的贡献和创造；认识到航海业对未来中国发展无可替代的社会意义、经济意义、文化意义、军事意义，乃至整体的战略意义。最终，人们将深刻认同中国作为一个海洋国家的地位，激发起将中国从航海大国建设成为航海强国的强烈愿望。

（五）航海文化价值理念的构建

航海文化价值理念体系是建设航海文化、发展航海事业的基础。它体现了中国航海文化理论的丰富和发展，是建立在对航海文化价值理念全面思考、系统认识和整体把握基础上的客观判断，旨在将中国有关航海文化建设的总体认识，特别是建设航海强国的认识提升到一个新的高度，进一步揭示和阐明了航海文化建设的核心内涵以及支撑，促进中国航海事业的发展。通过对航海文化历史源流、建设现状和价值理念等的发掘、提炼、评估和总结，构建中国航海文化价值理念体系的核心价值如下。

1. 航海使命："发展航海事业，促进国家富强"

航海使命是指航海业所承当历史性的、社会性的责任与义务，是由航海业的属性和特点，及其在国民经济和社会发展中的地位和作用所决定的。"发展航海事业，促进国家富强"的航海使命应从以下几个方面进行认识。

一是从经济社会发展的全局高度和战略角度看，航海事业肩负促进国家繁荣富强的社会责任。作为中国国民经济重要组成部分的航海业，尤其是航海运输业是国民经济的基础产业。在建设社会主义市场经济和参与全球化竞争的过程中，中国航海产业必须将自身利益与顾客利益、社会利益和生态环境利益协调统一起来，全面考虑行业员工和领域消费者权益的保护、服务质量和环境质量的保护，以及对社会和经济福利的贡献等。

二是从航海事业自身属性特点及其地位作用看，航海事业拥有促进国家繁荣富强的行业功能。航海运输和贸易的长足发展，正是一个国家加强对外交流，加大开放力度，走上社会繁荣富强道路的最显著特征。郑和曾说过："欲国家富强，不可置海洋于不顾"；海权论者马汉也指出"所有国家的兴衰，其决定因素在于是否控制了海洋"，其所建立的"海权强大—贸易发达—国家富强"的发展战略模式，深刻地揭示了航海业的经济本质和战略功能。所以，在国家社会经济建设的进程中，肩负交通、物流、贸易、军事、勘探、科技等众多领域任务于一身的航海业，有着不可取代的功能地位。

三是从世界航海发展的总体趋势和我国航海发展的阶段特征看，航海事业恰逢国家参与海洋竞争的历史机遇。当前，世界经济随着生产的发展由自然经济向大规模、集约化发展，跨国经济空前活跃，洲际贸易关联性增大，区域经济发展与合作是当今世界的时代潮流。连接太平洋、印度洋、大西洋的环球大通道，把世界各大经济板块连成一片，构成经济的繁荣带。而中国正是环球大通道的"沿岸带"和"新欧亚大陆桥经济带"的上桥端，承担着"码头"和枢纽的作用。中国航海业要适应世界市场的需要，充分利用好这一良好的地理环境，大力发展远洋运输产业，发展沿岸经济带和陆桥经济带，使中国海洋经济在"环球大通道"中占有重要的地位，并影响和促进全国经济的发展。

2. 航海宗旨："热爱祖国、睦邻友好、科学航海"

航海业的宗旨，是指为履行好航海使命所要秉承的核心价值理念。作为一个涉外性极强，直接参与国际竞争的行业，航海业的发展宗旨要从其对内、对外和对环境三个层面作出定位。

一是对内应秉承热爱祖国的价值理念。热爱祖国是中华人民共和国每个民族成员、每个公民应具备的起码的公德和觉悟，也是贯穿中国航海文化价值理念的重要观念。作为履行航海使命的精神动力和正义标尺，热爱祖国的价值理念在航海业为全社会提供优质产品和服务的过程始终应该秉承。

二是对外应秉承睦邻友好的价值理念。航海业涉及国际交往、贸易、运输等诸多领域，是一个涉外性极强的行业。我国自古有和睦邻邦的航海政策和兼蓄兼容的宽容胸怀，新时期的国际环境和我国的对外政策也追求和平共赢的发展模式。因此，秉承睦邻友好的价值理念，既是我国航海文化传统的继承，也是处理国际外交环境的客观需要。

三是对自然应秉承科学航海的价值理念。航海业向来与自然结合紧密，与海洋环境的保护和开发息息相关。科学航海的价值理念便是从航海业自身的特点出发，深入贯彻全面、协调和可持续发展的理念，不断与提高航运企业自主创新能力、和谐利用海洋环境相结合所得出航海业发展的宗旨。

3. 航海目标："由航海大国迈向航海强国"

航海事业发展的目标，是履行航海使命，体现航海宗旨，在直接目标上所要秉承的核心价值理念。我国自古是航海大国，但是由于种种历史原因未能成为一个航海强国。目前，我国航海业正面对难得的发展机遇，实现由航海大国向航海强国的转变，并构建更安全、更便捷、更可靠、更经济、更环保、更和谐的航海发展局面，是航海业的目标所指，可以从其发展规律、作用和趋势三个方面来认识。

首先，由航海大国迈向航海强国是量变到质变的必然发展规律。航海大国的标准在于一个国家拥有在各航海领域数量上和规模上的巨大支配份额；而航海强国则是指一个国家在各航海领域，不仅拥有数量和规模上的优势，更具备在国际影响力、领域控制力、资源开发力和文化生命力上的卓越成就。实际上，由航海大国向航海强国转变，正是一个质变的过程。这一目标的确立，是中国航海业在发展到一定阶段时对自身状况的客观认识和对加快自身发展、实现质的飞跃的内在诉求。

其次，由航海大国迈向航海强国的目标有利于促进我国航海业发展。目标既是风向标，又是指南针，为发展主体提供了导向性的动力。要实现航海业的这一目标，必然促使我国提高全民族的海洋意识，依法强化航海管理；快速发展航海贸易和关联产业，大力鼓励航海科技创新；合理利用海洋资源，切实保护海洋生态环境，维护国家海洋权益。这也是中国航海业逐步发展达到贸易发达、管理规范、科技先进、环境健康所需要的。

第三，由航海大国迈向航海强国是履行航海使命和体现航海宗旨的要求。"发展航海事业，促进国家富强"的航海使命，要求我国航海业朝着更安全、更便捷、更可靠、更经济、更环保、更和谐的发展格局迈进；"热爱祖国、睦邻友好、科学航海"也要求我国航海业在发展过程中，承担更多的历史责任、时代责任和国际责任。无论是更科学的发展格局还是更综合的发展责任，都是判断一个国家是否为航海强国的客观标准之一。因此，要切实履行我国的航海使命和体现我国的航海宗旨，大势所趋便是迈向航海强国。

4. 航海发展理念："走向海洋，和平崛起"

21世纪是海洋的世纪，海洋思想和观念意味着开放和文明，意味着先进和进步，意味着崛起。胡锦涛同志在纪念毛泽东诞辰110周年座谈会上就强调，坚持走中国特色社会主义道路，"就要坚持走和平崛起的发展道路，坚持在和平共处五项原则的基础上同各国友好相处，在平等互利的基础上积极开展同各国的交流和合作，为人类和平与发展的崇高事业作出贡献。"

"走向海洋，和平崛起"，也是中国航海事业所遵循的发展理念。这是由中国航海文化中的价值理念最终决定的。它符合航海文化社会评价体系中爱国主义、改革开放、与时俱进、和平发展、兼容并蓄与人海和谐的所有内涵。其基本特征表现为这是一条与世界各国和平共处、友好相处、共同发展之路；一条依靠自身力量、挖掘自身内涵、注重全面协调之路；一条通过制度创新，提高国民素质，实现社会自我完善之路；一条在全人类共同利益基础上的振兴中华之路。

这既是时代的选择，也是历史的选择。"崛起"是目标，"和平"是条件；"崛起"是中华民族的追求，"和平"是中国人民的渴望。对于中国的航海业来说，必须遵循这样的理念以保持开放的姿态，在平等互利的原则下，同世界一切友好国家发展经贸往来；必须树立全新的海洋观念和建设科学的航海文化体系，"以海为途"、"以海兴国"，以大开放的胸怀和气魄走向海洋、走向世界。

5. 航海精神："乘风破浪，不畏艰险，同舟共济"

航海精神是体现在航海人身上的，在面对自然挑战、践行职业道德、培养高尚情操、发扬优良传统时焕发出来的精神面貌。它区别于航海价值观的社会性和普适性，表现出强烈的个体色彩，但同时又具有普遍的代表意义。

乘风破浪是中国航海者面对各种航海环境挑战时所表现出来的开拓精神。勇于开拓魄力和胆识是中华民族的特质之一，乘风破浪是对中国航海者演绎这一特制的形象总结。它是中国航海者在面对航海一切未知的领域、危险的环境和可能存在的困难时，能够作出正确的、主动的、理性的且有效判断所需的精神品质和意志要求。这种精神引领着中国数代航海人开拓前路，创造出了无数永载史册的辉煌成就。

不畏艰险是中国航海者面对各种航海环境挑战时表现出来的无畏精神。在素来被视为"行船走马三分险"的航海领域，如果没有这种不畏艰险的大无畏航海精神，航海者就难以面对海上各种突如其来的困难，也难以在大风大浪中完成各项远洋船舶的运输生产任务。这种不畏艰险的精神，并非感性的冒进和冲锋，而是建立在理性的、科学的应对措施和合理的、恰当的操作技能上的无畏。由此，它在客观上也促进航海技能和航海技术的发展，更促进了航海安全生产、海洋环境保护的最终达成。

同舟共济是中国航海者面对各种航海环境挑战时表现出来的协作精神。同舟共济是一种集体主义的战斗精神和协作精神，是中国航海者团队精神和职业道德的体现，也是他们包容和开放性格的具体诠释。在新时期，同舟共济不仅是单元上的合作互助，更是整体事业上的目标一致，是中华民族航海事业合力的凝聚。它表现为一个国家航海者高扬爱国主义旗帜，为共同目标而奋斗的大局观；表现为一个海洋国家积极参与国际经济合作，共同促进世界发展的国际观；表现为一个航海民族维护海洋环境和谐，坚持全人类可持续开发、利用海洋的发展观。

思辨篇　泛舟指南

第三章 航海文化建设的理论渊源

一、基础理论的实际运用

自有人类社会以来就有航海活动，但是，对航海的深入研究却是十九二十世纪的事。对航海的研究不仅起步晚，而且不系统，主要散布于工业理论、经济学理论、生态学、地理学、环境科学等的研究之中。航海文化在现代经济社会中的地位越来越重要，它不仅推动着经济社会发展的进程，而且改变着人们的生产生活方式。对于这样一个影响深远的领域，必须上升到理论的高度审视并研究其各个要素间的关系及其发展规律，详细梳理航海文化的理论脉络，深刻理解航海文化的嬗变，全面推进航海文化建设，从而为航海业的发展奠定牢固的文化基础。

（一）人类学的基础理论

这是研究航海文化重要的理论基础之一。人类学是研究人类的科学，这是我们理性认识航海文化的理论前提。人类学最中心的概念是文化(Culture)。在人类学理论的进程中，许多重要的人类学阶段性理论和方法，从某种意义上说，就是文化观察的理论和方法。

这门学科分为体质人类学、文化人类学(又称社会人类学)和考古学。而其中与航海文化关系最密切的是文化人类学。文化人类学过去主要研究原始社会及其文化，但是近30年来，已逐步扩展到对现代文明社会及其文化的研究。文化人类学对航海文化的贡献，主要是航海活动中人的行为与人类社会起源的理论、人类社会行为以及人类和文化的关系等知识。

文化人类学：文化人类学旨在强调人类学中研究人类文化的部分，是研究与人的生物特性相区别的人类社会及其文化的一门学科。它所关注的人类的文化现象，侧重描述、分析、解释人们的思想与行为方式，社会和文化的异同，包括人们在风俗习惯、婚姻家庭、亲属制度、宗教信仰、政治经济制度、原始艺术等方面存在的共性与差异。文化人类学无论从人本的出发点，还是从地理区域的族群生活方式理解考虑，都处在探索世界各地人类未来发展的基础理念的重心之中。

人类学认识论与方法论主题：人

类学形成自身科学的过程中，积累了一些特有的科学认识论与方法论主题，如人类的普同性、文化相对性、适应和整体性等。"普同性"是指地球上全人类的一致性与共同性；"文化相对性"是指将文化行为放入其具体的历史、环境和社会中加以评估和对待，每一种文化都有其独创性和充分的价值，而且一切文化的价值都是相对的、平等的；"适应"是指地球上的生物种群通过自身的变化与周围环境达成协调并繁衍下去的过程；"整体性"是指在人类学学科的研究过程中，历代人类学家以不同的理论为出发点，积累关于人类整体性认识论的不断完美过程。

人类学文化功能性：人类的行为并不是完全出于本能的。人的行为中文化性的行为多于生物性的行为。人类通过不断社会化的学习过程，使行为超越了本能性行为，在文化环境中逐步形成价值理念、规范、风俗、习惯、民族性等。由于各国文化背景的差异，其所熏陶出来的民族性格也不同。同是航海活动，由于地域、历史、民族性格等有差异性，航海文化的价值理念、结构、功能等都不同。因此，研究航海文化、加强航海文化建设，都必须运用人类学的基础理论，根据不同的文化背景和现实环境，总结出有中国特色的航海文化，明确航海文化建设主体，推出适合中国国情的航海文化建设战略。

综上可知，文化对个人、群体、组织以及整个国家和社会的行为影响作用极大，那么航海文化对航海者、船队、航运公司以及航海活动的影响也是潜移默化。我们可以说，航海文化与航海是紧密相连的。生活在社会中的人离不开文化的影响，各国的航海者也离不开航海文化的影响。对航海文化的研究，要对航海活动中人员和群体的个性和共性要有深入的了解，不仅要针对不同个人的特点，而且要针对不同文化背景的群体和组织。

（二）历史学的基础理论

历史学是一门古老的科学。从人类诞生的那一天起，历史这个双胞胎便随之呱呱坠地了。几百万年的变迁，历史始终踏着人类前行的足迹，忠实地用时间刻录着人类进程的每一个细节。可以说，历史是一切事物的发展过程。广义地说，它包括自然界的发展过程即自然史和人类社会的发展过程即人类社会史。一般地说，仅指人类发展过程，亦即历史学研究的对象。

历史学是通过史料研究历史发展过程的学科。如果说，客观的历史是一个有机的发展过程，史料只是历史过程留下的一些残骸或遗迹，那么，历史学的任务却是要从历史的遗骸或残迹中去重认那曾经活生生的历史，并以文字为主要手段将它重现出来。历史不仅仅是指过去的事实本身，更是指人们对过去事实的有意识、有选择的记录。而对于历史学的专门性研究，就是历史学，它不仅包括了历史本身，还应该包括在历史事实的基础上，研究和总结历史发展的规律，以及总结研究历史的方法和理论。

研究航海文化首先应该研究航海史，并以历史学的基础理论为指导。所谓"透过现象看本质"。历史给我们提供事物的现象，我们的目的是推而知之，了解这个现象之所以发生和存在的本质和规律。研究航海史也是通过航海"现象"，总结归纳航海本质、规律和文化。

研究航海文化，需要我们把握唯物主义的历史观。由马克思、恩格斯创立的唯物史观是个科学的、完整的、逻辑紧密的理论体系，根据马克思、恩格斯在精辟论断，唯物史观包括生产力和生产关系的辩证关系原理、经济基础和上层建筑的辩证关系原理和阶级斗争的原理。这些基本原理为我们研究航海文化提供了思想武器。

劳动是人类历史的起点和基础，也是航海史的起点和基础。马克思说：劳动创造了人本身。唯物史观认为：生产劳动是人类历史的起点和基础。劳动不仅推动了人类形体的形成和发展，而且还促进了人的社会意识、社会关系和交往方式的形成与发展。人民群众才

是真正历史的创造者，也是航海史的创造者。

研究航海文化，需要我们正确认识历史中的主客体。历史主体是社会历史的创造者和历史进程的影响者，历史客体是历史主体进行对象性活动的对象。二者彼此相互规定、相互依存。历史认识必须从一定的主体意识结构出发，研究一种动态的发展过程中的客体，了解历史现象的面貌，正确认识历史的发展规律。

研究航海文化，要正确理解历史的辩证运动。人类历史发展规律存在于人类社会的辩证运动之中，人类社会的辩证运动具有历史的多样性和统一性、历史的现象和本质、历史发展的渐变和突变、历史发展的必然性和偶然性、人类历史是螺旋式向前发展的等各种表现和特点，这些表现的特点揭示了人类历史发展总方向，同时也揭示了航海历史发展的总趋势。

（三）管理学的基础理论

航海活动也是一项管理活动，研究航海文化要以管理学理论为基础。管理自初步形成理论以来，已经历了近一个世纪的演变，从泰罗对于工厂的科学管理到今天对于全球化、知识化、信息化的企业管理，其间凝结了无数管理实践者与思想者的汗水与心血。发展到现阶段的企业文化管理理论，其根本的变

化是由"物"到"人"的变化，也是在逐步走向"物"与"人"的相互和谐。

在文化管理理论诞生之前，企业管理经历了以下几个阶段。

古典管理理论阶段（20世纪初到30年代）。这一阶段是管理理论最初形成阶段，代表人物是科学管理之父泰罗和管理理论之父法约尔以及组织理论之父马克斯。古典管理理论侧重于从管理职能、组织方式等方面研究效率问题，对人的心理因素考虑很少或根本不去考虑。

行为科学理论及管理理论丛林阶段（20世纪30~60年代）。行为科学理论阶段重视研究人的心理、行为等对高效率地实现组织目标（效果）的影响作用。代表人物有梅奥、马斯洛等人。主要观点是把职工看成是社会人而非经济人，企业中存在着非正式组织，新型的领导能力在于提高职工的满足度，人的需求是分层次的，应该研究满足不同的人的不同需求。

以战略管理为主的研究企业组织与环境关系的时代（20世纪60年代中

海上景色

后期到80年代初）。代表人物有安索夫，主要观点是把战略引入管理界，战略管理明确解释为企业高层管理者为保证企业的持续生存和发展，通过对企业外部环境与内部条件的分析，对企业全部经营活动所进行的根本性和长远性的规划与指导。

企业再造时代（20世纪80年代到90年代初期）。代表人物有海默与詹姆斯·昌佩。认为现代企业普遍存在着大企业病，面对日新月异的变化与激烈的竞争，要提高企业的运营状况与效率，迫切需要脱胎换骨式的革命，需要进行企业再造，它是企业重新获得竞争优势与生存活力的有效途径。

全球化和知识经济时代的组织管理（20世纪90年代以后）。这一阶段的管理理论研究主要针对学习型组织及虚拟组织问题而展开。代表人物有彼德·圣吉，所著的《第五项修炼》说明：企业唯一持久的竞争优势源于比竞争对手学得更快更好的能力，学习型组织正是人们从工作中获得生命意义、实现共同愿望和获取竞争优势的组织蓝图；要想建立学习型组织，系统思考是必不可少的修炼。

分析管理理论的发展轨迹，我们可以清晰地发现，管理理论不断地从忽视人到重视人的变化，从刚性管理到柔性管理的变化，从个体管理到战略管理的变化。这些发展和变化，与社会发展进步相一致，体现了企业管理的与时俱进和渐入佳境。

航海业由于从业性质的关系，历来严格遵循"船令如山倒"的制度管理，崇尚行规和个人威望，特别是在船舶上，严格明细的分工、严苛刻板的管理被认为是天经地义的，一方面确实是航海的需要，另一方面也束缚了职工的创造性。随着船舶现代化水平的提高，生产经营中的柔性管理显得越来越重要。在建设航海文化中，研究文化管理成为航海业的重要任务。

（四）组织文化的基础理论

航海是人类探索未知领地、贸易往来、文化交流的重要活动，但航海不是单个航海者所能完成的，它是一种组织行为。航海活动作为组织活动，主要受组织文化的影响，研究航海文化就要以组织文化基础理论为指导，运用组织文化理论知识，探索航海者、船队组织、航海群体之间的配合、航海组织实施等过程中形成的价值理念。

1. 组织文化概念

一般认为，组织文化是组织信奉并付诸实践的价值理念。也就是说，组织文化的核心内容是价值理念，而且是组织所有员工或多数员工认同和信奉的，并在实践中真正得到实行和落实的价值理念。而且认为，组织文化的构成要素一般包括物质要素、制度要素和精神要素，还有的学者认为应包括行为要素；组织文化具有导向与约束、凝聚与激励、外塑与发散等正功能。还有的学者认为应注意组织文化的惯性问题及其对组织变革与发展形成的潜在障碍。这些认识，对研究航海文化建设具有借鉴和参考意义。

2. 组织文化的要素

组织文化主要包括物质文化、制度文化和精神文化等文化要素。一般来说，精神文化是组织文化的基础部分，也称核心文化；制度文化是组织文化的主要部分，也称浅层文化；物质文化是组织文化的外在部分，也称表层文化。

3. 组织文化的载体

（1）主体载体。人是组织的主体，也是组织文化建设的主体。组织的广大成员，包括组织的领导人、中高层管理者和普通成员，他们作为组织文化的主体，既是组织价值理念的倡导者，也是组织价值理念的实践者。可以说，组织文化是由组织领导人倡导并推动建设，中高层管理者接受并执行，广大普通成员认同并自觉遵守的价值理念。

（2）组织载体。所谓组织，即具有鲜明目的和特定功能，并由一定关系和联系方式维系的人群协作系统。组织作为文化的载体，主要体现在以下几方面：一是组织内涵反映组织文化的性质；二是组织要素反映组织文化的内容；三是组织结构体现组织文化的个

性特点；四是组织功能体现组织文化的要求。

（3）制度载体。制度是要求组织成员共同遵守的规章或准则。组织制度和组织文化之间的关系十分密切，存在着相互制约、相互促进和相互转化的关系。一方面，组织文化是组织制度形成的重要决定因素，影响着组织制度的形成和执行；另一方面，组织制度对组织文化的形成和发展也具有重要影响，即什么样的组织制度，必然会产生与之相适应的组织文化。

（4）物质载体。组织文化的物质载体是指组织文化赖以存在和发挥作用的物化形态，其不仅反映了组织文化的内容，同时也是组织文化先进程度的重要标志。组织文化物质载体包括生产资料、企业产品、企业对员工素质形成的实质手段等。

4. 组织文化的属性

（1）管理学属性。组织文化的理论基础是管理学，同时，由于组织文化理论的形成，管理理论的发展才进入了一个新的阶段，即由经验管理阶段、科学管理阶段进入文化管理阶段。管理学属性的基本内涵，是将组织文化定位于运用文化所固有的功能和作用、特点和规律进行组织管理的一种现代管理理论、管理思想、管理方式。只有把组织文化定位于管理学，才能在组织上保证企业各系统齐抓共管、各部门

齐头并进。

（2）亚文化属性。组织文化作为一种文化形态，是相对于社会文化而言的支流文化，即是一种亚文化。其重要职能是提高组织人员队伍的综合文化素质，即事业信仰、管理哲学、行业精神、价值理念、道德准则和行为规范等，这些综合文化素质决定组织成员专业知识和技术水平的提高与发挥。从亚文化这一属性出发建设组织文化，有利于将组织的精神文明建设、思想政治工作等意识形态内容整合起来，通过生产、经营和管理等实践活动，形成独具特色的组织文化体系，以致成为社会文化的生长点。

5. 组织文化的特征

组织文化的本质特征主要体现在以人为本、以文化人、群体和谐、文化自觉、文化主导和价值核心等方面。

（1）以人为本。组织文化关注人在经济发展过程中的地位与发展，不断丰富和发展人本观。组织文化理论帮助组织管理者改变了认识方式和行为方式，使他们不再把员工看做生物意义和物理意义上的人，而是更加重视人的文化主体意义，注重启发人的能动性和自觉性，在管理方式上，使组织管理者由物质本观转为人本观，着重从为了员工、尊重员工、参与管理、价值分享、分权管理、善待顾客等方面深入实践，体现人本管理的原则，以期实现"内聚

人心、外塑形象"的管理目标。

（2）以文化人。组织文化通过提高人的文化品质提高管理层次，提高组织的人文价值，运用文化特征和规律于管理和经营之中，使组织管理和经营更具文化特征，更适应人文进步的现代社会。其实现方式：一是运用先进文化培养人的先进文化意识，提高人的综合素质；二是通过塑造文化环境、培育文化网络，形成文化传播效果。文化是一种力量，它贯穿于组织的发展战略和人才战略、组织管理和产品营销等各个环节之中，最有效地发挥人的积极性、主动性和创造性。

（3）群体和谐。随着时代的步伐，泯灭个人创造活力、窒息人性发展的绝对整体本位思想已不适应发展的需要，忽视集体协作、多方互动的绝对个人主义观点也难以面对复杂的竞争，组织管理需要一种既能鼓励个人聪明才智的充分展现，又能实现群体创造能力的科学的集体主义文化观，即群体和谐的文化观。研究证明，群体和谐的文化强调平等哲学、团队精神、民主管理，使组织管理的目的和任务超越纯粹功利目的和工具价值理性的层次，使组织效益和人性得以平衡和谐地发展。

（4）文化自觉。文化自觉是组织领导者对组织存在价值和发展壮大的终极目的的思考，是组织管理中文化内涵、文化意义的理解，是运用文化规律

和特点于管理之中的文化理性。组织文化的主体内容来源于组织领导者的文化思想，组织文化的建设和保持依赖于组织领导者的文化自觉，组织文化在组织成员中的内化程度决定于组织领导者文化人格化的水平。

（5）文化主导。文化主导的基本内涵是：作为一门新的管理理论和管理思想，组织文化理论主张在"以人为主体"前提下，以培育优秀文化为主导因素，将组织文化体系作为组织一切行为和发展的"法典"，进而将文化作为管理的主导因素，同传统管理理论和管理思想形成鲜明区别。

（6）价值核心。组织的价值观是组织文化内容的核心，是组织文化建设的基石，是组织成功发展的哲学精髓。组织价值观的主要作用是为人力资源确定价值信仰和价值取向，为组织文化体系确定价值理论。在多元化发展的社会中，个人价值取向和组织价值观往往存在着矛盾，这种矛盾的化解，在于培养组织发展与个人进步为一体的价值观。组织文化整合的水平在于价值观的认同基础，组织成员成长发展的速度取决于同组织价值观的契合程度。

二、企业文化的理论借鉴

从一定意义上讲，企业文化与航海文化都是组织文化的具体体现，是一种亚文化。研究航海文化，必须借鉴企业文化的理论精髓与理论体系。企业是行业的组成单位，行业是企业的延伸。因此，航海文化应该是能被航海业内绝大多数成员单位接受和奉行的文化，它在一定程度上指引和约束着航海业从业者的思想和行为，是航海业区别其他行业的重要因素之一。航海文化建设的基本层次就是航海业内企业文化的建设，因此，对航海文化的理论探源必然要研究和借鉴企业文化理论。

企业文化作为企业家一种有意识的管理实践活动，起始于第二次世界大战后的日本；作为一种新型管理理论，创建于20世纪80年代的美国，我国于20世纪80年代中期正式推出"企业文化"概念。20多年过去了，一批中国本土企业伴随改革开放与社会主义市场经济发展而成长壮大，并形成了各自的企业文化，成为推动企业战略发展的有效管理工具，企业文化呈现蓬勃发展之势。作为比企业管理更高层次、更宽领域的航海业管理，也必然引入文化理念才符合当今管理的现代精神和现实要求。对企业文化理论的积极借鉴则构成航海文化再造的基石。

（一）企业文化的本质解析

1. 企业文化的研究

"企业文化"，最早的概念是指

企业的价值观，并应用企业价值观于实践的活动。随着研究的深入和实践的发展，企业文化理论呈现多样性的特征，各种观点层出不穷，对企业文化的定义多达几百种，并细化为经营文化、团队文化、能力文化、跨国文化等。中国的学者对企业文化的研究方兴未艾，呈现百花齐放的兴旺景象。国内至今尚未形成统一的关于企业文化的定义。

综观国内学者的研究，主要观点有：

（1）企业精神说。认为"企业文化是企业在长期的生产经营实践中，所创造和形成的具有本企业特色的精神和某些物化的精神。其中价值理念是企业文化的核心。"（1996年，苏勇，《中国企业文化的系统研究》）

（2）群体竞争意识说。认为"企业文化是企业在各种活动及其结果中，所努力贯彻并实际体现出来的以文明取胜的群体竞争意识。"（1999年，罗长海，《企业文化学（修订版）》）

（3）组织文化说。认为企业文化是一种从事经济活动的组织之中形成的组织文化。（2001年，刘光明，《企业文化（第二版）》）

（4）三层次说。认为"企业文化的三个层次依次为：制度文化、个性文化以及传统文化。"（2002年，肖峰，《企业文化》）

也有认为三个层次是物质文化、制度文化和精神文化三层次。

（5）广义、狭义说。认为"企业文化有广义和狭义之分，广义的企业文化是物质文化、行为文化、制度文化、精神文化的总和；狭义的企业文化是以企业价值观为核心的企业意识形态。"（贾强，《文化制胜——如何建设企业文化》）

（6）价值理念说。认为"企业文化，就是企业信奉并付诸实践的价值理念。"（2002年，魏杰，《企业文化塑造：企业生命长青藤》）

各种说法表达内容和形式不同，但基本观点并无大异。同时，企业文化定义的多样性，是由文化的多样性决定的。世界文化和中国文化都具有历史性、地域性的特征，在基本观点一致前提下的百花齐放，有利于企业文化研究的深入和发展。

2. 企业文化的本质

了解企业文化的本质，首先要认识企业。企业是生产力发展到一定水平的产物，在市场经济条件下，企业是最基本、最重要的市场活动主体，是市场机制运行的最基本单位。其次要认识文化。美国人类学家亨根斯·维英等对文化进行的界定是："文化是复杂体，包括实物、知识、信仰、艺术、道德、法律、风俗及其他一切从社会上学得的能力与习惯。"文化主要分为三个层次：精神方面包括世界观、思维方式、价值理念、道德标准、认识能力、宗教信仰等；精神性行为，包括衣食住行、婚丧嫁娶、工作学习等；精神的物化产品，包括人类创造的一切产品，虽然以物质形态出现，却是人类精神活动的结晶。

全世界的企业数不胜数，各种企业均有自己的特色、自己的文化。但是，国际社会深受经济全球化、市场一体化的影响，高科技传媒的信息交流又缩短了各民族文化之间的差异，进而形成了企业文化的民族性和世界性的统一特征，使企业文化的内涵更加深邃，企业文化增强了互补性，形成了基本的核心内容。

企业文化的本质是：

（1）倡导以人为中心的人本思想。企业是人的结合体，是通过人的纽带，而不是通过资本的力量有效地控制企业。企业文化的研究带来一场革命，它以独特的文化功能有效地激发人的上进心和工作热情，形成一种以人为本的价值理念和行为规范。企业行为的出发点和归宿点都着眼于满足人的需求，促进人的发展，使企业每个员工都树立忠诚于企业的观念，从而形成企业与员工的命运共同体，每个企业都要建立起自己的职业道德规范，遵守共同制订的企业制度和行为准则。这与我们党提倡的科学发展观中以人为本的要求是相一致的。企业除了尊重人、关心人、理解人，更应该注重培育人的主人翁意

识与集体主义精神，发挥人在集体中的作用。

（2）追求卓越价值观的共同认识。价值观是企业文化的核心，是企业在追求经营成功过程中所推崇的基本信念和奉行的价值准则。任何一个成功的企业，都存在拥有全体员工认同的企业价值观。一个企业的文化由其传统和风气所构成，也包括一个公司的价值观，例如把握国家、集体、企业、员工四者利益的一致性的价值取向，体现企业的社会责任，体现国家对企业的导向作用，都是我国企业的卓越价值观。

（3）培植企业管理的主体意识。企业文化属于经济领域的文化，是企业经营活动中用以指导企业经营活动的科学管理思想。企业管理主体是企业高级管理人员，企业主体意识也就是企业高级管理人员的意识。所以，企业文化，也就是企业家文化。凡取得成功的企业，都与企业家的人格魅力分不开。同时，员工是企业发展的主体，企业文化建设离不开员工，从这个意义上说，企业文化是大众文化，是员工文化。

（4）促进提高企业的经营效益。企业是一个经济实体，一切企业活动应以提高企业的经营业绩为目的。企业文化研究更应注重文化与竞争力的关系，提出价值高于利润、诚信是企业文化之本的理念；更应注重建设学习型企业，建立与员工之间、客户之间的和谐关

系；更应注重企业文化建设与企业经营效益的联系，不搞形式主义，切实发挥企业文化在企业经营中的作用。

3. 企业文化的特征

企业文化具有三个特征：

（1）普遍性与特殊性的统一。企业文化是每个企业在长期的生产经营活动中所产生形成的，可以说从企业诞生之日起，企业经营管理者和全体员工就在创造文化，而文化也在塑造着企业。从这个意义上讲，企业文化具有更广泛的普遍性。但是每个企业又都有自身特殊的品质，员工的素质、企业的历史传统、企业环境及行业差异，必然塑造出个性鲜明的企业理念和行为规范，形成风格迥异的企业文化氛围，这是企业文化的特殊性。

（2）客观性与主观性的统一。企业文化是一种积淀，它是在所处的社会客观环境——包括文化传统、社会组织方式、社会交往方式、社会心理和民族素质等多种客观因素作用下，在企业的一定生产经营管理活动中形成的，因而它具有客观性。但是企业文化又是企业中的企业经营管理者和员工所创造的，反映了企业经营管理者和员工的共同需求和愿望，必然带有一定的主观性。

（3）理性与非理性的统一。一方面，企业文化是理性的，它通过理想、信念、追求等带有理性色彩的精神因素，作用于人的思想观念和心灵世界；另一方面，企业文化是非理性的，它以大量情感的、直观的、感性的因素，潜在地影响员工的心理和思维方式、交往方式、行为方式，产生一种并不一定是自觉的惯性力量，推动员工的行为发展。

4. 企业文化的功能

企业文化是企业在生产和管理活动中所创造的具有企业特色的精神财富及其物质形态，在企业管理中有以下功能：

（1）导向功能。企业文化对企业成员个体的思想行为起导向作用，同时对企业整体的价值取向和行为起导向作用。如果企业成员在价值和行为取向上与企业文化的系统标准产生悖逆现象，企业文化会将其纠正并将之引导到企业的价值观和规范标准上来。

（2）约束功能。企业文化对企业员工的思想、心理和行为具有约束和规范作用。

（3）凝聚功能。企业文化的核心是价值观，当一种价值观被企业员工共同认可后，它就会成为一种黏合力，从各个方面把其成员聚合起来，从而产生一种巨大的向心力和凝聚力。

（4）激励功能。企业文化把尊重人作为中心内容，以人的管理为中心。积极向上的思想观念及行为准则会形成强烈的使命感、持久的驱动力，成为员工自我激励的一把标尺。

（5）品牌功能。企业文化和企业经济实力是构成企业品牌形象的两大基本要素，它们是相辅相成的。企业如果形成了一种与市场经济相适应的企业精神、发展战略、经营思想和管理理念，即企业品牌，就能产生强大的团体向心力和凝聚力，激发员工的积极性和创造精神，从而推动企业经济实力持续发展。

（二）企业文化的塑造之路

企业文化虽然是企业固有的，但是有强弱、高下、优劣之分。既然文化有优秀、落后、腐朽的区别，那么企业文化也是分层次的。我们所说的企业文化，是充满生机活力、具有指导意义、满足社会需求、体现高尚品格的文化，是能够推动企业良性发展的优秀文化。这样的企业文化绝不可能自然产生，也不能任其兴衰，而必须按照社会的发展和管理者的意志倾力塑造。

1. 奠定企业文化的精、气、神

塑造企业文化，从总体上来说，就是打造企业文化的"精、气、神"。"精、气、神"的概念来源于中医，精是人体生命活动的基础，气是人体生命活动的动力，神是人体生命活动的体现。这三者的盛衰，都关系到生命的存亡，所以精、气、神是人的生命根本。后来延伸为文化创造过程中的重要概念。企业文化有了"精、气、神"，才有蓬勃发展的活力。塑造企业文化的过程，即是锤锻企业"精、气、神"的

过程。

"精"，提炼企业文化的核心精华。一个企业，它的文化反映在方方面面，需要进行总结、提炼、升华，形成企业文化的核心内容，才能使企业文化立足于坚实的基础之上。总结，是在企业发展历程基础上的总结；提炼，是在企业发展现实基础上的提炼；升华，是在企业发展人文基础上的升华。需要重视的是，提炼的优劣，直接关系到企业文化的质量高下。企业价值观的表述，企业精神的归纳，行为规范的梳理，都属于提炼过程。经过精心提炼的企业文化，还有一个实践—认识—再实践—再认识的循环过程，保持企业文化的精益求精。

"气"，保持企业文化的精神气势。这是一个将企业文化传播、影响、渗透到员工的过程。企业文化的魅力，在于它能够融入员工的心灵，使全体员工达成共识，团结在企业的旗帜之下。有的企业在塑造企业文化的过程中，搞两张皮，企业文化不能为员工所认同，更不能付诸实践，成为空中楼阁，其效果自然不理想，甚至成为空洞的口号。只有得到全体员工认同，并努力付诸实践，企业文化才能发挥应有的作用。所以，塑造企业文化，要重视企业文化生命的动力，坚持以人为本，重在实践，重在运用。

"神"，升华企业文化的魅力神

韵。这是一个运用企业文化提升企业活力的过程。一家具有先进企业文化的企业，一定是一家具有魅力神韵的企业。对内能够凝聚员工，鼓舞士气；对外能够提升形象，名扬市场。当代把企业文化所带来的竞争力称为文化力，它属于生产力的范畴，是生产力的一个重要组成部分。塑造企业文化的过程，也是运用企业文化的力量提升企业核心竞争力的过程。

2. 塑造企业文化的途径

（1）形成社会认同的价值体系。核心价值观是员工普遍认同的、指导企业运营和员工行为的根本原则，它集中反映了企业管理者为有效经营企业大力倡导并身体力行的主要思想理念。作为社会主义中国的企业来说，企业的核心价值观来源于中国共产党倡导的社会主义核心价值体系。社会主义核心价值体系是党的十六届六中全会首次明确提出的一个科学命题。社会主义核心价值体系在我国整体社会价值体系中居于核心地位，发挥着主导作用，决定着整个价值体系的基本特征和基本方向，是建设和谐文化的根本。

一个没有核心价值观的企业是没有凝聚力和向心力的，企业发展的方向不明，员工奋斗的目标不明，没有明确的指导思想的企业是松散的企业。建设企业文化的最为重要的任务，是形成社会认同的价值体系。首先要社会认同，

就是要按照社会的发展方向来形成企业的价值观。当前，我们正在落实科学发展观，建设社会主义和谐社会，企业的价值观应当体现企业的社会责任、社会贡献、社会进步，用正确的世界观、人生观、价值观作指导，引导员工树立远大的理想和崇高的奋斗目标，在发展企业的同时，为国家和人民作出企业应有的贡献。

（2）提炼个性鲜明的企业精神。企业精神是现代意识与企业个性相结合的一种群体意识。每个企业都有各具特色的企业精神，它往往以简洁而富有哲理的语言形式加以概括，通常通过口号、警句、语录等形式形象地表现出来。一般地说，企业精神是企业全体或多数员工共同一致，彼此共鸣的内心态度、意志状况和思想境界。它可以激发企业员工的积极性，增强企业的活力。企业精神作为企业内部员工群体心理定式的主导意识，是企业经营宗旨、价值准则、管理信条的集中体现，它构成企业文化的基石。

企业精神源于企业生产经营的实践之中。随着这种实践的发展，企业逐渐提炼出带有经典意义的指导企业运作的哲学思想，成为企业家倡导并以决策和组织实施等手段所强化的主导意识。企业精神集中反映了企业家的事业追求、主攻方向以及调动员工积极性的基本指导思想。企业家常常以各种形式在

企业组织过程中得到全方位强有力的贯彻。于是，企业精神又常常成为调节系统功能的精神动力。

企业精神与生产经营不可分割，它不仅能动地反映与企业生产经营密切相关的本质特征，而且鲜明地显示企业的经营宗旨和发展方向。企业精神渗透于企业生产经营活动的各个方面和各个环节，给人以理想、以信念，给人以鼓励、以荣誉，也给人以约束。

（3）完善科学严谨的企业规范。规章制度既是企业文化的载体，又是企业文化的具体体现。企业文化决定了规章制度的指导思想，规章制度体现出企业文化所主张的理念和价值观。有什么样的企业文化，就会有什么样的规章制度。企业经营者的思想、理念、价值观等内容，通过规章制度转化成为每一个员工的追求、信念、行为准则。规章制度所涉及的范围和内容是有限的，但其包含的内在文化内涵是无限的，这无限的内涵能指导企业员工如何正确理解和规范履行规章制度，不至于偏离企业的价值取向。

规章制度就是企业的"法律"，制订规章制度必须严谨可行，不但能规范员工的行为，而且能够调动员工的主观能动性。制订规章制度必须"以人为本"，把"人"放在主体地位，不能成为束缚人的枷锁，而应以尊重人、信任人、保护人为出发点，为职工提供展现

才能、体现个人价值的舞台。首先，具有人文精神的规章制度才能有贯彻落实的价值和可能。其次，规章制度要有可操作性，管理者和被管理者才能共同遵守。规章制度体现人文精神才有价值，企业文化借助规章制度才能实现。如果说企业文化是企业的灵魂，规章制度就是灵魂的支撑。

（4）推出引领发展的服务品牌。服务品牌是企业物质文化建设的外在表现，是企业的形象标识。品牌中蕴涵的企业文化，标志着这个品牌的含金量。企业的品牌，有以下几种类型。

企业品牌：例如中国远洋、大庆油田、宝山钢铁等。知名企业本身就是一块金字招牌，具有很高的知名度，很好的信誉度，很广的传播度。它是综合品牌，是企业文化最外显的表现。这是一个企业的整体品牌。

产品品牌：例如娃哈哈、东风、杏花楼等。具有较高的市场占有量，优良的产品质量，先进的科技含量，包括单个产品或系列产品、关联产品。

服务品牌：例如中波的大件运输、上海自来水的小郭热线、北京公交的李素丽等。具有较高的客户满意度，良好的服务技能，规范的服务程序，包括技术服务、情感服务和关怀服务。它能够实现"服务增值"，使"抱怨用户"变成"满意用户"、"忠诚用户"。

人物品牌：例如魏家福、王新

全、许振超、李斌等。具有广泛的影响力，深远的感染力，强大的凝聚力，包括领导人形象、知名人士形象、先进人物形象。

文化品牌：例如海尔、茅台、上海隧道等。具有深邃丰富的内涵，生动灵活的形式，包括崇高的企业价值观，精炼的企业精神，科学的规章制度，令人关注的外部宣传等。

建立企业品牌是一项战略性工作，需要运用企业文化的力量，从各方面进行推进。而企业领导人和全体员工的品牌起着关键性作用。品牌战略是否成功，需要通过社会和市场的检验。

（5）培养示范践行的先进典型。先进典型是企业文化建设的缩影，是企业的发展旗帜。先进单位和先进人物所体现出来的高尚品质、时代精神、示范作用，是企业文化建设的重要资源。一般来说，先进典型既是企业内部的先进模范，也是企业对外的最好的品牌展示。企业文化建设有一个检验方法，即员工能如数家珍般地说出企业典型的人和事，即说明此企业文化建设取得成就。如大多数员工对本企业典型不了解、不认同，则说明此企业文化未深入人心，不能说是成功的。

培养先进典型，要有广泛的群众基础，不要人为拔高。没有基础的典型不是真正的典型。典型来自群众，但典型高于群众，正确地处理典型与群众的

关系，是保持典型先进性的根本。

培养先进典型，要发挥好引领作用。典型并不只是树个标兵而已。典型具有激励作用，能鼓励更多的人创先进；典型具有带头作用，是人们学习的榜样；典型具有引路作用，能倡导人们按照企业要求的方向前进。

培养先进典型，要重视培养和帮助。先进典型需要领导和群众理解、支持和关心。及时帮助总结，创造先进典型成长的有利环境。要广泛开展向先进典型学习的活动，把培养、宣传先进典型作为企业文化的重要内容。

（6）彰显魅力四射的文化内涵。企业文化是要通过人和物来显示的，在生产经营中主动地运用文化的力量，发挥企业文化的作用，使蕴涵在企业各个方面的文化内涵充分展示出来，是企业文化建设的重要任务。物（包括企业生产经营场所、设备、产品等）能够体现企业文化内涵，例如一艘保养到位、管理有序的远洋船舶，不仅向客户展示了此企业的外部形象，也展示了此企业的经济实力、企业经营者的理念、企业的价值取向等。重视蕴涵在物中的企业文化，使之更好地为企业发展服务。例如在建设重大工程中所蕴涵的人的智慧、劳动，能够达到一个工程一座丰碑的效果。人更是体现企业文化的活的灵魂。通过员工的一言一行、一举一动，企业文化的魅力充分发散。在内部能够互相

感染，互相促进，形成良好的企业文化氛围；在外部，能够展示一个企业员工的风貌，树立企业的良好形象。

（7）创建弘扬公德的活动载体。以开展特色活动为载体，推进企业文化建设，是建设企业文化的有效途径。企业文化建设不仅要有"春雨润物细无声"式的长期积累，也要运用各种载体，开展有针对性的活动，广泛宣传，扩大影响，被人们认知和接受。

先进的企业文化，熔铸着企业的生命力、创造力和凝聚力。通过设计新颖、创意独特的文化活动，可以使企业文化深入人心，有效地激发职工主人翁责任感、荣誉感和奉献精神，激活职工的创造力和企业的影响力。例如交通部和中远集团开展的"三学一创"活动，开展十余年来，树立了一批先进典型，带动了万千职工，改变了船风船貌，提高了员工素质。又如每年举行的"安全生产月"活动，为深化安全文化起到了重要作用。

领导重视、群众参与、精心组织、联系实际，是运用各种活动载体建设企业文化的重点环节。活动一定要从本企业的实际出发，要防止搞形式主义。

（8）展示各具特色的文化产品。打造一批企业文化产品，是建设企业文化的有效做法。这些企业文化产品，可以是笔墨留香的诗、书、画，也可以是宣传昂扬向上精神的影、视、音。中远

集团近几年在中央级媒体上的重点宣传，效果显著。凡企业文化建设有成就的单位，都有一批具有本企业特色的文化产品。这些产品从企业文化建设角度，精耕细作，精益求精，切合企业发展实际，引领企业创新潮流，宣传企业发展业绩，鼓舞职工奋发向上，具有陶冶情操，提升精神境界的作用，也提高了企业文化建设的成效。文化产品为企业文化建设增添光彩，企业文化建设为文化产品提供丰富资源，两者相得益彰。

创作文化产品要从企业实际出发，量力而行。关键在创作生产出适合企业文化建设需要的精品，这些精品要有丰富的内涵和较长久的生命力，在建设企业文化中真正起到应有的作用。例如中远集团编辑的《航运旗舰》，总结了几十年来中远集团爱国奉献的企业文化精华，具有理论性、先进性和可读性，在中远集团的企业文化建设中发挥了重要作用。

三、航海文化的理论升华

航海文化属于行业文化的范畴，它不仅仅局限于航海企业层面。自我国引入企业文化这种新的企业管理理念以来，伴随着我国企业改革的深入而不断深化，伴随着我国社会主义市场经济的

发展而不断拓展。这种深化和拓展有诸多表现，其中由单个企业的企业文化建设的点向行业系统的企业文化建设的面延伸，就是一个明显的表现。越来越多的行业系统开始重视本行业系统的文化建设。

（一）从企业文化到行业文化

企业文化与行业文化是两个不同层次的组织文化，但又紧密相连。我们可以从文化的共同性和差异性上来说明两者的密切关系。

1. 企业文化与行业文化建设的异同

航海行业是由无数个航海企业所组成的，因此，行业文化与企业文化从本质上讲，具有许多共性和相同点，表现在：

（1）两种文化建设目的的一致性。所属企业与所在行业，发展处于同一个社会背景和社会环境中，从事的事业具有高度的关联性，发展的目标具有高度的一致性，文化精神具有高度的融合性。因此，行业文化和企业文化的建设，都是以提高员工整体素质，增加凝聚力，促进企业和行业全面、协调、可持续发展。

（2）两种文化建设要求的一致性。行业文化和企业文化作为一种文化，其实质是相同的，其内在要求是相同的，都是社会的物质文明和精神文明建设在一个行业、一个企业中的具体体现。在精神层面，行业精神和企业精神都要求全体员工形成共同的价值观；在行为层面，要求全体员工具有共同的道德情操，恪守共同的行为规范；在物质层面，要求全体员工发挥积极性，努力创造出更多更好的物质财富，提高经济效益。

（3）两种文化建

码头夜景

设内容的一致性。行业文化和企业文化都属于社会主义先进文化的一部分，因而决定了两者文化建设内容的同一性和一致性。都要用马列主义、毛泽东思想、邓小平理论和"三个代表"重要思想武装员工的头脑；用科学发展观推进行业、企业又好又快发展；用社会主义荣辱观来教育、培育、弘扬良好的社会公德、职业道德；用国家法律和社会公认的道德标准规范员工的行为，用行业规范和企业规章约束员工的行为；用建设学习型行业、学习型企业来不断提高员工的综合能力素质，来促进行业和企业竞争能力的提高，等等。

从行业文化和企业文化这两种文化建设目的、要求、内容上的一致性，就会形成航海业和航海企业文化建设的共识、共鸣、共进。

企业文化与行业文化建设也有不同点。企业是一个一个独立进行生产和经营的单位，有严密的组织机构和管理方法。而行业是若干企业组成的松散的集合体，它只对行业内企业进行指导协调作用。因此，它们在文化建设上具许多独自的特色，与企业文化建设有许多不同点。原则上说，行业文化是一个行业领域的精神文化，体现为历史积淀、企业认同、行业自律，具有倡导性、传承性和稳定性。企业文化是行业文化的基础和土壤，行业文化是企业文化的集成、提升和反作用。

2. 企业文化与行业文化建设的关系

企业文化与行业文化之间的定位，决定了相互作用、相互促进、共同发展的关系。行业文化处于主导地位，发挥引领的作用，企业文化建设对行业文化建设则起到积极的支撑作用和实践的推动作用。

（1）行业引领，企业响应。行业文化建设需要对整个行业的精神文明建设、制度建设、形象建设进行统一部署、统一规划、统一设计、统一组织、统一协调，具有引领性、社会性、协调性、经济性的特点。通过行业文化建设的不断深入和发展，推动和促进整个行业精神文明建设、管理水平、经济效益、行业形象的提升。企业文化则需要在行业文化建设的总体规划指导下，组织推进和落实，同时根据企业的特点形成自己的特色。因此，企业文化在行业文化建设中，具有响应性、特色性、开创性、经济性的特点。

（2）行业搭台，企业参与。行业在社会发展和经济建设中具有重要的地位和作用，因而行业文化建设比企业文化建设具有更深的意义、更宽的范围、更多的空间、更大的舞台和更广泛的影响。行业搭建的舞台，企业积极参与其中，既展现了企业文建设的鲜明形象，又显示了行业文明建设的丰硕成果。

（3）行业谋划，企业推动。行业

文化需要由行业主管部门来进行谋划，把时代特征、行业特点、企业特色三方面紧密联系起来，提出行业文化建设的目标责任制、行业核心价值观、行业管理规范、行业职业道德、行业行为规范等，把行业的独特性和行业的多元性有机地结合起来，既能体现行业特点，又能彰显企业特色，发挥企业的主观能动作用。

3. 企业文化与行业文化建设的互动

行业文化与企业文化建设，两者是紧密相连，相互作用的。行业文化的整体性与行业内企业文化的多元性，构成了行业文化建设内在的多样性特点。例如我国航海业的两支骨干船队——中远集团和中国海运，他们的文化建设是有差异的。这种行业文化的共性与企业文化的个性互相作用、互相影响、互相推动，使行业文化建设充满活力和生机，从而不断扩大行业文化的影响力，形成浓厚的行业文化建设氛围。

（1）企业文化的独特性，丰富了行业文化建设的内容。企业文化包括每个企业的社会背景、文化积淀、经营理念、思维方式、管理模式、制度规范、行为准则、领导风格、员工修养等。如交通文化中的航海文化、航空文化、铁路文化、公路文化等，都深深地烙上了企业文化自身的核心价值观、经营理念和管理模式等，构成了各自鲜明的独特性，在行业文化建设中独领风骚，更重要的是丰富了交通文化建设的内容。

（2）企业文化的相融性，促进了行业文化建设的交流。企业文化具有的一般属性和基本特征，文化的差异与文化的相融性是客观存在的。文化的差异性形成了各自企业文化的独特性。同时，文化的相融性又使企业文化之间，企业文化与行业文化之间互相沟通、互相影响、互相促进。行业内各个企业的文化建设经验，可以在行业文化建设的平台上得到推广和借鉴，取各自企业文化之长，扬系统行业文化之优，从而不断提升行业文化建设的水平。

（3）企业文化的创造性，推动了行业文化建设的发展。文化建设需要不断创新。企业经营和发展为行业文化建设提供了基础和舞台，企业文化建设只有与企业的经营和发展相结合，才能获得文化建设的源泉和动力。企业经营理念的创新、管理模式的创新、体制机制的创新等，都为企业文化建设的创新提供了舞台和空间，而企业文化的创新又为企业的经营、管理，体制的创新提供了强有力的思想保证。这种企业文化的创新，必然对行业文化建设的发展起到有力的、积极的推动作用。

4. 注重发挥行业文化的功能

行业文化说到底是群众文化，文化力也是生产力。航海业要兴旺发达，就要尊重知识、尊重文化、尊重人才，发挥人的聪明才智，增强团队的合力，营造积极向上的航海业文化环境，使行业文化在航海业发展中起到应有的作用。为此，行业文化建设中，要注意发挥行业文化的五个作用。

（1）注重行业文化的激励功能。建设行业文化，必须围绕中心，服务大局，不断拓宽领域，切实强化功能。特别要大力开发人才资源，在学习和教育上舍得投资，注重青年干部的成长和发展，积极引进优秀人才，培养和树立先进典型，拓展每个人施展才能的空间，大力实施观念创新、科技创新、管理创新和服务创新，千方百计建设好人才队伍；同时充分发挥共产党员的先锋模范作用，努力建设政治强、业务精、作风正的干部队伍，一手抓服务职工，一手抓服务市场，为行业发展作出积极贡献。

（2）优化行业文化的融合功能。行业文明的日益进步，靠的是管理观念和管理文化的孕育和实践。行业管理要认真学习贯彻落实《公民道德建设实施纲要》，积极践行社会主义荣辱观，采取各种有效方法，不断强化广大员工的职业观念、职业道德、职业技能、职业纪律和职业作风建设。随着社会的进步和经济的发展，社会对各行各业提出了更高的要求，行业自身要与时俱进地进行改革和创新，行业文化也要发挥融合功能，将符合时代特征的先进文化融入

行业管理的各个方面，使广大员工始终跟上时代步伐，勇立时代潮头，为社会作出更大的贡献。

（3）张扬行业文化的美化功能。一个行业，需要有良好的社会形象，需要社会和民众正确地认识和评价。因此，运用行业文化的美化功能，打造优美的行业环境，塑造行业的美好形象，不仅能够得到社会的认同，也能够增强行业职工的满意度、自豪感。例如航海业，通过船队更新和科技创新，使人们看到交通先行官的巨大功用，对社会生产生活的促进发挥的巨大作用，因而能够在民众中产生良好的印象，同时也成为航海业发展的强大动力。各行各业都有一个美化的功能，行业文化必须重视本行业对民众和社会的影响，关注民生，提高服务水平和质量，展示美好的形象。

（4）释放行业文化的导向功能。行业和企业的一个重大区别，就是企业更多地关注经济效益，而行业更多地关注社会效益。行业管理承载着部分政府职能，或政府的行政管理依托行业管理。航海业历来作为国家经贸的命脉，承载着许多特殊的使命。平时通过协商、自律等手段，引导企业向行业发展方向靠拢，关键时刻能以行政命令等措施管理企业，例如中远集团多次接侨工作，即是无偿地承担了国家的特殊任务。因此，行业文化建设要主动地发挥

好导向功能，将国家的、社会的利益放在首位，并倡导国家、企业、员工利益的一致性，引导企业履行社会责任。例如航海业在国家需要建立原油运输自主船队的需求下，行业要依据此规划，宣传好国家的大政方针，引导企业执行国家产业政策，保证国家安全的需要。

（5）强化行业文化的约束功能。行业自律是行业管理的一项最为重要的内容。企业由于各种原因，为了提高经济效益，往往会引发盲目行为，例如有的企业违反国家的产业政策，盲目扩张；有的企业借助垄断优势，损害消费者利益；有的企业缺少一盘棋观念，损害其他行业利益等。因此，需要加强对行业和企业的约束功能，形成规范的运行机制。在行业文化建设中，要强化自律意识，树立正确的义利观，以国家和人民的利益为重。制订和落实好行业规章制度，形成良好的惯性，保持行业发展的良好轨道。首先对本行业要有自我约束机制，其次要监督行业内的企业遵纪守法，执行国家的产业政策，杜绝违法违纪现象发生。

（二）航海文化建设一般塑模

航海文化发展与其他文化的发展有着相同的规律，即有一个从感性到理性、从个别到一般、从浅显到深刻的过程。我们感到欣慰的是，前人的实践，为我们留下了宝贵的精神和物质财富，使我们能够站在一个更高的高度建设航海文化。近些年我国航运企业重视文化建设，进行了艰苦的探索，积累了丰富的经验，为航海文化步入新的发展阶段奠定了坚实的基础。

1. 航海文化的构建模式

根据我国航海企业文化建设的实践，航海文化可以从精神文化、制度文化、行为文化和物质文化四个方面，或称为航海文化的精神层、制度层、行为层、物质层，形成航海文化的一般塑模。这里的一般塑模，是指撇开各个具体企业的文化建设形式，而抽象出来的航海文化模式。

（1）航海文化的精神层（核心层）又叫精神文化。航海业精神文化相对于物质文化和行为文化来说，精神文化是一种深层次的文化现象，在整个航海业文化体系中处于核心地位。它包括航海精神、航海经营哲学、航海道德、航海价值理念、行风行貌等内容，是航海业意识形态的总和，是航海业物质文化、制度文化、行为文化的升华，是航海业的上层建筑。

（2）航海文化的制度层（中层）又叫制度文化。航海文化的制度文化主要包括航海业领导体制、组织结构和管理制度三个方面。其中，航海业领导体制的产生、发展、变化，是航海业生产发展的必然结果，也是文化进步的产物；航海业组织结构是航海文化的载体；航海业管理制度是该行业在生产经营管理时所制订的、起规范保证作用的各项规定或条例。

（3）航海文化的行为层（浅层）又叫行为文化。行为文化包括行业经营、教育宣传、人际关系活动、文娱体育活动中的文化现象。它是航海业行业作风、精神面貌、人际关系的动态体现，也是航海精神、航海价值观的折射。

（4）航海文化的物质层（表层）又叫物质文化。物质文化是航海业的物质形态，是航海文化的表征和行业个性化的标志，可以树立航海业的形象，折射航海业的精神面貌，为创造新的文化内涵、与时俱进的价值观提供社会条件和外部环境。

在航海文化这个组织结构中，精神文化是航海文化的核心，而核心价值观又是航海文化的基础。航海业的价值观是一个体系。核心价值观是这个体系中突出的关键理念的提炼。对航海文

化的价值观体系可分为三个主要部分：经营性价值理念、管理性价值理念和体制性价值理念。具体说，包括经营理念、行动策略、环境组织、制度规章、沟通网络、典礼仪式、人力资源、象征表现等要素。

2. 航海文化的构建工具

组织文化构建工具——形象识别系统，是航海文化建设的重要工具。

（1）理念识别系统（MI）。理念识别系统（MI）是形象识别系统（CIS）的核心，是航海文化的精髓，是整个航海业的灵魂；体现了航海业在精神文化方面有别于其他行业的核心价值理念，具有鲜明的行业特点和时代特征。

（2）行为识别系统（BI）。行为

海上升旗

识别系统（BI）是整个航海业组织与个人的行为准则和道德规范，是航海业制度文化（包括行为文化）的重要体现，也是航海业外在形象的重要体现。

（3）视觉识别系统（CI）。视觉识别系统（CI）是航海业所采用的统一的徽标、着装、色彩、图案、语言、文字等，是在视觉上形成统一、固定、易于识别的特殊效果，是航海文化重要的表达载体。

（三）从制度管理到文化管理

目前，我国大多数行业处在科学管理阶段，主要靠执行规章制度进行直接的外部监督以及外部命令等刚性管理。在这个过程中，必须建立健全各项规章制度，实行"法治"。一套"刚性"的制度，可以在员工的认可下，使管理者的意愿得以彻底贯彻执行，使行业管理中那些不可避免的矛盾从产生自人与人之间转化为人与制度之间，以此更好地规范员工的行为，更好地进行生产和工作，最终达到企业以及行业的兴旺发达。

但是，有了一套"刚性"的制度，不代表一个行业的管理机制已经完善。行业管理的主要对象是人。人不同于物，人是有感情、有思想、有理念的。仅仅依靠制度的管理不能激发员工的认同感和归属感，制度过于苛刻不但达不到预想的效果，有时甚至会适得其反。因此，单纯的制度"硬管理"必须向行业文化的"软管理"过渡，用建立的行业文化，培养行业员工共同的价值观。通过良好的行业风气、行业精神、行业道德等非强制性的因素形成积极的群体压力和心理环境，进而形成行业员工不可抗拒的推动力，最终达到共同的目标和愿景。

1. 制度管理的优劣

现代管理理论倾向于将组织设计成一部结构精密、严格按规则运行的机器，主要依赖于建立在理性权威基础上的刚性制度实施管理。这种刚性管理模式一味地强调科学和理性，而不考虑人性，忽视了管理中人的情感、意志等一些非理性因素，从而造成组织管理与组织员工在一定程度上的对立，使员工产生失落感和不满意，削弱了员工工作的主动性和积极性，也使得组织目标与员工个人目标产生更大的背离。

制度管理有如下特点：

（1）根据生产和经营的需要，制订程序和规范。航海业为了维持生产经营秩序，制订了大量的规范性、强制性的规章制度，并采用强硬的手段执行。这些规章制度，大多具有科学合理的因素，有的是根据多年的经验教训，反复修改更新，对于保证企业正常运转，保护企业和职工安全，起到了重要作用。没有规章制度的企业，是不可想象的。它的重要性，可以上升到企业"法规"

的高度。

（2）实施制度管理强调"硬"手段。航海界历来用对人的处理来维系规章制度的严肃性。一般会采用扣除奖金、降低职务、调动岗位、开除等手段，起到维护规章制度的严肃性的作用。这些处罚因企业要求的不同而差异较大，处罚的对象因人的不同而有所偏差。而且不像行政处罚那样可以申请上级复议，一般船长或企业上级行政部门作出决定即可生效。这样的管理，虽保证了生产秩序，但很难做到公正和准确，对员工产生了一种无形的压力。制度不可能达到完美无缺的境界，总是有不完备的地方，容易为一部分人钻制度的空子。

（3）制度管理借助制度约束，能够规范员工的行为。制度管理主要依靠强制执行，依靠一级对一级的管理、监督、检查、考核。各级管理人员将制度管理作为主要的管理方法，员工也以规章制度来约束自己的行为，从而达到维持管理秩序的目标。近年来，有的也借助先进的科学技术来约束员工，例如考勤用上"泰勒"钟，由设备来对人进行考核，虽然做到了铁面无私，公正准确，但也催生了员工的不满情绪。

（4）制度管理的科学性受到企业管理层意志的影响。规章制度制订的程序不严谨，因而规章制度的科学性也与企业对待规章制度的出发点有关联。有

的只是用规章制度来管住人，而不是用规章制度来激励人，管理者拥有规章制度解释权而滥用处罚权，近年因处罚员工而引发的劳动关系纠纷增多可见一斑。规章制度有其时间性、地域性的特点，许多规章制度制订时是有效的、合理的，但时过境迁，失去其存在的合理性，如果还作为管理的规范标准，难免不合时宜，而影响员工的情绪和行为。

（5）制度管理强调刚性管理，因而难以调动职工的积极性。人们往往关心"要怎么做、不能怎么做"，而较少关心创造性地开展工作。在实践中，经常发现这样的案例，例如有的员工只想到这样做不违反规章制度，而不去考虑那样做效果更好，因而束缚了职工的积极性和创造性。航海企业曾经有一位管计算机的员工，加班加点完成了一项任务，在电脑上玩游戏被发现后受到处罚。该职工愤愤不平，认为加班加点完成任务无人认可，玩游戏马上受处罚，愤而辞职。因而制度管理有其无可替代的优越性，同时也存在不可克服的缺陷。

（6）制度管理极易造成管理者与被管理者之间的不和谐。管理始终处于矛盾之中，用制度来消除矛盾，有效但也有限。管理者与被管理者因身份的不同，对制度的认同也不尽相同。员工可能认为制度就是用来制裁员工的，因而天生有一种抵触情绪。管理者也很难做

到一碗水端平，尽管有的管理者善于运用制度这个"铁的手腕"，但所付出的成本也是不言而喻的。曾有某航海企业对私自受聘于外单位的一批船长作除名处理，但带来更多的人离开企业。一些船员因受到各种处罚而离开航海业，加速人才流失。

2. 从制度管理到文化管理

制度管理有其先进性、合理性、必要性，也有其缺陷和不足。从制度管理发展到文化管理，是管理与时俱进的必然。从制度管理到文化管理的进化来看。管理理论的发展必然进入文化管理的新阶段。从泰勒的科学管理理论到现代管理理论，我们看到了一条越来越重视人的因素的轨迹。这是由社会的进步和科学技术的发展决定的。从社会进步来看。人的作用越来越受到重视，不同的人之间越来越趋于平等，等级观念逐渐淡薄，民主管理思想深入人心，人们更加重视个人事业的发展，重视个人实现。越来越多的人受过良好教育，劳动力素质越来越高，为实施人性化管理奠定了社会基础。从科学技术发展来看。现代科技的发展，引起了生产方式的变化，从过去主要从事体力劳动，发展到主要从事智力劳动，而智力劳动的特征是重视个人的创造。从事体力劳动可以用制度来限制人的行为，而智力劳动很难做到这一点。例如设计一个程序，要靠设计者的创意和思路，这些是看不见

摸不着的，他可以毫不保留地奉献，也可以完成指标加以保留，使企业得不到最佳期待。"管得住员工的身，管不住员工的心"是今日现代化程度较高的企业的共同特征，而制度对这些是无能为力的。

实行制度管理向文化管理的转变，是当代社会发展和企业管理理论进步的必然趋势。从管理理论向"社会人"转变开始，一代代管理理论的学者都在探索这个趋势的发展规律，而实行文化管理正是适应这一趋势的理论创新。通过培育组织文化，使员工形成共同的价值观和共同的行为规范，主要依靠组织文化而非制度对员工实施管理，并在组织和成员间建立起富有意义的合作伙伴关系，使管理进入了一个崭新的阶段。

文化管理的目标和宗旨，归结为一点就是改善组织的适应力，增强组织的柔性，以求得组织与社会环境之间、组织与组织之间、组织内部结构之间、组织与其成员之间的和谐。这种和谐管理的思想完全符合党的科学发展观和构建和谐社会的指导思想。需要强调的是，文化管理并不否定和排斥制度管理，如前所述，航海文化包含着四个方面的内容，制度也是其重要组成部分。文化管理是在制度管理的基础上升华形成的，它与制度管理互为补充，互相促进，弥补了制度管理的不足，提升了管

理理论的层次，使管理更趋于完美。因此，准确地说，文化管理应该是一种刚柔相济、软硬结合的管理模式，软环境的建立和维持，也离不开通过执行制度、进行处罚等措施的实施。通过硬环境强化软管理，也是文化管理中的应有之义。

航海业有其鲜明的行业特点，是一个靠苦干、实干才能兴盛的行业，是一个不断迎新才能不断前进的行业，是一个必须与社会各界和谐相处才能有良好发展环境的行业。在新的形势下发展航海事业，就必须用独特的航海文化来提升内涵，实行航海文化的软管理。我们相信，随着航海文化的普及和深入，文化管理在航海业内将会越来越受重视。

第四章 航海文化的建设

一、航海文化建设的主体

航海文化建设，是一个全新的管理举措，是航海业文明建设的探索与创新，关系到航海业各个利益主体的相互连接、相互作用，因此，不可能由单一的主体、单一的形式来完成，必须在全行业上下的通力配合下共同建设。

（一）航海文化建设组织者

航海文化建设，是航运界公共事业的有机组成部分，是增强中国文化总体"软实力"的重要环节，事关航运界的健康发展和文化事业的全面繁荣。党的十六大报告指出："发展各类文化事业和文化产业，都要贯彻发展先进文化要求，始终把社会效益放在第一位，国家支持和保障文化公益事业，并鼓励它们增强自身发展活力"。并且，"把提高建设社会主义先进文化的能力，作为提高党的执政能力的一个重要内容"。因此，航海文化建设，属于国家保障的公益事业，必须由政府主导，把航海文化建设置于战略高度的地位。

航海文化是一种富有特色的行业文化，具有历史延续性、国际开放性、时代前沿性，在时空概念上更加广延、复杂。航海文化建设是一个复杂的动态过程，具有特殊的运行规律，必须具备完善的领导机制和强有力的组织者。应以中央关于社会主义文化建设的指示为研究方向，从加强组织领导、健全管理制度、完善运行机制三个方面着手，精心组织，狠抓落实，使航海文化建设健康、稳定、持久地发展。建立和健全文化建设领导体系，形成"党委领导、行政负责、社会协同、公众参与的社会管理格局"，不断推进社会管理的理论和实践创新，保证航海文化建设沿着先进文化的轨迹前进。

根据中国的国情，凡是战略性行为，领导主导是关键。航海文化建设，必须坚持以政府为主导、公益性文化单位为骨干、鼓励全社会积极参与，推动文化建设与经济建设、政治建设、社会建设共同协调发展。

交通运输部。交通部运输系国家航海运输的管理部门，对全国航海文化建设负有主要领导责任，为航海文化建设的"掌门人"，在航海文化建设的进程中，应发挥积极的领导、推动、协调作用。可通过所属机构和中国航海学会、中国"航海日"组织委员会等全国性航海界社会团体，同国家海洋局、农业部水产局、国防科工委、海军等系统中的航海部门间进行组织、协调，对全国航海文化事业和文化活动进行规划、组织、协调和监督。交通运输部应当将航海文化建设放在全局工作的重要位置，列入议事日程和工作计划，组织领导制度化，实行科学管理，健全长效运行机制，立足当前，着眼长远，将中国航海文化建设真正落到实处。

航海人员。交通运输部所属和其他部门中的航海人员，是航海文化建设的实践者，是建设航海文化的基本力量。人民群众是物质财富和精神财富的创造者，又是文化的享用者和传播者。狭义的群众指航运行业的干部员工，广义上指全体民众，前者来自于后者，又作用和引导后者。航运行业的干部员工担负着对航海文化的实践、传播职责。通过对本行业干部员工的行为规范和价值取向的熏陶、浸染，引导广大社会民众认知、认同、支持和参与航海文化建设。

加强航海文化建设，需要与海洋交通与企业发展紧密结合，同爱国主义与职业教育相联系，树立航海职业为荣的爱岗敬业思想。不断总结、交流航海文化建设经验，将航海文化建设纳入绩效评估体系，实施相应的激励机制，以推动航海文化建设稳步向前发展，构建具有航海特点和符合时代精神的航海文化体系。

（二）航海文化的实施机构

航海文化实施机构，指为实现中国航海文化的繁荣与发展，通过职权分配和层次结构所构成的一个随环境、形势变化而不断进行自我适应与调整的完整的有机体，使得航海文化资源有机组合，以发挥航海文化的潜能，让航海群体充分享受到航海文化权益。

中共中央政治局会议指出，加强公共文化服务体系建设的目标任务是，按照结构合理、发展平衡、网络健全、运行有效、惠及全民的原则，以政府为主导、以公益性文化单位为骨干、鼓励全社会积极参与，共享基本文化权益。根据中国国情，我国文化建设实施行政管理，主要依照行政命令，以国家机关制定的方针、政策、指示、规定等领导文化事业，按照行政系统自上而下地实施管理，使文化建设顺利进行。

为充分发挥航海文化的凝聚、激励、引导作用，用创新的文化促进航海事业科学发展，在科学发展中实现文化持续创新，必须确立航海文化建设的运作机构，明确航海文化建设实施机构的主体，界定航海文化建设的基础力量，确保航海文化建设组织有层级，规划有主体，活动有平台，研究有方向。

交通运输部。交通运输部为航海文化建设主体组织者，通过行政职责，遂行组织层级化，设立若干层次，明确层次隶属关系。把握和推进航海文化建设工作，进行总体规划、统筹组织、统一管理、实施督导。行政管理具有直接性、明确性和权威性，在重塑航海业价值体系、构建行业行为规范、建立职业道德体系、规范行业形象标识系统、统一行业职工行为、制订文化建设规划、出台行业管理制度等文化领域方面，进行总体部署，统一运作，从国家层面逐步建立顺畅的协调沟通机制、有效的推行构建机制、完善的组织管理机制、严格的督导考评机制。

海运企业。海运企业是航海文化建设的主体实践者。航海文化建设以政府为主导，但最终的主要实践者是航运企业，航海文化通过航运企业的活动体现出来。所以，作为航海活动主体的海运企业，是航海文化建设的主要力量。海运企业在文化建设中的作用体现在两方面：一是在国际市场环境下运行的中国海运企业主动承担起了航海文化建设的任务，如企业文化建设成果突出的中远集团、中国海运、中国外运。二是以海运企业为主体的航海组织的创新性的经营管理活动，是航海组织文化建设的主力军。

航海相关企业。航海文化建设群体实践者，除了海运企业外，还包括服务于航海和航海派生的各种产业，包括港口、造船、物流、海上交通工程、救生与消防、地方航运主管部门等，共同承担着具体实施和推行航海文化建设的职责。

这些组织机构、企事业单位是航海文化建设得以推进的重要实践者，是航海文化建设的横向结构。按照交通部及其相关的社会团体关于航海文化建设的统一部署，进行相互协调与合作，负责制订本地区、本单位、本系统的文化建设规划，具体实施和推行航海文化建设。

航海社会团体组织。航海学会、造船学会、港口协会、航海文化专业协会等航海社团组织，最能反映群众要求和行业特色，是联系、团结广大航海人士的群众性组织，充当着政府、企业界的纽带和桥梁作用，学会的学术性、群众性、公益性的基本属性，是建设航海文化的最佳载体。

在新形势下，学会以科学发展观为指导，以地区经济建设、企业发展和转变政府职能的需要为出发点，不断提升服务能力与效率，成为"有地位、有威望、有实力"的社团组织，担负航海文化理论研究、配合行政机构开展行业文化活动。要充分发挥这些专业协会团体的智囊、协调作用，起到动员、组织全社会参与航海文化建设事业的桥梁和骨干作用。

航海教育系统。航海教育系统历来是培育航海人才的基地，研究、宣扬航海文化的中心，是航海文化实施机构的重要组成部分。航海院校担当着集聚、协调各地区航海文化力量，系统、深入研究航海文化的主力，进行国内外航海文化交流组织者的重要角色。

上海海事大学成立了"海洋文化研究所"，牵头组织了"上海郑和研究中心"，是由上海交通大学、上海海事大学、华东师范大学等高校组成的上海地区跨单位、跨学科的学术研究机构，出版了《郑和研究动态》，以弘扬郑和精神及传统航海文化，服务于海洋经济、海洋文化和国家海洋强国建设。上海海事大学，在成功举办上海"航海日"活动中起到了积极推动作用。

大连海事大学对中国航海文化建设的理论研究与实践活动均有丰硕成果，国内外学术交流十分活跃，出版了《海洋交通与文明》等航海史论，英国《航海学报》认为："对西方认识中国人在航海方面的成就与贡献，是一次重大的推动"。在2008年"航海日"期间，以大连海事大学"航海史文献研究中心"为主体，交通部成立了"《中国航海史基础文献汇》编辑指导委员会"，交通部李盛霖部长任主任委员、徐祖远副部长任常务副主任委员，计划用6~8年时间，编辑出版5 000多万字的《中国航海史基础文献汇编》。该书工程浩大，是传承和弘扬中华优秀航海文明，提供一个认识、研究中国航海事

业发展历程的基础文献平台，是我国重大航海文化的一个基础研究项目，可以提升中国航海文化的软实力。其余中国航海类大学，均在研究、宣传、弘扬航海精神和航海传统方面作出了贡献，是中国航海文化建设的重要力量。

二、航海文化建设的机理

构建独具行业特色、符合时代需要的航海文化体系，必须确立一个明确的航海文化建设指导思想，即：以邓小平理论和"三个代表"重要思想为指导，以科学发展观为统领，以实践社会主义荣辱观为主线，以精神文化建设为重点，从加强交通行业"三个文明"建设的要求出发，围绕国家交通和航海发展大局及其中心工作，努力建设符合社会主义先进文化前进方向，具有鲜明时代特征和行业特色的航海文化，充分发挥中国航海文化的熏陶、教化、激励、凝聚、润滑、整合作用，营造航海发展良好的舆论环境和文化氛围，提升全体社会成员对发展航海的支持意识和关切程度，为实现中国航海事业又好又快发展提供强大的精神动力、有力的制度保障和良好的环境条件。

（一）航海文化建设的要求

航海文化建设是航海业生存和发

展的内在推动力，航海文化渗透并影响航海业的管理、经营和人际关系等所有层面，因此，航海文化建设是航海业可持续发展的重要目标和保证。那么，建设一个适应航海业发展的航海文化有哪些要求？结合航海文化的特征进行具体分析，我们认为要注重以下几个方面。

1. 注重软件与硬件相结合

航海文化是伴随航海活动而产生的客观现象，随着航海业的高度发展，航海文化日臻成熟，为人类文明进程中的一种先进文化。社会上通常把文化分为精神和物质两大层面，往往将前者称"软件"，后者称"硬件"。其实，精神文化的属性本身含有"软"和"硬"两个方面：把人生哲学、价值理念、经营理念等划为文化"软件"，而把物质文化、制度文化和行为文化归为文化"硬件"。显然，文化"软件"制约、决定着"硬件"，而"硬件"是精神文化的体现和反映。

（1）强化硬件设施建设。一是健全组织机构，提高航海文化管理效能。着眼行业所求，立足发展所需，瞄准实际所用，全面加强航海文化建设，需倚重于严谨有力的组织领导。国家有关部委应从行政维度成立相关组织机构或专业协会，总体负责航海文化建设。通过建立规范有序的专业组织机构，切实做到领导重视、组织健全、责任明确、严加督查，切实增强领导责任，把航海文

化建设放在全局工作的重要位置，列入议事日程和工作计划，立足当前，着眼长远，将航海文化建设真正落到实处。一方面强化责任意识。从国家主管部委到各行业组织再到基层单位要形成主管部委统一部署，主要行业齐抓共管，责任单位主抓落实的自上而下、自下而上的立体联动管理格局。另一方面强化机构运行效用。充分发挥航海学会、造船学会、港口协会、航海文化专业协会等航海社团组织和专业文化研究机构的骨干效能，起到动员、组织全体国民参与航海事业的桥梁作用。各地区、各单位的精神文明建设机构在航海文化建设中应担负指导、协调、组织的具体职责，把航海文化建设的各项任务与经济社会发展的目标任务实施同步规划、同步部署、同步实施、同步考核，在组织上确保航海文化建设的有效实施。形成抓航海文化就是抓行业发展，就是抓生产力，就是抓精神动力，就是抓社会和谐风尚的新思想和新观念。二是构建基础网络，加大航海文化普及力度。要发挥文化的教育、引导和辐射功能，就必须加强和完善基础航海文化设施建设。应积极探索建立横向到边、纵向到底的以主要沿海城市为依托覆盖全国的航海文化网络，确保航海文化建设有空间，有平台。在软件上，应跳出文化看文化，构建文化促发展，坚持把航海文化建设与海运、海洋业务发展紧密结合起来，

以促进海运、海洋事业又好又快发展为出发点和落脚点，注重运用文化的力量促进各项工作的开展，将航海文化融进事业发展的全过程。使航海文化内化于心，外化于形，融入行业，科学实用，形成一张无形的文化网络，切实加强航海文化建设。

（2）强化软件氛围建设。人才兴则文化兴。确立"以人为本"的管理理念，树立航海文化的核心价值观，始终坚持充分尊重人、理解人、塑造人、引导人为基本原则，注重塑造信念力量、道德力量和心理力量，熏陶、感染和引导航海业从业人员，自觉地形成群体的共同理想、价值理念和行为准则，达到充分调动人的积极性，从而热爱、投身、做好本职工作，是航海业迎接挑战、战胜困难、取得战略决策胜利的无形力量，便是航海文化建设的灵魂。要使航海文化理论研究自成体系，就必须拥有一支梯次合理、德才兼备的航海文化理论研究队伍和专家团队，这样才能出优秀理论成果。各省市、自治区、直辖市应把本省、本区、本市的现有的具备较好航海文化基础的研究人才组织起来。通过筹建"中国航海文化研究学会"的形式把全国拔尖的航海文化理论研究人才组织起来，把从事航海文化事业的研究者、实践者、专家学者统一起来。变原本自发的、零散的状态为系统的、有组织的状态。以政策用才，用环

境育才，凭机制励才，使航海专业人才充分释放能量。结合本地区、本行业、本单位、本系统的实际，从理论与实践、现实与发展的角度系统地开展理论研究。中国现在是国际海事组织"A类理事国"，对世界航运的发展具有重要影响。在研究航海文化时，应立足中国，放眼世界，既要注重中国特色，又要有国际化视野。既要注重理论研究，更要注重应用实践。传承航海文化优良传统，彰显行业价值理念，在继承中创新文化理论，实现航海文化协调发展。同时，精神的文化"软件"，是要通过管理"硬件"与充足的文化设施来反映与实现的。需要发挥政府和领导部门的管理职能，制定相应的法律制度，健全管理机构，合理人才安排和疏通运行机制。通过行政手段，对文化领域的各种社会活动，包括文化设施建设、文化人才培养、文化活动的创作与交流、文化产品的生产与流通，进行在合理规范，最有效地开发、利用各种资源，最佳释放精神"软件"的潜能作用，达到航海文化建设的既定目标。

2. 注重承优与创新相结合

中国是一个古航海国家，航海文化历史悠久，内容丰富。我们既要继承优秀的航海精神、航海传统，又要在新时期推陈出新，发扬光大，这是航海文化建设的使命与任务。航海文化建设是一个文化继承和不断创新的过程，继承

是创新的基础,创新是辩证的扬弃。建设航海文化要立足本民族的文化流源,撷英取精,科学扬弃,在充分挖掘和传承中华民族所独有的文化积淀基础上,用发展的观点、创新的思维整合提升现有航海文化资源,积极开拓创新,开阔视野,吸纳和借鉴国外和当代先进的文化内涵和成果。在继承、借鉴中创新,在创新、完善中提高,为航海文化赋予新的内涵、注入新的活力,这样的航海文化才更具生命力和适用性。

(1)传承和发挥四种优势:一是充分发挥社会主义制度优势。航海业是社会主义性质的行业组织,从经济学角度来说,公有制和按劳分配为主,是社会主义社会中两项最根本的制度。这两项制度与航海文化的本质内容是一致的,后者倡导为社会服务、尊重和理解人的价值。坚持公有制和按劳分配的主导地位,是搞好航海文化建设所必需的,它们使航海业为国家、为社会服务的价值得到彻底体现。抓住这个优势,强化观念和精神的灌输,认同与奉行,航海文化的国家性、整体性就有了可靠依托。二是充分发挥马克思主义理论优势。航海文化建设就是正确的价值理念、崇高的理想追求与振作的精神状态在行业中的确立、认同和实践。马克思主义理论在中国具有广泛的、坚实的民众认同基础,发挥好这个思想武器对构建航海文化体系具有重要的理论优势。

用马克思主义理论指导航海文化建设,可以在理论上加快正确价值理念的认同过程。三是充分发挥悠久文化传统优势。航海文化建设所倡导的种种思想、理念,在中国悠久传统的文化长河中都可以找到流源。传承千年的妈祖文化、祭海文化集合和反映了中国的悠久文化传统,实践证明,只有真正把群众动员起来,集纳民情、风俗,把历史沉积的优秀传统注入新的活力,才能使航海文化丰富多彩、经久不衰。全国各地根据自身的历史渊源、风土人情、生活习俗,对海洋有着不同的寄托和表达形式,集合成各种海洋节日。如舟山市岱山的"中国海洋文化节"和"中国开渔节"、青岛的"海洋节"、荣成的"渔民节"、秦皇岛的"秦皇望海求仙节"等内容丰富,形式多样,群众欢迎,效果显著。我们在推进航海文化建设进程中,要树立历史传统"资源观",本着积极吸纳、去粗存精的观点,去挖掘这些宝贵资源为我所用,对充实和提高航海文化认同度具有很好的推动作用。四是充分发挥思想政治工作优势。中国具有完备的系统的思想政治工作体系,有一支值得信赖的思想政治工作干部队伍,这是中国的特色,也是中国文化的一大特质,在航海文化建设中充分协调航海文化建设与思想政治工作的相互关系,互为动力,互为手段,互为纽带,把航海文化建设和思想政治工作紧密结合起来，建设中国特色的航海文化这个任务必然能完成得又好又快。

（2）提炼和创新符合新时代需求的新的航海文化。在继承好的传统文化源流前提下，大胆创新，以世界发展的眼光来审视航海文化，动态把握航海文化建设的时代需要和当代诉求，适时创新，不断创新，不断赋予航海文化新的内涵和使命，以使航海文化常建常新。航海文化是一个相对开放的系统，它并不是一成不变的，而是需要在企业的改革发展过程中不断吸纳或过滤系统内外一些文化元素，不断创新变革。航海文化必须与时俱进，不断根据自身发展进行适时适当的文化变革和文化创新，保持航海文化的生机和活力，从而促进航海行业的良性发展。这也是科学发展观的题中应有之义。

3. 注重个性与共性相结合

建设富有时代特征的当代航海文化必须注重个性与共性的相互协调、互相和谐，不搞一味张扬个性而摒弃传统习俗的纯个性化航海文化，也不搞循规蹈矩而缺乏鲜明个性特征的纯形式化航海文化，而是要在个性与共性的不同界面上寻找到一个最佳平衡点，这是航海文化内在构成的必然要求。国家要独创具有民族特色的社会主义，行业要独创具有个性特征的行业文化，应切实处理好这二者之间的关系，要依托继续深化

改革，以科学发展观来审视和构建行业文化，来增强行业独立创造的活力，树立起行业文化建设与中国改革的整体形势相匹配的文化理念和价值体系。应在把握传统文化脉络的基础上提倡标新立异。任何一个行业和其他行业或其他国家同行业相比较都既有普遍性又有特殊性，既有共同点又有相异点。唯物辩证法告诉我们，普遍性存在于特殊性之中，没有特殊性就没有普遍性，共性包含于一切个性之中，无个性即无共性。因此，在建设航海文化的时候，在提出和灌输航海行业的价值理念、行业精神、行业宗旨等的时候，应突出特殊性和个性，提倡标新立异，这样，才能在全体行业员工和社会民众中留下深刻印象，从而使人们在遇到问题时会很快想到应该以什么样的文化精神、理念来对待。同时，要尊重和把握航海文化内在的普遍性和一般规律。比如，勇于探索精神、求知创新精神、战风斗浪精神等。这些精神无论是哥伦布还是郑和，无论是古代还是当代，无论是国内还是国外，都现实存在于航海文化的内核和气质之中。在建设航海文化的时候，要充分考虑和吸纳这些带有普遍性和规律性的文化元素，这样航海文化才能落地，才具张力。

4. 注重稳定与灵活相结合

航海文化建设是一项具有长期性和艰巨性的系统工程。在建设过程中，

必须稳健扎实，求真务实，统筹规划，重点推进，注重实效，既体现先进性，又体现可操作性；既注重稳定稳妥，又注重灵活调整。应杜绝为了文化而文化的现象，坚持成熟一个，推进一个，从点到面循序渐进，首先重点抓思想观念转变、体系建设、队伍建设，在长效机制建设上下工夫，不搞花架子，不急功近利，使航海文化经得起历史与实践的检验。要正确把握航海文化形成的内外部环境，注重学习借鉴优秀的航海文化成果，从实际出发，深入调研，务求实效，切忌只追求航海文化的表层现象、不重视实际效果的形式主义。稳妥并不排斥生动活泼、灵活新颖的文化构建形式，倡导用灵活多变、融会贯通的方式方法扎扎实实构建具有中国特色的航海文化体系。航海文化建设既要加强稳定的基础性建设，又要灵活地举办适应时代需要和地区特性的文化活动和文化设施建设。当前，发挥"航海日"的主渠道作用、完善中国航海博物馆建设和编纂《中国航海史》及其史料，是航海文化建设最基本的稳定性工程，而广泛开展航海学术交流、发掘航海民俗文化，完善航海文化设施是航海文化建设常规性、随机性的日常工作。

（二）航海文化建设的阶段

中国是世界航海大国。航海文化资源是伟大中华民族航海人情感沟通的纽带，是有益于推动地区经济和社会事业发展的重要的文明成果，更是积极推动社会主义先进文化的繁荣发展和全面建设小康社会的一个不可忽视的动力。中国航海文化传承、培育和发展着民族精神，这需要我们深入研究并大力弘扬航海优秀的传统文化。航海文化建设是一项系统工程，要从多个维度和视野来谋划这项功在当代、利在千秋的文化塑型工程。鉴于航海文化的历史与现状，应从三个阶段来谋划和推进航海文化。

1. 文化培育阶段

发掘、研究和宣传航海文化，对于弘扬和培育民族精神，推进改革开放事业和航海行业自身发展具有重要意义。中国航海文化博大精深、源远流长，是我们宝贵的精神财富，要想在很深的文化底蕴中培育出航海行业的共同文化，需要进行探讨、总结、提炼。各级政府和社会团体要把弘扬和培育民族精神作为义不容辞的重要职责，成为弘扬民族精神的倡导者、示范者和推动者。应该通过政策引导、机制建设，充分运用行政手段、教育和社会舆论等方式，为总结、提炼、弘扬和培育航海文化精神营造一个良好的社会氛围。特别要加强中国航海文化的史事性教育和内涵性教育。要使中国人民和世界人民了解中国航海的悠久历史和灿烂文化，特别是近代以来中国航海史上为争取独立解放、实现民族振兴的奋斗业绩，从民族英雄、仁人志士、革命先烈的高尚品格和感人事迹中汲取力量，从自力更生、由弱及强的航海经贸活动奋斗历程，见证和彰显中国航海经贸文化的精神内核，增强民族自豪感。

（1）建立培育措施。培育中国航海文化是弘扬中华民族精神的基础工程，要有切实可行的措施加以构建。首先要形成文化制度。国家应尽快立法，加快对中国航海文化的保护。其次要形成文化基地。把建设航海文化协会和博物馆列入国家重点文化工程。再次形成文化区域。加强沿海地区的文化建设。既要重视文化设施的建设，更要重视文化艺术创作等软件的投入；应采取国家扶持与鼓励合作相结合的方式，为沿海地区培养中国航海文化人才。最后要形成文化力度，高度重视并充分发挥文艺作品和媒体的作用，加强弘扬和培育航海精神的力度。国家应通过设立专项资金、制定鼓励政策，支持以弘扬和培育民族精神为主题的文化公益事业，让航海文化的力量深深熔铸在民族的生命力、创造力和凝聚力之中，使人民之间的亲和力与凝聚力不断增强，经济联系与文化交流不断增多。

（2）构建价值理念。当前，要进一步提升航海事业发展的内在动力，增强航海事业的后发优势，必须切实加强航海文化建设。要结合中国航海业的特点，挖掘中国航海文化发展的内涵，发现航海文化的共性，寻找结合点，提炼出切合航海发展、市场需求的航海文化精神和核心价值理念，并通过举办职工技能大赛、文体娱乐活动等，让航海文化转化为职工服务企事业发展的动力；要组织多层面的航海文化交流、研讨活动，提高建设航海文化的水平。让航海文化建设由大型航运企事业单元向一般航运企事业乃至社会单元延伸，成为每一个员工或者民众积极进取的精神动力和乐于奉献的力量源泉。

2. 成熟发展阶段

航海文化是中华民族不可丢弃的灵魂，在中国经济社会发展的关键时期，航海文化的发展，面临着前所未有的机遇，担负着前所未有的重任。在培育形成丰富的航海文化底蕴后，应广泛开展航海文化群众性精神文明创建活动。成功凝练出符合航海行业发展实际的航海核心理念、价值体系和发展宗旨从精神层转化成制度层、行为层，从专业领域转化到实践领域、工作领域，把成熟的航海文化向纵向和横向推动发展。航海文化的发展和繁荣，不仅能推动航海事业发展的进步，更能凝聚民族精神，提升民族素质，铸就时代风尚，打造国家"软实力"。由培育文化到发展文化，要想把航海文化发展得更广泛，更突出，更有意义，应注重两个视角，即组织机构和文化工作者。

（1）以组织机构作为航海文化发

展的推动者。国家机构和社会团体对推动航海文化的发展应树立强烈的机遇意识、发展意识和责任意识，做好"双轮驱动"，即一手抓公益性航海文化事业，一手抓经营性航海文化产业，不断开阔发展思路，拓宽发展途径，努力实现航海文化事业的全面繁荣和文化产业的快速发展。坚持以政府为主导，进一步完善相关政策，加大投入力度，优先安排与人民群众切身利益紧密相关的航海文化项目，不断健全公共航海文化服务网络。同时要坚持面向基层、服务群众，把重点放在沿海。要以建设综合性、多功能性航海文化协会为龙头，加快航海文化设施建设步伐，不断巩固和壮大航海文化阵地。提高公共文化产品的生产供给能力，多生产群众买得起、看得懂、用得上的航海文化产品，多提供群众普遍欢迎的航海文化服务，不断丰富群众航海文化生活和质量。

（2）以文化工作者作为航海文化发展的倡导者。航海文化工作者是文化建设的重要力量，人民群众是文化建设的主体。通过航海文化工作者对航海文化的不断提炼培育出的新理念和新元素，使其深入到组织机构和各企事业中，大力推进航海文化创新，全面推进航海文化发展，最大限度地焕发广大航海文化工作者勇于创新的积极性，使航海文化创造的活力充分释放、文化创新成果不断涌现，使中国航海文化更具吸

引力和感染力。在航海文化的发展中，要采取有效措施，有力发挥航海文化工作者的价值，可以创造有利条件，让航海文化创造的活力竞相迸发，创造的源泉充分涌流，创造的建设者的积极性得到充分发挥，形成社会各界共同参与航海文化建设、人民群众共享文化发展成果的生动局面。以此推动航海文化大发展大繁荣，更好地保障中华民族几千年的航海文化权益，为改革开放和中国航海事业的发展提供强有力的思想保证、精神动力和智力支持。

3. 优势发挥阶段

进入21世纪以来，航海文化因素越来越多地渗透进经济活动，发挥优势，使经济获得了新的发展形态和动力。航海人文精神越来越多地融入经济社会发展中，形成了人与人、人与社会、人与自然共生和谐的全面发展观和可持续发展观。航海文化与经济越融合，航海文化生产力的潜能越巨大，这也是一个国家在航海业竞争中最根本的、最难替代和模仿的、最持久的和最核心的竞争优势。我国自改革开放以来，航运事业高速发展，而航海文化随着国家和社会团体的逐渐重视，形成与科学发展观、建设和谐社会一脉相承的战略，发挥主导作用，达到品牌效应。

（1）发挥社会人文品牌。充分发挥社会人文优势，将中国航海文化融入

沿海城市建设的景点、展馆、公益广告、广场雕塑等文化设施和对外形象宣传中，通过建人文馆、名人走廊、文化广场等方式，以人文文化增加航海文化历史的深度和现代文明的厚度，扩大中国航海在世界的知名度和美誉度，提升中国航海大国形象，实现航海文化为经济造势助力的作用。

（2）发挥优质文化品牌。要以航海院校为依托，建立培训中心，加快后继人才培养。在此基础上，还要大力宣传推介中国航海文化艺术，通过音像制作、图书出版、网络宣传和对外交流等多种形式，让中国航海文化走向大江南北，进而走出国门，在广阔的国际舞台绽放异彩，成为中国航海文化的特色名片。

（3）发挥航海特色品牌。要实施"品牌影响力提升工程"，通过专家高层论坛、品牌发展研讨等形式，推进中国航海事业的品牌建设，形成品牌打造中国航海的综合发展态势；通过企事业交流、文艺演出、传媒推广等途径，加大对现有品牌宣传推介，实现品牌的可持续发展；通过对现有优势品牌进行整合，形成品牌合力，实现多品牌联动发展，凸显区域综合品牌效应，继而实现航海文化品牌的国际化。用文化推动航海事业的蓬勃发展。

船员英姿

（三）航海文化建设的途径

途径也是路径，就是推进航海文化建设的一般方法。航海文化建设是时代发展的要求，是行业自身谋图生存与长远发展的一种内生的自为的组织信念建设、核心竞争力建设，航海文化建设的理论及其实务范式为我们在认识论与实践论层面，提供了有益的启迪，明晰了航海文化建设路径选择原点的必要性和可行性。航海文化建设的途径需要从精神文化、制度文化、物质文化和系统路径等方面进行架构。

1. 以理念体系为核心，加强精神文化建设

以科学发展观为指导，继承中国优秀的传统航海文化。中国悠久的航海史曲折百回，无数辉煌与低谷见证了民族的兴衰发展，在当前新的历史条件下，我们要坚持以科学发展观为指导，用历史唯物主义的眼光，继承发扬传统航海文化中的优秀元素，扬弃糟粕，为打造新时期优秀航海文化奠定坚实基础。要站在新的历史起点，充分调研、理性思考，全面审视、系统总结中国航海文化数千年的发展历程，梳理清晰中国航海文化演进发展的脉络走向，对不同历史时期的航海文化内涵和具体表现做出系统总结和概括，以此统一航海文化建设的思想，明确未来航海文化建设的方向。

丰富发展完善富有时代特征和行业特色的航海文化核心理念。航海文化核心价值观是整个行业文化建设与发展的灵魂，要以弘扬民族精神和以改革创新为核心的时代精神为重点，按照继承一批、诠释一批、发展一批、完善一批、扬弃一批的思路，推进航海文化核心理念体系的发展创新，对中国航海文化赋予新内容、体现新元素、做出新诠释、促进新发展，铸新时期中国航海文化之魂。

以航海文化核心理念为指导，建设多层次、各具特色的文化理念体系。通过各种有效宣传手段，在全社会大力宣扬航海文化核心价值理念，着力维护航海精神、航海文化价值观等核心理念的统一，在航海文化核心理念的统一框架下，打造具有行业特色和各单位特点的航海文化子文化，加强船文化、航运企业文化、安全文化等专项文化建设，使之成为航海文化的重要组成部分和具体体现，不断丰富完善航海文化理念体系。

2. 以制度创新为重点，加强行为文化建设

加强行为文化建设，重点是以健全完善的制度作保证，赋予管理制度以文化的灵魂和内涵，有效规范引导全行业单位和人员的行为。针对行业理念的特点制订一些独特的管理制度，对航海文化的导入期十分重要。在制度设计上要包括行业制度设计、行业风俗设计、行业员工行为规范设计，对行业长期沿袭、约定俗成的典礼、仪式、习惯行为、节日等用制度约定。同时，立足制度创新，建立和完善规范全行业整体行为的制度体系。按照行为文化与精神文化协调匹配的原则，自上而下建立和完善规范全行业整体行为的制度体系，将航海文化理念转化为工作流程、安全规程等各种制度规定，建立行业有序运行的基础，按照建设有中国特色航海文化的要求，形成较为完备的制度规范体系。

建立相关机制，营造浓烈的创建航海文化氛围，激励广大民众参与文化创建活动，从民众中来到民众中去，把文化还原给民众，群建群治，使航海文化真正落地生根。

3. 以独有品牌为载体，加强物质文化建设

物质文化是全行业创造的物质成果和各种文化设施的总和，主要包括各种标识、办公环境、机器设备、品牌、文化阵地等。

加强航海品牌的宣传维护，以整齐醒目的标识塑造航海文化形象。根据国家航海发展需要，大力推行形象和品牌战略。中远集团和中国海运在物质文化建设方面作出了榜样，交通文化规划部门要认真总结中远集团和中国海运的经验，加强全行业CI识别系统的规范管

理和使用，对各单位制订和执行CI手册情况进行摸底调查，引导并鼓励全行业各部门、各单位依法合规制订和使用各自的识别系统，用整齐醒目的标识塑造和提升国家航海全行业的整体形象。

以"中国航海日"活动和中国航海博物馆为有效载体，广泛开展航海普及教育。从2005年开始每年举办的"中国航海日"系列活动和即将在上海建立的"中国航海博物馆"，是航海物质文化建设的重要内容。要通过"中国航海日"这样以航海文化为主要内容的全国性节日，不断扩大对航海文化价值理念的宣传推广，促进全社会更加关注航海、关注海洋、树立"蓝色国土"观念，进一步增强全民族的航海意识、海洋意识和海防意识；要通过建设"中国航海博物馆"，展示中国航海文化的历史演变，弘扬中国航海文化；要以沿海主要航海类院校为龙头，充分利用现有资源加大对航海文化的知识培训力度，同时，创办一批航海文化宣教点，在全国形成一个系统的航海文化培训教育普及网络，为航海文化建设的健康发展打下坚实的物质基础。

4. 以文化规律为基础，优化文化系统路径

由于同是文化，企业文化与行业文化具有一些内在规律上的同质性、相似性，因此，在推进航海文化建设上，我们可以导入一个文化建设模型，见图4-1。

行业组织在行业文化建设，也就是在交通运输部推进航海文化建设中要致力建立一种新的有利于发挥协同效应、规模效应的生态行业文化体系，即科学的、和谐的航海文化建设体系。并以此在使命、愿景、核心价值观等理念层面和制度与行为规范等方面进行充分的沟通与研讨，进而在坚持诸如可行性原则、系统性原则、整体性原则、员工性原则、客观性原则、长远性原则等一系列原则基础上，展开行业的文化建设，最终实现航海文化的有效推进，促进航海事业和行业绩效和管理水平的实质提升，实现交通行业整体战略发展目标。下图揭示了航海文化建设的主体构建模型。其中最顶端的行业文化理念体系提炼，必须充分考量行业所属各成员

单位的子文化，各个成员单位、企业在整体航海业的地位不一样，它们有各自的业务方向，有自己的经营模式，有企业与政府部门之分，有自己独特的利益诉求，是相对独立的行为主体，因此，作为航海业的上层级必须充分考量下层级各成员单位机构的独特性和多样性。航海业在其各成员单位机构中推进实施航海文化建设，必须依赖于各成员机构的具体执行，为保证航海文化能够在各成员单位得到贯彻，航海文化必须包容各成员机构的特性子文化；同时，为保证航海文化行业的主体性，又必须有一定的强制性，即，一方面航海文化要能够统率行业系统内各成员机构的文化，另一方面又不能替代和抵制各成员机构的不同子文化。在具体建设中，要将各

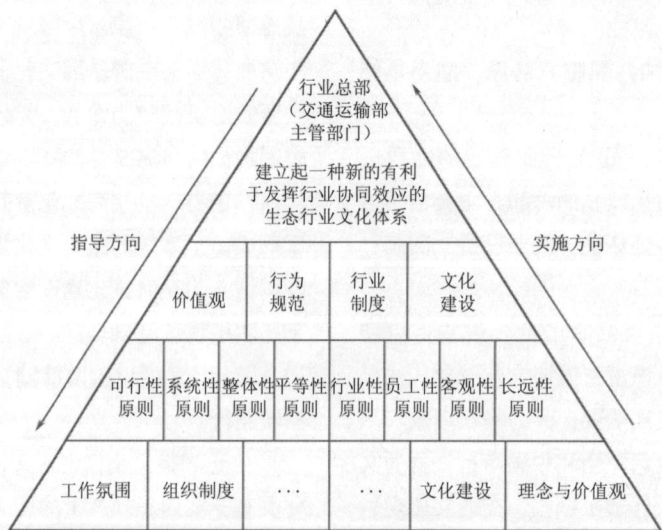

（行业）航海文化建设模型

系统内成员单位、各有利于行业发展壮大的文化因子和元素导入进航海文化理念体系中，在行业文化的使命、愿景、精神、核心价值观和VI等方面进行统一，形成航海业的核心内容。这个核心价值内容，航海业所属各成员单位、机构必须以一贯之，并且作为各自单位、机构的文化主体和核心。结合上述构建行业文化的机理，在具体推进航海文化建设时，可采用两条路径。

（1）航海文化建设的指导路径。这是一个由上而下的路径。指导路径明确航海文化建设的具体推进方向，它蕴涵两个层面的含义：一个层面标明航海文化建设的逻辑方向，表明航海文化建设必须首先是由上而下，提炼出航海行业系统的理念体系，在确立行业使命、愿景、行业精神和核心价值观等因素的基础上，系统内的各成员单位、机构再根据自身的实际，构建符合企业或单位发展要求的制度、行为规范以及经营理念等，在这一层面上相当于作为行业文化的航海文化的起飞。另一个层面，航海文化建设的指导路径能够明确现实中航海文化建设中的交通运输部主体与各成员单位、机构之间的关系，体现了主体与各成员单位、机构间的地位界定。交通部委对各成员单位、机构的航海文化建设负有指导的责任，从行业高度控制和指导各成员单位、机构的航海文化建设不会偏离航海文化建设的总体要求

和轨迹，保证航海文化建设的统一价值体系在各成员单位、机构中得到广泛的认同和执行。这其中航海文化建设的指导路径并不完全等同于航海文化建设的起飞，其中也包含着一定的航海文化落地内容，这种指导本质上要求航海行业主管部门在各成员单位、机构中监督、督导航海文化主要内容的落实，指导航海文化活动的开展，等等。

（2）航海文化建设的实施路径。这是一个由下而上的路径。它是一条航海文化建设的具体操作路径，明确了航海文化建设的实现过程，在一定程度上，相当于航海文化建设的落地。航海文化建设是一个"金字塔"形布局，只有系统内的各成员单位、机构彻底执行和推进航海文化的价值理念，坚持航海文化建设中的航海文化内涵，在使命、愿景、核心价值观、行业精神等方面与交通部委保持一致统一，坚持在建构各自制度、行为规范、经营理念等符合本企业、单位生产经营管理实际的同时，体现航海文化的要求，位于塔顶端的行业主管部门的意志才能得到落实。航海文化建设的实施路径更多地体现了航海文化建设中各成员单位、机构的主体地位和主导作用。在实施路径中也包含着一定的航海文化起飞的内容。各成员单位、机构将航海文化理念体系纳入本单位、机构后，必须在此基础上形成和建立适应本单位、机构要求的具有本土性

的航海文化具体操作体系，这本身就存在着另一层面的起飞过程。严格按照这两条路径去探寻、建立航海文化体系，就形成了一条完整的构建航海文化路径和通路，保证了航海文化建设自上而下、由下而上相互联动的推进格局，最终促使航海文化建设的系统深入。

在按照上述两个路径推进航海文化建设的操作过程中，要准确把握和遵循下述几项原则，遵守这些原则有助于完成航海文化建设。

①员工性原则。即行业员工对航海文化建设工作的态度。员工是文化的落地主体，一种文化归根结底需要广大民众或员工的认同，需要员工或民众在实践中执行。航海文化的先进与落后，质量和水平的高低，最重要的是以"行业员工拥护不拥护、行业员工认不认可"为评价标准，因此在具体推进中要充分把握这一条原则。

②可行性原则。航海业主管部门在建设航海文化的时候，必须遵循可行性原则。要明确上层级主管部门与各成员单位之间的定位，明确角色和作用，不能出现取代、替代做法。明确哪些是航海业各成员单位必须遵守的，哪些是各成员单位可以自由发展和补充的。必须明确本质，必须坚持，做法可以独特。航海文化必须是在分析各成员单位、机构文化基础上的产物，融合各成员单位的优秀成果。

③系统性原则。要始终坚持航海文化体系是由多种要素构成的自上而下的有机系统，是从精神到制度、从思想到行为的行业文化的科学体现，全面、综合发挥和培育完善的航海文化的独特作用。

④整体性原则。参与航海文化建设的主体有多样性、差异性和自身的特质性。在构建航海文化时要从一个整体视角，从所有参与航海文化建设的主体出发，将各个主体当做一个整体，从航海行业的层面去统筹考虑航海文化建设。始终把握航海文化建设的整体性、统一性，重视个性与共性的辩证统一，突出核心理念的一致性，同时，各成员单位、机构可联系自身的特点，突出个性，即个性中含有共性，共性中蕴涵个性，使有益的个性在有力的文化共性中得到发挥。

⑤长远性原则。航海文化建设是一项长期的系统工程，不可能一蹴而就，也不可能立竿见影，立足当前，长远发展，是航海文化建设的客观规律，要将航海文化建设的长期持续发展作为文化建设考评的一项标准和追求的目标，这样航海文化建设才具连续性和科学性。

⑥长短结合原则。航海文化建设既要着眼长远，凝练概括出恒久起作用的价值观、价值理念，又要注重当前，突出重点有序实施推进。

⑦主导与主体结合原则。既要突出航海文化建设主体在航海文化建设中的主导地位，也要注重系统内各成员单位、机构乃至广大员工在航海文化建设中的主体作用，二者有机结合。

（四）航海文化建设的步骤

航海文化建设是一个系统工程，在文化建设中应遵循一定的原则，要从理清思路，制订规划；研究现实，评价现状；整合系统，建立机制；确定目标，制订方案；总结经验，深化提高等环节中不断重塑、更新、优化、发展航海文化，从而提高航海文化建设质量。

1. 注重理清思路，详细制订规划

在航海文化建设规划中，主要制订好航海文化建设的远期规划和近期规划。远期规划是具有一定历史阶段时期的航海文化建设的规划，近期规划是当前阶段时期要完成的航海文化建设的主要内容。

（1）远期规划。在继承、学习和创新的思想指导下，从精神文化、行为文化、物质文化三个主要方面进行整体推进、系统运作，构建一个切合实际的、科学合理的、便于操作的航海文化建设规划体系，并把规划纳入中国航海发展战略，成为航海文化建设整体规划的一部分。以中国航海人的精神、使命、价值观为指导，规划确定航海文化建设的方向重点、主要内容和推进方案，按照有计划、有步骤、由浅入深、由表及里的建设程序，建立起一套基础化、程序化、科学化的航海文化建设系统，最大限度地调动集体智慧的能量，产生"聚能效应"，形成特色鲜明的航海文化，使航海文化氛围日益浓郁，中国航海形象不断提升。

（2）近期规划。目前，中国航海文化建设的总体规划是：认真落实科学发展观，结合中国航史发展实际，大力加强航海文化的辐射效应，着力打造一支观念新、素质强、作风硬的航海队伍，使员工的个人价值观及对中国航海价值观的认同感日趋一致。建立起与保证中国建设成为国际知名的航海大国和增强核心竞争力相适应的卓越的航海文化体系。在近期规划中，主要体现出对航海文化的价值、行为、社会识别、管理等元素的规划。一是价值规划：应针对航海人才理念、客户服务意识、价值取向、经营理念、安全理念、产品质量理念等员工价值观的更新和提升方面进行梳理。二是行为规划：应从全面提高行业员工的职业道德素养，着力塑造基层员工的上进心、主动性，管理者的责任心和自律性，决策管理者的事业心和使命感等方面入手，据此形成一种全新的航海业行为规范和员工行为规范。三是社会识别规划：以注重打造出中国航海大国鲜明、独特的品牌形象为基点进行规划。四是管理规划：应从完善管

"华铜海"号货轮

策、执行等行为习惯对航海业管理变革的影响研究。各种文化都是在变化中发展，针对不同的战略、组织、流程变革，都应充分考虑中国航海的文化环境，充分考虑何种方案能够得到顺利实施。目前对航海文化进行专项研究的有效路径，主要从各行业、民间和社会大团体等对航海文化建设进行调研、座谈并加以梳理和设计，通过有效的、科学的评价工具和研究手段，对航海文化现实状况进行评估，以评估的成果来界定航海文化建设的主体方向和奋斗目标，以此构建能推动中国航海业持续稳定发展的强势文化；或者通过国家职能部门对已有航海文化软硬件进行改造，使之发展成为一种强势文化，保证它能对中国航海业的存在和发展起到积极推动作用。关于航海文化现状研究的方法、流程和关键要素，重点包含航海文化梳理与诊断、价值理念体系说明、编写文化纲领、行业员工行为规范、手

理制度和提高管理水平等方面进行规划，最终实现航海企业创新提升式发展的目标。

2. 深入研究现实，剖析评价现状

随着中国航海业自身条件的变革，在对航海文化建设进行深入研究的基础上。需要针对两种情形，对航海文化进行现实研究：一是针对创新变革的航海文化转型的研究。二是针对国家决

册、行业文化培训资料等。总而言之，航海文化建设是一项长期的系统工程，要想全面深入了解中国航海文化，应将航海文化建设纳入国家战略规划，从国家主管部门开始统一认识，群策群力，形成合力，总体规划，内外整合，建立有效的航海文化机制。

3. 加强系统整合，建立有效机制

航海文化整合是指有意识地对航运内不同的文化倾向或文化因素通过有效的整理整顿，并将其结合为一个有机整体的过程，是文化主张、文化意识和文化实践一体化的过程。航海文化的整合应当根据中国航海发展的具体情况，从实际出发，制订文化整合的目标和措施，运用多种方法，对行业文化内容和文化因素进行系统化整理，建立以价值观为核心的文化体系，引导员工端正文化心态、思想观念、价值取向和行为方式，从而形成航运行业的向心力和凝聚力。并通过文化整合，解决中国航海文化中的文化混乱、文化冲突和文化建设的盲目性和滞后问题，使中国航海文化获得良性发展。因此，在进行航海文化建设系统整合时，应适度注意以下几点。

（1）把握航海文化宽容和认同的环节。在文化整合中保持宽容精神是进行航海文化整合的前提。这首先强调国家行政机关（如中国交通运输部、各地海事局等职能部门）与执行单位（如各家航运公司、船级社）、民间组织（如

航海学会）和员工间在观念上要相互认同，从而才有可能在管理者与员工间的具体工作过程中进行合作，使相互关系达到和谐的境界。并通过在这种宽容精神的引导下，进行文化整合，才能够收到应有的整合效果。在航海文化系统整合中要在差异和宽容中寻找共性，既要充分发挥传统，体现中国航海的行业性质和经营形态，又要注重中国航海个性化设计和塑造。

（2）坚持航海文化继承和扬弃的原则。航海文化建设是一个漫长的过程，绝不是一朝一夕的事情。在航运这个板块中，每一个行业都有自己不同的创业和发展轨迹，并形成了不同时期的特色航海文化。应认真调查研究中国航运事业变革与发展的历史和现状，认真分析比较中国航海传统文化与现代航海文化矛盾的焦点和特点，继承传统文化的精髓，抛弃其糟粕，注入现代先进航海文化的新鲜血液，铸就富于生命力、适应时代发展需要的航海业文化。

（3）力求航海文化借鉴和创新的结合。世界是开放的，文明是可以共享的。航海也是开放的，管理思想和管理科学是可以共享的。航海文化整合不仅要体现中国航海文化自身的特色，还要吸纳世界文明，借鉴西方航海管理文化中的科学内容，学习发达国家的先进经营管理经验，并加以吸收创新，根据实际情况和形势变化，形成与时俱进的中

国航海经营理念，整合梳理出具有中国特色的，既具有时代气息，又能够保持其核心价值观的历史继承性的中国航海文化。

在加强航海文化系统整合的同时，还要以有效的机制为重点，加强中国航海文化建设的实施。一是利用制度、准则、规范等手段进行强化。航海文化必须寓无形于有形之中，将之渗透到行业的每一项规章制度、政策以及工作规范、标准和行为准则当中，使员工从事的每一项工作、参与的每一项活动都能感受到航海文化在其中的引导和控制作用。二是建立考核评价机制，建立激励机制。将航运各行业单位和部门航海文化建设情况纳入对单位经营管理考核评价体系中，在年薪兑现、效益奖分配、绩效工资发放、文明单位评比、综合治理考评、评选劳模先进等各类评比、评选、考核中，都要将航海文化执行和建设情况作为一项评价指标。

4. 确定明确目标，制订有效方案

航海文化建设作为社会大文化系统中的一个子系统，客观地存在于每一个行业之中。为了对航海行业文化的继承、统一、发扬，必须要有一个明确目标。长期以来，人们认为，航海的唯一目的就是利润最大化，投资回报最大化。然而，一些国内外长盛不衰的航运行业，它们都有一个共同特点：就是不以追求利润为唯一目标，而有超越利润的社会目标，注重培养行业的社会责任，提倡社会贡献。中国航海的社会责任是与党和国家的奋斗目标联系在一起的，是与人民的共同理想联系在一起的。党的十六大提出"全面建设惠及十几亿人口的更高水平的小康社会"，其中一个重要目标，就是"人民安居乐业"，党的十六届四中全会提出"构建社会主义和谐社会"，这是对全面建设小康社会的进一步深化。而我们的航海文化建设也要本着这一目标去追求、完善和发展。当然为了这一目标，还要从中国航海文化实际出发，深入沿海地区和各行业进行调查研究及对一线员工进行访谈，吸纳航海文化建设的一系列因子，从而制订一个良好的设计方案，让更多的航运行业遵循这一方案开展航海文化建设的各种有益活动，以此推动航海文化建设有条有序地进行。

5. 认真总结经验，不断深化提高

中国航海文化建设是一个长期的过程，每一个阶段都要站在新的历史起点，充分调研、理性思考，全面审视、系统总结中国航海文化的发展历程，梳理清晰中国航海文化演进发展的脉络走向。主要任务为通过问卷调研、座谈和专家学者诊断分析及论证等其他方法、步骤，对航海文化建设体系的整体实施

状况作出阶段性总结和评价，对存在的问题和不足结合航海发展需要和实际状况进一步完善、创新，并牢牢把握"以爱国主义为核心"的航海文化主线，对行业初创、改革转型和全球化发展不同历史时期的航海文化内涵和具体表现做出系统概括。从精神文化、行为文化、物质文化等方面，认真总结中国航海文化建设的成功经验，盘点航海文化建设成果。同时根据不断变化的新形势、新任务，制订新时期中国航海文化建设规划。以此统一航海文化建设的思想，明确未来企业文化建设的方向。

（五）航海文化建设的调谐与反馈

组织学中对组织一词的定义是：由两个或两个以上的个人，为实现共同的目标组合而成的有机整体，是一群人的集合，是对完成特定使命的人们的系统性安排，以完成单独个人力量的简单综合所不能完成的各项任务。航海文化建设本身就是一个管理实践活动，在遵循指导和实施两个路径的同时，不能用单一的维度或者一元化趋向来推进航海文化建设，而应是多维度、多元化、立体式的构建过程，是一个闭环螺旋式上升的运作轨迹。要构建一个科学的、和谐的航海文化体系，令广大行业员工乃至社会民众认同和支持，必须建立一套完善的自我解析、外部提醒的科学反馈

运行机制，来不断检索和查摆航海文化建设进程中的各个环节和工作流程的合理性、科学性，提出问题，查找不足，不断调谐，自我完善，闭环提升。其本质就是认识—实践—再认识—再实践的内部优化循环过程，也就是构建、塑造、改良、运行、再循环的过程。这样自我查找科学反馈，航海文化才更趋近于航海行业的"真"和本源的精神气质，继而向更高的"美"的境界追求。磁性法则告诉我们，凡铁均有磁性，只因为内部分子结构凌乱，正负两极相互抵消，故显不出磁性。如果用磁石引导后，铁分子就会变得有序，从而具有磁性。这个法则运用到航海文化建设中，科学的反馈机制和调谐系统就是导引航海文化趋同一致和科学的磁石。建立一个科学的反馈调谐机制需要把握三个流程。

1. 建立自我内部预判流程

管理学有一提法，即谁能预见未来，谁将拥有未来。随着时代发展，内外部环境有了很多变化，过去的管理环境是静态的、单一的、简单的、安全的4S环境，而现在的环境是动态的、多样的、困难的、危险的4D环境状态。在现有的4D环境中，经济发展日新月异，外部环境变化迅速，人们的价值观、思维方式都在发生巨大而深刻的变化。在这种环境下，只有科学地预见未来的变化趋势，才能准确分析过

去、现在和未来，才能准确地把握应对未来变化的措施和方法，才能把握事物未来发展的走向，变被动为主动。在构建航海文化建设进程中也存在这样问题和趋势。事物发展规律告诉我们，一种先进文化在当时会成为推动社会或群体进步的动力，随着事物不断发展变化，在未来发展进程中这种文化又会转变成影响社会或群体发展的阻力和障碍。这就要求我们在建立和推行航海文化建设时，初始阶段起点要高，视野要宽，思路要清，谋划要深。与此同时，要借用管理学的一些规律和方法来预判和掌控社会学范畴的航海文化建设的发展和运行走势。这里我们导入管理学中的"因果关系分析法"来事前预判和把握航海文化建设，建立自我预判流程。"因果关系分析法"揭示，许多社会经济现象

是相互联系、相互影响的，其中某些因素发生变化以后，另一些因素可能随之而改变。比如银行贷款利率上调，会增加住房贷款的成本，对于房地产企业的经营就会产生影响。因果关系分析就是研究环境中某一因素发生变化时对其他社会经济现象可能产生的影响。这其中有定量预测方法。通过分析调查收集的资料，用数学模型来描述影响未来的多种因素之间的关系，并据此预测未来的发展趋势。我们在构建航海文化时要充分调用或收集各成员单位、机构已有的文化成果，通过问卷调查、现场考察、阅读历史资料、访谈等诊断工具，对行业文化现状得出一个比较准确的判断。通过行业分析关注本行业所从事核心业务的方向，兼顾考虑各成员机构的行业状况。通过市场调研、消费者行为研究和对行业自身的"扫描"来正确判断实施文化的服务方向。同时对行业系统内的员工状态进行有效分析，对航海文化历史进行归纳分析。在此基础上，一方面扬弃原有文化中的错误和不适合行业发展需要的文化因子，另一方面继承和发扬原有文化中的优秀因子，

同唱团歌

同时，引入适合行业发展的先进文化因子，以此为基础构建新的行业文化理念体系。通过这一自我预判流程，航海文化在初始阶段才更具先进性、可行性和较高的群体认同度。

2. 建立实施过程监控流程

理念系统建立的目的是用于实践，航海文化理念系统一经建立，便要应用于行业内各成员单位、机构，实现理论成果的实用性转化，促进行业整体管理水平和广泛的文化社会效应。但一种文化体系再先进、再完备也必然存在与实际应用不相适应的环节，这就需要建立实施过程监控流程，在实施过程中，动态地监控和掌握航海文化在推进过程中存在哪些不足，遇到什么阻力，产生阻力的根源，等等。及时让文化建设的决策者真实了解这些情况；否则，一味一元化推行，这种文化极容易被挂"空挡"，出现为了文化而文化的"两层皮"现象。为实现科学监控文化建设情况，我们可以引用管理学中的"目标管理导入"，实施阶段性导入目标管理。航海文化可以看成是管理的一个软目标，把这个软目标通过一定方式和途径转化成硬目标之后，才能够对行动有指导意义。在归纳和提炼出航海文化特有的理念基础上，尽量效仿和遵循管理学SMART原则，即具体性（Specific），可测量性（Measurable），可实现性（Achievable），相关性（Relevant），时限性（Time-limited）。把航海文化建设的总目标层层分解，分层负责，保证分解后的目标应该达到什么要求和标准，并且分解后的子目标之间应相互协调。在执行过程中，应尽可能地减少成员单位、机构或目标与目标之间的冲突。航海文化建设目标可以先从高层级单位或部门开始，成功之后再向下层级推广。开始要从那些最服从、最适用该系统的单位、机构及最可能成功的参与者中导入航海文化系统。导入目标管理后，航海文化在具体推行中就有了运行坐标，在运行中每个层级如果出现问题或困惑就可反馈到航海文化建设决策层，可以初步实现过程监控。建立科学的航海文化测评体系是对航海文化建设的过程分析，成果鉴定和工作流程的检验体系，是航海文化建设系统的策略和方法，建立一套测评系统能保证航海文化建设沿着健康向上的方向发展。从哲学意义上讲，航海文化测评体系是一个从实践、认识，到再实践、再认识，循环往复、不断提高的一个过程。运用文化的测量理论，从文化对行业组织行为的影响机制入手，来设计一套科学合理的文化度量模型，从能反映行业文化特征、满足统计评估要求的维度对航海文化的形成、演化、建设及关键因素进行测评和评估，达到内部管理整合和外部环境适应，保证行业长期生存和发展，员工、组织、制度之间的协调与文化管理特征，求得在外部环境中的生存和发展所表现出的对外部环境的适应特征。对航海文化有一个适时的掌控和跟踪评价。在具体实践中要注意测评时效，要考虑行业的历史和现实，追踪和预测行业发展，从航海文化的功能、内部结构及相互关联的方面综合评价和分析。可以通过航海文化自我评判方式和专家组测评方式进行监控和测评，即由航海文化建设办公室，将《航海文化建设测评标准》印发各成员单位，再由各成员单位有关部门按照测评标准，采取调研和问卷形式进行打分，或由航海文化建设委员会共同组成航海文化评价专家组，深入企业调研，客观公正地得出评价结果，以检测和评判航海文化建设情况。

3. 建立反馈结果修正流程

在做出建设某项决策后，在具体实施过程中，通过上述两个流程，特别是实施过程监控流程，将信息传递到决策过程的开始，分析是否实现了预定目标，并进行检验。最终建立反馈结果修正流程，航海文化建设决策层根据反馈上来的航海文化不足环节和症结，组织专家进行研究，认真修正，再用实践来检验。下图是航海文化建设反馈的一个简单流程模型。

航海文化建设的理念、宗旨和决策需要经过不断的反馈，不断调谐，多

次进行修正和调谐后才能得到认可和推广，从而形成一个闭环的自我提升过程，一个系统的循环过程。反馈和调谐的实质是实践、认识、再实践、再认识的过程。反馈调谐机制是航海文化得以科学、和谐和健康发展的必要环节。

航海文化建设反馈模型

（六）航海文化建设的修正

这里所讲的航海文化建设修正是对航海文化本身的建设进行修正，是内部的自我调节。而航海文化建设修正是一个大系统概念，是从整个社会层面和整个行业管理层面对航海文化作用的效用评估和总体完善。

现代管理学已由科学管理迈入文化管理阶段，文化具有振兴、导向、协调、凝聚、育人等功能，文化对于经济具有相对独立性，它不仅反映经济，而且反作用于经济，在一定条件下成为经济发展的先导。优秀的航海文化对振兴航海行业的经济、教育、科学以及整个行业的文明总体状态都具有十分重要

的作用。行业文化对行业具有导向性功能。经济好比"列车"，科学好比"铁路网络"，行业文化就是导引方向的"扳道工"。同时，文化能协调行业和社会的关系，使社会和行业和谐一致，即通过行业文化建设尽可能调整自己，以便适应公众的情绪，适应时代发展的诉求。行业文化又具有同化作用、规范作用和融合作用，其综合效果就是增强行业主体的凝聚力。文化中的共有价值观一旦发育成长到习俗化的程度，就会产生强制性的规范作用。作为航海文化本身具有两种修正效能。

1. 从社会学角度：延展和丰富了社会系统文化的内容

航海文化归属于社会文化的范畴。作为精神文化，在哺育人、美化社会方面具有全面覆盖性、浓缩集中性、外在内化性的优点和功能。文化落地或成长发育的过程，实际上也是广大行业员工或社会民众精神境界、文明道德素养得以提高的过程。成熟、先进的航海文化，必然对整个社会的文化状态、文化心理、文化知求有一个很好的补充和延展，这也是构建社会主义文明社会的一个重要构成单元。优秀文化的渗透力和辐射力不仅作用于行业本身，也通过各种渠道对社会产生影响。行业文化在社会文化中扮演的角色越来越重要，行业文化的彰显是对社会文化的推进和发展，延展和丰富了社会系统文化的内容

和内涵。

2. 从管理学角度：修正和提升了航海行业的管理水平

航海文化的价值理念、发展宗旨等理念系统归属软管理因素的价值，在行业发展到一定阶段，它的作用高于硬管理因素和其他软管理因素的价值。在行业发展进程中，技术力量、资金力量、自然资源以及人才等是重要因素，但是最根本的还是正确的核心价值理念。在理念支撑下的员工或民众信念的力量，远远超过技术、经济资源、组织结构的本身固有价值。优秀的航海文化会变传统的靠各种各样的策略来引导员工去实现行业目标的管理方法为引导员工在潜移默化中接受共同的价值理念，它是一种行业内部管理的动力机制。通过文化的软约束能使信念在行业员工的心理深层形成一种定式，构造出一种响应机制，只要外部引导信号发生，即可得到积极响应并迅速转化为预期的行为。文化的管理使行业乃至企业管理的品位、效能和恒久性有了一个质的跃升。

三、航海文化建设的战略

（一）航海文化建设的目标

1. 航海文化建设的总体目标

力争用5~10年的时间，初步建立

起适应我国社会经济发展要求，遵循文化发展规律，符合国家交通和航海发展战略，反映行业特色的航海文化建设体系。通过航海文化建设，凝练航海文化核心价值观、航海精神和行业理念，使国家航海文化核心理念在国人心目中得到认可和共鸣，进一步树立航运业的良好形象，在业内营造团结和谐、充满活力的良好氛围，增强行业凝聚力和影响力，提高国家航运业的实力，促进国家交通和航海事业又好又快发展。

2. 航海文化建设的阶段性目标

未来5~10年时间，中国航海文化建设的阶段性目标是：

（1）促进中国航海文化建设平衡发展。坚持科学规划，分步实施，国家航海文化建设思路更加明确，进一步增强国家主管部门对航海文化建设的掌控力和主导权，力争到2015年以前，国家航海文化建设整体功能明显优化，航运业各单位、各部门航海文化建设普遍深入开展，文化建设有序协调发展。

坚持航海文化建设发展与航海事业发展相适应。以促进航海事业又好又快发展为出发点和落脚点，注重运用文化的力量促进各项工作的开展。坚持整体筹划与重点推进相结合。制定切实可行的航海文化建设整体方案，借助必要的载体和抓手，重点突破、大胆探索、勇于实践。注重提炼价值理念，并把它融入具体的规章制度和外在形象之中，引导和规范职工

乘风破浪

行为。坚持加强领导与依靠群众相结合。领导高度重视和职工积极参与是航海文化建设取得进展的关键。要在统一领导下，有步骤地发动职工广泛参与，努力构建具有牢固群众基础的航海行业共同价值理念和行为规范。坚持继承传统与创新发展相统一。继承和发扬航海行业优秀的文化传统，积极借鉴国内外相关文化建设的成功经验和先进文化成果，大胆进行航海文化创新，使航海文化建设既体现优良传统，又反映时代特点。坚持先进性与行业性相统一，航海文化建设要充分体现贯彻"三个代表"重要思想、全面贯彻落实科学发展观、树立社会主义荣辱观、建设和谐行业的要求，立足航海实际，体现行业特色，具有可操作性。

（2）促进国家航海文化核心价值体系的发展完善。在继承中国悠久灿烂的航海历史文化的基础上，坚持以科学发展观和构建和谐社会为指导，持续做好国家航海文化核心价值内涵的挖掘诠释、创新发展和丰富完善工作，在此基础上，制订国家航海文化建设发展规划和航海文化建设实施纲要，编发航海文化建设手册，以"中国航海日"活动等各种有效形式加强航海文化宣贯，强化国人的海洋意识和航海观念，使航海文化核心价值在全社会的认可度明显提高，形成强势的航海文化。

5~10年内，必须通过航海文化资源的开发、评估和整合，建立和完善国家航海文化核心价值体系。发掘、总结和提炼航海行业的价值理念，建立能为广大航海企业员工所认同和接受的具有现代意识和行业特色的形象标识系统、行为规范系统和价值理念系统，并付诸航海建设、运输服务和航海管理等实践活动，从而促进航海事业的持续快速健康发展。

建设现代航海文化，要充分发掘和合理吸收民族传统文化，并充实或赋予其新的内涵，使其更具科学性、时代性、行业性、群众性。同时注重开发国际文化、社会文化、经济文化等资源，尤其要注重与航海有关的国际文化资源研究。发达国家长期信奉和倡导的创新精神、竞争意识、质量观念、团队精神、环保意识、节约意识等，这些理念对于中国航海文化建设颇具启示意义和借鉴作用，值得我们去深入调查和充分发掘。

研究开发航海行业的精神文化资源、物质文化资源和制度文化资源，在经过调查、发掘、分析和评价后进一步整合，从而达到最优化的整体效果，塑造具有现代意识和行业特色的航海文化体系。

（3）促进国家航海文化建设推进模式的养成。继续大力开展以"学树创"活动为有效载体的交通行业文明建设，力争在2015年前，在不断摸索实践的基础上，在全国航海系统形成一整套较为成熟的航海文化建设推进模式和载体手段，加强制度梳理完善，努力培育3~5个航海文化建设示范基地，打造1~2个航海文化建设品牌，为国家航运业健康快速发展提供动力。

5~10年内，要通过宣传教育，引导国民从思想意识上注重航海科普文化，强化海洋意识，树立航海新观念。必须增强航海文化底蕴的公益设施和宣传媒介的建设，为普及国民的航海知识、提高海洋意识构建起航海科普平台。

围绕建设创新型行业的战略目标，不断推进创新航海文化建设，营造有利于创新的良好文化氛围。积极开展特色航海文化建设活动。适时推出航海文化建设示范单位，将推进特色文化创建过程变成增强凝聚力、提高干部职工队伍文化素质和树立行业良好社会形象的过程。积极引导航海文化产品的创作。广泛开展丰富多彩的干部职工文化体育活动。加强基层文化基础设施建设，经常组织开展一些形式多样、职工喜闻乐见、健康有益的文化体育活动，丰富广大航海企业干部职工的精神文化生活，促进职工的全面发展。

（4）促进航海文化理论研究和成果转化。鼓励社会各界对航海文化的理论研究，加强航海文化理论研究人才的培养和储备，利用5~10年的时间，初步建立完善航海文化理论研究体系，加强实践经验总结和文化理论研究，力争在2015年前，中国航海文化研究水平显著提高，高质量研究成果不断涌现，在交通行业文化研究的地位和影响力不断巩固提升，使航海文化成为社会主义优秀文化的重要组成部分。

加强航海文化建设研究成果的转化与推广，进一步完善导向机制。课题立项应具有较强的针对性、现实性。增加航海文化研究经费的投入，保证出精品成果。疏通航海文化研究成果转化的渠道，强化和保持优秀成果出版、发表及宣传渠道的畅通。建立健全航海文化研究成果转化的评估激励机制。对航海文化研究成果转化所产生的经济效益和社会效益进行科学评估和有效激励，创造良好的环境与氛围。

增强航海协会的作用，不断提高学术活动的水平和质量，增强协会活动的吸引力；与此同时，根据国家航海发展的战略要求，要从封闭活动向社会化转变，使学会活动的内容更加适合多元化社会的需求，切实开展有效的社会活动。

要成立专门的航海文化研究机构，配备优秀的航海文化研究和科普教育人才。加强与涉海类科研院校的合作交流，利用高校雄厚的科研力量和科研资源，为我国的航海文化研究服务。

21世纪交通文化建设研究与实践

（二）航海文化建设的任务

围绕航海文化建设的机理，在战略上要牢牢把握三个环节，构建三大系统。

1. 把握三个环节

（1）着眼于精神文化建设，用先进文化铸就行业之魂。文化的最高境界在于精神文化，它是航海行业上下员工共同信守的基本信念、价值标准、职业道德及精神风貌。精神文化是航海文化的核心和灵魂。如何铸"魂"？这就要求我们要把先进的文化熔铸于航海事业的生命力、创造力和凝聚力之中，树立和坚定行业员工的理想信念。要继承中华民族数千年沉淀下来的优秀航海文化因子，吸纳和重塑逐渐形成并乳化在民众思想、行为之中的航海文化元素，在总结以往航海事业中的优良传统和文化习俗，归纳和提炼具有航海特质、符合行业特点的先进的航海文化系统理念架构。与此同时，积极采取多种形式，广开渠道，大力宣传推广具有新时代特征的"发展航海事业，促进国家富强"行业使命和"走向海洋，和平崛起"的发展理念，使它成为行业上下人员的主导意识和行业灵魂。

（2）着眼于行业发展之本，用先进文化为行业培育人才。航海事业发展的关键在于致力于航海事业发展的人才，没有人才，航海发展只能是一句空话。而航海事业发展的终极目的仍是报效国家、服务民众。在现阶段培育可用之才是行业发展之本。航海文化建设不是为了航海文化而航海文化，其根本在于用文化促进整个航海事业可持续发展。因此在推进航海文化建设的进程中，要坚持航海育人的宗旨，努力用先进的航海文化培养和造就一大批高素质的创新型的行业人才队伍。要通过发挥航海文化网络和思想阵地优势，构建起一个符合社会时代发展要求的先进而健康的精神"家园"。通过发挥骨干先进的文化队伍优势，加强行业上下员工的文化修养。通过发挥航海文化活动优势，丰富载体，创新思路，拓展航海文化育人空间。通过"学创树"等社会行业活动，全面提高行业员工队伍的综合素质。

（3）着眼于行业全球化竞争需求，用先进文化为行业塑造形象。要把先进文化融入行业发展战略之中，提高行业的全球竞争力，塑型是必然之举。要把先进航海文化融入行业各系统、各单位、各部门的具体实践中，扩大行业的社会影响力，打造行业的品牌形象。要把先进的航海文化融入行业的社会活动中，展示行业风貌，提升行业的社会形象。要把先进的航海文化融入行业的管理环节之中，增强行业的凝聚力，展现行业的整体形象，从而打造出具有国际竞争力的航海行业品牌。

2. 构建三大系统

文化建设的普遍性，决定了我们可以概括航海文化建设的一般情况。但文化建设又有其特殊性。社会制度不同，其文化自然会打上不同制度的烙印；民族不同，文化的特点也就相异；行业特点不同，文化的类型也就不同。航海文化作为行业文化具有其有别于其他文化的特质。航海文化所具有的特质性，决定我们在完成构建具有中国特色航海文化的任务时不能照搬，只能自创。从一定角度看，可以把航海文化建设看做是一个独立的主体，对于具有本主体特色的精神财富的"生产、分配和消费"，文化建设就是主体生产由人才作为物质承担者的精神财富。主体生产的精神财富必须具有本行业的特色，供本行业分配和消费，同时所生产的精神财富同样有着振奋民族精神、净化整个社会的巨大功能，从而成为整个社会精神财富的一个有机组合部分。将航海文化的核心理念植入到航运企业、行业协会、职能部门的体制、组织形式和管理制度中，使航海文化从理念层延伸到制度层和操作层，成为凝聚所有员工意态和行动的准则。在推进航海文化建设具体实践中，应首先科学构建三大系统。

（1）提炼行业精神文化，构建和发展行业价值理念系统。从行业视角，全面、系统整合本行业的独有文化元素，揉碎，剖析，复位，提炼升华出更加符合时代要求、更具航海行业特色的新的行业精神和核心价值理念，不断丰富和拓展其内在意蕴。从本行业生产实践出发，汲取国内外航海的优秀文化成果，树立与铸造出与社会主义市场经济相适应、与国家发展相一致的科学的经营理念、管理理念、发展理念、行业使命等，努力构建一整套完善的行业理念体系。在提炼成熟的科学的理念架构基础上，要内化于心，将行业价值理念转化为行业员工的共同认识，变共同认识为心理认同，形成群体心理定式，进而形成行业共有价值观。本行业员工来自五湖四海、天南地北，分散性、区域性、差异性、习俗性很大，不同的生长环境和教育程度形成千差万别的个人价值观，人们只有在心灵上接受的东西才会成为自我意识。要通过理念灌输、理念熏陶、理念人格化等渠道，让行业员工形成统一的、协调的群体心理定式，既通过明确的意识支配行为，也通过潜意识产生行为，用先进的航海理念增强行业员工主动承担责任和修正个人行为的自觉性，主动关注行业前途，维护行业声誉，为行业贡献自我力量。这也是航海文化理念内化于心的必然逻辑过程。

（2）完善行业制度文化，构建和发展行业行为规范系统。加强行业制度文化建设，构建行业行为系统，要以行业职业道德教育特别是诚信教育和建立学习型组织等为基础，制订和完善符合行业理念和行业实际的各项管理制度、道德标准、行为规范，把行业文化的基本理念体现到行业经营管理、思想教育的各个环节。制订和完善行业礼仪、节日活动以及文体活动的制度和规范，把行业的基本理念通过各类活动展现出来。同时，行业价值理念来源于行业具体实践，是行业实践的升华，需要再运用于行业实践的理念"落地"。固化于制也是航海文化建设的一个中心环节。制度是一切管理的灵魂，它是行业主体有序运转的基础和保障。行业价值理念要"落地"，必须加强制度文化建设，建立和健全行业价值理念转化的机制和体制，将已提炼的价值理念和已取得的文化建设成果用规章、制度固定下来，执行下去，通过文化管理化、文化制度化使行业系统内的员工既有价值观的导向，又有制度的约束规范，并运用于行业的具体实践中。

（3）打造行业物质文化，构建和发展行业形象识别系统。加强行业物质文化建设，构建和发展富有行业特点的形象识别系统。在交通主管部委的统筹安排下，由国家层面对本行业的标识标准、形象结构、宣传品牌进行统一规划、统一管理，大力宣传和推广本行业的形象品牌。要制订行业内各单位、各工种、各领域等传播展示基本规范。吸纳大型港航企业的优秀文化经验和元素，提炼和制定《航海行业形象识别

管理办法》，设计制作《航海行业VI手册》等。针对各专业领域的差异化做到求大同存小异，确保行业物质文化的一致性、规范性，充分彰显航海行业的独有良好形象，也是使行业理念外化于形的过程。通过外化于形，实现航海文化形神高度统一。从"纳有形于无形"为"通无形于有形"，通过外化把行业价值理念变为行业员工的具体行为，转变为行业的物质成果，或在物质成果中体现行业精神价值取向，从而推动行业可持续发展。要通过具化于行为、美化于形象、物化于产品等措施在文化自觉的基础上，将行业价值理念具体为行业和民众的行动，通过行业和民众的行动展示良好的行业形象，并物化于实践产品之中。

（三）航海文化建设的内容

1. 探索建立先进的航海文化体系

航海文化在人类发展史上具有极为重要的地位，研究和创新航海文化理论对推动航海文化向更新更高层次发展具有重要引领作用。在当前新的历史条件下，我们要坚持以科学发展观为指导，用历史唯物主义的眼光，继承发扬传统航海文化中的优秀元素，扬弃糟粕，为打造新时期优秀航海文化奠定坚实基础。充分调研，理性思考，全面审视，深刻挖掘，丰富发展完善富有时代特征和行业特色的航海文化核心理念。

以弘扬民族精神和以改革创新为核心的时代精神为重点,按照扬弃一批、继承一批、完善一批、发展一批的思路,不断创新和发展航海文化核心理念体系,不断赋予航海文化新内涵、新元素,促进航海文化建设新发展,建立符合时代发展需要的航海文化体系。

(1)着眼实际系统研究。航海文化内涵丰富,博大精深。在系统研究航海文化理念、价值观以及价值取向的基础上,应进一步深化与开掘航海文化的新内涵,融入时代性特征,体现先进性特点,使内蕴更深刻、更科学、更实用。在航海文化理论探寻上,要从精神文化、物质文化和制度文化多个层面来把握和构建航海文化体系。坚持"三个结合":一是坚持全面推进与重点突破相结合。对航海文化建设要通盘考虑,既要注意文化建设的全面发展,又要注意结合实际,在一个时期或几个方面重点突破,推出精品,争创特色,以点带面,有序推进。二是坚持行业性要求与广泛性要求相结合。既要以理想信念、价值取向、行为准则为核心,建设航海文化,又要以群众喜闻乐见的内容和形式渗透到社会生活的方方面面,形成良好的航海文化氛围。突破行业和地区限制,改变航海文化只是与沿海人民休戚与共、息息相关的传统观念。提升广大民众的"大航海"意识,认同航海文化核心价值观。三是坚持立足中国与放眼世界相结合。立足中国,借鉴历史,放眼世界,指导未来,构建更具开放性、和谐性和科学性的航海文化体系。在理论研究中,应树立"大文化"观念,把航海文化建设作为推动经济的必要手段,努力实现海洋经济与航海文化相互促进,共同发展。围绕如何持续传承和创新富有中国特色的航海文化、航海文化如何科学发展、航海文化怎样促进行业发展等内核,自主创新、专心研究、凝集成果,形成一个自成体系的航海文化架构。以航海文化建设研究、探讨航海文化价值观为契机,激励更多国人热爱并投身航海事业,将航海文化建设成为建设航海强国、海洋大国的精神支柱。

(2)着重文化学术交流。由"航海日"组委会和中国航海学会以及各地区航海学会、造船学会等社团组织,配合当地政府有关部门,除了举办航海经济、航海科技、军事航海等学术研讨会外,积极组织策划多种形式的"航海文化学术交流活动",并形成制度化。围绕着传承航海文明,塑造人文精神,构建海洋和谐,建设航海强国等内容,组织类似"中国航海日文化论坛"等学术活动,进一步对航海文化理论进行研究与探索,寻求理论创新。

构建一套系统的、科学实用的航海文化体系,固化于制,内化于形,外化于形,通过建设使这个文化体系融合到航海行业的各个单元、各个环节，延展其触角，用文化的力量促进航海事业的又好又快发展。

2. 积极构建航海文化建设运行机制

要建立健全航海文化建设的工作机构。交通运输部等有关部委、大型国有航运企业、港口企事业单位可按照一个机构两块牌子、一套人马两种职责的模式，赋予相关职能部门航海文化建设职责。从不同层面成立航海文化建设委员会和领导小组，并开展经常性活动。定期召开一两次航海文化建设专题会议，研究部署航海文化建设的重大问题。各层级航海文化工作部门要在航海文化建设委员会和领导小组的领导下，抓好航海文化建设的目标制订、决策规划以及实施过程中的牵头、协调等工作。要层层制订航海文化发展战略目标。交通运输部等有关部委要在整合各成员单位的航海或企业理念的基础上，制订下发航海文化建设纲要，各行业系统内的成员单位要结合本单位、本部门实际制订航海文化建设推进和实施具体方案。交通运输部等部委要在构建航海文化核心价值理念系统、行为规范系统、形象识别系统的基础上，编制全行业的航海文化手册（一般应包括航海文化建设纲要，行业使命、行业宗旨、行业精神等基本价值理念和单项

价值理念等理念系统；行业制度、规定和行业礼仪等行业规范系统；行业标识、行旗、行歌等形象识别视听系统）。各层面的成员单位可根据自身实际编制航海文化推进手册，真正把航海文化建设的各项任务落到实处。

3. 认真构建航海文化建设的保证机制

交通运输部各级成员单位要树立对航海文化的投入就是对行业发展投资的理念，从人力、财力、物力等方面给予大力支持。在机构改革、组织变革中，各成员单位的航海文化建设工作部门只能增强，不能削弱，更不能取代。为确保航海文化建设健康发展，要把航海文化建设的必要经费列入年度预算，做到专款专用。有条件的成员单位要尝试建立航海文化发展基金。各成员单位要加大对航海文化建设阵地和活动场所、设备等基础设施的投入，为航海文化建设创造良好环境，确保人员齐备、内容丰富、效果明显。

4. 完善"航海博物馆"系统，拓展航海文化教育路径

以沿海主要航海类院校为龙头，充分利用现有资源加大对航海文化的知识培训力度。创办一批航海文化宣教点，以点连线，以线带面，全面形成一个系统的文化培训教育普及网络体系。博物馆、纪念馆是发掘与弘扬当地文化和行业文化以及展示民族精神的重要场

所。要以上海"中国航海博物馆"为中心，延展筹建更多层面各具特色的航海博物馆，以全面反映中国的航海文化。如大连建设以东北地区航海史和"黄海海战"等特色内容的"大连航海博物馆"；在福州马尾应扩充完善"马尾航海博物馆"，以展示"福建船政"、"马尾水师学堂"等对开创中国近代教育史、近代造船史和近代航海史的重要历史地位；与我国台湾、澳门及内地各省的航海博物馆相互补充，完善中国航海博物馆系列。

以航海博物馆为教育基地开展航海文化知识培训。举办不同类型的航海科普展，邀请专家学者作文化专题报告，到航海文化建设水平较高的地方考察学习，广泛开展各种层次的研讨会、座谈会、专题会，在社会特别是青少年中普及造船、航海和海洋知识，让社会更加关注海洋、关注航海，从思想上统一民众，加强对航海文化建设的重要性认识，大力宣扬航海文化核心价值理念，不断提高全民对航海精神、航海文化价值观等核心理念的认知度和认同度。组织召开航海文化建设推进会、核心价值研讨会，开展践行核心价值主题活动。在航海文化核心理念的统一框架下，打造具有行业特色和各单位特点的航海文化子文化，加强船文化、航运企业文化、安全文化等专项文化建设，使之成为航海文化的重要组成部分和具体

体现，不断丰富完善航海文化理念体系。

5. 完善规划、方案、制度系统，提升航海文化制度水平

建立和完善全行业整体行为的制度体系。将航海文化理念转化为工作流程、安全规程等各种制度规定，把文化成果渗透、融合到行业发展的内质中去，形成较为完备的制度规范体系。全行业各单位、各部门应设立专门的机构领导并组织实施，对照航海文化建设的总体要求，结合本部门、本单位的实际特点，制订文化建设规划、实施方案和管理制度，强化执行意识，维护制度权威，逐步完善自律与他律互相补充和促进的制度运行机制。

建立航海行业形象统一制度。加强航海品牌的宣传维护，大力推行航海文化形象和品牌战略。以中远集团、中海集团等大型国有航运企业物质文化建设为基础，整合吸纳，提炼升华，加强全行业CI识别系统的规范管理和使用，引导并鼓励全行业各部门、各单位依法制订和使用各自的识别系统，用整齐醒目的标识塑造和提升国家航海全行业的整体形象。

6. 完善评估、考核、激励机制，优化航海文化管理流程

国家有关部委应不断加大对航海文化的管理力度，把航海事务纳入国家发展战略、国家安全战略等国家层面的

第四章 航海文化的建设

战略规划中。革除仅从部门性的、区域性的或事务性的层面实施和制订某些规划或战略，而应从国家层面建立一个长远的航海文化建设规划战略。破除以往传统的条块分割式管理、多级管理、交叉管理的管理模式，建立和健全一个系统的管理机制体系，将航海文化管理范畴内的所有事务统一归口一个职能部委来管理，增强航海文化管理的执行力。加强行为文化建设的组织协调，形成良性互动工作机制。建立一系列行之有效的管理机制，从阶段性的集中进行逐步走向常规化、制度化、实践化、教育化、系统化。把思想引导与利益调节、精神奖励和物质奖励结合起来，加强督

促检查，严格考核奖惩，积极探索加强航海文化研究、建设的制度化手段。建立督查考评机制，要把航海文化建设纳入各级成员单位党政工团职责范围之内，纳入行业发展战略和生产经营管理工作之中，纳入领导班子业绩考核之中，实现航海文化建设与行业系统各项工作同部署、同检查、同考核、同管理。建立航海文化建设测评与考核机制，明确督查考评时机、方式方法及奖惩措施，定期分析行业航海文化建设情况，总结经验教训，从航海文化的地位和作用、行业环境、行为文化、精神文化、形象文化、阶段性目标完成情况等方面进行考核，切实推动航海文化建设

共同的航向

航海文化

扎实有序地开展，将航海文化建设制度化、系统化、规范化。

建立激励机制。及时发现、总结、推广和交流航海文化建设的新经验。对在开展航海文化活动中涌现出的先进单位和个人，创作的优秀航海文化研究成果和优秀航海文化项目，予以适当奖励。在全行业选择不同类型的文化建设先进单位作为航海文化建设示范，推动航海文化建设工作，不断提升航海文化建设管理水平。

7. 多策并举，植入人心，让航海文化理念"落地生根"

核心理念是中国航海历史的浓缩传承，是在市场与经贸活动中经验的高度凝练，是航海行业文化思想成果的集成，更是赢得未来行业发展的行动纲领。一是切实抓好宣贯，把航海文化核心理念植入行业员工头脑。行业核心理念是一种行业独有的，具有长期指导性、基础性，能推动生产力解放，促进生产关系和谐发展，支撑行业战略发展的思想资源。这种界定和定位，明确了航海文化核心理念与物力资源、人力资源、财力资源一样，是行业经营管理不可或缺的组成部分。在工作层面要使行业的主导思想意识与行业掌控的资产流、信息流、经营流、物质流得到协调统一。从思想资源配置的高度来筹划核心理念宣贯工作。通过开辟传播阵地、汇编系列教材、强化骨干培训、营造舆论氛围等形式，畅通航海文化核心理念传输渠道。

8. 注重实践，丰富内容，切实推进航海文化建设

（1）强化主题实践活动。为使核心理念融入行业生产实践，并指导行业发展，要精心设计开展好主题，作为引导行业员工和社会民众对核心理念的认知行为方式转化，形成自我内化、强化机制的主渠道。在开展活动中，坚持以经济工作为中心，站在行业发展的前沿，实施思想引导；坚持贴近市场、贴近行业、贴近员工，在导向共识上体现敏捷性；坚持以人为本，创新员工和民众乐于接受的方式方法，体现亲和力。要充分拓展和发挥"航海日"等主题实践活动的影响力和辐射功能。2005年，国务院决定设立中国"航海日"，为中国唯一的全国性海洋文化节日。"航海日"是由政府主导、全民参加的全国性法定活动日，更是涉海行业及其从业人员自己的节日。其凸显了航海及海洋事业在国民经济发展与社会进步中的重要作用，担当着"传承中华海洋文明，弘扬海洋文化，更新海洋观念"的教育平台。以交通运输部牵头、24个部委和省市领导参加组成的"航海日"活动组织工作委员会（简称"航海日"组委会），是中国唯一的跨部门、跨行业进行统筹、协调和指导"航海日"工作的机构。要以此为抓手，扩展"航海

21世纪交通文化建设研究与实践

日"等主题实践活动功能，使之成为既是所有涉及航海、海洋、造船、渔业等有关行业的共同节日，也是向全民宣传普及航海和海洋知识，弘扬和培育中华民族精神，促进社会和谐团结的全民族文化载体。探索建立申办"航海日"的竞选机制。国家有关部门应给予一定政策与经费，营造竞争平台，丰富和提升"航海日"价值内涵，激励全国港口、城市竞相申办，发挥各地的积极性，引发全民关注，传承和彰显航海文化传统与航海文化精神。

妈祖像

实践证明，只有真正把群众动员起来，集纳民情、风俗，把历史沉积的优秀传统注入新的活力，才能使航海文化丰富多彩、经久不衰。全国各地根据自身的历史渊源、风土人情、生活习俗，对海洋有着不同的寄托和表达形式，集合成各种海洋节日，如舟山市岱山的"中国海洋文化节"、青岛的"海洋节"、荣成的"渔民节"、秦皇岛的"秦皇望海求仙节"等，内容丰富，形式多样，群众欢迎，效果显著。应积极鼓励、支持地区性的海洋与航海节庆活动，真正使航海文化做到制度化、社会化和大众化。

（2）培植文化精品工程。设立"航海文化基金"，支持、鼓励广大航海人员编写海洋和航海类图书，以丰富中国的航海文化。积极策划组织实施"航海文化精品工程"，形成一批航海文化研究成果，创作一批航海文化文艺作品。交通部正在组织编撰《中国航海史基础文献汇编》丛书，是一项浩大的文化工程，具有很高的历史意义和学术价值。中远集团、中海集团等大型国有航运企业均可以组织力量编写海洋与航海方面的图书，以互为补充，丰富中国航海史书。中远从"光华"号开始起航,发展成为世界最大的航运公司之一,在世界航运界具有相当的话语权,本身就是一部辉煌的航海创业写照。通过修订、补充《中远发展史》,编写《中国航海群英谱》、《蓝色崛起之路》、《中国功勋舰船》等对社会和航海界产生深远影响的系列书籍。组织评定和撰写年度的《中国十大品牌港口》、《中国十佳船长》、《中国十大名船》等纪实性文学作品,以表彰先进和丰富中国的航海文库。当今,尚无海洋文化期刊。如有条件,积极申办、出版《中国航海文化》杂志。

同时,全方位地规划建设一批突出展现航海文化资源和提升航海文化品位的标志性航海文化主题设施。如设立陈列馆、广场等,并以此带动航海经贸的发展,以文化保发展,用文化促经济,全面建设航海文化产业基地。全面增强航海文化的吸引力和感召力,提高海洋行业的软实力。

(3)弘扬传统民俗精神。经过千年传承,妈祖已经走出单纯的民间信仰而形成一种影响广泛的民俗文化。妈祖文化集纳了不畏凶险和献身精神,体现中华民族真善美的道德内蕴与助人为乐的精神品格。妈祖文化已经成为中华民族一种特殊的文化形态,是航海文明的重要组成部分。

十年前,湄洲妈祖金身以及湄洲妈祖庙的元代石雕妈祖像,巡游台湾102天,接受信众朝拜达千万人次。台湾达到"万人空巷"、"全城沸腾"、"十里长街迎妈祖"的空前盛况,称为"千年走一回"的世纪之行,彰显了妈祖文化的影响力,成为联系海内外华人、沟通世界各地的文化桥梁和精神纽带。妈祖文化对弘扬民俗文化精粹,开展学术研究,拓展航海文化建设领域具有重要现实意义。妈祖文化是航海文化的一个重要内在元素,国家有关部门应充分利用这一文化元素来推动和促进航海文化建设,促进两岸三地、世界各国的经济贸易和文化交流。

同样,祭海民俗蕴涵着厚重的海洋文化。随着时代的进步和社会的发展,当今的祭海活动已被不断注入新的内涵,成为人们崇敬海洋、欢兆丰收、祈福平安的群众性自觉行为。现代祭海活动与发展当地的经济、科学、旅游相结合,成为综合性节日,产生多元效果,规模越来越大,内容日渐丰富,活动更加民俗化、大众化、艺术化,深受群众喜爱。当代祭海仪式寓意着深厚的海洋意识和航海气质,是航海民俗文化的特有形式。第三届海洋文化节由中国海洋学会、舟山市人民政府、浙江海洋学院等单位共同主办,岱山县人民政府承办。主题为"祭海谢洋,休渔感恩,增强民众海洋意识",以祭海为载体,积极倡导大海休养生息,呼吁全人类关爱海洋、呵护海洋，表达了人海和谐相处，持续发展的内涵。在航海文化建设中有必要将这些传统的、古老的航海民俗文化现代化纳入其中。剔除腐朽糟粕的东西，撷取积极向上的元素，注入时代特征，与当代文化和现实工作相结合，科学引导，合理组织，规范运作，充分发挥民俗文化对当今创建"航海和谐文化"具有积极意义。

（4）强化航海经贸活动。航海文化既是一种物质和精神财富沉积的历史概念，又是现代航海对航海文化的传承与发扬，它是海洋文化的主流文化，是中华文化的重要组成部分。经过几十年的艰苦努力，中国的航海贸易已飞速发展，仅中远集团就经营和拥有800多艘远洋船舶、载重吨超过5 000多万吨，航线遍及世界160多个国家和地区的1 200多个港口，是世界航运市场中的一支劲旅。在与各国经贸往来的过程中，各国文化的交融、传播和吸纳，进一步促进了航海文化的建设，构成了航海文化的一个重要体系构件。随着全球经济一体化，国家应在政策、资金、机制等方面继续大力扶持更多的航运企业、外贸企业走出去，以贸易促文化，用文化促贸易，在更多的领域、更多的层面接触世界文化，传扬中华航海文化。进一步发挥航海工具、海洋工程、海洋科技等直观的文化传播功能，大力加强航海物质文化建设。

经过几十年的艰苦努力，中国的航海文化建设伴随航海事业的发展稳步发展、日臻成熟，随着经济全球化和"和谐海洋"的创建，在同各国经贸往来过程中，各国文化的交融、传播和吸纳，经济与文化的互动增强，进一步促进了航海文化的建设，航海文化将在中国由航海大国向航海强国过渡中发挥越来越重要的作用。

践行篇 凭栏观涛

第五章　航海文化建设的实践

一、中远企业文化建设的魅力

中国远洋运输（集团）总公司作为中国国有企业的杰出代表，从1961年成立以来40多年快速发展的辉煌成就证明，正是靠以爱国主义为核心的民族精神为基石、以改革创新为核心的时代精神为动力的独具特色的中远文化，使得中远集团核心竞争力不断增强，企业规模和实力不断发展壮大，逐步发展成为在国际上名列前茅的跨国航运企业集团。

（一）中远文化的本质：高举民族精神的大旗

2003年12月10日，正在美国访问的中国国务院总理温家宝来到了波士顿这座历史名城。就在同一天，一艘高扬着五星红旗印有COSCO标记的中国集装箱远洋巨轮"大河"轮恰好也停靠在波士顿康利码头。

在亲切看望了中国船员和当地码头工人之后，温总理以激扬的语调面对在场的数百名中外人士，发表了热情洋溢的讲话。他说："波士顿港与中国的交往已有230年的历史，今天中远公司在美国的发展再次证实了中美贸易是

温家宝总理看望远洋船员

互利双赢的。中国企业在美国的发展不仅有利于中国，也有利于美国，更有利于美国工人的就业。希望更多的中国企业走出去，像中远一样努力创业。"

温总理的讲话实际上是用铁的事实向全世界告白：中华民族正在迅速地强盛起来，但中华民族的强盛不仅不会给世界造成任何威胁，反而是给各国人民带来了福祉。中华民族是勤劳、智慧、善良、友好、富有创造力的民族，是一个善于在艰难中奋进，困境中崛起，忍辱负重、自强不息、勇往直前的民族。

毫无疑问，中国远洋运输（集团）总公司（简称中远，又称COSCO），所率领的这支英雄的远洋船队，就是新中国成立后不断让全世界感悟到这种民族精神的钢铁团队。

在中华民族的历史长卷中，有过这样一个强烈的对比：600年前，当郑和的船队构筑起一条"海上丝绸之路"，将中华大地的灿烂文明远播西洋各国的时候，世界不仅震惊于华夏民族的繁荣，震惊于华夏民族的聪明才智和巨大的创造力，同时也领略到了这个民族所具有的善良的和平使者的性格本色。然而，100多年前，西方列强们也是从海上进入华夏大地，但他们带来的却是鸦片、枪炮、屠杀、掠夺和一系列浸透着斑斑血泪的国耻家恨。与此同时，他们也彻底剥夺了中国人在海上的自由，把中华民族的辽阔海域和丰富的港口资源变成了殖民统治者们自由出入的天堂。

中远的发展从一开始就应和着民族的呼唤，伴随着新中国成长的艰难步履。建国之初，西方大国的经济封锁，国内建设的百废待兴，对外交往的迫切需要，强烈地呼唤着中国必须拥有一支强大的远洋船队，来肩负起振兴民族航运业的重任。于是，在毛泽东、周恩来、陈毅等第一代党和国家领导人的亲切关怀下，1961年4月28日，新中国第一条远洋巨轮"光华"号在广州一声长鸣，就此掀开了共和国远洋运输事业的历史新篇章。从那天开始，中远从零起步，在"服从外交，服务外贸"的方针指引下，高举伟大民族精神的旗帜，在充满着无数艰难坎坷的漫漫征途中，迅速强大起来。

如今，放眼世界任何一片海域，人们都能看见飘扬着五星红旗的COSCO船舶，其中百余艘先进的全集装箱船舶日夜穿梭在世界五大洲。最大的集装箱船舶一次可装载10 000多只标准集装箱，其势足以同世界最强大的一流船公司比肩而立。目前，中远的集装箱班轮航线已经遍及全球160多个国家和地区的1 200多个港口。此外，中远还拥有着世界上规模最大的散货船队，种类齐全的杂货船队、油轮船队、液化气船队以及特种船队，船舶总数达800多艘，

5 000多万载重吨。更令人称奇的是，中远目前还拥有着亚洲第一的具有极高科技含量的半潜船，其船身可潜至水下9米，专门运输特大、特重型的机械设备，在国际航运高端市场上鹤立鸡群，几无对手。

COSCO，作为民族航运业的杰出代表，经过40多年艰苦卓绝的拼搏开拓和风雨洗礼，目前已成为一家以航运、物流和修造船为主业的特大型国有企业，被业内人士称作是中国航运界的"航母"、"旗舰"。其举手投足之间都会被国际航运界视为"风向标"，足见其对国际航运市场的影响力。

作为一家大型国有企业，中远40多年来所走过的道路无疑是辉煌的。特别是COSCO这一凝聚着深厚的中华民族精魂的世界级知名品牌，使世界上越来越多的人，更加生动而真切地认识了中国，认识了在这个伟大民族中所蕴藏着的巨大生命力和创造力。

在深化国有企业改革，全面建设小康社会的今天，人们不禁要问：中远的成功究竟给国有企业的未来发展带来了哪些启迪？

结论可能是多方面的，但有一点是肯定的：在中远40多年来的发展脉络中可以清晰地看到一种巨大的来自文化的力量，那就是中远先进的企业文化的传承、积累、丰富和完善。是先进的中远文化打造了中远的核心竞争力。那么，中远的文化精髓和灵魂是什么？简言之，就是始终高举"艰苦创业，爱国奉献"这一民族精神的大旗，以世界的眼光谋划企业的未来，在不断地求新、求变、求发展的过程中壮大自己。有了弘扬民族精神，努力为国争光这样一个价值理念来做中远文化的内核，中远也就拥有了巨大的凝聚团队的力量，这种力量甚至可以超越时间和空间，激发起几代中远人和数千名不同肤色、不同国籍、不同文化背景的员工巨大的热情，并为实现中远的国际化战略目标而努力。

（二）中远文化的基石：艰苦创业，爱国奉献

如果说600年前郑和的远洋船队是在国力强盛、商业繁荣的氛围下豪迈起航的话，那么，新中国远洋事业的起步环境就显得格外地艰难和险恶了。

1961年4月28日，广州黄埔码头。

随着一艘名叫"光华"的远洋巨轮一声汽笛长鸣，就此奏响了新中国远洋运输事业波澜壮阔的乐章。当时在码头上欢呼雀跃的人海中，谁也不会想到，正是这艘远洋巨轮，日后会在我国的外交史、外贸史以及援外史上写下浓彩重墨的一笔，并且为共和国未来的远洋船队建设提供了一个艰苦创业的精神范本。

"光华"轮原是一艘英国造的报

废邮轮，名叫"斯拉贝"，就是这么一条破旧船还是在当时财政极度困难的情况下，政府花了26万英镑买来的。千疮百孔的"斯拉贝"号浑身是伤，根本动弹不了。助航仪器、通信设备全部失灵，客房、船室、甲板多处漏水，船壳铆钉松动，锚链锈迹斑斑，两台主机的底座、曲轴的支架上到处是裂纹。汽缸盖也裂开漏水，活像一个奄奄一息的重病患者。

然而，不管怎么说，"斯拉贝"号毕竟是共和国拥有的第一艘远洋船。有一个细节，可以看出"斯拉贝"号当时是何等的重要。船上曾有几只铆钉松动漏水，就为这事，周恩来总理多次托秘书打电话，问是否修好了。总理的关怀，无疑是对全体船员的一个巨大鼓舞。于是，一场浩繁而艰巨的修复"斯拉贝"号的工程打响了。

现在回想起来，这一修复工程的艰巨程度是难以想象的。当时国家面临着巨大的经济困难。外有西方敌对势力的封锁，

内有经济建设的百废待兴。当时的一美元甚至可以救活一条生命，全国人民都在节约一粒粮、一滴油、一尺布、一度电中艰难度日。因此修船过程中的每一笔开支都得反复掂算着使用。为了节省开支，大量的修理项目采取了自修的方式。于是，国内修船方面的骨干力量几乎全都汇聚到了这里，他们以无数的汗水、智慧和心血来为这艘共和国的远洋巨轮注入新的生命。

船终于修好了，然而备航物资又成了难题。其中油料、物料、伙食更是远航中必不可少的东西。于是，党和政府在全国供应十分紧张的情况下，咬紧牙关层层特批，硬是解决了这一难题。运送这些物资的日子里，从广州城到黄埔港沿途呈现出一幅幅壮观的景象：人

2002年5月时任中共中央总书记、国家主席江泽民视察中远并题词

21世纪交通文化建设研究与实践

们用自行车、挤公共汽车、蹬三轮车的方式，人拉肩扛，长驱20多公里，将鲜鱼、鲜肉送到船员的手中，常常是凌晨两点出发，日上三竿才赶到黄埔港。

开航的日子终于确定了，这是一个具有重要历史意义的时刻，因为从这一天起，新中国将彻底终结没有远洋船的历史。当修复一新的"斯拉贝"号停靠在黄埔港时，人们的目光全都定格在了船体上那道劲有力的两个大字上。"光华"，这是一个意味隽永的名字。光华光华，光我中华。是啊，作为报废船的"斯拉贝"号早已退出了航运舞台，现在展现在大家面前的分明是一艘在全国人民手中得到重生的新船。它犹如一个即将上阵的战士，肩负起了振兴祖国远洋事业的时代使命。"光华"轮一声长鸣，在人们的欢呼声中昂然冲向了大海。从那以后，"光华"轮在海上整整奔波了15年，其中执行过13次印尼接侨、3次印度接侨的外交使命，承担过运送修造坦赞铁路物资的援外任务。此外还长期肩负着沿海客运、军工特资运输和外贸运输的重任。

在今天的人们看来，"光华"轮虽然早已退役，但她光耀着其后整整几代中远人的创业精神，这种精神并没有随着"光华"轮的退役而发生丝毫退色，相反却早已深深地融入中远文化的内核之中，成为整个中远文化的最重要的基石。从这个意义上说，"光华"轮

也是中华民族艰苦奋斗、不畏艰难、勇往直前的精神写照，因而被载入中华民族的光荣史册。在中远40多年的发展历程中，这种民族精神不断体现在各个历史时期，虽然时代环境发生了变化，

开拓创新艰苦奋斗
发展远洋运输事业
江泽民 二〇〇二年五月
九日于远洋大厦

江泽民2002年题词

但艰苦创业、爱国奉献的精神却始终闪耀着恒久的光辉。

2002年5月9日傍晚，时任中共中央总书记、国家主席的江泽民同志来到中远，在上海的远洋大厦，亲笔为中远题词："开拓创新，艰苦奋斗，发展远洋运输事业"。细心的人发现，当时，中远集运领导给江泽民同志的建议题词内容中并没有"艰苦奋斗"四个字，而是江泽民同志在题词前沉吟片刻后亲笔加上的，意味十分深长。

是啊，"艰苦创业，爱国奉献"作为中远文化的重要基石，虽然形成于20世纪60年代，但却随着时代的飞速发展，不断被注入了新的内涵，从而使这一精神在新的历史环境中，闪耀出时代的光芒。无论是中远的过去、现在还是未来，这一精神将永远不会过时。

（三）中远文化的灵魂：求变、求新、求发展

1998年1月1日，全世界的航运巨头都把目光聚焦在了上海浦东。因为这一天在上海浦东码头的一个集装箱堆场上，精神抖擞的中远船员身着整齐的制服，站立成一个个雄壮的方队，只见那帽徽上的金色船锚在阳光下熠熠生辉。

在雄壮的国歌和中远集团歌声中，中央政治局常委、国务院副总理吴邦国健步走上高高的揭幕台，转动起一只硕大的舵轮。只见一块红色幕布徐徐落下，露出了一块金色的铜牌，上面写着：中远集装箱运输有限公司。

从这一刻起，中国航运界规模最大、装备最先进、实力最强的集装箱船队就此宣告诞生。

这一事件，是中远集团在船队结构调整，经营管理体制变革上的一次重大突破，对日后中远全面参与国际市场竞争具有十分重大而深远的意义。难怪有国外业内人士惊呼：中远的这一决策为全球的航运市场送来了一位更为强悍的对手，从此将终结由西方各航运强国单极称霸市场的局面。

与此同时，中远集团相继成立了我国最大的散货船队、杂货船队、油轮船队、液化气船队和特种船队。

似乎一夜之间，中国航运界神奇地列出了一组组最强的阵容，而且挟带着一股雄风和豪气，以锐不可当之势走向全球航运市场。

求变，这是中远集团长期以来在经营管理体制改革上追求的一种境界，也是中远文化中的灵魂所在。

组建专业化的远洋运输船队，是对中远航运资源的一种全面整合。整合的目的是瞄准不同的目标市场，将现有船舶资源加以科学分类，统一经营和管理，犹如将十指收拢来，形成一个个强有力的铁拳。在这之前，中远在广州、上海、青岛、大连、天津各自成立了分公司，各分公司拥有的都是混合型

船队，经营起来各自为政。其弊端表现为对内互相牵制，对外又势单力薄，形不成一个统一的拳头，竞争力因此被大大地削弱了。特别是参与国际航运市场竞争后，更是暴露出其体制上的不适应性。到了1997年底，中远集团的高层领导，面对当时日益严峻的国际航运竞争形势，充分意识到中远的船队管理体制到了非变不可的时候了。

这次变化，很快给中远带来了一个全新的经营格局，中远集运由北京南迁上海后，立刻以这个中国最大的港口城市为基地，建立起了全球经营网络，夺回了原来失去的部分市场份额，有力地遏制了西方船公司的"入侵"和"蚕食"，并且乘胜追击，在发展中快速壮大，其实力排名很快进入了全球十强前列。

由中远散运经营的散货船队，则是在国际散货运输市场上长袖善舞，呼风唤雨，借助近年来世界航运市场难得的机遇，连续几年高速增长。公司利用其强大的船队和人才实力，以自有船经营、租船经营，以及劳务出租等多种经营手段，集船东、租家、经纪人"三位一体"多路出击，连传捷报。现在，业内人士公认的一个事实是：中国已经成为世界上最大的散货船中心之一，就连波罗的海航运指数的波动，也要看看中远散运的"脸色"。

以中远航运为代表的特种船队更

是凭借其极高的科技含量，在世界航运高端市场上独领风骚。公司拥有的半潜船为亚洲第一，世界第二，其船身可潜至水面以下9米，专门运送特大、特重型机械设备。由于这类特种船队在世界上少之又少，因此在高端市场上各国船队与中远相比，都难望其项背。

近年来，中远通过深入改革，不断追求经营管理体制的变革，中远的求变绝不是盲目的，而是顺时而变。其实，我国航运市场早在20世纪80年代就已经向国外船公司全面放开，用一些业内人士的话来说：中远早已提前加入WTO。当时，外国船公司纷纷抢滩我国各大港口，对中远形成了巨大的冲击，一时间，国内航运市场上狼烟四起，群雄逐鹿，中远陷入了"狼群"之中。

现在看来，外国船公司的"入侵"，对中远而言，至少有两大益处：一是提前给全体中远人上了一课，让他们明白了什么才是真正的市场竞争，什么才是真正的生存危机，从而在危难中迅速集聚起抵御市场风浪的能力；二是那些外国船公司毕竟带来了新的经营理念和先进的管理方法，使中远获得了许多可以借鉴学习的机会。中远在与对手竞争的同时，也从对手那里学到了很多东西。

1998年，中远的高层领导又在寻求新的变化，提出了一个"从拥有到控

"制"的经营新理念。这种理念打破了传统的单纯依靠自有资金积累、扩大再生产和对船舶绝对拥有的发展模式，强调以少量的国有资源控制更多的社会资源，用少量的国有资本控制更多的社会资本，不单纯追求船队资产外延的扩张，而是注重内在经营质量的提高。

在这个理念指导下，中远的资本投资出现了深刻的变化，构成了5：4：1的比例关系，即50%来自资本市场，40%来自银行，10%来自自我积累。到2007年，中远拥有和控制的船舶已达到800多艘，超过5 000万载重吨，运力稳居世界第二。

在中远文化中，求新是在求变基础上的一种飞跃和升华，是引导企业迅速缩小与国外先进同行间差距的一股重要动力。

30多年前，一艘中远的船舶从美国运回来第一只集装箱。当时有一位国内记者跟船随行，亲眼目睹了全船人如何小心翼翼地伺候着这个铁柜子。到头来根本谈不上经济效益，损失惨重。这件事见诸报端后，立刻在国内引起了强烈反响。中远人就是在如此窘迫的情况下开始引进集装箱运输方式的。

发端于20世纪60年代中期的海上集装箱运输，以其高效、安全、便捷、优质的运行特点，而迅速引起了全球各大航运企业的强烈关注。到了70年代，这一先进的运输方式便开始被广泛应用。中远人敏锐地预感到，这一方式将很快形成大趋势，进而成为世界海上运输的主流。

然而真要在国内推行起来，却遇到了极大的障碍。最重要的障碍是来自观念上的。当时国内有不少人认为：国轮采用集装箱运输的条件还不成熟，因为一没有合适的船队，二没有经验，三是港口道路也不配套。曾经有个笑话：当时中远上海分公司为了对员工开展集装箱运输的启蒙教育，特地买了两只货柜放在码头上，以便供教学和有关专家研究之用。谁料想，才几天工夫，两只货柜竟被码头工人分别改造成了厕所和生产指挥部。

尽管阻力重重，但中远的决策者们还是下了最大的决心：一定要开出中国的集装箱班轮，必须赶上这一时代潮流，要不然就会在未来的竞争风浪中陷入十分被动的境地。

集装箱运输作为新的运输方式，其管理理念和传统运输截然不同。大家都不懂怎么办？那就老老实实地向先进国家学习。为此，中远采用了请进来走出去的办法，一面引进国外专家讲授知识，一面派出人员到国外学习，从而培养出国内最早的一批集装箱运输方面的专家。

刚搞集装箱班轮运输的时候也是洋相百出，有时，第二、第三班船都开始往回开了，第一班船还没到，走走停停，根本谈不上准班率。当时国外曾有人放出话来：以中远现在的实力根本没有能力搞成集装箱班轮运输。国外的一些客户也不信任中远，不愿将货物交到中远的船上。

然而，1978年10月4日，中远的"平乡城"轮装载着162个标准箱驶抵澳大利亚悉尼港。当月25日，中远的另一艘"熊岳城"轮又从上海驶往澳大利亚。正所谓精诚所至，金石为开，至此，中远终于拉开了我国海上集装箱班轮运输的序幕。在此后的30多年间，中远一面调整船队结构，通过改造旧船、租用外轮和购买新船的方法，不断扩大集装箱船舶的实力，一面加强班期管理，努力提高准班率，使班期间隔不断缩短，从季班到月班到旬班到周班，现在已经发展到了每周数班，而且其核心班轮的时间误差已精确到了以小时计。

目前，中远班轮运输的管理水平和准班率已经跃入全球先进船公司的行列，从国际权威机构的历年评定情况看，中远已连续多年被评为全球最佳班轮公司。

从中远的历史上看，几乎她的每一次成功都是以求新开始的。求新是种子，成功是果实。1986年，中远在班轮运输的实践中又推出了环太平洋干支线运输网络的概念，将环太平洋沿岸的15个国家的40多个港口的货物流，用网络的方法互相串通起来，犹如血液在躯体内有序地流动。其中主干线与支线相互协调，相互连接，相互呼应。此举又一次震惊了国际航运界，并且在当年获得了国家科技进步奖。

求变、求新的目的是求发展。

1979年6月25日，中远向日本饭野海运公司派出了29名船员，作为首批劳务外派人员登上了外籍邮轮。这件事情在当时又引起了国内观念上的一次大碰撞。有人说：中国人怎么可以给洋人当奴才？这不是走回头路吗？然而，从以后的事实看，中远的这次"吃螃蟹"举措，确确实实又引发了中国大地上的一个变革，那就是拉开了中国海员劳务外派的序幕，而且也首开我国海外劳务输出之先河。

中远此举的目的是十分明确的：一是学习先进发达国家的管理思想和方法；二是向全世界展示中国远洋船员的素质和良好形象。第一个目的现在已经取得明显的成效。现任中远集团副总裁的张良同志正是这29名首批劳务输出的船员之一，如今早已是国际航运界响当当的人物。不少当年外派回来的船员后来大多成了中远发展的中坚力量。第二个目的更是大大超出了当时的预料：由此形成了中远的新的产业，船员劳务外派。

如今，我国的船员劳务外派已从当初的每年300多人，发展到今天的每年36 000多人的规模，从而使我国成为最有影响力的船员劳务输出大国之一。24年间，中远共外派船员十万多人次，为国家创利30多亿元人民币，外派合作的外国船东从最初的两家发展到60多家。

在中远的发展历程中，可以看到，求变、求新的过程，实际上也是观念不断更新、视野不断开阔、思路不断扩展的过程。

1998年，中远首创"一站式"服务，立刻被国家外经贸部作为重点项目向全国推广普及。第二年中远又推出了"绿色服务"，将业务触角直接延伸到客户的家门口，这是一次对以往官商式服务模式的全面颠覆。因为现在客户连门都不用出就能享受到中远的优质服务了。很快，中远的"绿色快航"又应运而生了，从客户的家门口到国内港口，到海上，最后到国外的目的港，形成了一条畅通无阻、高效优质的绿色长廊。这一系列服务上的求变、求新和服务理念上的锐意探索，最终引发了中远更深层次的思考：在港到港的海上运输的基础上，全力地向两头延伸，将海上运输与公路、铁路、内河连接起来，从而形成点到点的全程服务，这对客户来说，无疑是一大福音。于是国际多式联运业务很快又成为中远的一大亮点。

凡事都是从量变到质变的。中远的创新求变和不断探索，很快就使企业进入到当今全球发展的一个崭新领域：现代航运物流。这是一个包括资源配置、运输、仓储、制造、销售、配送等整条供应链的系统工程，具有十分广阔的市场前景和发展空间。

从1998年开始，中远集团根据世界经济贸易的发展大趋势，及时提出了"从全球航运承运人向以航运为依托的全球物流经营人转变"的战略思路。

如今，在全国的城市乡村都能看到一辆辆印有COSCO LOGISTICS标志的中远物流货车在日夜不停地奔驰，构成了一道道亮丽的陆上风景线。从南海之畔到青藏高原，从秦山核电到三峡水利工程，中远物流可谓是独领风骚，已经牢牢地奠定了其在国内物流业界"航母"的地位。目前，中远物流已成为国内第一个走出国门，开拓跨国物流海外市场的大公司。

（四）中远文化的视野：走出去，让世界为中国喝彩

1979年4月18日，一艘挂有五星红旗的中国商船"柳林海"轮驶进了美国西雅图港，这是有史以来在美国的港口中第一次出现五星红旗，也是中远在国际航运舞台上的一次高调亮相。

"柳林海"轮首航美国，象征着中美之间封冻了30年之久的坚冰开始全面消融，也是邓小平访美以来，中美贸易大戏开场前的一个序幕。美国作为

西方发达国家的"首席代表"，全球经济的"定海神针"理所当然地被中远选为"走出去"战略的重要突破口。

在中远人看来，"走出去"绝不仅是一个地理空间的概念，更是一个文化概念。"走出去"意味着COSCO的理念和运作模式与国际惯例和世界商业规则的全面对接。中远很早就树立了一个理想：要让COSCO这样一个中华民族的品牌成为一个世界的品牌，它不仅要让全世界接受，更要在全球各个角落生根、开花、结果，并让世界通过COSCO来解读中国。

然而，"走出去"战略的确立和制订却并不容易，中远首先遇到的是选择怎样的战略性方向的问题，是以一个什么样的形象出现在国际航运舞台上的问题。

当时，我国正处在一个从计划经济向市场经济转轨的重要时刻。中远也在深一脚浅一脚地试探着发展的路径。20世纪90年代初，中远提出了"下海、登陆、上天"的发展战略，在扩大船队规模的同时，对经营范围也进行了大规模的扩容，成为一家业务多元、涉及十多个行业的大型国有企业。

然而，最大并不意味着最强。世纪之交，国际航运市场已经发生了深刻的变化。真正的集装箱化时代已经到来了，班轮运输成为衡量各大船公司实力的主要标志。在这种情况下，中远的多元化发展的战略，显然暴露出其主业特征不鲜明，实力优势不突出，在国际航运市场上难以与对手进行正面抗衡的弱点。

中远要想真正地"走出去"，没有大智慧不行，没有大气魄更不行！

1999年，一个寒冷的冬日，凛冽的北风呼啸着大地，北京中远总部的会议室内却是一派春意盎然的景象。以老一辈著名经济学家马洪为总顾问，以国务院发展研究中心李泊溪研究员为组长的中远集团发展战略研究课题专家组正与中远高层热烈探讨集团今后的发展方向。不久，专家组将一份名为《中远中长期发展战略研究》的报告呈现在中远集团领导层的面前。这是一份通过对中远较为广泛、深入、细致的调研而提出的关于中远集团发展战略研究的报告，具有较强的针对性、启发性和指导性。在外部专家提交报告的基础上，中远将"外脑"与"内脑"相结合，联系具体实际，制订了《中远集团2001~2010年发展战略》，明确提出了"从全球航运承运人向以航运为依托的全球物流经营人转变，从跨国经营向世界级跨国公司转变"的"两个根本性转变"的新世纪发展战略构想。至此，中远终于在跨入新世纪的前夜拿出了一套真正意义上的可以让中远在新世纪大展宏图的国际化发展战略。

波士顿这座美丽的历史名城，成

了中远在战略转型后打响成功战役的战场之一。在这里，中远第一次成为被美国政府用鲜花和掌声主动请进来的中国航运巨头。在此之前，这座历史悠久的古老港口，已经被多家外国船公司抛弃，港口濒临关闭，9 000多名美国人面临失业。然而，中远在认真分析了形势，对该港的未来趋势进行了科学预测后，果断地作出了开辟波士顿航线的决定。

就这样，一夜之间，中远为美国政府提供了9 000名美国人的就业机会。不仅如此，中远的进入还使该港在一年间进出口货量分别增长了4倍和2倍多。几近"休克"的波士顿港终于复苏了。高傲的美国人总算在中国船员面前表示了一点谦卑。

中远的全球化战略，不仅仅表现在航线和实力规模的扩张上，而且还表现在应对各种变化，利用全球资本掌控未来发展能力的提升上。其中，全面进军国际资本市场是中远国际化战略中的又一大亮点。

1993年10月5日，中远在新加坡收购某上市公司股票，成为其最大的股东，然后将该公司更名为中远投资（新加坡）有限公司。就这样，通过"借壳上市"，中远便顺利地进入了国际资本市场，同时也成为中国国企进入海外资本市场的"第一人"。目前，中远投资已成为新加坡海峡时报指数股，又是进入该成份股行列的第一家中国国企上市

中远班轮挂靠波士顿

公司。

两年之后，中远又成功进入了香港资本市场，由中远控股的中远太平洋公司在香港联交所挂牌上市。2003年6月9日，中远太平洋公司经过8年的努力，也成功进入了香港恒指成份股行列，成为亚洲最具投资价值的14只股票之一。

中远通过资本经营，一方面打开了一条加速推进国际化战略的新途径，另一方面也全面深入地了解熟悉了国际市场的特点，学习到国外企业的管治经验，并且培养和锻炼了一批掌握资本运作及企业治理的人才队伍。

有了海外上市公司这个资本运作的平台，中远很快在国内A股市场上又相继推出了5家上市公司，其中，中远航运作为首家以远洋运输为主业的国内上市公司，已进入A股180指数股行列，其上市时备受市场吹捧，其冻结的申购资金之多，创下当时A股市场之最。

2005年6月30日，中远集团又一家海外上市公司——中国远洋控股股份有限公司在香港联合交易所主板成功上市，标志着中远集团在打造资本中远的历史进程中，进入了新的阶段。此次中国远洋成功上市，不仅创造了全球航运业有史以来IPO规模之最，是全球航运业有史以来最大规模的首次公开发行，在国际资本市场上引起了很大反

中国远洋香港上市

响，而且在深化企业改革、加快股份制改造的过程中，完成了中远集团航运、物流、修造船三大主业都进入资本市场的重大转折，集团超过50%的资产进入了资本市场，资本结构和组织结构的重大调整为企业进一步实施跨越式发展奠定了坚实的基础。

上市不久，中国远洋就相继被纳入富时指数股、香港恒生国企指数成份股。2006年3月20日，中国远洋又被纳入道琼斯中国海外50指数成份股。4月，中国远洋在美国著名财经杂志《福布斯》评选的"世界2000家领先企业"排名中位列第1 352位。中国远洋航运价值链上的各个业务单元在生产经营管理中也焕发出强大的生命力、竞争力和影响力，为中远品牌享誉全球增添了新的光彩。

中远国际化战略的一个最重要特征就是其战略眼光十分远大，战略目标的定位积极追随全球航运的发展大趋势。用世界眼光来看发展，这是中远文化中最具神采的一笔。

"从全球航运承运人向以航运为依托的全球物流经营人转变"，"从跨国经营向跨国公司转变"，中远已经认准了这个目标。这样一来，中远就和全球的顶尖同行比肩而立了。未来几年，中远将"运筹北京，决胜全球"。

作为一直以航运为主业的企业，中远要实现向以航运为依托的全球物流经营人转变，壮大现代物流业是当务之急和发展之重。

2002年，经过又一次大规模的资源整合，中国远洋物流公司在北京正式挂牌成立，公司成立之初就被媒体誉为"我国第一艘物流航母"。

仅仅两年，中远物流就遍地开花，开拓出一个崭新的局面。先后在家电物流、汽车物流、电力物流、石化物流、会展物流、零售业物流上建立了自己的品牌，尤其在电力物流、家电物流领域，中远物流在国内已是首屈一指。由于中远物流起点高，并以强大的航运实力为后盾，近年来，先后在长江三峡水电、秦山核电、田湾核电等重大建设项目中频频中标。期间，又圆满完成了举世瞩目的"中华文化美国行"、"达利艺术巡回展"、"神舟五号返回舱首展"、"中法文化年"等会展物流服务任务。

然而中远物流的发展目标最终还是国际市场。2002年，中远物流签下了印度巴库电站建设物流服务合同，从而一举拿下了"走出国门第一标"。可以预见的是，中远实现全球物流经营人的目标只是时间问题了。

中远的国际化战略推行以来，所取得的业绩是令人振奋的，如今中远已经形成了以北京为中心，以远洋航运和全球物流为依托，以香港、日本、新加坡、美国、欧洲、澳洲、韩国、南非和

中远物流

西亚等9大区域为辐射点的全球业务网络，在50多个国家和地区拥有网点100多个，雇佣外籍员工近5 000人。截至2006年底，中远集团海外事业总资产已超过700亿元人民币，占中远集团资产总额的一半。2006年，中远集团以154.135亿美元(1 228.825亿元人民币)的销售收入，进入《财富》世界500强，2007、2008年再次进入《财富》世界500强，并分别跃升83位和78位。海外华文媒体常常用"名扬四海"来形容中远。印有醒目COSCO标志的中远船舶航迹遍布世界160多个国家和地区的1 300多个港口，在一些尚未与我国建交的国家和地区，也有中远的业务。在全球的任何一个有航线的大洋、在世界上任何一个大港，"COSCO"都是

一个令人瞩目和尊敬的标志。

（五）中远文化的魅力：钢铁是这样炼成的

中远的先进文化和思想政治工作传统优势的有机结合，打造了中远的核心竞争力，而这种核心竞争力的主体便是一支钢铁团队。

中远的行业特点是人员高度分散、远离祖国和亲人，环境艰苦、独立作战，挑战性强，这就使得中远在长期发展中逐步形成了独具特色的企业文化。其中凝聚力、约束力、创造力和感召力构成了中远文化的力量源泉。

在中远，最具社会影响力的举措之一，就是每年都要开展的"大慰问"活动。每逢重大的节日或国内发生重

大的自然灾害，中远的领导们便会分头带队，奔赴全国各个城市乡村，特别是老少边穷地区，对船员家庭进行慰问，并且坚持多年从未中断过。他们的足迹遍及祖国的大江南北，长城内外，行程上千万公里，覆盖面超过数千个县市村落。慰问组所到之处将一笔笔的慰问金送到船员家属的手中，为船员解决一件件家庭难题，这一切也深深地感动着当地的各级政府。这一行动，对全体远洋船员精神情感上的触动是十分强烈的，由此而造成的企业凝聚力也是巨大的。

有人说，中远人的组织纪律性更像是一支军队。把党支部建在船上，是中远党建工作的一大特色和优良传统。一船人无论走到天涯海角，也无论面对什么样的荣辱，灾害，或突发事件，党支部始终是全船的灵魂。事实上船舶党支部兼有党组织和大家庭的功能，从船员的衣食住行到船员的喜怒哀乐，船上的党团组织都要管。在船上，个人的事也就是全船的事，船舶政委更是练就了一套过硬的功夫，常常掌握着一套观察船员情绪变化的真本领，哪怕是船员肚子里的心思、脸上表情的细微变化，也逃不出政委的目光。可以想象，这样的团队该是具有多么强大的战斗力啊。

中远文化中有一种务实的精神，决不把口号放在嘴边，而是力求为船员解决实际问题。中远集运公司，曾有30多名困难船员的子女面临失学。公司号召机关部室认领捐助，原计划一个月的认领捐助期，竟然在短短1个多小时内完成，出现了一幕幕争夺认领捐助对象的感人场面。

根据远洋船员常年远离祖国和亲人的工作特点，中远把船员家属组织起来，充分发挥其"第二政委"的作用，通过在岸上建立船员家庭联络站的方法，使各个船员家庭能够互帮互助，有效地解决了船员的后顾之忧，从而极大地稳定了军心。中远集团每年都会对优秀的船员家属进行表彰和慰问。被称为"海夫人"的广大船员家属，实际上已经成为中远的一支不可或缺的战略后勤部队。

中远之所以像是一支军队，一个重要原因就是中远文化中所强调的那种约束力。中远是大型国企，经营和管理着如此庞大的国有资产，没有一套有效的约束机制是难以想象的。目前，中远已经建立起一套与现代企业制度相适应的"大监督机制"。对经营管理者实行"内外结合"的全方位、全过程的监督与约束，对重大决策、重大项目安排、重要人事任免和大额资金的调动和使用，实现全程跟踪。其中，SAP财务系统软件的应用使集团总部对全球各个网点的资金状况了如指掌，堵塞了腐败产生的资金漏洞。与此同时，中远还高度重视群众的监督作用，坚持依靠职工办企业的方针，积极推行厂务公开。除定期召开职工代表大会，对企业各项重大决策进行通报、审议外，各家公司还充分利用网络这一高科技手段，将企业经营、管理、党建等决策的内容和过程公布在局域网上，并及时听取和反馈职工的意见和建议。

最大限度地激发员工的创造力，这是中远在人才队伍管理上的一个重要的价值取向。

2002年，中远物流公司选拔了7名员工，不惜重金将其送往英国CRANFIELD大学进行深造。如今这7名员工全部获得供应链管理硕士学位，学成归来后，他们在各个重要岗位上发挥着骨干作用。

中远集团的领导班子有一个共同目标，就是始终致力于将中远打造成一个学习型企业、开放型企业。他们有一个著名的观点：要善于向对手学习。既要有竞争，也要有合作，其结果不一定是非你即我，合作双赢才是理想的境界。在他的倡导下，近年来，中远与国外船公司和大客户有过广泛的沟通和交流，先后与中石油、中石化、宝钢、马士基、日本邮船、东方海外等国内外知名企业建立了战略合作关系。

中远在用人问题上，近年来更是大胆借鉴先进企业的有益经验，破格提拔年轻人，全面引进国内外的优秀人才。在选人过程中，敢于革除积年陋习，不以出身论英雄，甚至从外包工队伍中选拔出优秀人员作为骨干力量。这一做法全面激活了中远员工的积极性和创造力，各类人才大量涌现，上下齐心争作贡献。

中远文化的魅力还在于它的巨大感召作用，这种作用甚至超过了国界，在世界许多地方为中远赢得了支持者，甚至吸引了不少老外甘于投奔中远。

一位美国议员曾经长期持反华立场，与中远高层交往后，他被邀请到了北京，亲眼目睹了中国的沧桑变化，听了中远领导一番肺腑之言后，他的立场开始转变，并逐渐成为中远在美国发展的坚定支持者。英国前首相希思、美国前国务卿黑格也曾先后担任中远的海外高级名誉顾问，并为中远的发展，奔走呼号，积极提供帮助。

近年来，中远还出现了一批"洋劳模"，这些外籍员工进入中远的大家庭后，很快就融入中远文化的氛围之中，正所谓"进了中远门，就是中远人"。他们与中远员工一道友好相处，努力进取，他们尽心尽职的工作态度，甘于奉献的敬业精神，同样得到了中远领导的高度认同。

在中远澳洲公司、新加坡公司，人们都能看到这样的场景：各种不同语言、不同肤色、不同文化背景的中外员工同在一个屋檐下相处、工作，氛围却显得格外融洽、温馨。这种场景被大家戏称为"小联合国"。然而，中远究竟是靠什么手段来把这样一支特殊的团队统一在COSCO的旗帜下的呢？

在中远澳洲公司，每一间办公室的墙上都挂着一幅幅的宣传画。在那些精美的摄影作品的边上，全都配上了相关的格言警句（英文）。例如：画面上一组运动员在激流中共同划着一艘快艇，下面的文字是：团队精神使每个平凡的人创造出非凡的业绩。把个体和团队的关系表现得十分形象和生动。另一幅画面上是：一滴水珠弹跳出水面，激起阵阵涟漪。边上的文字是：点滴做起，精益求精。把COSCO的品牌和每一个细小的操作服务的关系比喻得十分贴切。还有一幅画面上是两只不同肤色的手紧紧地握在一起。文字是：紧紧握住客户的"手"。含义浅显而直观。十几幅宣传画看下来，人们终于悟出了：澳洲公司努力营造的是一种多元文化交融的氛围。

在国内，中远可以用"艰苦创业，爱国奉献"的企业精神来号召全体员工去努力实现集团的各项奋斗目标，但在海外，面对不同文化背景的外籍员工，显然就不适合强行灌输这一理念。而中远澳洲公司却很巧妙地利用了"求同存异"的原理，极大地增强了中远文化的兼容性。比如，我们认为国家的事再小也是大事，个人的事再大也是小事。而老外却很自我，强调个体权利，突出个性，认为家庭是最重要的，没有家庭，工作也就没有意义了。于是中远澳洲公司就撇开两种理念中的差异点，抓住其共同点：强调人的责任意识。也就是说，认真工作，精益求精，创造完美是一种起码的社会责任，也是人的基本责任。你尽责了，也就是对国

中远澳洲公司员工

21世纪交通文化建设研究与实践

家尽责了，同时也是对家庭尽责了。你的工作越出色，你对家庭所作的贡献也就越大。我们看到，这种文化兼容性在中远澳洲公司被运用得十分成功。那些外籍员工们都工作得十分努力。中远澳洲公司还想方设法辅之以一定的精神激励手段。如为工作了25年以上的员工颁发金牌员工奖牌，此外，还有银牌员工。那些拿到奖牌的外籍员工十分以此为荣，自豪之意溢于言表。

事实上，中远文化和思想政治工作的功效，对于团队作风的养成，员工敬业奉献精神的培育所起到的塑造作用是十分巨大的。在这种文化氛围下，中

远的内在爆发力是不可估量的。

（六）中远文化的活力：在学习中创新

中远的一艘半潜船"泰安口"号下水的那一天，现场的观摩人群禁不住发出了一阵阵惊叹。只见这艘18 000载重吨的巨轮，其船身大部分淹没在水中，只露出一截驾驶室，船体的前进、掉头、转弯全凭驾驶员手中的一根十厘米长的手柄，便可轻松操纵。"泰安口"号以极高的科技含量和卓越的操作功能，被誉为世界半潜船的"全能冠军"和"亚洲第一船"。该船下水后，

泰安口轮

曾经装载着长60米、宽32米、高64.2米、重10 600吨，价值9亿元人民币的石油天然气钻井平台设备漂洋过海。目前，全球半潜船仅有十多艘，而其中又以"泰安口"号的设计最为先进，功能最为齐备，是全球特种船中的精品。它在全球特种货运输市场中可说是几无对手，称雄一时。

一条半潜船就让中远在世界航运高端市场上占尽风流。原因很简单，那就是中远文化中多年来所始终保持着的那股活力：在学习中创新。

中远对一切外来的先进东西，从来都是抱着认真学习的态度加以吸收，然后在学会、学懂的基础上加以创新，为我所用。中远提出的"数字中远"、"网上中远"的概念正是目前中远处在技术手段改造高峰期的真实写照。

首先是实现了办公无纸化、办公自动化，接着是集团内部全球可视电话系统的开通，SAP软件应用，人力资源管理系统的成功开发等，使集团的相关信息交流变得十分快捷高效。GPS定位系统的安装，保证了集卡车队的即时调动和管理。1998年，中远又与国外专业机构联合开发成功全球航海智能系统。该系统对保证船期、避免事故、海上救助等具有十分重要的意义。特别是"全球集装箱运输信息集成系统（简称IRIS-2）"的成功引进、开发和应用，实现了内外部信息的动态管理，彻底改变了传统的信息分散搜集、分散处理和分散使用的封闭营运方式，从而实现了全球集装箱经营管理的一次革命性变革。

与此同时，中远在管理方式上的学习与创新，也是硕果累累。2001年11月，中远同时获得了挪威船级社、中国船级社认证公司和国家卫生管理体系认证中心三家权威认证机构颁发的证书。一举通过了ISO 9001：2000质量管理体系、ISO 14001：1996环境管理体系和OHSNS 18001：1999职业安全卫生管理体系的第三方认证。这在我国企业管理史上也是一件重要事件，标志着中远的综合管理水平已经进入国际先进行列。

多年来，中远集团一直致力于推进管理创新，打造具有企业特色的管理品牌，"学创管理"模式就是中远集团提高企业管理水平的重要载体。所谓"学创管理"，就是以国际统一标准为起步点，以提高核心竞争能力为着眼点，认真总结自己多年积淀的管理经验，努力学习国际著名企业的成功做法，兼收并蓄，融会贯通，建立学习型、创新型企业。其中在内外部实行管理"对标"，就是一种学习创新的主要模式。如集团内部企业以管理水平世界一流的中远香港航运有限公司为标杆单位；中远集运公司以名列世界第一的马士基公司为对象；中远船务工程集团公司则瞄准第一流的修船企业新加坡裕廊船厂。在此基础上，各自建立起一套既科学又具操作性的对标指标体系。通过对照学习，找出差距，努力改进，从而快速赶超世界一流。

学习别人的先进技术和管理方法，并结合自身的条件和特点加以创新，为我所用，这是中远综合实力得以快速增长的一个重要原因，也是中远文化中所具有的一股巨大活力。凭着这股活力中远正在快速地缩短与世界一流航运企业的差距。

（七）中远文化的价值：COSCO品牌是民族的，也是世界的

2000年6月13日，当COSCO"阳江河"轮肩负着党中央、国务院的重托，出现在所罗门群岛霍尼亚拉港时，300多名处在危难中的华侨和华人，立刻感到全身被注入了一股巨大的暖流，不禁激动地高呼"祖国万岁"！此时此刻，在他们的眼中，"阳江河"轮就是伟大祖国的化身，那高高飘扬的五星红旗便浓缩着祖国对海外侨胞的全部挂念和情感。由于当地发生政变，300多名华侨、华人的生命财产受到了严重威胁。在外交途径无法解决问题的情况下，党中央、国务院果断下达了撤侨的指令，这个任务便落在了中远"阳江河"轮的全体船员身上了。

在中远近50年的发展历程中，

COSCO船队多次承担起了党和国家交给的外交使命。有些任务甚至充满了凶险。如"光华"轮13次赴印尼接侨，3次印度接侨，"潍河"轮南也门救助援外专家等。还有在索马里暴乱、中东战争等恶劣环境中都可以看到COSCO船舶执行特殊使命的身影，甚至有的船员为此付出了宝贵的生命。

在COSCO船员身上，一方面表现出了忠于祖国，忠于人民，不畏艰险，勇往直前的民族大义，另一方面又向世人展示出爱好和平，以礼相待，品德高尚的大国风范。当船员们在遇到国外部分敌对势力的无理挑衅和恶意诽谤时又能够冷静应对，坚持原则，针锋相对，坚决地捍卫了祖国的尊严。例如在1993年7月发生的COSCO"银河"轮事件中，船员们大义凛然地对美国政府的恶意中伤进行了有力的回击和揭露。在长达33天的紧张对峙中，船员们团结一致，同仇敌忾，最终战胜了霸权主义，胜利返回祖国，成功地捍卫了祖国的尊严。

事实上，在许多人眼中，COSCO已经成为中华民族的形象代言人。作为共和国的浮动领土，COSCO船舶无论走到哪里，人们都可以通过她来感受到一个伟大民族的高尚风范和精神风采。

COSCO同时也是中华民族向全世界亮出的一个品牌，这个品牌既是民族的，也是世界的，既是与中华民族血脉

综合管理颁证仪式

相连的，又是能让全世界人民共同享有的。

2001年，应美国哈佛大学的邀请，中远集团总裁魏家福登上了蜚声全球的哈佛讲坛，这是有史以来，中国大型国企领导人首次在哈佛面对全球商界精英和国际经济领域的顶尖学者发出自己的声音。

25年前，当中远的"柳林海"轮驶进西雅图港的时候，美国人心里很清楚，这意味着两个大国之间封冻了30年之久的坚冰被冲破了，中国这个巨大的市场向美国豁然洞开。

2000年，又是中远的"珍河"轮驶进了美国波士顿港，不仅解决了当地9 000名美国工人的就业问题，而且以此为转机，令这座古老港口再次获得新生。中远总是在美国人遇到尴尬的时候出手相助，这一点无论是美国官方还是民间都是心存感激的。

然而，长期以来，美国政府一直在我国的航运企业面前设置着一道坎儿，这道坎儿就是"受控承运人法案"，该法案对包括中远在内的中国航运企业作出了极不公正的限制，表现了部分美国人的蛮横无理。中远集团总是抓住一切机会和场合，频频向西方国家的有识之士大声疾呼，以表明中远的态度。哈佛讲坛终于给了中远一次极好的机会，魏家福的演讲大获成功，并被收入哈佛教案之中。

2003年12月8日，正值温家宝总理访美之际，中美两国签署了新的海运协定。受控承运人法案加在中国航运企业身上的桎梏终于被挣脱。从此，中远的国际化战略，将会踏上一个新的坦途。

2009年10月20日，鉴于魏家福总裁对美国经济的贡献和中远近年来在美国业务拓展的成功实践，美国国会通过了对中远集团魏家福总裁的表彰议案，并对此议案永久记录在美国众议院档案中。

如果说，21世纪是品牌之争的话，那么早在20世纪末，中远就已经打响了创民族精品，做全球最强的战役。到了21世纪初，COSCO已是集多种品牌于一身，成为世人皆知的中国大型国企。

先看COSCO的海上主打品牌：中远集装箱运输团队的20多条主干线，连接五大洲100多个重要港口。1998年以来，各航线的综合准班率一直保持在95%以上。其中中国—美国航线、中国—澳大

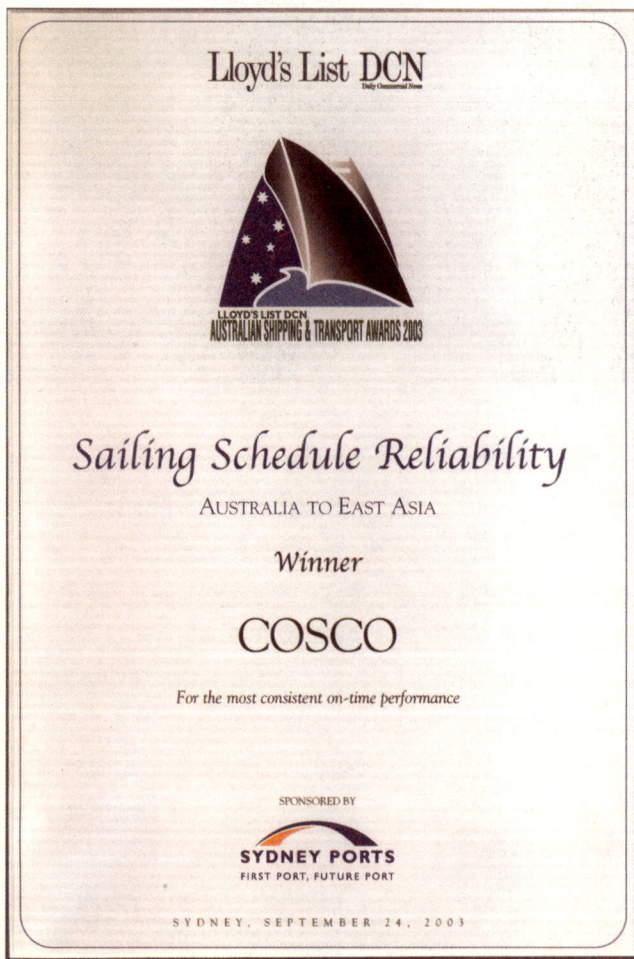

劳氏奖

176

利亚航线的准班率一直保持在100%，国际同行与客户对此有口皆碑。2000年10月，《美国托运人》（*American shipper*）杂志根据抽样调查，认定中远的美洲航线班期准班率达100%，并称中远是有经验的、高服务质量的船公司之一。2001年，《中国航务周刊》杂志组织了第2届中国货运业大奖——货运质量跟踪评比活动，中远获9项大奖，其中有中国—欧洲航线最佳船公司奖，中国—美西美东航线最佳船公司奖，大陆—香港航线最佳船公司奖，中国—澳新航线最佳船公司奖，中国—中东、地中海优秀船公司奖，中国—日本、韩国航线优秀船公司奖，中国—东南亚航线优秀船公司奖，中国沿海内支线优秀船公司奖。这些奖项基本覆盖了中远所有的航线，也就充分表明，COSCO所有班轮航线的品牌和服务都得到了客户的认可。2003年，中远的澳洲航线获得了《劳氏日报》的"班期信用奖"和"客户服务奖"，这已是COSCO澳洲航线连续第8年在澳洲获得此类大奖。同年11月，COSCO经过加拿大国际货运代理协会会员投票选举，再次蝉联"远东—加东航线最佳承运人"荣誉。

再看CSOCO在国际资本市场上的公众品牌：作为中远在海外的两家上市公司，"中远太平洋"和"中远投资"分别被纳入香港和新加坡股市蓝筹股。

其中，中远太平洋在公司治理、管理水平、投资者关系等方面多次获各专业机构奖项。2000年获得汇丰证券评选的"亚洲百强企业"之一；2002年获得里昂证券评选的"最佳企业管理的中资企业"之一；2003年又获得Finance Asia评选的"最致力于为股东创富"、"最佳公司管治"、"最佳财务管理"的中资企业之一。最近更被全球最具权威性的机构投资者杂志评选为亚洲区最佳投资者关系公司。这从一个侧面表现出国际资本市场对"中远系"品牌的信心与认同，也是中远集团海外上市十年发展的重要成果。

第三，看COSCO刚处于起步阶段的现代物流品牌：2004年3月23日，在青藏铁路海拔最高的铺架基地——西藏安多铺架基地上，一台巨型平板车承载着内燃机车头向雪域高原缓缓驶来，这标志着西藏历史上出现了第一台铁路机车，从此西藏将结束没有火车交通的历史。负责机车运输的是中远物流，COSCO蓝色的旗帜首次迎风飘扬在青藏高原上。

同样，在秦山核电站，在三峡水库，COSCO蔚蓝色的旗帜一次次迎风招展；在"神五"的运输途中，在"和平女神"耸立的飘逸英姿中，COSCO的品牌一次次为世人所瞩目。

近两三年来，COSCO的物流品牌在国内可谓是"一花独放"。继2003

年10月圆满完成举世瞩目的"神五"返回舱首展物流服务任务之后，又与世界商业集团中排名第9位的法国欧尚超市集团签订了物流服务合同；2003年11月又一举拿下"走出国门第一标"，成功签下中印最大经济合作物流工程——印度BALCO（巴库）项目4X135MW燃煤自备项目的物流服务合同，这标志着COSCO的物流品牌在全球得到了认同。

2007年11月1日，空客320系列飞机天津总装线项目物流服务合同在天津举行签字仪式，中远物流凭借突出的全球物流服务能力和对物流资源的整合与集成能力，击败全球最大的11家国际物流公司，一举中标这个欧洲空客公司在欧洲以外的首个总装生产线的总装物流合同，为其提供具有专利技术的高端全程物流服务。中远物流中标天津空客物流项目成为中国物流企业参与国际竞争的标志性项目。

最后，看COSCO具有国际水准的管理品牌：中远早在1995年就率先响应国际海事组织IMO的要求，在所属的所有航运公司建立了国际安全和防污染管理体系并通过国家主管局——海事局的认证，在全国航运界起到了表率和示范作用。2003年，中远部分船队率先获得ISPS国际保安规则审核，并在全国众多的航运企业中，首批获得了中国船级社颁发的《船舶保安证书》。2004

年5月，中远所有船队的所有船舶全部通过了ISPS国际保安规则审核——比国际海事组织规定的2004年7月1日规则生效整整提前了40天！相形之下，目前世界上还有相当部分的船公司船舶至今尚未通过审核认证。同时，COSCO创造性地把ISO 9000质量管理体系标准、ISO 1400环境管理体系和OHSAS 18000／职业安全卫生管理体系标准有机地结合起来，形成一套符合中远特点的综合质量管理体系。在中国航运界，COSCO的质量、安全等管理标准就是整个航运业的审核规范和标准。COSCO也是"全球有最多成员单位通过ISO 9000认证的跨国企业集团"。

中远人就是这样，要做就做第一，要做就做最好，要做就做最强。这正是中远文化中与生俱来的韧性和力量，这股力量将不断打造出一个日新月异的国际化中远。

二、中海企业文化建设的风采

中国海运（集团）总公司1997年7月1日在上海正式成立，经过10年的改革发展，在原有的上海海运、广州海运、大连海运等丰厚的企业文化底蕴基础上，初步形成并确立了具有中国海运特色的企业文化，同时迫切需要不断加强和完善。

建设与"百年中海和世界一流航运企业"相适应，具有鲜明特色、航运特点和时代气息的优秀企业文化，是中国海运重大战略举措之一，是建设百年中海、世界一流航运企业的内在需要，是坚持科学发展观、构建社会主义和谐企业的根本需求。根据国务院国资委《关于加强中央企业文化建设的指导意见》和交通部《交通文化建设实施纲要》及中国海运"十一五"改革发展的总体要求，中国海运制定了《中国海运企业文化建设至2010年规划》。

（一）中海企业文化建设的背景

企业文化是企业的风格和企业软实力的重要标志，是持续提高企业素质和市场竞争力，推动企业可持续发展的关键因素之一，也是构建企业民主、和谐的内在推动力。在激烈的市场竞争环境下，全面实现集团"十一五"发展规划，把中国海运做强、做大、做优，不仅要靠经济实力，还要靠文化的力量，把广大员工的智慧和力量凝聚起来、发挥出来，为企业的又好又快发展而拼搏奉献。

中国海运成立后，在党中央、国务院正确领导下，在国资委、交通部的关心和支持下，坚持科学发展，紧紧抓住历史机遇，艰苦创业，与时俱进，实现了跨越式发展，写下了中国海运发展史上的新篇章。中国海运在改革发展实践中，不断融合上海、广州、大连三地的优秀文化，逐步提炼了具有航运特点、企业特色、时代特征的企业精神、企业核心价值观，确立了企业目标、企业形象、经营战略、管理理念、行为准则、共同价值观等体系，推出了《中国海运企业形象识别系统（CIS）》等企业文化建设重要成果，为企业改革发展稳定、提高企业核心竞争力，提高员工素质发挥了积极作用，成为凝聚员工意志和力量的重要精神支柱。

企业文化建设是一项艰巨而复杂的系统工程。中国海运企业文化建设工作仍处于不断探索、实践的过程。中国海运企业文化建设要进一步适应企业改革发展步伐，需要做到科学化、系统化、规范化，进行全面梳理、汇聚、总结、提炼，与时俱进、同步发展，在建设百年中海、争创世界一流过程中，逐步形成与之相适应的先进企业文化。

（二）中海企业文化建设指导思想

以邓小平理论和"三个代表"重要思想为指导，深入贯彻落实科学发展观，牢牢把握先进文化的前进方向，在弘扬中华民族优秀传统文化和继承企业优良传统的基础上，以建设百年中海、争创世界一流为目标，认真总结、提炼、升华在中国海运改革发展实践中形成的企业文化。既要根据中国的国情，航运企业的特点，又要积极吸收借鉴国内外现代管理的优秀成果，以爱国敬业为追求，以人本管理为核心，以学习创新为动力，内强素质，外塑形象，努力建设具有鲜明时代特征和中国海运特色的企业文化，增强企业核心竞争力，促进企业又好又快发展，为实现集团"十一五"发展目标，全面建设小康社会作出新贡献。

（三）中海企业文化建设方针和原则

规划期内，企业文化建设要实行"融入中心、重在建设、继承创新、突出特色、务求实效、促进发展"的建设方针，将制度建设贯穿始终，并坚持三项原则。

1. 坚持以人为本的原则

充分发挥企业领导干部在企业文化建设中的创导作用，充分调动员工参与企业文化建设的积极性、主动性和创造性，努力引导员工认知认同企业文化，自觉做先进文化的执行者、传播者和创造者。要用宏伟的事业凝聚人、用科学的机制激励人、用优良的环境培育人，倡导尊重劳动、尊重知识、尊重人才、尊重创造的风气，"爱中海、有思路、能干事"，实现员工价值升华与企业蓬勃发展的和谐统一。

2. 坚持融入中心，服务大局的原则

坚持企业文化服务企业生产经营，牢固树立发展是第一要义的思想，融入中心，服务大局，坚持在实践中丰富和完善企业文化，努力实现政治上和谐稳定、经济上持续增长、文化上蓬勃发展的局面。统筹安排好经营管理、安全生产与企业文化建设工作，保证企业发展和文化建设等各项目标的同步实现。

3. 坚持实在实效的原则

按照科学、系统、规范、精细、实在、长效的要求，虚实结合、以实为主、扎实推进、持之以恒，不搞花架子，不急功近利，使企业文化建设与时俱进、富有特色、日现成效，经得起历史和实践的检验。

（四）中海企业文化建设目标与任务

总体目标是：力争在2010年，基本形成适应中国海运"十一五"改革发展要求，遵循企业文化发展规律，符合时代精神，体现员工根本利益，具有航运特点、中国海运特色的并为广大员工认知认同的企业文化体系。通过企业文化建设，使企业软实力进一步提高，员工素质进一步提升，企业形象进一步改善；使企业凝聚力显著增强，员工创造力有效激发，企业核心竞争力同步提高；实现企业文化与企业战略的和谐一致，企业发展与员工发展的和谐一致，企业文化优势与竞争优势的和谐一致，

为企业改革发展稳定提供切实保障。通过文化建设，使中国海运努力成为对社会是责任型企业，对客户是诚信型企业，对员工是关怀型企业，对同业是竞合型企业，对自身是进取型企业的目标，不断迈向"百年中海、世界一流"。

主要任务是：

（1）进一步丰富企业文化内涵。在集团统一推进企业文化建设的基础上，实现区域文化、具有专业特点文化与集团行业文化的有机融合，逐步建立起完整的中国海运企业文化体系。

（2）强化企业文化的认知认同度。以人为本，全面推进企业文化从文本化向制度化转变，使企业文化为广大员工所普遍认同，并真正成为指导员工工作实践的基本价值理念，成为企业和员工的自觉行为，从而使广大员工达到以开放的心态和宽广的视野谋划发展，以勤勉敬业的态度、精益求精的精神加强和遵从精细化管理，以居安思危、不容懈怠的责任抓好安全生产，以一流的团队和一流的业绩创优质服务品牌，以一尘不染、两袖清风的品格坚持职业操守，切实形成和谐融洽、充满友爱、精诚团结、蓬勃向上的企业文化氛围。

（3）切实加强企业文化建设的领导。建立高效的企业文化建设领导体制和工作机制，培育企业文化建设和企业文化管理骨干，健全企业文化建设的长效运行机制，建立科学的管理制度，完善运行和培训体系，严格绩效评估办法和有效的激励机制，开展各种主题活动，使企业文化建设工作走上科学化、制度化、规范化建设轨道。

（4）树立企业良好的公众形象。努力实现企业管理水平，员工素质、企业凝聚力和向心力、企业生产生活环境进一步改善提高，充分展现优质高效的品牌形象、诚信奉献的社会形象、健康文明的员工形象、充满生机活力的发展形象，增强企业的市场力，提升企业的知名度、信誉度和美誉度。

（五）中海企业文化建设步骤

为实现上述目标，规划期内的企业文化建设工作要按照"宣贯年"、"实践年"、"推进年"和"提高年"的要求，扎实推进。

1. 2007年下半年：企业文化宣贯年

加强企业文化基础工作，基本完成企业文化文本化工作，正式启动并开展以《中国海运企业文化建设至2010年规划》为重点的企业文化宣传贯彻工作。通过普遍教育的开展，使广大员工企业文化认知水平进一步提高；企业文化核心理念体系教育在直属企业的覆盖面达到100%，员工对企业文化核心理念体系的知晓率达80%以上；中国海运企业文化核心理念在各级企业中达到统一共识；建立起集团及直属单位企业文化建设领导、管理体系，初步形成以宣贯骨干为主体的企业文化理论宣传及建设骨干队伍，为企业文化建设工作的深入开展奠定坚实的基础。

重点做好以下工作：

（1）完成企业文化建设规划（草案），制订并完善企业及员工行为准则（讨论稿），修改充实完善企业形象视觉识别系统（CIS）手册，优化企业形象。

（2）组织召开企业文化建设座谈会，征求对《中国海运企业文化建设至2010年规划（草案）》的意见和建议；根据企业实际，找准切入点，突出建设重点，论证确立企业制度文化和行为文化建设项目，进行企业文化项目的具体设计；采取学习培训、媒体传播等多种方式大力宣传贯彻《中国海运企业文化建设至2010年规划》，让全体员工认知认同，转化成为员工的自律意识和自觉行为；举行中国海运企业文化研讨会，进行工作交流，评选表彰中国海运企业文化建设示范单位。

（3）组织开展企业文化建设调研工作，摸清和掌握直属单位企业文化建设基本情况，找准加强企业文化建设的关键环节、突破口和实现途径，形成有关调查报告和"企业文化研究成果"、"企业文化建设成果"、"企业历史文献资料"、"企业文化机构人员状况"等一

批文字、图片、实物资料，建立有关企业文化建设电子档案，为建设"百年中海、世界一流"提供强大的文化支撑。

2. 2008年：企业文化实践年

认真学习贯彻党的十七大精神，结合奥运会的开展，全面启动精神层、形象层和制度层的企业文化建设的各项实践活动，重点做好：

（1）继续开展形式多样的宣传教育活动。总结企业文化宣贯经验，检查宣贯实际效果，在全员认知的基础上，继续深入开展形式多样的宣传教育活动，促使企业文化由员工认知向员工认同深化推进，将企业文化理念贯穿于日常的各项工作中，逐步把广大员工的思想和意志统一到企业精神、企业文化核心价值观上来，统一到坚持科学发展、建设百年中海、世界一流目标和集团改革发展和谐稳定的战略部署上来。

（2）开展"一流企业、一流文化"大讨论活动。以弘扬企业精神为重点，结合集团"一流企业，一流员工"素质工程建设，开展企业文化建设大讨论，促使员工特别是广大青年员工积极参与企业文化建设，成为牢记使命责任、战略目标，严格遵守行为准则，做一个具有职业精神的合格员工，成为自觉实践先进文化的传播载体、建设主体。

（3）举行"中国海运企业文化知识竞赛"活动。在逐级竞赛选拔的基础

上，举行集团知识竞赛。通过竞赛进一步加深全体员工对企业文化的理解，展现中国海运员工新的精神面貌和风采；编辑发行《中国海运企业文化建设研究成果汇编》，在整合优化企业文化体系的基础上，完成特色文化、制度文化、专业特点文化的提炼与整合，初步形成具有企业特色和时代气息的完整而系统的企业文化体系。

（4）推进员工的志愿服务活动。规范企业行为和员工行为，推行文明礼貌用语，做好"三个服务"，即：为国民经济建设、国家能源安全、重要物资运输服务、为客户服务、为船舶、基层、群众服务；广泛开展"树新风、讲文明、迎奥运"活动，深入推进精细化管理，并以北京奥运为契机，推进志愿文化，开展志愿者活动，推动员工尤其是青年员工争做先进文化传播者，提高文明素养，塑造与世界一流航运企业相适应的一流团队形象，塑造爱中海、有思路、能干事的优秀员工队伍形象。

（5）开展企业文化载体与阵地建设实践活动。完善船舶海上文化设施，建立企业文化展示和传统教育基地、职工文体活动场所和积极开展与所在地区、部队文明共建活动，以青年党团员为主，基本形成一批志愿者队伍；注重运用互联网等现代手段和企业报刊等内部传媒的影响，提供健康有益的文化产品，提高员工的文化素养；组织开展健康向上、特色鲜明、形式多样的群众性业余文化活动，营造健康、和谐、温馨的文化氛围，满足员工求知、求美、求乐的精神文化需求。

3. 2009年：企业文化推进年

在继续深化企业文化宣贯由认知向认同推进的同时，深入开展精神层、形象层和制度层的建设工作。把企业精神、核心价值观、经营理念等融入企业的规章制度、工作机制和工作体系中，以科学的制度体系规范员工行为，以有效的制度创新推动精细化管理的升级，推进企业文化"落地生根"。重点做好以下工作：

（1）全面推进企业文化制度化建设，摸清现有制度的现状，从"十一五"企业改革发展目标实施完成情况出发，分析诊断现有规章制度的文化特点及存在的问题，研究提出中国海运企业文化制度化体系结构，进一步完善与企业文化相配套的各种制度。

（2）开展"做企业文化建设的推进者"活动，以提高员工企业文化建设自觉实践、推进为目标，做好已完成整合的企业文化各项规章制度的贯彻落实及监督检查；组织举行具有单位特点、专业特色的企业文化现场观摩交流活动，宣传在开展企业文化建设中的典型事例，培育和树立企业文化先进典型。

（3）制订和完善集团总部企业文化管理系统的理念和行为规范，总结和提炼人本文化、营销文化、服务文化、廉政文化、安全文化、创新文化、团队文化、制度文化、和谐文化等，并根据企业内外部环境的变化，对企业文化建设的具体内容进行必要的充实和完善，使企业文化建设的水平不断巩固和提高。

4.2010年：企业文化提高年

结合企业"十一五"发展规划目标的实现和"十二五"发展战略目标，对"十一五"期间企业文化建设情况进行全面评价，分析现状，总结经验，巩固成果，提出"十二五"企业文化建设规划（草案）。

（1）总结"十一五"企业文化建设成果、经验和存在的薄弱环节，根据实际，找准切入点和工作重点，确定"十二五"企业文化主要任务和建设项目。

（2）召开企业文化建设经验交流会，表彰一批企业文化建设示范单位和先进典型，形成一批经验成果。

（3）编辑出版发行集团"十一五"期间企业文化建设成果汇编与船舶和谐文化建设成果、运输船舶船员心理初探等中国海运企业文化丛书，初步形成具有中国海运特色的先进企业文化。

（4）在广泛开展调查研究的基础上，结合集团"十二五"发展战略目标，提出中国海运"十二五"企业文化建设规划（草案）。

（六）中海企业文化建设实施内容

突出抓好五个层面建设，落实"八个一"重点项目，分阶段、分步骤，有序推进，协调发展。

1.精神文化层建设

（1）以建设百年中海、争创世界一流为目标，弘扬企业精神，倡导企业核心价值观。

企业精神是企业文化建设的灵魂。中国海运经过10年的发展，在全体员工中逐步形成了"爱我中海、勇创一流"的中海精神。"爱我中海"体现每个中海人以企业为荣，为CHINA SHIPPING而自豪的敬业精神，立足本职、服务社会的无私奉献精神；"勇创一流"是中海人勇闯市场、顽强拼搏、自强不息的创业精神，放眼世界、创优图强的进取精神。中国海运在发展，时代在发展，"中海精神"的内涵也是不断丰富发展的。要在员工中大力宣传弘扬企业精神，在企业精神下，凝聚全体员工的力量。

企业价值观是企业文化的核心，是企业对理想、目标追求的具体体现。中国海运企业核心价值观是"诚信四海、追求卓越"。中国海运10年来，以"诚招天下客，誉从信中来"为信念，以诚信拓展航运市场，以诚信赢得客户信任，以诚信铸就中海品牌；中国海运的员工，特别是广大海员经受了大海的熏陶和风浪的洗礼，铸就了坚忍不拔的意志，锤炼了在艰苦奋斗中追求卓越的品格，形成了把宏伟目标与脚踏实地的工作作风结合起来，始终保持一种危机感、责任感、紧迫感，不断攀登新高峰的精神。"诚信四海、追求卓越"是中国海运又好又快发展的内在支撑和依托，是建设百年中海、世界一流的精神支柱。要随着时间的推移和企业、广大员工的实践总结，不断丰富企业核心价值观的内涵，使之成为全体员工的行为准则和精神动力，成为企业的共同价值观。

中国海运司歌《我和祖国一起远航》表述中海员工，特别是广大船员心系祖国、心系企业，爱国家爱中海，无私奉献的壮丽情怀，表达了中海员工和广大船员，情系祖国人民和家庭亲人嘱托，把友谊的桥梁跨越五洲四洋，奏响合作共赢的蓝色篇章，以"爱中海、有思路、能干事"为要求，为中海的明天努力奋斗，再创辉煌。要组织员工广泛传唱中海司歌，唱响中海司歌，特别是对新进员工，要在进行企业精神、核心价值观宣传弘扬的同时，开展司歌的学唱，以中海司歌激励员工、鼓舞员工、团结员工、凝聚员工。中国海运的司标、司旗、标识等，对外是企业的形象标志，对内是一种凝聚力和感召力。要在集团内形成统一、规范的企业形象视觉识别体系，各单位在内外环境、交通运输工具、产品包装、文化办公用品、宣传资料、室内装潢、展馆布展等各方面，都要按照《中国海运企业文化视觉识别系统》规定的基本要素和统一标准严格执行。

（2）以提高经济效益为中心，以提升企业核心竞争力为重点，增强员工对企业文化的认知认同感。

宣传中国海运企业文化建设必须为生产经营服务。中国海运"十一五"发展目标：成为具有较强国际竞争力的国家重要骨干企业之一，建设具有世界一流水平的航运企业。至2010年末：集团总资产超过1 000亿元；总收入超过1 100亿元；船舶运力达到2 500万载重吨以上。企业文化要通过各项内容和活动形式，转化为推动企业又好又快发展的要素之一，转化为实现"十一五"发展目标的精神动力，使企业文化建设成为提升中国海运核心竞争力不可或缺的重要组成部分。

宣传中国海运企业文化建设坚持以人为本。全体员工是企业经营生产的主体，也是企业文化建设的主体。要坚持加强领导与依靠职工群众相结合。领导示范和职工支持是企业文化建设取得进展的关键。上下合力，加强领导力，提高执行力，扩大参与面，是企业文化建设不断发展、创新的源泉和动力。

宣传中国海运企业文化建设坚持

与企业精细化管理、企业思想政治工作和精神文明建设相结合。企业精细化管理、企业思想政治工作和精神文明建设为同一工作目标和工作对象，但又具不同概念，各有特点，在企业活动的不同范围和层次发生作用。在建设百年中海、世界一流航运企业的共同目标下，互相渗透、互为依存、互为补充。

宣传中国海运企业文化必须坚持长期建设，发展创新。企业文化是一项系统工程，是企业长期发展进程中优秀文化的沉淀、积累、提炼和升华，需要不断地在实践中总结和发展。百年企业，唯有先进的企业文化代代相传，并将持续推动企业的发展。

（3）以学习创新为动力，推进企业文化建设，实施人才强企战略。

按照学习型组织的建设要求，倡导终身学习的理念，培养持续学习的习惯和本领。创建学习文化，营造浓厚的学习氛围。充分利用网络、多媒体等现代信息技术，不断丰富和完善培训手段，紧密围绕企业发展的中心课题和员工的岗位要求，推动完善员工培训体系、课程体系设计，有计划有重点分层次地搞好员工培训工作，使员工持续学习新知识、掌握新技能、树立新观念，不断提高员工业务技术及思想文化素质，促进一流员工队伍建设。

（4）培育和树立先进典型，建立企业文化先进典型信息库，充分发挥先进典型的榜样和激励作用。

在企业长期发展实践过程中，培育形成反映时代要求、各具特色的企业文化先进典型是中国海运的宝贵财富，要建立健全各阶段各时期企业文化先进典型信息库，作为企业人文文化的代表，进行广泛传颂。同时，着力挖掘、培育和树立新的先进典型。利用本企业鲜活的典型事例、身边优秀模范人物的先进事迹，推进企业文化建设，促进企业文化的落地生根。认真总结、大力推广企业文化建设的先进典型经验，评选表彰在开展企业文化建设中涌现出来的先进事例和先进人物，充分发挥典型的示范带头作用，带动全集团企业文化建设。

（5）加强文化建设研究，开发系列文化产品，初步形成企业文化建设研究库。

发挥企业思想政治工作研究会的作用，组织广大员工紧密结合集团企业文化建设的实际，开展企业文化的理论与实践研究，探索企业文化建设的理论体系、操作方法和客观规律，解决企业文化建设发展中的理论和实践问题。根据企业的特点和实际需要，开展系列企业文化产品的研究，努力推出员工喜闻乐见的高质量、高品位的文化产品，以实事、实物带动和促进企业文化建设的不断深入发展。

（6）积极开展各项主题活动，在

形式上为企业文化"落地生根"营造浓厚的氛围。

在中国海运系统内广泛深入开展"学先进、树新风、创一流"活动和"一流企业、一流员工"素质工程建设的同时，每年有计划、有目标地开展丰富多彩的企业文化主题活动，使企业精神、核心价值观、企业理念、行为准则等深入人心，并创造条件，为广大员工搭起展示自我文化体育价值的舞台，营造健康、祥和、温馨的文化氛围。

2. 制度文化层建设

（1）建立企业文化建设联席会议制度。由企业文化领导小组办公室牵头，每年召开一次由企业文化建设领导小组成员及有关部门负责人参加的会议，通报全年企业文化建设的情况，研究企业文化建设中的重要议题，策划企业文化建设重点主题活动。

（2）建立企业文化建设动态跟踪制度。企业文化建设是一项长期的任务，企业文化建设领导小组办公室要会同有关部门定期对开展企业文化建设中存在的问题进行诊断，每年末对规划实施进行检测，并针对存在的问题和各单位提出的意见建议，进行修正、补充和完善，做到与时俱进，常抓常新。各单位要在日常企业文化建设工作中结合实际，不断健全和完善企业文化的各个层面内容，使企业文化建设进一步规范化；要根据企业阶段目标和企业文化建

设新要求，修订和完善各项规章制度，把员工认同的文化理念用制度规定下来，使企业文化建设的成果制度化，用核心价值观整合企业规章制度、程序和工作流程，最终形成科学合理的管理体制和运行机制。

（3）建立企业文化建设工作通报考评制度，逐步形成企业文化建设督导反馈机制和闭环机制。集团企业文化建设领导小组办公室和各直属单位定期对企业文化建设重点工作进行检查，并将检查情况在企业文化建设领导小组扩大会议上进行通报，检查情况和通报内容填写至集团统一制订的检查测评报表上，先行进行自测上报，由集团有关部门汇总检查测评，并作为推荐报集团企业文化建设示范单位的考评依据之一。

（4）建立企业文化宣传推广制度。集团和各单位不定期对企业文化建设骨干进行重点培训，每年安排一定时间，通过多种方式开展全员企业文化宣传教育。对新加入企业的员工在上岗前培训时，要增加企业文化内容的学习，让新员工逐渐融入和参与中国海运企业文化建设，并得到广泛的认知和认同。

3. 行为文化层建设

（1）融会有关直属单位员工行为规范和员工守则资源，整合制订《中国海运企业员工行为规范》和《中国海运企业员工守则》，注重培养员工行为习惯和文明礼仪，并在海运报等内部媒体

开展企业员工标准形象讨论，努力塑造一流的员工形象。

（2）按照员工行为规范和员工守则要求，树立中国海运一流员工的典型形象，以点带面，规范员工对内对外的行为准则。

（3）大力倡导团队精神，以一流的船队、一流的团队展示企业风采。通过培育和树立，形成一批团队典型。企业各团队与团队之间，团队中领导与员工之间，提倡团结合作精神，互相尊重，坦诚沟通、互相支持，营造和谐团队。

（4）努力构建企业和谐文化。中国海运是以航运为主业的跨国、跨行业、跨地区、跨所有制经营的特大型综合性企业集团，在以中华民族优秀传统文化和中国海运特色文化基础上，建设世界性、开放性、兼容性的企业文化。不论国籍、地域、种族、信仰、文化，只要"进了中海门，就是中海人"，兼收并蓄世界和各地优秀文化，海内外员工形成相互依存、相互学习、相互包容的开放、民主、和谐的文化氛围。

（5）建立和形成各有特点、各具特色的行为项目文化。中国海运企业文化是在各单位各自文化特点基础上融汇整合形成的，并不断突出建设重点，论证确定企业文化建设项目，逐步确立形成和谐文化、安全文化、廉洁文化、创新文化、管理文化、制度文化、团队文化、服务文化和船舶伙食文化等。要不断充实丰富行为项目文化内容，形成品牌特色，并进行诠释、应用、宣传和推广。

4. 物质文化层建设

（1）建立和完善船岸单位文化阵地建设，加大文化阵地、文化网络的投入。做好船舶现有文化设施的利用，增加船舶文化体育设施、设备，培养船员的兴趣爱好，关心船员生活，以文化的力量凝聚船员人心。在有条件的陆岸单位、机关逐步建立起员工图书阅览室、体育健身室、企业文化优良传统教育室等企业文化设施，创新企业文化建设手段，注重运用互联网等现代手段和企业报刊等宣传媒体的影响，提供健康有益的文化产品，并根据员工的兴趣爱好，有组织地进行培养，提高员工的文化素养，扩大企业文化建设的有效覆盖面。

（2）加快单位、机关、船舶办公自动化和环境美化建设，做到有重点投入，以点带面改善工作、办公条件和生活环境区域，通过逐年投入，形成自然格局，创造优美、舒适、和谐的工作、办公、生活场所。

（3）要根据事业发展的需要和经济条件的可能，逐步增加企业文化建设经费的投入，主要用于企业文化宣传贯彻、人员培训、文化设施建设、企业文化工作奖励等，为企业文化建设提供必要的资金支持和物质保障。

5. 形象文化层建设

（1）逐步推行企业形象统一战略，统一规范中国海运系统运输车船、集装箱、标识、船员制服、工作服、主要办公用品的外观，统一行业标准字、标准色，并按照中国海运"企业形象识别系统（CIS）"的规定，每年进行一次对照检查，统一规范各类标志、标识。

（2）编辑设计制作中国海运形象宣传片，定期制作中国海运宣传画册，每年7月1日中国海运（集团）总公司成立纪念日和7月11日中国航海日举行各种形式的庆祝纪念活动，全方位多视角反映企业特色文化和又好又快发展风貌。

（3）加大对外宣传力度，加强与有关单位及新闻机构的密切联系，通过参与各种社会活动和公益活动及企业对外展览展示，并充分利用报纸杂志和企业网站等广泛宣传展示中国海运建设百年中海、世界一流航运企业的风采，树立企业良好的公众形象。

6. 落实"八个一"重点项目

全力推行中国海运企业文化建设"八个一"重点项目。

同创一个目标——建设百年中海、世界一流；

同铸一个企业精神——爱我中海、勇创一流；

同树一个核心价值观——诚信四海、追求卓越；

同升一面旗——中国海运集团司旗；

同唱一首歌——中国海运司歌；

同建一支队伍——爱中海、有思路、能干事的员工队伍；

同塑一个形象——诚信、关怀、责任、进取的企业形象；

同育一个体系——具有中国海运特色的企业文化体系。

（七）中海企业文化建设保障措施

1. 加强对企业文化建设工作的领导

企业文化是一个由企业精心设计、管理层积极推进、全体员工广泛认知认同并成为自觉行为的过程，是一个循序渐进培养和实践的过程，必须坚持领导倡导、全员参与、持之以恒推进。要建立企业文化建设的领导体制，建设先进的企业文化是企业党政领导的重要职责。各级企业领导要站在企业发展战略的高度重视企业文化建设，把企业文化建设作为一项重要工作纳入议事日程，与其他工作同部署、同检查、同考核、同奖惩。集团企业文化领导小组在集团党组的领导下负责全面推进，集团企业文化建设领导小组办公室和有关部门负责组织实施，各职能部门分工负责落实。各直属单位已建立企业文化建设领导机构的要建立健全领导体系和工作机制，还未设立的要尽快建立，明确企业文化建设主管部门和责任，切实加强对企业文化建设的领导和协调；制订企业文化建设责任制，明确企业各级领导班子、领导人员企业文化建设责任，实行企业文化建设工作考核，把企业文化建设的各项任务落到实处。各职能管理部门既是企业文化的执行者，又是企业文化的建设和推进者，是保证企业文化在企业形成并发挥作用的关键。要把企业文化建设的各项任务自觉融于生产经营活动和各项工作中。在企业文化建设过程中，要注意发挥基层党组织的战斗堡垒作用、广大党员的先锋模范作用，带动全体员工积极投身企业文化建设。要充分发挥工会、共青团组织开展企业文化建设活动的优势，组织广大员工开展劳动竞赛、岗位技能比赛、争创青年文明号（手）等活动，提高员工岗位技术能力和水平。

2. 培育两支队伍

按照国资委、交通部加强企业文化建设人才队伍的要求，各级组织要为企业文化建设专兼职骨干人员搭建成才平台和职业发展空间，在企业文化建设的实践中培育和选拔人才，组织起企业文化理论骨干队伍和企业文化建设专兼职管理人才队伍。建立企业文化培训体系，完善培训教材，组织课件的编写制作，充分利用内外部资源，加强对专兼职骨干人员的培训和引导，不断提高他

们理论与实践的经验和水平。

3. 构建企业文化宣传网络

大力创新企业文化建设手段，丰富和优化企业文化载体设计，整合企业文化资源，建立统一的企业文化载体，加强企业文化宣传管理。做好企业文化专题宣传工作，充分利用宣传媒体，传播中国海运企业文化理念，反映企业文化建设新成就，展现中国海运新气象、新面貌。加强企业文化网页的建设，不断增强网页信息量，做到信息及时性、具有吸引力，提高点击率。要利用内部报纸杂志企业文化专栏等形式，内容丰富、生动活泼地开展企业文化学术研讨、经验交流、思想沟通、信息共享，促进员工对企业文化的认知和认同，推进企业文化建设工作深入发展。

4. 加强文化建设管理，做好企业文化建设的协调工作

企业文化主管职能部门要充分发挥各级组织、各行政业务部门、广大员工企业文化建设的积极性，建立企业文化联席会议制度，及时通报、检查企业文化各项建设任务落实情况，掌握员工思想动态，掌握员工对企业文化建设认知、认同和执行情况，研究部署工作。实行企业文化建设工作考核，把员工对企业文化的认知、认同和其应具有的文化素质作为员工招聘、评选先进、职务晋升和人才培养的重要条件之一。重视

企业文化建设的维护与发展。及时对企业文化的具体内容进行检查、充实、调整，对（CIS）手册、员工礼仪行为规范等进行修订，使企业文化保持与时俱进，不断巩固提升。做好信息交流、宣传和资料收集整理工作。注意学习先进企业的经验，听取专家学者的意见和建议，开展学术交流活动，掌握企业文化理论与实践的最新进展，指导本企业的企业文化建设工作。做好企业文化建设的经验总结、交流和信息沟通，取长补短，互相促进，共同发展。对在建设实践中形成的新认识、新观点、新成果以及发现的问题、反映的意见和建议，要及时沟通，促进企业文化的创新与升级。做好企业文化建设资料的整理归档，加强企业文化建设的案例收集、整理，用丰富鲜活的案例启发、引导开展企业文化建设。

5. 企业文化建设经费保障与管理

建立企业文化建设考评和激励机制，把企业文化建设纳入年度企业领导干部和部门业绩考核体系，定期对企业文化建设的成效进行考评和奖惩。要建立保障机制，加大企业文化建设软硬件投入，设立企业文化建设专项经费并纳入企业预算。

第六章　航海文化建设的典型案例

一、志在远洋　乘风破浪

（一）"光华"轮首航

"光华"轮——新中国第一艘自营远洋船，不仅是我国远洋运输事业诞生的第一个产儿，也是广州远洋运输公司壮大发展乐章的序曲。

"光华"轮是一艘远洋客货轮，它的前身原名"斯拉贝"。1930年1月建造于英国培尔法斯特船厂。它在20世纪30年代曾是风光一时的先进邮轮。但由于制造技术不过关，使用不到4年就出现底座裂纹，1959年停航报废。

1959年，在印度尼西亚出现了一股反华、排华的逆流，大批受迫害的华侨急需回国。1959年12月9日陈毅副总理兼外交部长代表中国政府发表声明，就印尼当局的反华行径提出抗议，并宣布中国政府将分期分批接运难侨回国。当时我国没有远洋船，只好租用苏联的

"光华"轮首航

俄罗斯号等3艘客轮和海皇号等5艘侨商船接侨。租用这些船不但条件苛刻，而且工作很难配合，给接侨增加了许多困难。为了发展我国远洋运输事业，国家下决心建立自己的远洋船队，由于当时国家不富裕，必须花小钱办大事。1960年1月31日经周恩来总理批准从为数不多的接侨费中拨出26万英镑（当时约合90万元人民币），通过捷克公司从希腊轮船公司买进这艘船，即后来的"光华"轮。

交通部远洋局委托广州办事处（广州远洋运输公司前身）组织接船。在接船的船员中有中国船员21人、捷克斯洛伐克船员21人、波兰船员10名和留在"斯拉贝"号轮船上的5名希腊船员。中方人员于1960年7月从北京乘飞机经莫斯科到布加勒斯特，再从那里转乘火车到康斯坦萨，"光华"轮的前身"斯拉贝"就停在那座城市的港口。办过接船的移交手续，经匆匆两天的检查、修理、试车、练兵，船就开往国内。航行途中故障不断，小修小补不计其数。船舶边走边修、边修边走，终于把船开抵黄埔港。

根据上级指示，"斯拉贝"号轮在黄埔港改名为"光华"轮，为"光我中华"之意。该轮准备作为我国第一艘自营远洋船舶到印尼接运受难华侨。但要用这样一艘超龄且技术状况很差的船作为首航船舶，任务是非常艰巨的。

1960年前后，我国正处于三年经济困难时期，外有前苏联逼债，美国封锁；内有天灾人祸，物资匮乏，各方面的条件都很差，广州的船厂无法安排这样复杂的修理，只能在外汇非常困难的情况下到香港修理。为了节省开支，船在香港修理时，凡能自己修好的工程不交厂修，凡能修理的设备不购置新的。船上要添置做饭的蒸汽锅，买新的每个要几千元港币，陈宏泽船长从香港招商局朋友处打听到当地某拆船厂有废旧蒸汽锅，即以每个三四百港元买回4个，经修理后即可使用，仅此一项，就节省了一万多港元。

当时，从国务院到中侨委，从交通部到广东省，对"光华"轮首航都十分关心。周恩来总理在百忙中曾几次叫秘书来电话过问修船情况，连船上机舱几颗铆钉松动是否已修好都问到了。周总理的关怀，大大鼓舞了船员斗志，大家日夜苦干，人熬瘦了，眼熬红了，都视为常事。

船修好后，即作开航接侨准备。担任"光华"轮第一任船长的是陈宏泽，第一任政委是袁业盛，第一任轮机长是戴金根。

为了航前练兵，检查设备技术状况，"光华"轮临时安排沿海客运，从广州到汕头来回跑了6趟。首航国际航线的检验发证是非常严格的。20世纪60年代我国尚未恢复在联合国的合法席位，不能以政府名义颁发船舶航行国际航线所必需的法定证书，故请前苏联驻上海船舶检验局发给《船舶安全证书》。

开航前的油料、物料、伙食准备是一大难题。当时物资奇缺，一斤粮、一尺布、一滴油都来之不易，一切靠计划供应，有钱也买不着。如为更新船上救生饼干之事，虽然采购数量有限，但厂家要用户自备粮油糖才给加工。而这点粮油糖，连广东省粮食厅都不能做主，最后找到广东省副省长林李明批示才获解决。其他物资供应的困难就更不用说了。那时的物资供应人员真是跑断了腿，伤透了脑筋。

有了物资，运输又成了问题。当时广远刚筹建，没有仓库，没有一辆机动车。一辆脚踏三轮车、一辆自行车就是当时交通部驻广州办事处的全部运力。但要给"光华"轮运的货却不是几箱、几吨，而是几十吨、上百吨。这些货物全靠供应人员一桶桶、一箱箱蹬三轮车、乘公共汽车从广州运到20公里外的黄埔港。为了把鲜鱼、鲜肉及时送上船，供应人员往往凌晨两三点就从广州出发，到黄埔港已日上三竿。船员们看到满身鱼腥肉血、大汗淋漓的职工送货上门，都从心底里佩服，称赞他们创造了一流的服务。

为了解决开航人力困难问题，在上级和兄弟单位关怀下，海运局、长江航运局、中波轮船公司都抽调一批骨干力量进行了支援。广州市服务行业、纺织行业和医院也抽调人员到船上担任厨师、服务员、医生、护士等职务。

1961年4月28日，即广州远洋运输公司成立的第二天，"光华"轮开航了。她鸣奏出新中国向世界远洋航海进军的第一声汽笛，记下这个值得纪念的日子。在这个有重大历史意义的一天，黄埔港一片旗山人海，盛况空前。首航仪式由广州远洋运输公司首任经理郭玉骏主持，广东省长陈郁、副省长林锵云、南海舰队副司令员曾生、广州市长朱光、文艺界知名人士红线女、常香玉以及华侨学校师生、黄埔港职工21 000多人参加了开航典礼。陈宏泽船长代表全体船员向祖国宣誓后，肩负着人民重托的"光华"轮，在锣鼓鞭炮声和欢呼声中徐徐离开码头。海员出身的广东省陈郁省长还随船送一程，等船开至大蠔洲才依依惜别。他无限欣慰地说："我过去当过海员，对船很有感情。现在看到我国有了自己的远洋船，心里特别高兴！"

"光华"轮首航并非易事。那时，中国太平岛、东沙岛仍为台湾国民党当局所占领，国民党的军舰经常在那里巡逻。为了确保首航安全，不但牵动了广东省，也牵动了中央军委、国务院。中国人民解放军空军在凌水机场待命、海军在榆林港枕戈待旦。"光华"轮船员则是抱着背水一战的决心，誓死完成首航任务。周恩来总理通过中国人民解放军总参谋部直接打电话到调度室，询问"光华"轮航行情况。"光华"轮一路上每4个小时发一个船位报，通过中国人民解放军总参谋部、海军和交通部的海岸电台等多种渠道向党中央、国务院汇报。

5月3日，"光华"轮到达目的港印尼雅加达。在港口，迎接"光华"轮的却不是鲜花和彩带，而是荷枪实弹、戒备森严的军警，他们设置重重防线把船与居民隔开。尽管如此，也阻挡不住华侨的爱国热忱。华侨们在我驻印尼使馆和侨团的组织下依次登船。侨胞一上舷梯，积郁多时的思乡之情奔涌而出，满怀激情振臂高呼"祖国万岁"、"共产党万岁"、"毛主席万岁"。有三位难侨一上船就来到国旗下，向五星红旗深深鞠了3个躬。在船上举行的文艺晚会上，难侨们含着眼泪，用带着浓重土音的普通话一遍又一遍高唱《没有共产党就没有新中国》。

一位双目失明的华侨老太太听到祖国派船接侨，执意要到船上去。她在亲属的搀扶下，从老远的棉兰来到雅加达，专程看望祖国来的航船。印尼警察不让她登船，她就雇了小艇绕着在锚地抛锚的"光华"轮转了三圈，边绕边用手抚摸船壳，泪流满面地喃喃自语："我虽然见不到祖国的故土，但我摸到了祖国驶来的第一艘巨轮！"在印尼期间，侨胞给"光华"轮赠送了副食品，并赠送了绣有"我们永远不忘祖国的恩情"字样的锦旗，充分表达了侨胞对祖国的无限热爱。

"光华"轮首航雅加达，将1 500多名难侨安全运送回黄埔港，实现了交通部提出的"旗开得胜，万无一失"的方针，从4月28日开航历时20天，于1961年5月17日胜利返抵黄埔。当天，"光华"轮收到交通部致全体船员的贺电。

"光华"轮是挂五星红旗远航国外港口的第一艘新中国船舶。"光华"轮的首航不仅对当时的接侨工作有重大的政治、经济意义，更为重要的是这次首航在中国航海史上有着重要的历史意义，标志着新中国远洋船队的诞生，揭开了新中国远洋运输的新篇章。

在中国远洋运输史上，"光华"轮是一艘光荣航船。"光华"轮在广远公司经营的15年中，除13次到印尼接侨外，还到印度接侨3次，运送中国、朝鲜、越南3国运动员赴雅加达参加新兴力量运动会；运送中国援外技术人员和援外物资到北也门；运送中国修建坦赞铁路的工程技术人员到坦桑尼亚。"光华"轮于1975年7月8日以其45岁的船龄宣告退役。

"光华"轮是中国远洋运输事业发展的历史见证。"光华"轮为维护社会主义祖国的主权与尊严，为缔结和传播国际友谊，为在国际友人、海外侨胞中树立新中国的光辉形象，作出了重大贡献，受到了党中央、国务院的表彰和国际人士的高度赞扬。1962年、1963年，党和国家领导人叶剑英、陈毅、邓子恢先后登上"光华"轮视察工作，慰问船员，并代表党中央和国务院向船员们致敬，高度赞扬了远洋船队的创建和远洋船员的高尚品德。陈毅副总理还为"光华"轮赋词一首：

陈毅于1963年1月登上光华轮接见全体船员

满江红　参观"光华"海轮

中国海轮，　　　守纪律，
第一次，　　　　好榜样；
乘风破浪。　　　走私绝，
所到处，　　　　负时望！
人民欢喜，　　　真英雄风格，
吾邦新创。　　　人间天上。
海运百年无我份，载运友谊驰四海，
而今奋起多兴旺。亚非欧美波涛壮。
待明朝舰艇万千艘，看东方日出满天红，
更雄放。　　　　高万丈。

（二）首航西雅图

1979年4月18日，是个值得纪念的日子。

这一天，美国运输部部长布罗克·亚当斯（Brock Adams）、国家海运总署代署长尼曼罗（S.B.Nimerow）、华盛顿州州长李莱（Dixylee.Ray）等美国各界人士和华侨代表300多人，齐聚西雅图港，媒体的记者们也纷纷占据了有利位置，这里要举行盛大的欢迎仪式，欢迎首航美国的中远"柳林海"轮。

中断30年之久的中美海上航线将重新开通，这次划时代意义的航行是值得庆祝的。

1972年，美国总统尼克松先生访华，震惊了世界，这表明太平洋两岸的两个最大国家经过了长达1/4世纪的隔绝，开始走向接触、交往和了解。但两国经济上往来基本还是空白，悬挂五星红旗和星条旗的飞机、船舶还不能停靠对方的国土。

1979年，中美正式建立外交关系。为了推动两国的外交进程，中远和美国莱克斯兄弟轮船公司商定，在中美两国政府签订海运协定之前，悬挂中国国旗和美国国旗的船舶分别挂靠中美两国对外开放港口。1979年3月18日，美国莱克斯兄弟轮船公司的商船"利·莱克斯"首次停靠上海港。中国方面是中远"柳林海"轮从上海港出发，经日本神户港，到西雅图。

"柳林海"轮的首航令美国激动不已，美国的电台、报纸、电视进行了铺天盖地的报道，称赞"柳林海"轮船员"不但是海员，而且是友好的使节"，他们不仅展示了中国自己建造的现代化船舶和船员纪律严明的风貌，也让美国朋友看到了站起来的中国人身上所具有的新形象。在西雅图已出版100年、当地发行量最大的报纸《新闻邮报》对中美两国交往的历史进行回顾后，说："中国和美国，上海和西雅图，在经历了近30年的长久分离后，彼此在今天移近了新的一步。"

"柳林海"轮船长贝汉廷

"柳林海"停靠西雅图港为两国贸易打开了大门，当"柳林海"回国时，不仅载去货物，而且带回美国人民对中国人民的友谊。

时光进入新世纪，为了铭记25年前的伟大历史瞬间，中远又把两艘巨轮命名为"中远西雅图"号和"新柳林海"号，投入中美航线，对中美贸易关系充满展望和期盼。

今天，中远不仅是西雅图港的重要合作伙伴，而且在旧金山、洛杉矶、休斯敦、纽约等地都有了货柜码头，中远经营的中美航线成为中美贸易的主力航线，为中美经贸合作作出了重要贡献。

有两个闪光的画面把中远的历史连接起来：

40多年前，开国元勋陈毅副总理在"光华"轮上，豪情万丈，吟诵《满江红》，"海运百年无我份，而今奋起多兴旺。"……

40多年后，共和国新一任总理温家宝在美国波士顿港向世界媒体称赞中远为中美经济合作和交流的典范。

（三）祖国利益高于一切

1999年6月5日凌晨，凌乱的枪声在所罗门群岛总理府上空响起，所罗门发生军事政变，政变部队包围首都、扣押总理、关闭机场并切断岛国与外界的通信联系，内战一触即发。

在所罗门群岛有我国华侨300多人，在所罗门的经济中、尤其是商业领域起着举足轻重的作用，控制着该国70%以上的商品流通。由于政变背景是两派军事力量的对峙，首都霍尼亚拉市区枪声不绝于耳，已有10人在冲突中丧生，国内航班和班轮已瘫痪。当地不法分子乘机抢劫，勒索华人、华侨和中资企业的财产。在这种情况下，各国侨民尤其是中国侨民必须在生命和家产之间作出无奈的选择……

1. 奉命接侨

1999年6月12日，午夜00：08

中远（集团）总公司调度室值班人员接到外交部领事司打来的电话，简要说明所罗门群岛发生政变，需要接侨的情况，请中远紧急寻找所罗门群岛附近是否有中远船舶航行、通过，并承担接侨任务。

从接到外交部电话之时起，中远的紧急应急系统启动，以中远调度室为中心，中远海内外各相关单位、部门和个人相继进入应急状态。

短短几十分钟的紧急联系，最后锁定距所罗门约550海里的中远集装箱运输有限公司的"阳江河"轮。中远总部迅速发出指令，要求"阳江河"轮立即开赴所罗门群岛霍尼亚拉港，并做好相关的准备工作。

正驶往日本的"阳江河"轮接到指令后立即掉头，向发生政变的所罗门群岛高速驶去。摆在"阳江河"轮船长丁海弟面前的困难是十分明显的：根据公司指示，"阳江河"轮将在所罗门群岛的霍尼亚拉港接侨民上船，然后在巴布新几内亚的莫尔兹比港将侨民送上岸。这两个港都很小，像"阳江河"轮这样的大型全集装箱轮是从来不去的，船上也没有准备这两个港口的海图，对这两个港口的水下情况一无所知，进出港都冒相当大的风险。

"阳江河"轮是一艘常年不回国内的船舶，又是一支坚强的、有着巨大凝聚力和战斗力的队伍，此时将在一无海图、又不了解水情，按惯例不能航行的情况下，接受一场严峻的考验。

2. 四海同心

就在"阳江河"轮全速驶向所罗门群岛的时候，中远集团各相关单位也同时开始行动。

——中远（集团）总公司向中远（澳洲）有限公司发出书面通知，要求中远（澳洲）有限公司全力配合中国驻澳使馆，尽最大努力做好一切相关工作，保证接侨工作的顺利完成。

——中远（集团）总公司成立以总裁魏家福为组长的"接侨领导小组"，随时与外交部、中远集运和中远（澳洲）有限公司保持联系，汇报情况，了解最新信息，并制订出详细的营救方案，统一调度指挥营救工作。

——中远集运成立以总经理许立荣为组长的"接应工作领导小组"和"对外联络"、"安全保证"、"接运工作"等三个工作小组，并立刻投入工作。

——中远（澳洲）有限公司立即召回正在休假的有关人员（当天正值澳大利亚节日放假），成立以总裁魏卿为组长的"接侨工作小组"，迅速与中国驻澳使馆取得联系，分头落实有关工作。

由于所罗门群岛与中国没有外交关系，中远以前与当地也没有业务往来，因此，在所罗门政局不稳，当地人情、地情、港情都不熟悉的情况下，要保证100多位中国公民和侨胞安全转移，任务十分艰巨。中远（澳洲）有限公司密切配合中国驻澳使馆，首先通过各种途径落实了船舶代理，并向代理特别强调了保证人、船安全的明确要求；然后又协助船舶和当地中国侨民与代理建立了联系；同时，不间断向集团总公司、中国驻澳使馆、中远集运以及船舶通报情况。

太平洋的烈日下，"阳江河"轮全速飞驶；北京、上海、澳洲，各有关部门和人员紧张而有序地忙碌着；空中，繁忙的电波迅速传递着信息……

中远人的心都在为117名中国侨民而跳动。

这种船岸协作，四海一盘棋的密切合作，是中远屡次接侨成功的根本原因。

而船上的准备工作也在同一时刻积极展开，任何可能发生危险的细节都被考虑在内。全船动员大会对船上12名党员、3名团员提出重点要求：在执行撤侨任务时，要充分发挥先锋模范作用，如发生冲突事件，要把危险留给自己，把安全留给侨胞，尤其要保护好老人、妇女、儿童。除当值外，所有人员进入保卫、护理、服务小组，全力以赴，不分昼夜。船上定编25人，实际居住房间也正是25间。支部决定让出15间给侨胞居住，同时，将大台、办公室安排为临时住所，供侨胞们休息。全体船员除留一条被子自用外，其余毛毯、被套等全部送到服务员处，统一分配给侨民。各项生活用品也一一准备齐全。

3. 福泽侨胞险难自当

滔滔南太平洋上风卷浪涌，烈日炎炎，船员们的心也随着波涛起伏不停。他们知道，遭受战乱的侨胞们正焦急地翘首期盼着。

6月13日，14：25，"阳江河"轮离霍尼亚拉港越来越近。由于该港系山坡垂直地形，深度达百米以上，给船舶锚泊造成极大困难，丁海弟是一名经验丰富的老船长，反复选择后才把锚抛下。此时正是14：40。

经过中远澳洲公司的积极联系，两艘澳大利亚海军登陆艇前来协助中国撤侨，一艘运人，一艘运行李。

此时，侨胞们的心情激动异常，"阳江河"轮上飘扬的那光彩熠熠的五星红旗拂去了侨胞们郁积多日的愁云。船上悬挂的鲜艳醒目的横幅"祖国欢迎你们，'阳江河'轮欢迎你们"使等候已久的侨胞们热泪盈眶。

这些侨胞中大部分是妇女、儿童。战乱中几天的担惊受怕，又经过一个下午的热带太阳暴晒，他们个个神情凄惨，处于崩溃的边缘。特别是怀抱婴儿、手牵幼童的妇女更是让人见了欷歔不已。许多侨胞一上船就瘫倒在甲板上，有的要靠船员背着、抱着才能进船舱。看着这些受难的同胞，船员们不禁留下了同情的眼泪。他们急急地帮着搀扶老幼，提携行李，年轻的三副朱亮宽在搀送侨胞、搬运行李时，由于用力过猛，一个指甲盖被掀掉了，血肉模糊，直到安排好最后一位亲人，船开航后才发现。可他对谁也没说，仍旧坚持在岗

位上。当侨胞们进入事先安排好的房间，心里更是激动异常，眼中噙满泪花——他们看到了来自祖国亲人真挚的关爱，又从战乱的土地接他们上了坚实的"流动国土"。

16：30，"阳江河"轮离开锚地，按照预定计划，驶往巴布新几内亚首都莫尔兹比港。那里是侨胞们的中转地，他们将从那里乘机回国。

"阳江河"轮定员只有25人，一下子来了一百多人，吃住都成了问题。如何才能使侨胞及早摆脱战乱的噩梦，让他们感受到家的温暖呢？为解决这些问题，船员们费尽了心思。

按照预先的安排，"阳江河"轮船员从全船仅有的25个船员房间中腾出了15间给侨胞居住，并将大台、办公室等地方安排为临时住所。限于条件，住宿拥挤是肯定的，但是，在船员们的巧妙安排构思和精心布置下，呈现在侨民眼前的是明亮整洁的房间、摆放整齐的餐具和一应俱全的生活用品。这些都给侨胞以回家的感觉。

根据党支部的安排，为保证船舶主要技术干部的身体体能以备应急突发事件、确保船舶安全，轮机长、大管轮和大副3人只需腾出办公室让侨胞住宿即可。可他们看到侨胞住宿拥挤时，二话没说，立即打开房间，让侨胞睡到了自己的床铺上，而自己连被褥都未拿，就睡到了机舱集控室和船舱地板上。地

板尚可忍受，而紧挨主机房的集控室却噪声极大，他们就是这样在极度疲惫中度过了几个不眠之夜。

由于大多数侨胞是第一次乘船，长时间的惊恐和酷暑的折腾，再加上风大、浪大、船舶振动大，他们晕船、呕吐十分厉害。床铺上、地毯上，甚至船员留在房间的衣服上都留下了侨胞们的呕吐物。但船员们依然微笑着，用体贴入微的关怀，小心翼翼地帮助侨胞擦洗、整理，毫无怨言。船员们还将自己的水果、饮料、牛奶等送到侨胞手上。

侨胞中年龄最大的是66岁的老人，最小的是才出生10天的婴儿，另外还有多名产妇。如何安排好一日三餐，让侨胞吃得可口，并尽快恢复体力，成了一个棘手的难题。为此，船上作出三项决定：第一，船员除按岗位分工、各司其职外，都兼任"特别炊事员"，只要能抽开身，就立即到厨房帮助烧菜做饭；第二，在人多、口味不一的情况下，确保伙食标准不降低，早点要增加到3个品种，午餐、晚餐确保四菜一汤（通常，船上是三菜一汤），并要求作出花样；第三，实行厨房24小时服务，特别对船上妇女、幼儿、老人用餐，随叫随做，热情周到。

老机工周济元本来这个航次返航后就将退休，当他被安排为主要帮厨人员后，总是天一亮就到厨房帮厨，一直干到深夜。累，确实很累；苦，确实很苦。但他说："值。你想呵，人一生中能碰到几次这样的事情？我是代表祖国、代表中远为自己的同胞服务，感到十分骄傲。我马上就要退休了，在我退休前的最后一个航次，执行这项光荣的任务，真是我的荣幸啊！"

为了让侨胞得到足够的营养，船上克服了淡水和蔬菜短缺的困难（船上的淡水和食物仅仅是为25名船员准备的，灶具也不够），克服了居住空间狭小的困难，针对侨胞中既有60多岁的老人，又有刚出生只有10天的婴儿及体弱易生病的产妇等情况，船上专门成立了医疗小组，密切关注大家的健康状况，及时为生病和晕船的侨胞治疗。

从13日下午侨胞登船时起，至15日深夜"阳江河"轮靠莫尔兹比港止，25名船员承担下全部的危险和困难，用赤诚和爱心为侨胞们提供了最好的照顾。为了把侨胞们尽快送到安全地点，船员们使主机始终处于最佳运行状态，并精心选择航线，以最快的速度向莫尔兹比港前进。

由于受高压气流影响，在整个接侨过程中，海区风力平均为7级，最大风力达到9级。南太平洋一直波涛滚滚，使"阳江河"轮在抵达莫尔兹比港前，又经历了一次严峻的考验。

按照计划，"阳江河"轮于6月15日当地时间22时抵达莫尔兹比港，并准备在此上引水员，进港靠岸。但当时天黑、风大、浪急，进出港航道只有0.3海里宽，周围暗礁密布，港内引水船出不来，船长自行进港有相当大的风险。但如果不进港，在离港10海里外漂泊一夜，船舶长时间剧烈摇摆，侨胞中妇女、儿童身体将难以承受；同时当地常有海盗出没，侨民安全难以得到保证。另外，我驻巴布新几内亚使馆官员和当地华人社团100多人已经提前等在码头，在船的侨胞也盼望着尽快上岸。在这种情况下，船长丁海弟果断决定：原计划不变，进港！

6月15日23：45，"阳江河"轮历尽艰险，终于靠上码头。

凌晨1时整，最后一位侨民由我驻巴布新几内亚大使馆安排的华人社团汽车送往旅馆。至此，"阳江河"轮完成了这次接救侨民的光荣任务。所接侨胞没有一个人受伤，没有丢失一件行李，在当地华人、华侨中产生了强烈的反响。

在整个接侨过程中，"阳江河"轮从最初的掉头出发，至霍尼亚拉港，再到莫尔兹比港，并最终又回到原航线掉头点，共计绕航2 389海里，历时99小时，圆满完成祖国的重托。

（四）精心凝聚力量　精细铸造品牌

"我珍惜、我努力！"这响亮的声音，不是保险推销员的晨课，而是中海货运"嘉信山"轮青年船员每天早上

工前会的共勉口号。走进"嘉信山"轮，我们处处都能感受到激情、奋进与和谐。近年来，"嘉信山"轮这群平均年龄不到32岁的青年团队，坚持以创建"青年文明号"为抓手，开展精细化管理，形成了"管船育人"的鲜明特色。2006年，中国海事局授予"安全诚信船舶"称号；中国海运授予"中海十佳标兵船舶"；2007年，被推荐为广东省直属机关文明单位，5月被共青团中央命名为"全国青年文明号"。

1. 建设富有战斗力的青年团队

"嘉信山"轮是2004年12月投入营运的5.7万吨级散装货轮。船员26人，平均年龄33.9岁，35岁以下的团员青年占72.4%。接船伊始，船舶领导就提出创建"全国青年文明号"的奋斗目标。同时提出，实现创建目标，就必须精心打造一支富有战斗力的青年团队。为统一思想、凝聚力量，船舶结合开展建设"四好"班子、"双一流"素质工程建设活动，狠抓社会主义荣辱观教育和思想道德、职业守则教育，引导、教育青年船员树立远大理想，增强团队观念，强化责任意识，牢记历史使命感。同时，以《青年素质发展要求》、《"青年文明号"服务承诺》等制度和要求规范青年的文明行为，发挥青年生力军和突击队作用，形成齐抓共创建的氛围。

船长吴声望、政委杨国江、轮机长

钟潮海，干劲足、懂技术、精业务。结合船舶青年人的特点和各阶段安全运输生产任务，把组织开展"安全生产示范岗"、"团员先锋岗"、"团员责任区"、"青年之星"等活动带入船舶安全运输生产各个环节，并以此作为检验创建"青年文明号"工作成效的重要标准。为了夯实船舶安全管理基础，船长每月组织青年船员学习QSMS文件，按规定要求进行各种应急预案演练，提高应变能力，使青年船员从"要我安全"转变为"我要安全"、"我能安全"。两年来，"嘉信山"轮连续安全航行近20万海里，保持营运率、安全率100%的纪录。

2. 发挥青年突击队作用

开展精细化管理是创建活动的重要一环。船舶组织甲板部、轮机部两支青年突击队，除在急、难、险、苦等方面发挥突击队作用外，认真落实船舶精细化管理的各项工作，无论甲板除锈保养，还是机械设备突发故障现场抢修，青年船员都努力做到精细、精确，确保船舶安全生产。2006年10月第17航次，青年团员利用候泊时机，对200个封舱螺栓全部进行拆卸、除锈、活络，并以不同颜色的油漆规范标识。2007年1月，船舶需更换克令吊吊货钢丝，当时船舶正航行在赤道水域，时间非常有限。为不影响生产船期，青年突击队主动请缨，团员奋勇当先，更换了4台克令吊所有吊货钢丝。5月初，青年团

员在检查油舱中发现多个油舱加温管漏气、漏水，以致不能加温。当时临近厂修，轮机长钟潮海带领青年突击队认真精细地检查，找出漏点并给予解决，使所有加温管系恢复正常，没有延误运输生产一分一秒，节约2天船期和数万元修理费。由于保养到位，船舶实现了规范管理，亮丽如新。

3. 搭建青年人成长平台

培养青年航海专业人才需要创新精神。为搭建青年人成长平台，加快培养现代化、大型化船舶管理人才，"嘉信山"轮把每天工前会改由青年船员轮流主持，每人主持一周，让青年船员轮流当"周官"。无论轮到谁主持，都要自己策划，自行认真准备工前会内容。会上，大家都将各自主管的安全设备管理情况以及心得体会与其他船员交流和分享，在交流和分享中取长补短、相互促进，培养青年船员自主管理能力和提高综合管理素质，努力成为知识型青年船员。电机员姜友才认真学习和研究所主管的各种设备说明书及图纸后，对设备的英文说明书进行翻译，对发现的部分说明书与实际设备操作不相符的部分进行修改，解决了卫通C站应急电源存在的故障和设计缺陷；青年大副肖平自编船舶配载算货系统电脑程序，改变了传统手工查表算货方法，大大缩短了船舶配载查表算货的时间和误差；团员水手董石海和青年机工张位洪分别设计了

甲板部、轮机部备件物料摆放图，规范了船舶物料管理，为落实船舶精细化管理发挥了重要作用。

两年来，"嘉信山"轮一批优秀的青年船员在工作中脱颖而出，先后有13名驾驶员和轮机员走上高一级工作岗位，杨国江等5名青年船员先后被中国海运团委、广东省直属团工委和中海货运团工委授予"优秀青年干部"、"优秀共青团员"、"青年岗位能手"称号，3名青年团员光荣加入中国共产党。

4. 打造青年文明品牌

"嘉信山"轮把"诚信服务、优质高效"作为创建工作的生命，信守服务承诺，做到"抵一个港口，树一次品牌"。每航次，船长、大副都细心检查船舶舱密、水密等情况，核实船舶各种装载数据，准确掌握常重与变重的关系，严格按"三准一足"货运质量要求，通过合理设计航线和使用燃油，积极配合港方装卸货，追求最佳的经济效益。2007年2月19日，"嘉信山"轮在印度装货，由于货源及港方效率等原因，进度缓慢。由于该港引航站规定超过18：00即停止引航，需到次日08：30才能开航，这样就会延误船期，影响船舶经济效益。当天16：00，船长得知货量仅差300余吨，便主动找到租家代理，提出加快装载速度争取18：00开航的建议。为抢时间，团员青年带头做好各项完货离港的准备工作，大副密切跟

踪装载进度，联系公估人员测量水尺，计算货量，争取在完货的同时做好公估工作；水手长则带领水手和青年船员加快清理已完货大舱的舱口围和盖舱，放好克令吊。18：00，装载工作如期结束。在青年船员的努力下，船舶提前14个小时开航，赢得了时间和效益。"嘉信山"轮青年船员安全、优质、诚信、高效的服务态度，深深感动了租家WINNING航运有限公司，该公司专程派代表来船慰问"嘉信山"轮的青年团员们。

2006年7月21日凌晨，广州新沙港码头一名码头工人违规下大舱取煤样时，不幸窒息晕倒在舱底。全体青年船员在一场生死抉择的营救中，临危不惧，以高度负责的高尚情操和训练有素、团结协作的良好团队素质，挽救了码头工人的生命，谱写了一曲舍己救人的动人赞歌，在船舶、当地港口码头乃至南粤大地广为传颂。

仅仅两年时间，"嘉信山"轮那支充满激情、充满自信、朝气蓬勃的青年团队，以敢为人先、勇创一流的精神，为中海货运打造出了广受赞誉的远洋船舶品牌，纷至沓来的各种荣誉就是明证，"全国青年文明号"的奖赏就是最好的诠释。

（五）解决美国9 000人就业问题

和中远打交道是一件扬眉吐气的

事。由于发展的差异，一般是经济发达国家给经济欠发达国家提供就业机会，那么，中国人给外国人打工就是相对普遍的现象。但在分支机构遍及世界100多个国家、雇佣外籍员工5 000多人的中远，是外国人给中国人打工，并且依靠中远来提供更多的就业机会。

美国的波士顿地区聚集了哈佛等高等学府，过去只重视高科技，而忽视经济，这就直接威胁到它的港口贸易。马士基航运公司的退出更使波士顿港趋于停顿状态，于是它下面很多人的就业压力相当大。当魏家福总裁在哈佛讲演时，波士顿港务局就非常迫切的希望能够与中远合作。波士顿方面看中了

COSCO的品牌价值，知道同COSCO合作能够带来利益。因此在谈判时，魏家福总裁坦率地指出：我们中远来，是在商言商，派船可以，但必须保证货源。

结果，波士顿港务局连开了两个欢迎会，为表示诚意，让那些货主坐飞机赶过来，在会场上居然挨着个上讲台，向以魏家福为主的中远谈判代表"表忠心"。

由港口组织货主向船主表示合作的诚心和决心，这恐怕是世界头一次。透过表面现象，我们看到的是中远品牌的强大，COSCO令人尊敬的实力。

应美方邀请开辟了远东至波士顿

美国马萨诸塞州港务局庆祝中远首航波士顿一周年仪式

的集装箱航线以来，不但为美国马萨诸塞州海运业提供了9 000个直接就业岗位，而且使波士顿港成为远东地区至北美大陆重要的货物进出口枢纽，中远在美国新英格兰地区的集装箱业务量增长了5倍，波士顿港的进出口货物分别增长了4倍和2倍多。正如麻州港务局科伊总裁在欢迎温家宝总理的致辞中所说："正是由于中远集团魏家福总裁的远见卓识，中远船舶所承载的货物为麻州带来了巨大的利益。"

2003年3月31日，美国马萨诸塞州港务局举行盛大的庆典隆重庆祝中远首航波士顿一周年，马萨诸塞州港务局局长里昂致辞说：中远波士顿航线的开辟使马萨诸塞州以及新英格兰地区的其他几个州受益匪浅。航线的开通不仅加强了新英格兰地区和亚洲的贸易关系，还为马萨诸塞州和中远带来双赢的局面。

庆祝仪式上，马萨诸塞州州长代表和该州参议院议长代表分别向魏家福颁发了感谢状，对中远集团为马萨诸塞州的经济发展以及加强了中美经贸往来所作的贡献表示感谢。

为世界经济繁荣作出贡献，是COSCO品牌真正价值和存在的意义。COSCO品牌不只是产品，也不是中远的现状，而是代表中远长远的全方位的实力。

过去中国在世界航运市场的发言权有限，虽然是全球领先的远洋船队，但由于不太重视参加国际航运组织，以致美国曾把中远当成"受控承运人"加以区别对待，魏家福出任总裁后就致力于解决这个问题，积极参与国际航运联盟的活动。在2003年，温家宝总理访美期间，两国重新签署了海运协议，选择温总理访美的机会重签经过6年才达成共识的海运协定，显示双方对海运协定的重视。

此次重签的中美海运协定最重要的突破，就是取消了多年强加于中国的不公正待遇。双方达成协议，取消中国企业"受控承运人"的限制。美国将这一协议写入备忘录，正式确定中国和其他国家一样具有同等的竞争地位。所谓"受控承运人"的待遇，是冷战时期的产物，当时美国认定前苏联等计划经济国家（包括中国）采用政府补贴的方式，让其海运公司在国际竞争中占有优势，因此用"受控承运人"的惩罚性措施加以限制。其具体内容就是在承运价格上对上述国家海运公司实行不利于其参与市场竞争的歧视性措施，并实施比对一般公司更严厉的监督。比如一般承运人可以在24小时内根据市场供求调整价格，而"受控承运人"却只能在30天内调整价格。而从创立之初就靠贷款买船滚动发展的中远，在"受控承运人"的障碍下，业务的发展受到了不小的影响。此番解禁，与COSCO的贡献、同世界的积极接触密不可分。

温家宝总理在美期间，还专程来到波士顿码头，看望停靠在那里的中远"大河"轮船员和当地码头工人。温总理面对世界媒体说，他希望有更多的企业像中远一样走出来努力创业，中国公司在美国的发展，不仅有利于中国，更有利于美国，特别是工人的就业。他衷心希望中远同马萨诸塞州港务局的合作日益发展，取得更大的成绩。

二、图强报国　不畏艰险

（一）两伊战火中的中国船员

1980年9月22日，一场震撼世界的海湾战争爆发了。伊朗和伊拉克两国正式宣战。双方动用了大炮、飞机、装甲车和导弹，向对方疯狂进攻，倾泻的炮弹无情地蹂躏两国的土地。顿时，流经这两个国家的阿拉伯河硝烟弥漫，几十艘外国商船被封锁在炮火连天的港池中，其中有中远广州远洋运输公司的4艘货轮："嘉陵江"、"阳春"、"开平"、"牡丹江"轮。

战火是无情的。停靠在伊朗霍拉姆沙赫尔港的船只都遭到两伊战火的袭击。一艘意大利集装箱货轮和一艘巴拿马籍油轮各中弹起火，被战火围困的68艘外轮船员，大都弃船逃命。一时，枪炮声，呼唤声，大火的噼啪声撕扯着港池。

广远公司的"嘉陵江"轮和"阳春"轮，也靠泊在霍港，经受了一场无端的劫难。

位于战争前沿的"阳春"轮，几乎成了两伊战火的一个靶场。

9月26日，上百发迫击炮弹倾泻在"阳春"轮的船头，冒起的浓烟盖住了船体，三十几名船员发出"人在船在"的怒吼，冒着被炮弹撩倒的危险，拼死把大火压住。

9月27日，猛烈的炮火轰开了船体几寸厚的甲板，船长王芝生下令斩断缆绳，离开码头。大伙拼死冲上船头几次，都被炮火压回。眼看砍缆不成，船员们就在炮火间隙中，保护船体的要害部位，尽力使船体不被炮弹肢解。

从第3天起，落在"阳春"轮的炮弹更为猛烈，船体的主要部位已被摧毁。泛起的5次大火又被压住了，全体船员仍坚守在这块神圣的领土上。

10月8日，当一封上级命令撤离的电文来到船上时，全体船员望着被千多发炮弹击坏的"阳春"轮，禁不住放声大哭，——他们多么想再保护船舶呀！

与"阳春"轮不同泊位的"嘉陵江"轮，遭遇更为悲壮激烈。

10月2日晚，在霍港被战火烧红了的夜空下，全体船员奋力与被漂近"嘉陵江"轮的伊朗火船搏斗，拼死把它撑开，避免本船被引燃。

21世纪交通文化建设研究与实践

10月4日，两发炮弹命中"嘉陵江"轮，船舶大半个驾驶台、电台被毁坏。在收发机前工作的报务员被爆炸气浪抛出几米远，当场昏厥过去。

10月5日夜，战争更趋激烈。伊军以密集的炮火对霍港发起全面进攻，炮弹铺天盖地直落码头，仓库、货物、港区成了火海。船长曾怀裕急命将系泊缆绳砍断，准备冲出火海。

大伙按船长的命令奋勇向船头冲了几次，终于在浓黑的烟雾中冲上船头，冒死砍断大缆。当船掉头开进河心时，几十发炮弹击中驾驶台、机舱、船员房间，船尾霎时燃起大火。

正在机舱救火的轮机长杨道成、轮助汤有球，被爆炸的气浪掀翻在地。这时，电机爆炸了，无电水抽不上来，灭火已不可能，机舱出口又被大火封死，杨道成只得带领大家从逃生口撤出。他自己又冒着浓烟烈火冲进操纵室，把主机、辅机日志抢救了出来。

管事叶任生和二厨莘留生在餐厅准备早餐，被一枚穿破三层甲板的火箭炮弹炸成重伤。叶任生小腿被打断，莘留生的腰部、臀部被削去两块肉，腹部撕裂。

船舶的上部结构和重要部位被击毁了，灭火保船已不可能。为了保护33名同船兄弟的生命安全，船长忍痛宣布弃船。清点人数时发现少了2人，大伙马上分头寻找。

船长冒着浓烟烈火和大伙一道到处寻找伤员，在右舷水密门附近，船长找到了满身血迹的叶任生。叶任生的第一句话就是："我不要紧，快去救莘留生。"大伙冲到伙房找到了莘留生，这时莘留生已是生命垂危，可他首先想到的却是别人的安危，他无力地对大伙说："管事受伤了，快……快去救。"此时此刻，在场的硬汉子都被莘留生这种阶级友爱的精神感动得流下眼泪，二话没说，抱着莘留生冲出了滚滚浓烟。

当全体船员集中到甲板时，几发炮弹又击中了"嘉陵江"轮，形势越来越严重了。在这关键时刻，船长下令：船员分两批撤离！他坚持让同志们先撤走，自己留在最后。

由水手长林国强、水手谭启元等6位同志下水护送叶任生上岸。然而在途中，由于遇上激流，护送者一个个被冲散，只剩下谭启元紧紧地拉着叶任生。"管事，你放心，有我在，就有你在。只要我有一口气，就要把你送上岸去。"在这危难之中，共产党员谭启元袒露出那颗无私无畏的心。他拉着叶任生，奋力游了2 000多米，终于在一片烂泥滩靠岸了。

在护救莘留生下水上岸时，莘留生知道自己伤势很重，不愿再给伙伴们增加危险和负担。他对政委说："你们快走吧，不要管我了。请转告公司领导，我没有给祖国丢脸。"政委一直鼓励他，安慰他。在船员们用木板托浮着护送他游向岸边过程中，他几次昏迷，醒来时想到的仍是别人的安危。

夕阳西沉，天际一片金红，阿拉伯河更像一滩鲜红的血。下游几百米处，由黄元奎政委、曾怀裕船长、陈治国大副扶送的莘留生费尽了劲，终于被拉上了岸。可是这位祖国的忠诚战士因伤势过重，送进伊朗前线的陆军医院后，抢救无效，于10月16日光荣牺牲。我们的好党员、好海员莘留生就这样为祖国的远洋运输事业献出了年轻的生命。

被阻滞在阿拉伯河道上的"牡丹江"轮，被战火封锁在河里。当"嘉陵江"轮被炮火摧毁时，"牡丹江"轮正遭受两伊交战的飞机袭击。船上中弹40多发，船员5人受伤。但他们在船长欧阳平、政委董良谋的指挥下，面对枪林弹雨仍坚守在船上，直至10月17日奉命撤离。撤离前，船员们对国家财产表现了高度负责的精神，他们把大舱加固，机房加锁，水密门焊死，贵重仪器和技术资料拿到机舱，又将机舱各门窗全焊死，转移氧气瓶到船头安全位置，采取了许多保船护货的预防措施。

在伊拉克巴士拉港靠泊的"开平"轮，常受到伊朗飞机的骚扰和威胁。但全体船员想到的不单是本船安全，而是3艘被困的兄弟船舶的安危。船长王理仁常常为兄弟船拟电报、打电话、传消息、找代理、联系使馆、汇报有关工作。他不顾个人安危，夜以继日，废寝忘食地在战火中奔波，把个人生死置之度外。

两伊交战时，对外通信全部中断，被困于战火中的外轮被禁止启用电台。但是，两伊战争爆发的次日，4艘中国船被困的消息已传到了祖国。

交通部、中远总公司和广远公司惦记着处于险境中的船员。当"嘉陵江"轮被迫弃船后，交通部又于10月8日命令身中1千余发炮弹的"阳春"轮船员撤离，10月17日命令"牡丹江"轮弃船。

当时，4艘船与国内通信中断，人船危急。9月22日上午8时，"桂阳"轮奉命抵达阿拉伯河口锚地，担负为公司联络遇险船舶的中转通信任务。

战争爆发后，泊在锚地的约50艘外国商船纷纷起锚远遁。停泊在"桂阳"轮旁边的一艘意大利货船，由于惊慌失措，右锚绞了3次都无法拔起，船长索性命令船员砍断锚链，仓皇逃走。而"桂阳"轮船长夏庆芳、政委周细彬同样意识到自己所处环境的危险性，更明确自己承担的神圣责任。尽管当时只要拔锚起航，很快就能脱离险境。然而，他们想到的是上级交予的任务，想到的是被困兄弟船舶的安危。为了保证被困船与祖国的联系，他们毅然留下，勇敢地承担起通信中转工作。他们利用高频电话与阿拉伯河内的4艘船联系，再把情况报给国内，然后又把上级指示转告被困船。

电话、电报的频繁来往，引起了交战国双方的注意。

10月10日，一架直升机在"桂阳"轮上空侦察，接着又一艘炮艇开来，转了几圈后，突然发射两发炮弹和30余发机关炮进行威胁和驱赶。

"桂阳"轮一面向对方表明自己是商船，一面坚持工作。为了使通信联络更清晰，他们4次冒险靠近阿拉伯河口。报务员高云龙一个人承担了4艘船的中转通信，工作量是平时的十几倍。他连续昼夜值班15天，收发电报240份，以坚强的毅力，保证了联络畅通。

10月13日，两架武装直升机又来到"桂阳"轮上空，绕船一圈，向船的周围发射几发炮弹，妄图赶走"桂阳"轮。然而，当直升机盘旋到船尾时，驾驶员被眼前情景吓坏了：两名中国水手正在升起一面鲜红的中国国旗，机枪子弹哒哒哒地扫射在甲板，腾起了道道白烟，可这两名中国船员却在庄严地向中国国旗注目行礼。

飞行员震惊了，两架飞机相继绕着"桂阳"轮转了2圈，便一摆机头飞走了。

在弹雨硝烟中，鲜红的五星国旗猎猎起舞。

1980年底，"嘉陵江"、"阳春"、"开平"、"牡丹江"轮4艘船共156名船员回到祖国后，交通部为他们召开了两次隆重的欢迎会，表扬了他们临危不惧、英勇抢险、护船护货、同舟共济、危急关头先人后己，舍己为人的精神。广远公司授予这4艘船和"桂阳"轮先进集体称号，并分别给莘留生、叶任生等15人记一、二、三等功，通报表彰了李兆明、黄子坤等26人。1980年广东省人民政府追认莘留生为革命烈士。

"嘉陵江"轮等4艘船舶的中国海员，在两伊的战火中表现出了中国远洋海员高度的社会主义觉悟、高尚的共产主义道德品质和革命风格、严格的组织纪律性和自我牺牲精神，在国内外产生了良好的政治影响，为中国远洋船队赢得了新的荣誉，为祖国争了光。

（二）"安庆江"火海护船

在风云变幻的大海上执行运输任务，随时都可能陷入艰难甚至危险之中。通常情况下，只能靠船员团结起来的力量。那么，在一场飞来横祸般的事件中，远洋船舶的"同舟共济"又意味着什么？

1. 火从天降

1989年4月26日阿巴斯港。

傍晚，海港的夜幕刚刚降临，没有任何预兆，没有一点迹象，就在这个港口突然发生了一场特大火灾。

火势迅猛异常，15秒内全港池

（包括水面）一片火海，天空都被烧红了。大火波及全港池各个角落，各处大小几十条木船几乎同时全面开花，木船的四周在燃烧，油桶和液化汽缸的连续不断爆炸，又引起了两条万吨油轮的生活区着火。一瞬间，整个港池浓烟滚滚，烈火熊熊，爆炸声震耳欲聋，状如火山爆发。

事后，起火的原因查清了：挂利比里亚旗的油轮"MIMAH4"号在卸汽油时没发现管道破裂，以致大量汽油注入港池，布满汽油的海面，被航行在港内的一艘机动木船引爆燃烧。当时正值涨潮，南风阵阵，致使大火迅速、凶猛地燃烧起来。

这场火灾损失极为惨重，烧毁炸沉了大小船只25艘，其中包括2艘万吨级油轮，2艘火箭炮艇，3艘军用快艇。到4月28日为止，烧死126人、伤200多人。

当时，中远广州远洋运输公司的"安庆江"轮也停泊在阿巴斯港，右舷靠码头卸货。与"安庆江"轮系泊同一港池的还有韩国的1艘油轮和利比里亚的1艘油轮，3船位置成三角形，横距不足100米，尤其可怕的是，"安庆江"轮的第1和第3舱还有几百吨易燃易爆危险品，正由工人作业，往岸上卸货。

2. 誓与船舶共存亡

当地时间18时50分，共产党员、

"安庆江"轮驾助游江华在甲板上值班，刺鼻的汽油味促使他警觉地从右舷甲板向船尾巡视，刚到船尾就看见左后方有闪电般的火光，随即左后方一条机动木船突然起火，漂浮着汽油的海面迅速燃起大火，风助火势，海面火焰像潮水一般逼近"安庆江"轮左舷船边。船长程荣生在火起后的第一时间就冲到主甲板发出"快接皮龙！保护左舷！"的紧急命令，政委辛乐园即叫驾助和水手长组织人员关闭货舱。此时船员们已从各个生活和工作场所跑到走廊涌向甲板，提着灭火器和消防皮龙，向左舷喷水护船。这时，在"安庆江"轮正横对开泊约100米远的肇事船——利比里亚"MIMAH4"号油轮生活区已是大火通天。再看整个港池一片火海，爆炸声连续不断，一团团火球升空，散开来的火焰如火焰喷射器，落到哪里，哪里就燃烧起来。一瞬间，熊熊大火围绕着"安庆江"轮船边像刮旋风一样，扑上了"安庆江"轮1舱左舷边的木船。这条阿拉伯式木质船行至"安庆江"轮和"MIMAH4"生活区间着火燃烧，由于船上人员死亡，船只失去控制，直对"安庆江"轮1舱紧靠过来。紧接着，木船第二次爆炸，着火的油柱形成火球冲向"安庆江"轮第1舱桅房顶和大桅，散落下的油火流星一样又射向右舷甲板。这突如其来的袭击，使整个港区工作的人们惊呆了。"安庆江"轮1舱和3舱的几百吨危险品如果随之爆炸，后果不堪设想！此时在码头工作的工人、理货人员纷纷跳上汽车跑开了，港区一片混乱。

"安庆江"轮一下遭到烈火三面包围，从船头到船尾接近水面的油漆在燃烧，1舱和2舱之间的船壳油漆在燃烧，桅房顶、起货机也在燃烧，更为惊人的是1舱内部开始冒出了烟气。就在这千钧一发之际，全船几十名船员没有一个逃跑，迎火而上，几乎齐声呼喊："快救1舱！"

此时的救火就是置生命于不顾的殊死搏斗，全体船员只有一个信念：救火保船！大家不顾一切地扑向火场。

勇士们抱着皮龙向危险性最大的1舱发起冲锋。共产党员、轮助李仕信一马当先，原想从桅房前面冲到左舷，但被迎面而来的热浪挡了回去。赶紧又从船首锚机前绕过去，在预备党员冯兰坤和共产党员、驾助江佛的协助下，从右舷冲进1舱左边，不顾烟熏火烤板烫，对准燃烧的船壳猛烈喷水。共产党员、轮助张赵虎，一水顾建文拖着皮龙从左舷扒过一堆垫仓板也赶到2舱前；共产党员、轮机长吴翼稚，共青团员、二水王天根，共产党员、医生李良印，共产党员、水手长陈岩宝，共青团员、实习生林宝荣、柯华州等同志从四面八方拖着皮龙前来增援。船上把消防泵和应急救火泵调到最高压力。大副文钟友在冲

向火场越过甲板上堆放垫舱板时，从1米多高处跌下来，扭伤了左脚。他不顾疼痛，爬起来又冲向火场。

就这样，人员一批又一批，皮龙一条又一条，共13条高压水龙，有的船员还拿着干粉和泡沫灭火器，一个个对准船舷、对准1舱，更对准那越烧越旺不断爆炸的木船，猛烈喷射。火声、炸声、喊声、水声响成片。

大火面前不仅需要勇猛，还需要临危不乱的定力和智慧。为了灭火护船，政委辛乐园组织人力迅速封舱。驾助游江华抓紧时机冲进桅房，启动了舱门油泵，水手长等几个船员迅速关闭了所有大舱。轮机部停止了风机、关闭了所有通风门。采取这些紧急措施，不但及时切断了大舱的火源，而且防止了火焰蔓延到室内和机舱。

经过10多分钟的背水恶战，"安庆江"轮上的火焰终于被压下去，燃烧爆炸的木船在13条高压水龙的有力冲击下被迫缓慢地漂离"安庆江"轮。

战斗仍需继续，因为此时全港池火势更猛，左对面，邻近不到百米的两艘油轮在燃烧，无数木船在燃烧，炮艇在燃烧。

两艘油轮的熊熊烈火，带着塑料板和电缆着火的蓝光，从窗户、烟囱通风孔中喷射而出,发出骇人的怪声。现在对"安庆江"轮威胁最大的是利比里亚油轮"MIMAH4"号。"MIMAH4"号

油轮距离"安庆江"轮约100米，整个后半部从主甲板一直到驾驶台顶都在燃烧，无数可怕的火焰向外疯狂伸展，随时可能发生油舱爆炸或尾缆烧断；如果真的缆断了，船横在港池船尾就会靠上"安庆江"轮1舱、3舱的位置。这两种只要发生一种，对"安庆江"轮造成的后果都太可怕了。

船长程荣生正确地分析了形势，当即作出离港的决定，港口方面深知"安庆江"轮装载的是易燃易爆危险品，为了船舶和港口安全，主动派出引水员和拖轮，但因要拖缆，还不能马上离港。当时火势越来越大，两艘油轮越烧越烈，一分钟都不能耽误了。船长果断下令砍断大缆离开码头。当时"安庆江"轮离"MIMAH4"号横约30米，船长下令，主机用135转/分高速前进，迅速与"MIMAH4"号拉开距离。这时港口指示灯已坏，又有不少小船争相出港避难，横冲直撞，航道十分混乱。为了防止碰撞和搁浅，大副文种友和木匠胡德州趴在船头用对讲机及时报告舵角协助避让，适时避让了2艘船，避免了更大事故。

终于，"安庆江"轮脱离火海，在安全位置抛锚。

3. 勇保一方平安

4月27日下午，阿巴斯港务局长一行3人上船了。当港务局长听了船长、政委和驾助的汇报后，对他们的行动给予了很高的评价，表扬"安庆江"轮"措施完全正确，行动非常迅速，施救非常及时，船员无比英勇，是海难自救史上的特大奇迹"。港务局长还说，如果"安庆江"轮是外国人在开，那么整个港口就会发生更惨重的损失；再说回来，如果那两艘万吨油轮是中国人开，也就不至于被彻底燃毁了。

是的，在万分危急的关头，"安庆江"轮的船员没有像两艘油轮船员那样为保命而弃船，更没有像码头工人那样只顾个人安危拼命扒车逃难，而是齐心协力地在党支部的领导下，在船长程荣生的指挥下，船员们同舟共济、舍生忘死，以坚定不退缩的英雄气概，在外国国土上战胜了这场特大的火灾，把船从火海中救了出来，保住了港口，为世界海难自救史增添了光辉一页。

港口经过清理之后，28日上午，"安庆江"轮又被安排进港卸货。当船进入港池后，码头装卸工人和港口工作人员站在码头频频向"安庆江"轮船员挥手致意，齐声呼喊："China very good!"（中国好）当船靠好码头，工人们上船见了船员就紧握双手不放，他们用当地语言并掺杂着并不太熟练的英语，向船员介绍港内大火烧毁的残景，眼神中流露着对中国船员钦佩敬重的神情。当他们看到自己打湿了的行李卷已被船员晾在舱盖上、桅房顶时，更是一片感激之情，开心地说："中国船员真行，救了船，保了港，也为我们保住了家。"

是的，中国船员保住的不仅是这些，在危难面前更保住了闯海人的品行。

（三）强权面前无所惧

1. 超级阴谋，笼罩海湾

1992年7月7日，中远广州远洋运输公司"银河"轮驶离天津新港，载着782个集装箱驶往卸港迪拜、达曼和科威特。

8月2日上午，"银河"轮左方上空出现了一架美国的军用直升机，在"银河"轮上空低空盘旋，高度离桅顶只有十来米，强大的气流刮得风向标直打转。直升机座舱门大开，一位美国军人探出身子，用摄像机对着"银河"轮摄像。直升机跟踪船舶一个多小时后，就通过高频电话查询"银河"轮的船名、航向、航速船籍港、货运情况，以及本航次抵达的目的港。

12时30分，右前方出现了一艘编号为61的大吨位巡洋舰，并从"银河"轮右舷驶过，然后掉头，在距"银河"轮4海里外紧跟不舍。舰上的导弹发射架、火炮和一架架舰载直升机清晰可见。

13时，又有两架美国军用直升机在"银河"轮上方轮换低空盘旋。飞机掠过驾驶台，巨大的引擎声震耳欲聋。

这些举动让船员们疑窦丛生，却没想到一个超级阴谋的黑网已经张开，正向"银河"轮笼罩过来。

7月23日，美国驻华使馆官员突然紧急约见我外交部国际司官员宣称：美国方面获得确切情报，中国"银河"号货轮于7月15日从大连港出发，装载着制造化学武器前体的硫二甘醇和亚硫酰氯，正在驶往伊朗的阿巴斯港。美国政府要求中国政府立即采取措施，制止这一出口行为，否则美国就要按自己的国内法对中国进行制裁。

事实上"银河"轮根本不是从大连港起航，也没有驶往伊朗港口的计划，更没有运什么化学武器的原料。尽管美国的无端指责纯属造谣，严重地侵犯了中国的主权，中国政府还是采取严肃对待的态度，要求各有关方面对"银河"号货轮进行认真、周密、全面的调查。调查结果再一次证明，美国的指责完全是子虚乌有，"银河"轮绝无美国指称的两种化学品。

然而，美国死死抱定所谓"确切情报"，并不断地在国际制造舆论，施加压力。在动用飞机、军舰对"银河"轮实施骚扰、阻拦的同时，又向海湾国家散布危言耸听的所谓"情报"，西方新闻媒介也对美国的"发现"大加渲染，开始说"银河"轮载有敏感化学品，继而又说满载化学武器，甚至说载有核武器。

"银河号"捍卫祖国尊严

2. 乱云飞渡，更显从容

美国的舆论引起许多恐慌，有关国家在美国强权的威逼下，不让"银河"轮进港卸货。"银河"轮被迫在公海抛锚，被美国的军舰、飞机团团围困在阿曼湾。

"银河"轮党支部成员清醒地认识到，这是一场严肃的事关国家主权的政治斗争。他们迅速召开支委会统一认识，研究了安定人心、克服困难的对策措施，接着召开了党员、团员和全体船员大会。思想政治工作激发了全体船员强烈的爱国热情和敢于斗争、敢于胜利的精神。

38名海员，犹如38名铁铸的汉子，紧紧地拧成一股力量，形成了一个坚强的战斗集体。他们表示，"银河"轮的每一寸甲板都是中华人民共和国的"浮动国土"，我们的一举一动都关系着国家的主权和声誉，祖国和人民是我们的坚强后盾，真理在我们手中，我们要团结一心，克服困难，同美国的强权政治进行坚决斗争。

"银河"轮被迫停航漂泊后，3艘美军巡洋舰每天不分昼夜地在其周围游弋监视，舰载直升机和军用侦察机频繁地低空骚扰。"银河"轮除要顶住巨大的精神压力外，还面临着酷热、缺水、缺油、缺食品等困难的严峻考验。

船员身在大海，却面临缺水的困境，许多船员为了节约用水，每人原来每天仅使用的一小桶淡水，硬是撑过四五天，甚至一星期没有洗过澡，汗湿的工作服湿了又干，干了又湿，穿在身上硬邦邦的，不少人因此皮肤过敏，全身长出一个个斑点，但船员们没有丝毫怨言，没有人想多用一滴水。

油，是船舶的动力源泉。为了节油，轮机长钟华星领着轮机部人员进行技术攻关，他们对发电机的重点加热系统进行了3次改革实验，摸索出了能在1小时内燃起锅炉的气压，掌握了重油加热到主机能正常运转和操纵的温度值。停用锅炉这项措施，每天可节约轻油1.5吨。

伙食也实行严格控制，原来的三菜一汤改为两菜一汤，分量也减少了，常常只能以一勺辣椒酱、一块豆腐乳或一块咸菜疙瘩佐饭。一些体质较弱的船员抗病能力明显下降，消瘦、感冒、头晕、拉肚子的越来越多。

"银河"轮船员就是在这般难以言喻的艰苦困难面前，坚定地战斗着。艰苦的环境，更加激发了船员们的斗争勇气。

美国军舰曾来电话试探情况，表示"可以提供食品、淡水和油料"，尽管"银河"轮缺水少食，但为了维护祖国的尊严，船长张如德义正词严地加以拒绝。

为了应付突然情况，保证船舶随时能够开得动，甲板部船员将甲板、船墙、索具、活动部件等都维修擦洗了一遍；轮机部船员冒着高温拿下了一项又一项维修保养工程。

乱云飞渡，更显从容，"银河"轮受困阿曼湾，但船员们的豪迈在美国霸权主义面前，展示着中国船员千锤万击，更显坚韧的作风。

为了用事实向国际社会说明真相，尽快解决"银河"轮受阻的问题，避免货主蒙受更严重的损失，也使"银河"轮船员少受磨难，中国政府提出，由第三国与中国一起，对"银河"轮的有关货物进行检查。经过外交上的努力，沙特阿拉伯王国政府愿意接受"银河"轮进入达曼港，由中国代表与沙特代表一道进行检查，美国派专家作为沙特方面的顾问参加。

此时，"银河"轮已被迫在公海终止正常航行长达33天之久。

3. 战胜强权，扬我国威

从达曼弯锚地到达曼港只有数十小时的航程，途中，党支部召开动员会，强调这次接受货物检查是一场复杂、严肃的政治斗争，一定要配合中方检查组做好工作，争回公道和信誉，船上迅速成立了货物检查组、安全保卫组、生活保障组、通信组，全船38名船员都明确了各自的战斗岗位。

检查决战的前一天，以我外交部国际司副司长沙祖康为组长的中方检查组一行16人成员登上"银河"轮，看望并慰问全体船员，传达了党和国家领导人的亲切问候，并向船员介绍了检查方案，提出了具体要求。沙祖康副司长说："明天开始是检查的决战阶段。现在只有两种选择：要么我们中国人趴下，要么美国人爬出去！"38名海员，以战斗到底的激情表示，坚决配合检查组打赢这一仗，扬我国威，还我清白。

根据中、沙、美三方检查人员26日在朱科勒海军基地谈判达成的协议，检查分三步进行：第一步，审阅"银河"轮货运清单，找出运往伊朗的货箱，进行外观检查；第二步，对其中有疑问的货箱，可卸下开箱检查；第三步，检查结束后，三方在检查报告上签字，向全世界公布检查结果。

检查组先是下到大舱核对箱子，对运往伊朗的货箱进行外观检查，对有疑问的货箱喷漆做上标记。

第一次下大舱时，美方硬要挤下5人，沙方下去3名军人，船方有大副魏成立、二副朱茂良、水手彭秋光3人现场陪同。在闷热的大舱里，美国人不断要求换人，而我们的船员想着祖国的重托和肩负的责任，忍受着高温煎熬，等

所有货舱检查完毕，汗水湿透全身，依然精神抖擞。

码头上，船上吊下来的货箱堆积如山。

核对箱位箱号、整理舱图舱单、开箱、关箱、登记箱号、关封；对已查的货箱做好关封标记，对未查的货箱严密监护，防止有人做手脚栽赃。一天下来，船员们记不清衣服被汗水湿透过几回，晚上从货场回到船上，还要整理相关的资料，每天最多只能睡二三个小时；甲板上昼夜巡逻；梯口值班如铜关铁锁，来往人员逐一登记。无论是在烈日暴晒的场地、高温的大舱，还是在机舱、甲板、厨房，我们的船员，一个个都是好样的！

当时，甲板气温高达65度，大舱内更是闷热，美国人20多分钟便坚持不住要换人一次，我们的船员在大舱一干就是几小时，让美方人员相形见绌。

美方为证实自己情报的准确，提出要扩大检查范围，对由香港转口运往伊朗的6箱货物和运往伊朗以外国家的19箱货物也进行开箱检查。而检查结果又是一无所获。再往后，美方只要看到液体灌装货物，便一概不放过，统统取样送化验室分析。美方为了表明对化验的重视，不惜血本，千里迢迢用飞机专门运来硫二甘醇和亚硫酰氯的样品和化验剂。随后的一个个检查结果，更让美方人员难堪，抱怨情报人员是"饭桶"。

美方在事实面前不得不承认：发自中国包括香港转口的49箱货物中，没有检查出硫二甘醇和亚硫酰氯两种化学品。

从8月28日正式开始检查以来，船员们积极配合中方检查组工作，有力地支持了外交斗争。第一次检查先后经历了7个昼夜，"银河"轮的船员也顽强地拼搏了7个昼夜。

胜利，既包含中方检查组前方的激烈斗争，也包含"银河"轮全体船员后方的艰苦工作。

4. 再挫阴谋，英雄凯旋

美方不甘心失败，他们单方面撕毁三方达成的协议，毫无道理地提出要检查"银河"轮上的全部货物，包括发自第三国的货物。中方检查组要求每方提供扩大检查范围的理由，美方除了一遍又一遍地重复"华盛顿确信'银河'轮载有两种化学品"外，再无话可说。马克尤姆最后索性"直率"地说："华盛顿即使提不出证据，也要怀疑'银河'轮所载的货物，包括来自日本、新加坡等第三国装运的货物。"他宣称，如不让美方检查全部货物，美国将不承认最后检查结果。一番话赤裸裸地暴露了美国的霸权主义行径。

9月1日，我国外交部官员紧急召见美国驻华使馆官员，对美国违背诺言、背信弃义的行为提出交涉，明确表达了反对美国干涉来自第三国货物的立场，指出进行这样的检查，应由美方承担由此产生的全部后果。

对"银河"轮的新一轮检查，从9月2日开始至9月4日上午10时止，"银河"轮运载的782个，也就是最后一个集装箱货物检查、化验完毕。至此，美国打着防止扩散化学武器的旗号，企图败坏中国声誉的最后一丝幻想破灭了。

"银河"轮全体船员在这次事件的40多天里，忠于祖国、忠于职守，克服了艰难困苦，经受住严峻考验，以不屈不挠的实际行动挫败了美国阴谋，维护了祖国的尊严和声誉。

不仅在"银河"轮，每位中远船员登上远洋巨轮的第一天起，就以尽职尽责的爱来报效祖国，爱是他们战胜困难的武器。他们热爱那蔚蓝色的海洋，热爱那钢铁巨轮，热爱那闯海的豪情，爱铸就了"艰险无惧"的品质，在艰险中耕种、收获、升华人生。

"银河"轮胜利抵返天津新港，国内有关单位举行了盛大的欢迎仪式。在欢迎仪式上，邹家华副总理首先转达了江泽民总书记的亲切慰问，代表党中央和国务院热烈欢迎全体船员凯旋，并挥笔题词："远洋一帆银河号，凯歌建业志益高。"中远（集团）总公司党委和广远公司党委分别给"银河"轮记集体功，中远（集团）总公司还授予"银河"轮一面绣有"强权面前无所惧，碧海丹心扬国威"的锦旗。

"银河"号轮胜利抵返天津新港

（四）危难时方显英雄本色

"感谢你们，救命恩人！"当那双刚从生死线上被拽回的手紧紧相握，两行热泪潸然而下，无语凝噎。确实，再也没有其他语言能表达此时的心情。茫茫大海，绝处逢生，应感谢生命的重生，更感谢在危难之时挺身相助的救命恩人。

挺身相助的人是中海货运船员。近年来，他们谱写了一曲曲海上救助的英雄之歌。

——2005年7月21日，"嘉和山"轮船员奋力营救因一氧化碳中毒昏倒在大舱底部的广州港集团新沙港务有限公司外包队推耙司机。

——2005年10月29日，"宁安15"轮从青岛装矿开往秦皇岛途中，奋力营救"沧龙"号11名遇险船员。

——2005年11月14日，宁波北仑先锋船务有限公司"先锋海1"轮在黄海南部海域遇险，"八达岭"、"长运"、"振奋13"、"宁安1"、"宁安16"等轮赶赴事故现场救助。

——2005年11月17日，汕头市通成船务公司所属液化气船"通成818"轮在黄海南部海域因船舱进水倾斜，"红旗202"轮、"宁安8"轮救起14名遇险船员。

——2006年4月1日，辽宁营口渔船"辽营渔35582"在老铁山水道起火沉没，"长阳"轮成功营救该轮9名遇险船员。

——2006年10月17日，"鑫宝1号"轮在渤海湾沉没。"宁安16"轮现场指挥协助直升机成功救起全部14

名船员，受到黄骅交管中心高度赞扬。

——2007年1月21日，在沙角A电厂卸货的"嘉祥山"轮船员，营救在该轮大舱取煤样因一氧化碳中毒的码头工人。

……

2006年4月1日，"长阳"轮第13航次由上海驶往黄骅至老铁山水道附近。当天凌晨3时多，当值二副和一水突然发现正前方偏右有一道闪光。待距离稍近，二副从望远镜看到前方船舶尾部燃起熊熊大火。见此情景，二副迅即报告船长。此时，"长阳"轮也收到大连VTS呼叫，称渔船"辽营渔35582"起火，并指示"长阳"轮立即前往营救。

船长刘巽裕冲上驾驶台，将情况报告中海货运总调。在接到总调命令后，立即启动应急预案，发出警报，令船舶全速赶往出事地点，并迅即将全体船员集中在左甲板待命。与此同时，与遇险渔船联系："我们是中海货运'长阳'轮，正前往营救，1小时内即可到达，请保持镇静，不要惊慌。"

一道道指令旋即下达：船长、二副、三副、电报员组成瞭望、通信小组，政委、大副及水手们组成营救小组，轮机长带领轮机部加速用车。全体船员按应急预案的要求各就各位，艇机启动也准备完毕。

只见渔船像一团火球，风助火势，越烧越烈。渔船上的9名船员在大火的威逼下，退缩到船首一角，绝望地呼救着……

刘船长凭借过硬的操船本领，于4时30分在上风把船稳稳靠上渔船。站在船首的大副和水手们迅速将缆绳抛向渔船船首，两根消防皮龙喷水扑火，早已备好的两副软梯迅速放到渔船。此时两船紧贴，一高一低，烟火直往上窜，浓烟把站在舷旁参加营救的船员熏得睁不开眼，眼泪直流。但大家心中只有一个念头，就是尽快救出遇险的9名船员。4时35分，第一名船员被救上"长阳"轮。

因风、涌作用，渔船又漂离"长阳"轮六七米。刘船长镇定指挥，船舶重又靠上渔船。4时46分，9名遇险船员终于全部获救。短短11分钟，一次成功救起9名船员，堪称航海营救史上的一次经典之作。9时18分，"辽营渔35582"轮沉没。

而为了抢救遇险码头工人，"嘉信山"轮船员则经受了一次生与死的考验，谱写了一曲舍身救人的赞歌。

7月的南粤骄阳似火，正是迎峰度夏抢运电煤时节。2005年7月19日上午，"嘉信山"轮第11航次满载电煤54644吨由秦皇岛南下抵靠广州港新沙码头1号泊位，并于当天13时分开始卸货。

21日凌晨2时，2名码头装卸工人正要下舱作业。码头工人何某因贪图方便，未经船方值班人员同意，也没有选择船方已经打开道门通风的下舱直梯通道，擅自打开第4货舱的左边后导门盖，从半封闭的货舱通道进入大舱。当其下至梯道底部不久，便因一氧化碳中毒昏倒在螺旋梯道上……

"救命啊！救命啊！"另一名码头工人发现险情，立即发出了紧急呼救。

实习三副陈要迅速取出两套逃生呼吸器，飞身直奔主甲板第4货舱，沿着梯道纵身而下，率先到达遇险点。船长、政委、轮机长、大副、二副以及其他船员接踵而至，展开了大营救。

借着船桅和通道的灯光，陈要发现遇险工人半身弯曲，面色苍白，双目紧闭，一摸脉搏跳动异常急速。他立即扶正工人的姿势，并第一时间打开呼吸器给其戴上。但发现工人不能自主呼吸，于是马上摘下呼吸器面罩，把空气管对准工人的鼻孔强行冲氧，以求缓解中毒程度。

时间与生命赛跑，营救在紧张的气氛中进行着……

船舱内一氧化碳弥漫，随时威胁着舱内人员的生命安全。很快，大副李新征也下到舱底事发点，一个转身将昏迷的码头工人背在身上，沿着舱梯往上攀爬。可是，攀上一级后，无论如何用力也无法蹬上第二级，码头工人随之也往下滑了下来。试想，从遇险点至梯道口甲板面，至少8米多的垂直高度，身体正常的人自己攀爬也有一定难度，更何况还要背上一个处于昏迷中130多斤的人。

2时16分，船长林洪裕在甲板镇静地指挥船员使用机械通风，迅速向通道舱鼓风通风，稀释一氧化碳。由于梯道狭窄，无法再容纳第4人，一时不能增加人员下舱营救。

闻讯赶来的码头作业现场指导员焦急万分。他清晰记得，3年前，有一艘韩国"××丸"轮，就在此码头发生了类似安全事故，造成3名码头工人死亡。此刻，比指导员更焦急的是舱下的李新征和陈要。他俩尽力让自己保持救人的意识状态。陈要先行爬上舱梯，李新征抱起工人，让陈要将工人往上拉，自己则在下面往上顶，一上一下，步履沉重……

2时18分，船长命令轮机长巫成柱带上呼吸器下舱接力营救；2时20分，政委余显江再次下舱接力营救。船员在甲板准备好医疗救生担架和氧气设备，打120电话请求紧急救援。

时间一分一秒地过去，李新征和陈要竭尽全力地向上爬。当上行至距甲板4米高左右的时候，已精疲力竭的陈要正要倒下的一瞬间，一双双援助的手向陈要伸了过来，陈要被拉出了甲板面。

此时此刻，李新征在舱梯上无论如何也顶推不动码头工人了。当外援的手第二次伸过来的时候，怎么也差几公分够不着。时间不能再耽搁一秒钟了！李新征倾尽全力把工人往上一顶，让伸来的手紧紧地抓住工人，而再也无力支撑自己的李新征摔了下去，不省人事。

2时40分，第三批援救船员快速赶到将舱下的李新征救出，并连同先行救出的陈要和码头工人送往附近的医院抢救。由于营救及时，3人脱离了生命危险。

……

一幕幕感天动地的营救场面，一个个舍生忘死的英雄故事，大海作证，苍天作证！其实，还能作证的，是被救者及其单位发来的一封封热情洋溢的感谢信和送来的一面面憾人心肺的锦旗，它们不仅仅记述着一个个动人的救助故事，更诠释着一流素质的中海船员那临危不惧、舍己救人的英雄主义气概。

三、自强不息　同舟共济

（一）"华兴"轮抢险

2002年2月9日到11日，装载着43 950吨精铜矿的中远青岛远洋运输公司"华兴"轮在西北太平洋连续受到低气压风暴袭击，已经在狂风巨浪中艰难地搏斗三天了。

1. 危险悄悄生成

据专家们分析，冬季，在日本东北和东部约北纬30~35度，东经145~158度之间海域由于不同的风向产生巨大的三角浪，这种三角浪能量大、破坏力强，对西行船舶造成极大威胁。日本有资料统计，1981年11月至1982年3月仅5个月的时间内，在此海域就有8艘西行船舶遇难。

然而，经过几天巨涌狂浪的恶袭，"华兴"轮部分水下船壳板已经遭到破坏，就在夜间船员们难以察觉的时候，高度危险已悄悄生成……

2月12日5时30分(船上时间)，"华兴"轮驾驶台值班人员发现船舶有首倾迹象，继而发现1号货舱进水，深度约10~11米，1号舱右下边柜进水深度约1米。用空气泵、潜水泵排水查漏，污水井堵塞，排水困难……而海水还在不断地涌入，舱里的水位持续上涨，"华兴"轮随时会沉没，情况万分紧急。

"华兴"轮在西太平洋的遇险情况很快报到中远（集团）总公司，报到了中华人民共和国交通部海事局。极短的时间里，在交通部海事局、中远集团、青远公司到"华兴"轮之间迅速形成了船岸一体、通信畅通的抢险指挥网络。

2. 勇敢自救

关键时刻，曲学强船长迅速和政委、轮机长、大副开了个几句话的紧急碰头会。决定在公司采取救助措施之前，摸清险情，全力自救保住大船！曲船长与轮机长、大副、水手长等十几个人顶着风浪奔向船头。

这时舱内的水已与舱外海面持平，一舱双层底亦注满水，甲板离海平面仅五六十厘米，大浪不断涌上甲板，此时海上西南风8级，天地间就剩下风的呼啸，浪的汹涌，海况甚是险恶。此时已到生死攸关的境地，在这刻不容缓的时候，船长和政委一商量，立即下令：

"值班人员坚守岗位，其他人员全力自救！"……

三管轮李境迁等轮机人员经过反复琢磨试验，将1号舱双层底的海水通过内部管道排入尾尖舱，再从尾尖舱用水泵打到甲板入海。海水在排出的同时又不断地向舱里涌入，英雄的船员们用力量和韧性同海水较量，此时无论是体力还是意志有一丝松懈，"华兴"轮就可能万劫不复。风浪中的艰苦拼搏把恐惧赶到了一边。船员们临危不惧的战斗精神为公司采取救助措施赢得了时间。

海水一点一点地从1号舱双层底排出去了，船头的浮力在增加。船员们的脸上生出了希望。

这几乎置身死地的艰险，已完全成为船员对自己能量考验和提升的机遇。

中远（集团）总公司根据先进的航海智能系统，指令距离"华兴"轮较

近的"领先"轮和"北海"轮前来伴航。接到指令的两轮立即调整航向，全速向这个危险的海域开来，12日23时20分，相距较近的"领先"轮抵达"华兴"轮所处海域，开始为"华兴"轮伴航。看着不远处"领先"轮在风浪中透过来的柔和灯光，在冰冷海水中苦苦搏斗了一天的"华兴"轮船员们感到了莫大的安慰和欣喜。

有了"领先"轮的伴航，船员们的情绪更加稳定下来，也更加坚强，大家比平时任何时候都更加严格地遵守纪律、服从指挥，工作起来比任何时候都努力。不管风浪多大，一直被海浪拍打的甲板人员坚持50分钟量一次水，浸在冰水里的机舱人员积极排水堵漏。

17时43分，中远散运"北海"轮抵达"华兴"轮左舷一海里处开始伴航。他们表示，只要有"北海"轮在，就一定能够保证"华兴"轮全体船员的生命安全。

根据13日多家气象资料分析，"华兴"轮若继续西行将在未来两天遭受较强的寒潮大风。青远公司制订出指导意见，"华兴"轮改向南行驶。尽管如此，大家仍然非常担心，寒潮大风是否仍会波及"华兴"轮。要知道，现在的"华兴"轮再也经不起风浪的重创，而这时日本的救助拖轮还在半路上。

无论如何修改航向都是必然的选择，虽然这相当危险。当"华兴"轮转

向的那一瞬间，因船身和风浪方向交错，涌浪直冲而来，整个船身几乎都淹没在白色的浪花之中。船员们集中在艇甲板两侧，随时做好应急准备，整整一夜，没有一个人合过眼；伴航两轮的全体船员也都一样，他们在做一切可能的救助准备；陆地的抢险队员也都没有睡，他们在研究着新的应急对策，焦急地等待着"华兴"轮的每一个报告。

根据公司的指导意见和自己的专业判断，曲学强船长在冷静地下达着一项项航行命令……

3. 战胜险难

在没有停息的风浪中，在船舶的颠簸摇动中，船员们一直在坚持着量水、排水，他们已忘记了什么叫疲劳，他们心里明白，在这种时刻，为了自己的生命安全，也为了祖国的船舶财产安全，只有豁出一切，奋力拼搏。

这是一帮"铁汉子"，为测量水位、检查船体结构，为船长的准确判断提供可靠数据和信息，共产党员、大副吕思珉顾不上船首上大浪的危险，带领量水人员直奔船头；水手长杨文宝和其他四名量水检查员，不惧风浪，坚持到位测量检查，一次次被风浪扑倒在甲板上，冰冷的海水打湿了他们的衣服，冻麻了他们的身体；为做好救生准备，三副庄剑虹在积极主动地对救生艇增加淡水、食品和燃油，并不知疲倦地上下传达着船长的

命令；电报员张晓东在整个抢险过程中始终镇定自若，坚守至关重要的通信联络岗位，吃住在报房，保证了船岸信息畅通；共产党员、水手张行强凭着坚强的意志，主动冲向那些最累、最危险的工作；机工刘伟为配合三管轮排水，在机舱跑上跑下，检查管道，开启阀门，与驾驶台通信联络……

当17日"北海"轮船长、政委在结束为"华兴"轮伴航时致电青远公司：这次为贵公司历险船舶"华兴"轮伴航中，几个日夜里，我们感受到了该轮从船舶领导到全体船员为排除险情不畏困难，不怕疲劳，连续工作，全面自救的难能可贵精神，他们用实际行动展示了青远公司船员的精神风貌，他们是我们学习的榜样。

17日当地时间7时20分，日本救助公司的拖轮与"华兴"轮会合，并顺利起拖成功。22日17时45分，"华兴"轮进入关岛港内抛锚，险情解除。至此，经过十个日日夜夜的奋力抢险，"华兴"轮保住了，全体船员安然无恙，抢险成功了！

（二）海难史上的奇迹

1979年12月20日，马尔马拉海大雾弥漫。

大雾是海上航船的大敌，中远广州远洋运输公司"广水"轮满载着大批电石和杂货起航回国，在大雾中响亮地

鸣着汽笛，缓缓地航行着。

1. 降大难

23时50分，值班三副突然发现雷达荧光屏上出现了一个模糊的亮点，且越来越清晰，显然是一条船直奔"广水"轮而来。三副大吃一惊，立即发出停车命令，然后又命令倒车。然而，已经来不及了，一场灾难不可避免地发生了。"轰"的一声巨响，一艘西班牙籍货船船首直插"广水"轮右舷三、四舱之间，将"广水"轮严重撞伤。西班牙货船又无视航海者的职业道德，快速倒车脱开，加速逃跑了。在这艘西班牙货船将消隐在大雾中的瞬间，值班三副看清了它的船名——宾斯努（BEN-CENO）号。

"广水"轮右舷三、四舱结合部被撞出两个大洞，海水以每小时1 000吨的速度涌进三、四舱，并向邻舱渗漏。机舱上层外走廊的水顷刻间深达一尺多，并开始向机舱门口漫去。配载在三舱的近千吨电石，遇海水迅速分解，产生出大量的乙炔气体。活跃的气体立即由电风筒大量冒出，霎时间，甲板上浓烟滚滚。"广水"轮上装载的千桶电石，犹如颗颗随时可能爆炸的炸弹，情况万分危急。

船长季雪光眼前不仅浮起一幕幕恐怖的情景：1971年，在康斯坦萨港，一艘正在装载电石的英国货船因大雨淋湿电石，不到两小时，一声巨响，船被炸成两截，碎片和船员尸体抛出几百公尺以外；1978年，一艘装载电石的希腊货船触礁进水，不久即爆炸沉没，19名船员不幸遇难。季雪光船长和政委李峰当机立断，决定全体船员暂时离船。

水手长曾广忠临危不惧，沉着地指挥水手迅速防下两艘救生艇，船员们镇定地依次下到小艇里。最后，甲板上剩下船长季雪光、大副胡冠雄和水手长曾广忠。此刻，谁都知道早一点离开，就有可能早一些脱离死神的掌握。然而，救生艇的缆绳总得要有一个人最后去解开。在这生死攸关的危急时刻，季雪光突然大声地说："大副，水手长，你们先走，我来解缆！"

"不！船长，我是大副，应该我来解缆。"胡冠雄急了。

一向缄默不语的水手长曾广忠突然大声地说："都别争了，解缆是我的本职！"他说完，硬推着船长、大副沿软梯下到救生艇。当曾广忠解开缆绳，并最后顺梯下到救生艇时，"广水"轮已经被浓密的乙炔气体彻底包裹住了。两艘救生艇虽然驶离正在下沉的浓烟滚滚的"广水"轮。但是，一颗颗沉重的心蕴藏着一个共同决心：只要有一线希望，就一定返回"广水"，抢救"广水"。

2. 死神的距离如此之近

能这样离开遇难的"广水"轮

21世纪交通文化建设研究与实践

吗？也许它会沉没，也许沉没前就可能爆炸成碎片。然而，她现在还确确实实地浮在海面上。"不能远离'广水'轮！"这是季雪光船长内心深处的声音，随后他把自己的想法告诉了政委。很快，党支部扩大会议作出决定："守护难船观察，待机抢险救船。"

22日凌晨3时。

船长、政委、大副和十几名船员冒着生命危险重新登船。他们首先察看了机舱，意外地发现机舱并未进水，主、副机还能正常运转。动力系统的完好无损使他们增强了抢救"广水"轮的信心。

尽管船上的大量电石仍然泡在水中，货船随时有可能爆炸。季雪光还是传达了党支部扩大会议决定，下令全体船立即返船，抢救难船。

黎明，寒风渐渐吹散了浓雾。船员们回到船上后，顶着呛人的乙炔气，脚下冰冷刺骨的海水，有的抬水泵，有的抬管道，有的提水桶，开始排除机舱走廊的积水。经过全体船员的紧张努力，"广水"轮由右倾斜10度恢复到6度。接着，船员们又用帆布和御寒毛毯临时拼成一块块的应急堵漏毯，挡住吃水线下长5公尺多、宽2公尺多的大裂口。然后，驾驶着身负重伤的"广水"轮缓缓向马尔马拉海西北方向驶去。航行4小时，才驶进土耳其的特基尔达港。

伊斯坦布尔海难救助公司的救助船船长等人登上了"广水"轮，察看了被撞的裂口，看见舱内被海水浸泡的电石反应剧烈地滚沸着，大量的乙炔气体喷薄而出，他们的脸都吓白了，即刻匆匆地离船而去。以后的几天，救助公司的人员迫于老板的压力，不得不上船补焊了大裂口上方的一个小洞，便再也不敢登船了。救助船也把锚抛得离"广水"轮远远的，等候着预料中的爆炸。28日，救助公司的一个大胡子化学检验师登上"广水"轮，用仪器测量了舱里的乙炔气浓度，竟惊恐地跌坐在甲板上，许久，才嗫嚅地对季雪光船长说：

"船长先生，根据规范，空气中乙炔含量在2.5%~8.2%的范围属于危险状态。现在舱里空气中的乙炔含量已高达15%，很可能马上就爆炸。你快率领船员逃命吧。"

"先生，一点救助的希望也没有了吗？"季雪光不甘心地问。

"是的，太危险！我们已无能为力。你们船员也不能进行自救，否则引起爆炸，船长不死也得坐牢，一切后果由你负责。"大胡子化学检验师一边眨着眼睛，一边手忙脚乱地收拾起测爆仪匆忙离船。

3. 厄运中诞生的奇迹

土耳其当地救助部门停止了一切救援，只留下一条救助拖船抛在附近，专等中国人发出弃船的信号把船员接出来，以尽他们最后的一点人道主义义务。

外援没有了，"广水"轮船员们那一颗颗赤子之心却丝毫没有动摇，决不弃船。他们在船长、大副的带领下，以大无畏的英雄主义气魄，开始了艰难而又危险的抢险自救。

当国内海事小组兼程赶到特基尔达港时，"广水"轮船员们已群策群力，完成了一些非常危险的救助工作。首先，打开三舱盖，排出乙炔气体，降低气压，减少爆炸可能。完成这个任务要冒很大风险，万一舱盖板碰擦产生火花，即可能燃烧爆炸，船毁人亡。船员们用帆布包住吊机马达防止火花外冒，并采取用海水冲刷降温等安全措施。水手长曾广忠冒着生命危险，小心翼翼地揭开了第三货舱盖。舱内，电石泡在海水里，像沸腾的火山岩浆般翻滚。需要把浸在水里的电石一桶桶地吊起来搬掉，否则爆炸的危险仍无法解除。可是，电石一桶紧挨一桶，起吊时稍不小心，哪怕发生很轻微的碰撞，都会引起爆炸，下舱起吊无疑是非常危险的，季雪光安排好救护措施后，便和电报员、大管轮、大厨等几个船员抢先下到船舱里。他们几个人泡在电石中反复琢磨了很长时间，最后采纳了大厨杨若明的建议：在电石桶上打了个"油瓶结"。船长打手势，水手长操纵吊机起吊，1公尺、2公尺……往上吊，当第一桶炸弹般的电石吊起来时，船上一片欢呼声，许多人流下了激动的眼泪。

此刻，堵住被撞破的大洞，无疑是最关键的一步了。按计算，这块堵漏板要长6公尺、宽4.5公尺。船员们在后甲板冒着寒风和雪雨，苦干三昼夜。终于制成了这块重达2吨的大型堵漏板。要固定堵漏板是一项十分艰巨的工作。船员们预先拉好4道过船底的钢丝，又把堵漏板放到海面，拉至洞旁，准备把它绑在洞口。当时没有潜水员为船员们指示安放的正确位置，也买不到潜水设备，甚至租借不到最简易的潜水工具。但是，这难不倒英雄的中国海员。大副胡冠雄与海事小组组长杨照和自告奋勇，下到半淹入水中的堵漏板上拴钢丝。当时海上有8级大风，天气十分恶劣。大副胡冠雄跪在颠簸的木筏上，在杨照和的协助下，一边呕吐，一边手拿钢丝，摸到已淹在水下的堵漏板钢架端扣，用卸扣将钢丝扣妥。一个多小时过去了，他们终于制服了海浪，拴住了堵漏板。当大家含着眼泪把他们拉到甲板时，两人已浑身湿透，皮肤结冰，冻得脸色发紫，在场的船员们全都感动得哭了。

英雄的"广水"轮船员就是凭着这气吞山河的气魄和坚忍不拔的毅力，又奋战了20多个昼夜，终于把舱里的水抽干，清除了全部浸水的电石。

"广水"轮得救了！

4. 奇迹震动欧洲

"广水"轮抢险自救成功，震动了欧洲大陆，并在国际上引起了强烈的反响。

伦敦海事律师布斯先生上船了解海事和抢救经过后说："中国船员素质很好，很勇敢，你们自救成功是个奇迹，不，是个传奇。其他国家的船员遇到这样的事，首先想到的是个人安危和报酬，而你们所想到的是国家财产，很了不起。"曾中止救援的土耳其更是举国震惊。那位伊斯坦布尔海难救助公司救助拖船的船长显出一副悲态："我们都是船员，你们中国海员却有这样的胆识，我一直受经理的指责，很快就要丢掉职位了。"土耳其救助船长紧紧地握住"广水"轮船长季雪光的手，一脸的敬佩。

中远船员以无畏的精神挑战困境，舍生忘死；以无比坚强的信念战胜困难，超越极限，实现了看似不可能的奇迹，以勇气和尊严，为新中国的海员树立了光辉的榜样。

（三）脱险长江口

说时迟那时快，在距"振奋5"轮0.3海里时，与其交会的"飞云河"轮失灵，朝着"振奋5"轮腰部猛撞过来……"振奋5"轮驾驶台里，船长沈刚眼看着"飞云河"轮突然撞向"振奋5"轮，当即采取避让措施，然而，由

于距离只有0.3海里，只听嘭的一声巨响，"飞云河"轮撞进"振奋5"轮左舷4舱，沈刚想到前几年"林海5"轮也曾船首被撞，两船脱开后，"林海5"轮由于被撞处大量进水即刻沉没，他立即通知"飞云河"轮开慢车顶住，同时拉响警报。

听到警报声，船员们迅速行动起来，大副彭美清一骨碌翻身下地，边穿衣服边隔窗朝外看，黑乎乎的东西挡住了视线，"不好，船头撞进来了"。他知道情况严重，拎了件救生衣就朝外冲，船员都到驾驶台左甲板集合。此时，船长已向吴淞交管中心和中海货运总调、船工二部汇报了情况，然后到左甲板清点人数，让一般船员和惠通公司跟船抢修的4名工人共16人带着航海资料撤到"飞云河"轮去，以防万一，减少不必要的牺牲，共余船员兵分两路，一路由大副彭美清带队检查甲板被撞情况，一路由轮机长吴龙德带队，检查抢修机舱……为防止"飞云河"脱开后海水大量涌入舱内，造成船舶倾覆，船长命大副带人给"飞云河"轮船头带了两根"八"字缆，使"飞云河"轮和"振奋5"轮成丁字形固定在一起……这是2004年4月23日凌晨0时11分，发生在长江口深水道D24浮附近一幕惊心动魄的场面。

1. 险情就是命令

险情就是命令，接到电话的各级

领导立即行动起来了。中海集团分管安全生产的副总裁孙治堂立即赶到中海集团总调，中海货运副总船长陈彬乘坐头班飞机从广州来到上海，中海货运船工二部的指导船长汪公斤、吴伟川两人同时来到吴淞口，一个乘交通艇赶往现场，一个直接到吴淞交管中心协助指挥船舶脱险；船工二部的领导王德贵、姚刚等闻讯也立即赶到办公室指挥脱险。

出事地点是上海和江苏的水上咽喉要道，如果船在这里沉没，将卡住上海和江苏的水上交通。于是所有领导达成共识：一是不要发生人员伤亡，二是尽快离开主航道，三是尽量减少损失。

当时，长江口有7级大风，风卷着大浪一个接着一个地朝"振奋5"轮和"飞云河"轮撞击着，两艘巨轮虽有8字形缆绳绑在一起，但只要"飞云河"偏向任何一边都会使"振奋5"轮从被撞处一拗两段。情况十分危急，指导船长吴伟川协助交管中心和吴淞海事处指挥沈刚船长顺着江流慢慢朝浅滩上开，准备靠边坐浅。船到了浅滩边，正值退潮，船头抛下双锚还是拉不住，船又朝后退了一段，走了个8字形，终于停了下来（后经测量，这是一个大水潭，下面比较平整，是坐浅的好地方）。

一波未平，一波又起，此时已是凌晨3时许，因潮水渐退，两艘船都有坐浅的可能。"飞云河"轮是一艘

1700箱位的船，比"振奋5"轮高大，如果它搁浅，插进"振奋5"轮腰内的船头（"振奋5"轮宽22米，船头插进11米）就会将"振奋5"轮挑断。"快点脱开"，船工二部抢救指挥中心发出指令。第一次"飞云河"脱开未能成功，因为角度被水流冲偏了，"赶紧用拖轮顶"，顶成90度左右才脱开。好险啊，再慢一步，"飞云河"轮就退不出去了。"飞云河"轮退出后，"振奋5"轮露出了一个9米×11.85米的大窟窿，4号舱的煤已被海水冲得干干净净。随着海浪的起伏，"振奋5"轮主甲板连接处的甲板时而被拱起几十厘米高，发出咯咯咯的响声，随时都有折断的可能。

经过3个多小时的航行，凌晨5时许，指导船长汪公斤终于赶到现场，他的第一感觉是："撞得太厉害了！"汪船长说最危险的是涨潮后船浮起来，两头重中间轻，只有半边甲板连着，像挑扁担一样，船很有可能折断。汪船长一方面将情况告知船工二部指挥中心，请求陆岸援救，一方面组织员工抢险，自行加固。

2. 和潮水抢时间

抢险的当务之急是加固和驳载。在中海领导的决定下，加固的任务落到中海工业身上，公司总经理吴承业二话没说，马上组织以立新厂职工为主的42名抢修队员，由中海工业安管部副

主伤徐启明、立新厂副厂长王国林率领，带着生产材料和设备，冒着风浪于当天19点50分赶到现场；抢修、驳载都需要浮吊，一时三刻，哪里去找，好在船工二部平时与有关单位比较熟悉，找到了一艘正在苏州河作业的向阳一号浮吊，经联系，是港务局复兴装卸公司的。中海集团运输部部长陈昌海直接打电话请港务局局长支持。当日24点，向阳一号赶到现场。减载要驳船，船工二部拦截到正在黄浦江上工作的3艘长航公司的驳船，孙副总裁亲自打电话到武汉长航总公司，3艘驳船第二天早上9点50分赶到现场。

中海工业援兵一到，船员们像看到救星一样，抢险信心备增。当晚8时，汪船长立即召开由中海工业抢险队领导和船舶领导参加的协调会议，制订的原则是涨潮时船浮起来不能对接烧焊，根据潮水情况，要到第二天早晨才能烧焊。利用这段时间，船体工程师周遵林、该航次跟船的指导老轨封强和立新厂抢修队领导一起根据船的破损情况制订了抢修方案，在大窟窿的上部先用钢板将船帮板焊牢，然后分别用加强板、工字钢、球扁钢将船帮板、甲板海损处烧焊固定。

24日凌晨4点船一坐浅，向阳一号开始起吊。由于海损在船的左边，为了不给受损船造成更大压力，浮吊只能停靠在船的右边，这样吊运的跨度就很大，起运人员根据海浪起伏时间做好预案，确保吊运安全。

材料、设备一上船，中海工业抢险队立即上甲板接皮带、落料烧焊。他们先将两张20毫米厚的钢板对接，并在上面烧好加强板，9：30分，这块加强板开始覆在破损的船帮上。没有脚手架，他们用50毫米×50毫米的角铁自制成外挂"脚手架"，铺上跳板。抢险队员头戴安全帽，身穿救生衣，系着保险带站在离江面不足1米的"脚手架"上烧焊，一个浪头打来，浑身上下全湿透了，鞋子里灌满了水，可他们全然不顾，迎着寒风一刻不停地烧焊，心里只有一个念头：快点完成抢修任务，确保船舶安全。由于大家集中在一起落料、烧焊，时间一长，眼睛被电弧光灼伤，痛得泪水直流。当时眼药水和墨镜还未送到，他们就用海水浸湿的揩布敷在眼睛上，感觉好一点了再传给他人，自己继续干。现场人手紧，干部们带头参与施工，拉葫芦、撬捧撬、烧电焊，大家齐心协力，终于使大窟窿前后连接起来，同时固定了摇摇欲坠的舱盖板。

3. 抢修还在继续

船一坐浅，指导船长汪公斤将撤出的16名人员接回来。船上，老轨带领机舱人员抢修4号舱口围旁被撞坏的管系，确保船舶的油、水供应；机舱里，由于船坐浅将发电机的循环水吸水口堵塞了，必须从高位进水，才能确保发电机正常工作；机舱进水了，既要堵漏又要抽水，船员们忙得不可开交。电报员陆伟群自告奋勇跳到拖轮上将被撞的部位拍下来，在抢险过程中，他整日整夜守在报房和电脑房中，及时传送上级公司需要的信息和资料。已到退休年龄的党员木匠，每隔1小时就要测量30多只测水孔，铝铊一次次放下去、拉上来，累得两只胳膊酸痛不已，没有一句怨言。党员水手长和大副一起检查险情，当驳船卸货吊机设备坏了要换抓斗，水手长和木匠带领水手爬上抓斗装卸吊货钩。政委唐福根全力安排照顾好抢险队员们的吃和睡。厨房每天要负责120人的伙食，每顿要烧好几锅菜，是平时4倍的工作量，累得手都抬不起来了。全体船员和抢险队员、拖轮船员刚开始时同吃一锅饭，同吃一锅菜，后来荤、蔬菜短缺，船员先就让外单位的同志吃好，自己吃泡面、白饭；抢修队中也相互推让，让主力队员先吃好。为了让抢修队员能轮换休息，船上腾出了最好的房间，仓库内的所有被子毛毯全部拿出来，部分船员有多余的毛毯、被子也全部收集起来，不让一个抢险队员受凉。立新厂工程部吴主任很感动地对船长说："我们上船抢险也不是第一次了，但像你们这样对待我们、照顾我们的从来没有碰到过，我们一定尽一切力量把船保住。"

潮汛越来越小，抢修领导小组25日晚开会研究，决定26日12时抢修和驳载工作一定要结束，船要趁着下午2点的潮水离开浅滩，否则船就无法起浮了。时间紧任务重，大家分头准备。经过几天几夜的奋战，中海工业抢险队因烧焊眼睛灼伤的病号越来越多，总经理吴承业又从长兴修船基地和立新船厂抽调了十多名电焊工增援，船上会烧焊的船员也上去帮忙，立新厂工程部主管秦志明，26日一早主动顶替累坏的抢修队员去烧加强板焊缝，一烧就是几个小时，忙得午饭都来不及吃。从24日清晨一直到26日中午工程验收结束，抢险队员人停工作不停，眼睛痛得睁不开了，换个人再烧，仅电焊条就用了700公斤。

浮吊卸货速度越来越慢，汪船长让大副带着船员全力以赴盯着浮吊。浮吊钢丝坏了，大副和船员上去帮他们换。13时工程验收通过，所有抢修人员全部撤离"振奋5"轮，船旁停靠的浮吊和驳船也全部驶开，"振奋5"轮做好一切开船准备；大副率水手长、木匠在前面了头，二副看雷达，三副看车钟，14点起锚后，船慢慢浮起，发现舵轴因坐浅变形不能使用，汪船长立即通知旁边的两艘拖轮前来帮忙，遭受重创的"振奋5"轮在船岸领导和职工的共同努力下终于驶离了浅滩。进入航道后，吴淞交管中心指挥后面的船放慢速度，让"振奋5"轮掉头先走。到了深水航道，船员们用葫芦将舵杆吊起来，船舵能运用自如了。此时，经过几天几夜的抢险，船员们个个累得两眼通红，嗓子也哑了，但没有一个人喊累，每个人都在自己的岗位上认真地工作着。

岸上中海货运船工二部指挥中心，一直关注着船舶动态的领导几天几夜未回家，晚上10时许，船进陆家嘴，二部党工委书记沈克俭和吴伟川驱车提前到北票码头，为"振奋5"轮清理泊位，27日凌晨0：30分，饱受创伤的"振奋5"轮终于稳妥地靠上了码头。经过20天修理，"振奋5"轮又航行在煤运战线上了，如今还在服役。

（四）新平洋轮上的舞台剧

你听说过船在航行途中演舞台剧吗？是否有些不可思议。演舞台剧，剧中肯定有人物，难道是船员演？他们不干活吗？船是运输工具，船员的职责是做好本职工作，保证船舶安全航行。在常人看来这两者毫不相干。你甭说，中海油运"新平洋"轮船长李德胜还真在船上导演过几出舞台剧，深受船员的欢迎。

大家知道，"新平洋"轮一年多前是从台塑公司购进的二手VLCC，虽是二手船，但当时船龄也就"四岁"多，是公司真正意义上的第一艘超级油轮。拥有超级油轮，还要管理好，要做的事千头万绪。操纵这样一艘庞然大

物，大家还是头一回。从接船那天起，该轮党支部就确立了"抓好两个点，追求一个目标"。其中一个点就是抓好超油人才培训。而以前的人才培养，无非是领导指挥怎样做就怎样做。但为什么要这样做和怎样做得更好？很少有人去思考，心中的危险感，紧迫感相对缺乏，对可能发生的后果缺少进一步的措施。这样培养效果并不怎么好，大家没有发挥主观能动性，知其然，不知其所以然，一段时间过后都忘了。其实这也与培训缺少趣味性有关，以致恶性循环，船舶管理水平也就无法提高。党支部委员，李船长在支部的支持下，与"一班人"研究后，决定采用"小品"的形式来培训。那么李船长又导演哪些舞台剧呢？还是让我们一起随船观摩吧！

那天，船往中东装油，一路上船要航行近20天。在茫茫的阿拉伯海上，海面还算平静。船上的广播响了："船员兄弟们，除了值班的，大家都到主甲板上集中。"船长说。大家很快地都集中在甲板上。高政委和李船长已站在甲板天桥上。"船员兄弟们，今天李船长想邀大家演一段舞台剧，大家愿不愿意？"高政委拿着无线话筒扯大嗓门说。"愿意！"大家回应道。

"船员兄弟们，大家好！"李船长说。"今天把大家召集起来，想邀大家共演一段关于救火的舞台剧。"他看

了看船员兄弟们。"我想了很久，为了这艘船，为了弟兄们，也为大家同舟共济，想通过演舞台剧来提高大家的操船技艺。"接着，他提问道："生活区火灾是怎样形成的？"一水手说是违章吸烟。机匠长说有三种可能：白炽灯烘烤棉制品；违章使用电热器；海水从舷窗打进，引起电器短路。高政委拿着无线话筒走到被一一提问者跟前。这时水手长抢过话筒答道："还有烟囱火星从窗户飘进；修船期间电焊渣掉进房间，乙炔管遇上明火等。"一口气讲了四五条原因。"船长，这问题也太简单了吧！"弟兄们齐声说道。这时，船长装着一副着急的样子，说："不好，生活区起火了，弟兄们该怎么办呀！"这时，底下再无人抢答了。被点名答题的也是五花八门。接着李船长又问："发现人落水放艇前的任务是什么？装燃料油溢出了该怎么办？"大家都干瞪眼。船长在作了总结后，说"弟兄们，火是无情的，事故也是无法预测的，我们今天是否应该有所准备呢？"他再次用严肃的眼神扫视了大家。"今天，就算小品开个头，但不就此结束，我搞了一个'脚本'大家先回去好好熟悉背一下。下回表演者将具体的落实到每个人，舞台可能是机舱，也可能在前甲板或救生艇旁，总之临时定。希望大家按'脚本'上的台词和规定步法去背和做。演不好将反复演，直至大家满意。"

当然，李船长除了编"脚本"，还得导演。消防、弃船、人落水演习以及正确穿戴使用消防救生器材是每个船员的必修课。由于船型的差异，每艘船的安全救生设备配置不尽相同。他就导演船员按三步法做：即"分组专人专项帮教、口头问答和讨论测验、现场操作演习"。李船长按此"脚本"，将船员分成三组，展开剧情熟悉、台词背诵和过程排练。一组由三副小郭负责消防设备使用、管理和高低泡沫施放；二组由二管轮周成负责应急发电机紧急启动、转换；三组由三管轮小许负责救生艇操作前检查、启动。每组5~6人。每组熟悉剧情、背出台词、反复排练，一次不行，一天练，一天不成天天练。十分娴熟后，三个小组再互换学习场地，使大家的技能提高很快。

几天后，船上广播响了。"甲板生活区更衣室发生火警，请大家带上消防器材迅速集合。"舞台剧开演了。"探火员穿戴好呼吸器和铝箔防火衣，进行探火并报告。""李导"下达了"开演"的第一个命令。探火员按照"脚本"上的台词和程序很快完成了探火并报告。"李导"又令其他参演船员展开冷却外围、扑灭火警、后续检查等动作，大家井然有序，动作迅速，参演船员都自我感觉不错。但资深的"李导"还是指出了几个平时未引起注意的问题。他说："上甲板生活区，外有水密门，内有防火门。当弹簧门自动关闭时，操纵探火绳的人如何将'一进、二停、三退'信号准确反映出来？为什么不使用生活区走廊内消防水而舍近求远？内走廊烟雾大怎么办？"当剧幕拉开时，每个参演者都要很快进入角色，而且必须是真情参与，因为这与我们大家切身利益休戚相关，这样才能演得好。通过演小品，既生动形象，又活跃气氛，大大增强了船员的记忆效果。船员们说这是在"轻松中学习，快乐中进步"，也使船舶安全管理不断上台阶，接船以来，该轮始终保持安全航行无事故。船舶领导班子也被公司评为创建船舶"四好班子"先进集体。

（五）足迹遍南北 情暖千万家

中远广州远洋运输公司是1961年成立的新中国第一家国有远洋运输企业。该公司党委为贯彻落实全心全意依靠工人阶级的根本指导方针，充分发挥工人阶级主人翁作用，实现公司第二次创业的目标，针对远洋运输行业高度分散的特点，于1995年12月作出决定：除坚持春节慰问和对受灾船员家庭的经常性慰问外，用4年时间走访慰问分布在全国各地的12 000多户船员家庭。目的在于进一步加深对船员的了解，加强企业与船员家庭的沟通，掌握船员家庭的具体情况及困难并给予帮助，努力提高企业凝聚力，调动广大船员、家属投身公司改革与发展的积极性，发挥广大船员主人翁的精神，努力构筑企业与职工利益、荣誉、命运共同体。

广远公司的大慰问从1995年12月12日开始到1998年12月30日为止，基本实现了该公司提出的目标，广远的大慰问是中远史上，乃至全国企业慰问职工的创举。

4年中，广远公司共抽调了机关、基层干部799人次（其中公司领导49人次、处级干部117人次、科级干部213人次、普通干部420人次）。组成了369个慰问组，走访慰问了分布在全国26个省、市、自治区的12 391户船员家庭。其中在职船员11 185户全部慰问到，慰问非在职船员家庭1 206户（包括离退休人员和死亡船员遗属）。现场困难补助1 602户，补助金额511 070元。慰问中协助工会成立了家属联络站57个，为船员办好事实事968件次。

1. 长跋涉，千里送温暖

广远公司在大慰问活动中，机关、基层干部本着公司党委提出的"满腔热情去慰问，倾耳虚心听意见，真情实意解难题，坚持原则讲清理"的精神，北到滴水成冰的齐齐哈尔，南到天涯海角的三亚，爬山涉水，千里送温暖，激励船员、家属心。大慰问有着很多感人肺腑的事。总经理王颂汤在海南走家串户，不辞辛苦。党委书记郑兰勋被大雾困在机场7个小时，抵达成都后顾不上吃饭，就立即赶去慰问。保卫处王申良在慰问途中接到父亲去世的消息，领导和同志们劝他赶回去料理后事，他谢绝了大家的好意，含着内心的悲痛，完成了任务才回去吊唁。辽宁组刘海夫等同志冒着零下20多度的严寒，白天黑夜穿越于林海雪原中，晚上经常冷得睡不着觉，不叫一声苦，不喊一声累，认真负责地完成了任务。湖北32组的同志，为了争取时间，在零下5度的天气里赤脚淌河抄近路。为了节省开支，四川29组的廖大超等人晚上12点住入42元的铺位，第二天醒来了，知道有36元的，就立即更换。船员陈宏保于1970年因工死亡。为了寻找这户已失落25年的船员家属，南京片慰问组的同志冒着刺骨寒风，走大街，穿小巷，整整翻寻了三天，终于在一间只有6平方米的陋室里见到陈宏保的母亲。当这位年近古稀的老人得知是公司派来的慰问组时，简直不敢相信，泪水滴答滴答地流了下来，她痛哭道："宏保走了25年，真没想到，公司还记得我们"。参加慰问的同志克服了各种各样的困难，不怕苦，不怕累，忍饥熬夜连续奔波，表现了较高的整体素质。

大慰问载去了广远公司对广大船员家属最美好的祝福；盛满了广远公司对船员和家属们的深情厚谊，这是金钱无法衡量、无法代替的，凝聚力正是由此而来。慰问组所到之处，无不受到船员及家属的热烈欢迎和盛情接待。江苏遇难船员倪小弟家属一句"就当小弟回来了"，使老书记程受煌不得不违反自己给慰问组定下的"慰问组不准在船员家吃饭"的规定；退休船员邓德群得知公司慰问组要来，连续几天在路口等候；拖着一条病腿的大副严学山，不顾劝阻，坚持要陪慰问组到40多里外的山村慰问；船员家属李素文专门请了3天假陪同慰问组挨家逐户地慰问；慰问组离开全州安和乡时，几十位乡亲用当地最隆重的仪式，燃放鞭炮把慰问组欢送了十多里地；新会地区的船员、家属代表捧着"亲切的关怀，巨大的鼓舞"锦旗和纪念品到广远公司表示感谢和祝愿；在内蒙古，13位船员家属冒着清晨零下20多度的严寒，跺着脚哈着气在招待所门口等待，为的是不惊动慰问组同志的休息，又能送上一程。在浙江百官镇，慰问组每到一户，队伍就增加一人，最后成了有20多人的"慰问团"。这哪是慰问，更像是走亲串戚，是心与心的真诚交流。

广远公司的大慰问不仅使广大船员感受到公司的温暖，更使慰问组的同志看到了广大船员对公司的深情和热爱。

慰问组的同志发现：无论是在城市还是乡村，无论走进哪一户船员的家门，屋里墙上都端正地挂着公司的挂历，甚至在上海，94岁的退休轮机长徐修义家的堂屋中央，那挂历上还是"广州远洋运输公司"8个耀眼的大字。在浙江省宁波市镇海区下邵村村口，66岁的退休船员邵鑫宝的卧室里，慰问组看到，除了一床一桌一凳外别无他物，但在床前的三面墙壁上却密密地贴满了广远公司历年寄的挂历，有的已日久泛黄。老人说："公司每年给我寄来挂历，我一本都舍不得丢。这样贴在墙上，看着心里就觉得跟公司近了好多。"

船员赵群富每月就靠三四百元的待派工资养活着一家四口，经济很困难。可他看病的一万多元药费就一直没去报销。他对慰问组的同志说："我病休在家，又没为公司干活，每月还白拿公司的钱，无功受禄，心里有愧啊！公司也不富有，医药费应该我自己解决，谁叫我这身体不争气呢！"患胃癌的管事王宏余，在知道自己病已治不好之后，拒绝再治疗。医生都感到纳闷："你不是享受公费医疗吗？"王宏余却说："公费医疗也要钱，公司的钱也是钱，那是船员的血汗钱啊！"

这一个个生动的事例，使慰问组深受感动和教育，成了他们今后前进的动力。

2. 大慰问，架起连心桥

广远公司的大慰问搭起了企业通向船员家属心海的桥梁，沟通了感情，

理顺了情绪，赢得了支持，激励了斗志……使企业凝聚力、向心力大大增强。原"谷城"轮失踪船员郑卫国的遗属，被慰问组冒着零下29度严寒去看望她的行动而感动，紧紧地握着慰问组同志的手说："就冲你们关心职工的这片诚心，我原来打算要求公司解决的问题，现在自己想办法解决算了，不再给公司添麻烦了"。湖南武冈18户船员和家属多次来信给公司，要求解决住房和子女就业等问题，并提出要集体来广州。当慰问组千里迢迢上门问寒问暖时，他们深受感动，又联名写信给公司，表示理解公司困难，自己想办法解决。不少船员家庭经济比较困难，但他们都拒绝接受公司慰问组的困难补助，表示要为公司分忧。在粤东惠来的服务员吴东因工种富余，已经有4年没上船工作了，靠每月三四百元的待派工资养家糊口，生活相当拮据。当慰问组走进他的家时，这位50多岁的老海员却流下了激动的泪水。慰问组向他解释公司正采取措施，想办法解决富余船员的安排情况时，他摇摇手："公司现在有困难，我能理解。不用解释了，你们来看我，就是最好的解释。"沈阳周边地区全体船员及家属给公司写信表示：我们一定服从调配，积极工作，为振兴远洋作贡献。不少船员家属表示，公司理解我们的付出，我们将一如既往地支持丈夫做大海的主人。家住辽宁省的船员家

属杨秀军来信告诉公司，她已与爱人订了"合同"：老人、孩子她一定照顾好，让丈夫在船上好好干，为广远第二次创业再立新功。一水刘坚其姐劝他辞职回乡，并许诺在县工商局给他找个好工作。但他一再表明自己热爱广远。当他接到公司通知上船的电报，又毅然地谢绝其姐的好意，踏上远航的征途。一位水手长母亲过世，父亲还病倒在床上，多么需要人照顾！但当他接到公司的上船通知时，积极说服家人，按时上船工作。

3. 办实事，谱写同心曲

广远公司在大慰问中，发现少数特困船员生活困难的状况，深深触动了慰问人员的心，也让广远公司领导揪心。公司领导将慰问组带来的问题，归纳为一个个专题，逐个认真地进行研究解决。一项项为船舶、为船员服务的措施相继出台。

为了帮助一些家庭经济特别困难的船员，公司成立了职工解困基金会；为了帮助特困户子女完成义务教育和大学学业，企业建立了高等教育助学基金会和希望工程基金会；为了解决船员住房问题，公司在国家政策允许的情况下，想方设法通过筹集资金、扩大借款额度、放宽借款条件等办法为船员办理借款建（购）房手续，缓解了小城镇和农村船员的住房困难；为了解决药费报销难的问题，公司采取了提高审批限额、增设报销点以及加快医疗统筹改革等措施，使情况得到了改善；为了解决船员多上船难的问题，公司采取了电脑排队，先下先上，近航线6个月，外派一个合同期满就换人等增加富余船员上船机会均等的措施。

广远公司4年的大慰问，多次组织报告会，并通过多种途径广为宣传。不少机关职工听了这些动人事迹，感动得热泪盈眶，有力地促进了机关作风建设。机关职工把为人民服务的口号变成实实在在的行动，为船员办实事：财务出纳科、综合门诊部医疗中心率先开设了"船员优先"的服务窗口，船员的事不办完不下班；机关建立了船员休息室，给船员提供方便的条件和细致的服务；有关部门为船员职工提供义务法律咨询服务；通导中心报话科开设了24小时船员职工救助热线电话；给离退休职工发放医疗保健卡，卡上标明姓名、性别、单位、血型、病史、过敏史等，并特别注明持卡人享受公费医疗，紧急抢救的一切合理的开支由公司支付……经过一段艰苦的努力，现在公司机关的工作尽管还有不尽如人意的地方，但船员普遍反映，大慰问使机关服务态度好了，办事快了，工作质量提高了。

这一桩桩，一件件，如春风化雨，滋润着船员职工的心田。温暖的企业集体，把船员职工紧紧连成一体。船员职工自然而然地把自己的利益、荣誉和命运与企业紧紧地连在一起。

4. 共荣辱，众志成城渡难关

广远公司的大慰问，一切为船员的款款心意，使广大船员在感情上和实际工作中，都增强了心系企业兴衰的主人翁责任感和使命感。正如《人民日报》1996年12月9日报道广远公司的文章所讲的："当职工的利益、荣誉和命运与企业紧紧相融时，企业得到的，便是搏击市场风浪的巨大力量"。

1997年，中远集团进行了前所未有的资产重组，开始了世界航运史上罕见的船舶大交接。短短四五个月内，广远公司交接船145艘，有2 975名船员参加接船，其中没有休完假和到期不能休假的有982人，占33%，有600多人是克服个人困难上船的。如参加接"高阳"轮的水手长何续缪，老父病危，希望临终前能见上一面。可船舶即将开航，公司换人又来不及，何续缪剪下一缕头发寄给父亲，在电话中说："忠孝不能两全，收到头发，就算我回到老人家身边尽孝了。"广远公司的船舶大交接正是广大船员发扬了这种无私奉献的精神完成的。

1995年以来，航运市场持续低迷，广远公司陷入困境。广大船员职工顽强拼搏，积极开展"反浪费、真节约"活动，努力使效益最大化。如"安顺江"轮在利比亚拒绝补充每吨25美元的淡水，在干燥炎热的天气

里，坚持维修保养，严格控制淡水的使用。大伙儿20多天没有痛痛快快洗过一次澡，船员们的工作服被汗渍结成了盔甲，有的身上长出了红疹，一直坚持到船抵达乌克兰后才加上每吨4美元的淡水。

一分耕耘，一分收获，1997年，广远公司在船舶减少、市场竞争激烈的情况下，全年实现利润比上年增长30%，超额完成了中远集团一再追加下达的利润指标；1998年，广远成了被人称之为"夕阳船种"的杂货船公司，背负着国际航运市场低迷的重压，在市场夹缝中艰苦跋涉，利润与上年度同口径相比，仍有所增长。企业的两个文明建设同步发展，1996年，广远公司荣获"全国思想政治工作优秀企业"的光荣称号。

广远公司的大慰问，在社会上引起了极大的反响：《人民日报》、《中国市场经济报》，广东省、广州市的主要报纸，电台、电视台和船员居住地的地方报刊，甚至香港的《文汇报》、《商报》……对广远的大慰问都相继作了报道；社会各界人士纷纷给予了高度评价："又见当年的八路军、红军的影子"、"这是共产党的工作作风"、"像你们这么大的企业，职工人数多，地域分布广，领导都亲自慰问，充分体现了党密切联系群众的优良作风"……

广远公司4年的大慰问虽然结束了，

但广远公司船岸职工和家属们用真情拨动的那令人难忘的心曲却永远在回荡。

四、爱国奉献　勇创一流

（一）海上中华名牌

中远广州远洋运输公司"华铜海"轮从1984年开始出租。十多年来，没有出过一次事故，没有误过一天船期，没有违法违纪，先后55次由装矿、装煤等改为装粮验舱均一次通过，被国际航运界誉为"中国出租船的一面旗帜"，成为"海上中华名牌"。该轮先后50多次受到国家、交通部、广东省、中远（集团）总公司和广远公司的表彰，被交通部授予"两个文明建设标兵船"荣誉称号，荣获全国"五一劳动奖状"。

"华铜海"轮为何成为中国出租船的一面旗帜，中国远洋船舶的"旗舰"，中华海上第一品牌？改革、实干、创新，是"华铜海"轮取得骄人业绩的奥秘之所在。

1. 锐意改革，树起了一面出租船的旗帜

1984年3月，"华铜海"轮与广远公司签订了以扩大自修为主要内容的承包协议。5月1日，受命出租参与国际航运市场竞争。该轮先后出租给美国、英国、日本、瑞典等国和中国香港地区的航运公司。

对新生事物的认识需要一个过程。"华铜海"轮船员也不例外。刚开始有的船员对出租为资本家服务想不通，思想上有消极抵触情绪。为此，船舶党支部引导大家学习党的基本路线，使大家认清出租有利于国家、企业、个人增收；有利加强国际交流，促进"四化"建设；有利于锻炼队伍，提高素质。强有力的思想政治工作，澄清了船员中的模糊认识，提高了船员的觉悟。船员们纷纷表示：只要对国家、对公司、对集体有利的事就干。

观念的转变，为改革的顺利进行奠定了思想基础，"华铜海"轮改革的风帆升起了。他们决定从"定船定员"入手，逐步推进，进而"定编减员"。在公司的支持下，船上由原编制35人减至31人，最少减到26人，将减员航贴、伙食费作为劳务报酬，实行多劳多得，奖勤罚懒。船员们从"定编减员"中初次尝到了改革带来的实惠，激发了参与改革的热情，增强了搞好安全生产和维修保养的积极性。

改革迈开了可喜的第一步。但"定编减员"又暴露出与经济承包制的一些矛盾。主要表现在人数与工作量的关系上，减员是减劳动力，承包却是增加工作量，一减一加，在人力、调度、时间、质量等方面出现了一系列新的困难。困难，没有吓退"华铜海"人，

21世纪交通文化建设研究与实践

中华海上名牌——"华铜海"轮

"华铜海"人又开始大胆摸索船舶内部管理机制的转换，逐步进行了一系列改革尝试：

大胆打破部门工作界限，实行全船大协作。船员在完成本部门和本职工作前提下，每逢大的突击性任务，由船长、政委统一调度人力，使劳动力由闲向忙、由轻向重流动。

实行一人多职，一专多能。将减员下来的职务工作分别加到一部分船员身上，如医生兼服务员，驾助兼水手，

电报主任兼管事等。

推行满负荷工作法。坚持8小时工作制，必要时加班加点；值班人员下班后，也要参加一定的维修保养工作。

实行方针目标管理。结合开展全面质量管理活动，将全船目标分解到部门和个人，引导大家按共同目标做好本职工作。

建立激励机制，奖金分配实行多劳多得，向第一线倾斜，向苦、脏、累、险活倾斜，向关键岗位倾斜，向有突出贡献者倾斜。

1986年4月，"华铜海"人敲响了自修大舱第一锤，为国家节省了100万元外汇人民币和20天船期；1991年8月打响了自修高边柜的第一炮，"华铜海"人挥汗如雨，敲下了10.5吨锈粉，省下了20多万元坡币，而叶龙文船长的耳朵却被震聋……"华铜海"人

成了"吃螃蟹的第一人",改革使全体船员的积极性调动起来了,大家以主人翁的姿态为租家、货主提供安全优质的服务。1984年底,"华铜海"轮在保证安全航行的情况下,用36个小时将装矿的大舱备妥成装粮大舱,一次验舱通过,感动得租家主动拿出美金奖励大家。1989年8月,又创造了仅用21小时将装煤大舱备妥成装粮大舱,一次验舱通过的成绩,租家代表禁不住翘起大拇指称赞:"中国船员真了不起!"

为了多装货,让船东、租家、货主多赚钱,"华铜海"轮做到"四个最":每次装货到最大水尺,走最经济航线,滞留时间最短,费用开支最省。为了多装货,船员自觉节约用水,船舶日耗水量直线下降,从20吨降到10吨以下。这样每次可多装400余吨货。1993年仲夏,该轮在秦皇岛装煤,船舶6面水尺均迫近该港的限定吃水12.50米,创造了在该港装煤58 370吨的最高纪录。

长期的出租,培育了华铜海人"爱国奉献"的华铜海精神,形成了自己的工作原则,这就是:对国家、对公司、对集体有利原则;确保安全,提高效益原则;领导带头,全员发动原则。凭着这种精神和工作原则,"华铜海"轮的声名鹊起,租约一再延期,日租金从4 600美元递升到超过10 000美元。一位租家感慨地说:"中远如有20%的船舶能像华铜海那样,竞争力就强多了。"华铜海人在出租船中树起了一面鲜艳的旗帜。

2. 真抓实干,船舶建设全面上台阶

许多船员说:"华铜海的先进是干出来的!"此言一语中的。"华铜海"轮之所以被誉为"中国出租船的一面旗帜",就在于华铜海人具有强烈的争先创优意识,十几年如一日真抓实干,除了干还是干,把"干"字落到了实处。靠干来创造成绩,靠干来建设船舶,使船舶工作不断跃上新的台阶。

一是安全运输生产上新台阶。"华铜海"轮在真抓实干中,培养出了强烈的安全质量意识。一次船抵美国旧金山引水站,海面阵风9级,固定引水梯在船右舷,处于上风位置,娇巧的引水艇在浪涌的推搡下,前颠后荡,怎么也靠不到位。船长心急如焚:如果引水员上不了船,船就不能进港,船期必将延误,船舶的信誉也会受到影响。只有左舷挡住风浪,使右舷引水梯转到下风位置,才能确保引水员上船。而此时掉头,对这么大的巨轮来说要冒相当大的风险。经过一番权衡利弊后,船长毅然挑起了千斤重担,果断下令掉头。美国引水员安全顺利上船后,不禁翘着大拇指说:"今天风浪这么大,你们敢在这里掉头,真不简单!"

二是维修保养上新台阶。十多年

来，华铜海人的自立自修意识不断增强，全面自修的能力不断提高。他们不断扩大自修，使坞修时间越来越短。1990年12月在香港坞修用了3天1小时；之后连续营运31个月，坞修仅用2天6小时。到1997年，"华铜海"轮的主要设备基本仍保持着出厂初期的性能，比如主机仍能达到每分钟118转的最高速度，造水机保持出厂时日造淡水30吨的原有水平。华铜海人不仅出色地做好了日常的维修保养，而且向着高难度的项目进军。该轮一号副机曲轴经过近20年的使用磨损，已不能使用，必须换新。这个项目技术要求高，通常是厂修解决，在此之前，还没听说有哪条船干过。强烈的自主自修意识，使华铜海人敢为天下先，科学攻关，开创了船舶自换副机曲轴的先例，为公司节约修理费和船期费逾百万元。

三是抓船期上新台阶。船期就是效益，就是金钱，"华铜海"人深深懂得这个道理，心往一处想，劲往一处使，使船舶营运率高达99.39%。该轮第71航次装煤去欧洲，租家批示抵安特卫普港后很快装返程货。只有3天时间卸货、洗舱、验舱、移泊，稍一放松就会拉下船期。而该港港池不准排污水，如果移到锚地洗舱，一则进出船闸要多花拖轮费、引水费、船闸费16 000多美元，二则单向航程需20多小时，难以保证如期装货。为解决这个

难题，他们采用跟踪扫舱和双层底储水法，边卸货边扫舱，卸完一个清洗一个，污水则通过道门引入双层底门储存，待开航后排放，从而保证了受载时间。这不仅受到租家称赞，连港口检查官也说："真没想到你们能想出这样的好办法！"

四是精神文明建设上新台阶。实干，不仅改变了船舶面貌，而且使船员的思想觉悟得到极大提高，创优争先意识大大增强。领导带头，率先垂范，自觉做到以身作则，先人后己，勤政廉洁，船员乐于奉献，正确对待利益分配。分配奖金时，华铜海人都表现出很高的风格。船员们往往相互谦让，相持不下，最后只得由党支部作决定，而船舶领导一般拿最低档或平均数。

1997年8月初，"华铜海"轮在美国新奥尔良港得知中远集团进行航运体制改革，实行资产重组，"华铜海"轮将移交给天津远洋运输公司经营。当时大家心里确实不好受。但船员们顾大局识大体，以实际行动支持改革，保证做好各项工作，要将一艘确确实实过得硬的"华铜海"轮交给兄弟公司。船员们一致表示：站好最后一班岗，在船1分钟，就要拼搏60秒。

为了将"华铜海"轮完美地交给兄弟公司，在从美国返航国内的一个多月时间里，他们对船舶进行了全面的维修保养，做到斗志不减，管理不松，标

准不降，就连电视机插座有些松动这样的小问题也不放过。

交船前，每个船员事先都准备了一份交船物品清单，并且把所有备件、物料用品摆放整齐。交接中耐心地一样一样讲清楚和解答对方提出的问题。华铜海人真正做到交"标兵船"交得放心，让兄弟公司的船员接得放心，受到上级领导的高度赞扬，也使兄弟公司的接船船员深受感动，再次展现了"华铜海"人的风采。

在真抓实干中，"华铜海"轮形成了具有鲜明时代特征的"八字"船风："协作、上进、吃苦、奉献"，以真抓实干的工作姿态和出色的劳动技能，赢得了国内外同行的普遍赞誉。

3. 开拓创新，铸造了"海上中华名牌"

"华铜海"轮在获得全国"五一劳动奖状"的最高荣誉后，要再上新的台阶，再造新的辉煌，确实有许多困难。然而"华铜海"人却知难而上，继续不断地开拓进取。

鲅鱼圈港是营口的一个新开发区，该区建有大吨位码头泊位多个，启用多年来，因一段航道狭窄及风流影响，港务局从安全考虑，从未放船夜航。"华铜海"轮第72航次在鲅鱼圈港卸货，租家对下航次船期要求特别紧。该轮卸完货正值夜间，若等到次日天亮后开航，起码要延误半天船期。

"华铜海"人想租家所想，急租家所急，千方百计抢船期。船长事先查阅了大量资料，走访了港监，并与引水站领导共同研究夜间离港方案，经协商决定在安全有把握的前提下，引水员负责在港口使船离泊后把船拧直，然后由船长自引出港。艺高胆大，在"华铜海"人的努力下，6.5万吨的"华铜海"轮率先在鲅鱼圈港自引出港成功。

"华铜海"人不但勇于创新，而且善于接受新事物。ISM规则是国际船舶安全营运和防污染管理的新规定。"华铜海"轮在国际海事组织通过这一规定不久，率先组织船员学习。经过学习，许多船员对ISM规则13要素的重要内容可以朗朗上口；在闭卷考试时，全船均达到优秀，连船上文化基础较差，开始学得最"糊"的一名船员也得了90分。

通过认真学习ISM规则和在公司的大力支持指导下，"华铜海"轮先行一步按ISM规则投入试运行和正式运行。为满足ISM规则极为广泛的要求，该轮不断建立和完善管理制度，做到活动规范化，工作程序化，行为文件化，并建立起一套电脑化的安全管理体系，使船舶管理进入了良性循环，并于1997年初在上海港通过了非常严格的ISM外审，其安全管理达标的时间，比国际公约规定的强制实施时间提早了一年半。这标志着"华铜海"轮的管理进入了更高的层次。

1997年10月12日，"华铜海"轮移交给天津远洋运输公司。交接仪式在大连中远船务工程有限公司码头上举行。中远集团吕占雄副书记在交接仪式上说："华铜海"轮的移交，不仅仅是船舶的移交，实质是精神文明的传播，是"旗帜"的交接，是"形象"的交接。

1998年11月28日，历经24年风雨的"华铜海"轮，在圆满完成最后一次远航任务后正式光荣退役。

（二）榜样的力量

有这样一艘船，初披战袍就昂首加入从远东跨越太平洋至美国这条"商家必争"的黄金航线的核心班轮行列。十几年过去，这条船已航行了140万海里，相当于绕行地球赤道64圈，累计装运了57万个标准集装箱，完成了1 100万吨的货运量，取得了为国家创汇收入3.3亿美元的骄人业绩，获得过全国"五一劳动奖状"、全国"青年文明号"、上海市"模范集体"等40余项"荣誉"称号。它就是中远集装箱运输有限公司所属的——"民河"轮。

中远集运已今非昔比，更为先进的第四代、第五代集装箱船不断加盟船队。13岁的"民河"轮按照国际上通行的算法已步入运输寿命的"中老年"阶段。"民河"轮十几年，主机已运转了8万多小时，甚至比其他类型船舶运营30年还要多，用"马不停蹄"形容可算是恰如其分，充分体现着它在海上运输的"高效率、快节奏"。然而，凭借依然风采熠熠的外观，蜚声海内外的声誉，堪称楷模的船舶管理模式，仍然当之无愧被誉为中国远洋运输船舶的"旗舰"。

1. 艰巨的探索重任

20世纪90年代初，国际集装箱运输起步较早的知名班轮公司已形成各自成熟的管理办法，成为他们的一大竞争优势。此时，我国尚处于创业阶段，对大型现代化集装箱船舶的管理还是"空白"。因此，当"民河"轮首次托载起万吨货物之时，"民河"人尚羸弱的肩头也同时压上了艰巨的探索重任。

以"求实、务实"的理念，"继承、借鉴、创新"的精神，"民河"轮上小到内务卫生的整理、床单被子的叠放，大到每台设备的操作、库房管理的负责都有明确的规定和一目了然的标识，形成了清晰的工作条理。无论人员如何调动、航线如何调整、节奏如何变化，船舶各项工作始终处于一种井然有序的状态，建立起了一套适合我国国情和自身特点的科学管理方法。

当国际间的冷藏箱运量随着加拿大和美国冷藏出口货量的增加而急剧上升时，因冷藏箱的高运价，受到了国际上"长荣"、"马士基"、"总统"等船公司的特别垂青，冷藏箱市场的争夺十分激烈。对仅有88只冷藏箱插座的"民河"轮而言，没有任何优势。为在冷藏货物市场占领一席之地，"民河"轮成立了冷藏箱管理质量小组，开展技术攻关。在反复试验、实践的基础上，船上又加装了88只冷藏箱插座，并安装了电源定时转换器，使冷藏箱受载量达到了300只以上。但这样一来，船舶电网因副机的额定功率超负荷而跳闸。为此，船上又通过摸索，采取手动与电源自动转换相结合的方法，分散用电，突破了先天设计的局限。同时，还出台了被船员们誉为"一石四鸟"的《甲板部看舱与冷藏箱管理办法》，改变了以往因看舱人员不足而形成的焦点矛盾，发挥了每个值班人员的积极性，大幅度提高整个装卸货过程中的管理质量。

"民河"轮作为第三代集装箱船舶，在信息化建设上显然与第五代集装箱船舶甚至第四代船舶都存在差距，为此，建设起了船岸信息高速公路、单船局域网、船舶动态数据库、船舶数据报告系统。通过这些先进手段的建立，"民河"轮提高了运输生产的综合效能。

2. 敬业铸就的船舶文化

"民河"轮坚持倡导"全心全意、服务货主"的船舶价值理念，坚持货主的满意就是我的追求"的服务观、"货主在我心中、质量在我手中"的质量观、"船舶班期就是市场信誉"的市场观。为货主提供最佳服务，为准班准点提供可靠保证，在"民河"轮蔚然成风，逐渐形成了"追求安全"、"服务货主"、"塑造形象"为主要标志的船舶文化。

1999年下半年，华南至美西航线集装箱船舶运输屡屡脱班，"民河"轮确定了"联系沟通、合理配载；及时靠离、加装监装"的十六字保班方针，从而在当年保班形势异常严峻的情况下，仍然创造了准班率98%以上的奇迹。

"客户在我心中"是中远集运企业竞争力的集中反映，是以市场为导向，追求经济效益和企业商誉最大化的理性承诺，"民河"轮船员是这么认同，也是这么去努力的。那是1998年上半年，第162航次，青岛港出现了大量货物积压的情况。停泊在码头上的"民河"轮，大副房间热闹非凡，一群揽货业务员围着大副急切要求优先把自己的货物装走，按照惯例是无法全部将货物装船的。"民河"轮船员想客户所想、急客户所急，决定克服一切困难，在确保船舶安全航行的前提下，寻找最佳配载方案，尽可能满足货主要求。他们采取"减少压载水"、"调拨油舱"、"合理设置船舶稳性"等措施，额外加装了26个集装箱，赢得了货主的高度赞誉。

1996年冬季的一天，正航行在白

"民河"号轮

令海峡的"民河"轮，突遇8级大风，5米高的涌浪使船左右摇摆不停。船员在例行的巡回检查中，发现1舱在三层高的三只集装箱箱体被箱内未绑牢的货物撞破。其中一只已经由里向外裂开了一个5米多长的口子，如果不及时排除这一险情，货物将受到严重的损失。险情就是命令。船舶立即调整航向，以减轻船体摇摆；同时，调整压载水，令船体稍稍向一侧倾斜，减少货物向另一侧撞击的力度。就在这狂风恶浪的条件下，船员们克服了晕船的困难和冒着有被货物撞伤的危险，登高进箱。经过5个多小时的奋力拼搏，硬是重新加固了货物，保证了货物未受任何损失。还有一次，在"民河"轮离开日本名古屋的第二天早晨，电机员在对冷藏箱进行巡回检查中，发现船尾一只40英尺冷藏箱故障报警。船舶党支部发动全体船员，将货物搬到另一只空的冷藏箱中!他们先将货物从箱内搬出、传到甲板上，然后用小推车将货物搬运到100米开外的船中部，接着，再上高运到预冷好的空冷藏箱内。整个搬运工作，整整花了5个小时，搬运货物1 100多件，总计20多吨，"民河"轮船员凭着高尚的职业道德，保护了货主的利益，创出了自己的品牌。

3. 尽职的"形象大使"

"民河"轮船员率先提出的"外国人面前我是中国人，中国人面前我是中集人（中远集运人），中集人面前我是民河人"的格言，已经成为船员遵纪守法、诚实守信、讲求实际、追求卓越的代名词。一代又一代"民河"轮船员也已由自在到自觉，担当起展示公司形象、宣传中华文明的"形象大使"。

"民河"轮已有十几年船龄，但无论在国内还是国外，无论是初登远洋轮的参观者，还是一些引水、港监等专业人士，在登轮后都会被亮化美化的环境所感染，发出一声"这是新船吧?!"的赞叹。船员们用辛勤保养的汗水和文明的行为，换来了祖国新时代海员的赞誉和COSCO无价的声誉。

"民河"轮途经各港，赢得了当地人们的普遍尊重和赞赏，在海内外展示了"靠泊一港，名留一点；航行一线，誉盈一片"的形象效果。一天，在日本神户港，当地的一群中学生在港区办公楼内远眺海港，看到一艘漂亮的大船徐徐靠向码头，船头船尾身穿统一工作服、头戴橘红色安全帽的船员，整齐地列队，在蓝天下显得格外醒目、精神!学生们纷纷猜测是哪个国家的船员，一名日本工头向学生们介绍说，这是一艘中国船，船上站立着的是中国海员。学生们都惊讶地纷纷议论"跟电视上看到的不一样，中国船员原来是这样!"事后，这名对中国一贯热情友好的工头万分

感慨地用生涩的中文专门写了一篇稿件，投到公司的报刊上，赞扬"民河"轮的行为改变了这群学生对中国船员原来的看法，为中国争了光。

一届又一届的"民河"轮党支部，始终把帮助船员职工"实现人生价值"作为培养人、关心人、凝聚人的根本目的，把"促进人的全面发展"视做船员职工的根本利益，积极营造"人人均可成才、个个都可创业"的氛围，为每个船员职工"搭一个舞台，拓一片空间"，培养输送了一批又一批专业人才和后备干部，被广大船员职工誉为"人才孵化器"。2000年，为适应外派发展的需求，"民河"轮应锦江轮船公司的邀请，输送了1／3船员到该公司的集装箱船工作，这些船员发扬了"民河"轮的光荣传统，影响、感染和带动了其余船员，很快就使这艘船的船风船貌发生了根本性的变化，成为该公司的"王牌船"，再塑了"民河"轮辉煌。

如今，"民河"轮的优秀船员遍布各条航线。近几年来，为公司和其他船舶输送干部8名。他们之中，有"上海市劳动模范"薛宝林船长，有"上海市优秀党务工作者"邵平政委，中远集运"服务明星"扬大余船长，优秀青年干部郑旭红等一大批人才。

"民河"轮也是具有鲜明个性的、风雨同舟的精神家园。

农历大年三十，"民河"轮在美

国奥克兰港遇到了半个世纪来罕见的大风雪，市内的交通和生活已经陷于瘫痪，码头停工了，时间在一分一秒地白白浪费。对大型集装箱船舶来说，停运一天的成本要耗资数万人民币。集装箱班轮还有不同于其他散装船杂货船运输的一些特点：到港时间就像空中的飞机、陆上的火车严格按照时刻表运行，"赶班期"是集装箱班轮上使用频率很高的术语，在港装卸集装箱的时间都要按小时计算。在这节骨眼上，"民河"轮作出了一个让美国人颇感意外的举动：扫雪! 船员们拿着铁锹、铁桶、簸箕，将覆盖在甲板上、集装箱上齐膝的积雪，一堆堆铲掉，又用扫帚一点点扫干净，然后把盐粒均匀地撒在作业区域，以防结冰、打滑。他们还下到码头，铲出一条车道，为运送集装箱的卡车开辟通道。然后，船长、大副请来工头，邀他检查作业现场。工头对"民河"轮船员的举动感到简直不可思议，无法理解在没有任何报酬的情况下，船员们会作出如此惊人之举。但他对"民河"轮船员的崇高职业行为表示深深地敬佩，并立即开工作业。其时，在一片空旷、宁静中，只有"民河"轮在开工，形成了一道靓丽的风景线，保证了船舶按时起航。

在为中远服务的十几年来，"民河"轮经历了世界航运市场的几度兴衰，在经受住了变幻莫测的市场考验的同时，经历了中远(集团)总公司一系列的制度改革。但"民河"轮一批又一批船员始终紧跟时代潮流变化的步伐，保持和发扬了"敬业、求实、创新、奉献"的精神，开创了中国远洋船舶现代化管理之先河，成为中远集团尽职敬业的一个标兵群体。

（三）苦练内功 优质服务

中远大连远洋运输公司"阳澄湖"轮是1981年建造的2万吨级成品油轮，自营运以来不断创造新业绩。特别是1993年进入国内南北航线以来，以船长王喜全为代表的"阳澄湖"轮的全体船员，面对国内油运价格下跌，市场竞争激烈的严峻形势，深入学习和认真借鉴"华铜海"轮经验，以安全高效、优质服务、信誉第一的服务理念赢得了市场。尤其是在大远公司实施名牌战略，在开展"创名牌船舶、建精品航线、树一流形象"活动中，"阳澄湖"轮更是一马当先，在国内油运南北航线上为大远公司、为中远集团创出了品牌，作出了突出贡献。该轮曾先后被交通部和全国海员工会评为"水上运输先进集体"；1995年荣获中远集团"华铜海式船舶"的光荣称号；被中远集团评为"双文明建设先进船舶"；"收节支先进船舶"；还荣获大连市"精神文明建设先进集体"光荣称号；1998年顺利通过国际安全管理规则ISM认证，

1999年再次通过ISO9002认证。

1. 用优质服务开发市场资源

"阳澄湖"轮党支部在历年的工作规划中，都把学习"华铜海"轮的"货主第一，服务第一，信誉第一"的原则当做在航运竞争大潮中立于不败之地的重要法宝。他们坚信这样一个道理：船家与货主是一个利益共同体，货主看重的是船上的服务质量。谁的服务质量好，他就用谁，否则就会被别人挤掉。因此，在这条竞争激烈的航线上，要战胜对手，巩固同货主长期稳定的合作伙伴关系，就得靠优质服务。只有优质服务才能抓住机遇，船舶领导把这些在激烈的市场竞争中形成的新思想、新观念通过多种渠道不断向船员灌输，以此来提高船员的优质服务意识。他们号召全体船员为优质服务献计献策，要求大家立足本职做好工作，以实际行动为货主、租家提供一流服务。为增强船员的危机感和责任感，他们提出："谁砸了'阳澄湖'轮的牌子，'阳澄湖'就砸谁的饭碗；谁不爱岗敬业，谁就下船待业"。为了向货主提供优质服务，他们采取了强有力的保证措施：一是把好计量关。在装油过程中，船上认真量舱，看好水尺，并把体积和油温用传真形式及时向货主报告。货主根据船上提供数据和发货人提供的比重，能够准确计算出货油数量。如果少了，便以此为依据，向发货人索赔。二是把好卸油

关。平时，加强对装卸货设备的维修保养，正确操作，保证货油泵开得动，卸得净。三是把好扫线关。装货后，值班人员及时督促岸方人员把岸上管线里的油扫到船上；而卸货后，船上按货主要求，把管线里的油顶到岸罐里。四是把好跑油关。船舶领导"约法三章"，船舶不用货主一滴油，不卖货主一滴油，不留货主一滴油。谁违反规定，就严肃处理谁。同时，他们还在洗好舱上大做文章，确保货油质量。他们有时没有接到洗舱命令，为了适货，防止临时接到通知来不及洗舱，通常先把油舱洗出来，用抹布擦干备好，保证适货状态。为了提高洗舱质量，"阳澄湖"轮经过自训，还培养和带出了一批会修理洗舱机的骨干。

"阳澄湖"轮在油运市场上闯荡了20年，他们深知一个道理，那就是船期无价。为此，他们把千方百计保证船期作为向货主提供优质服务的根本性任务来完成。他们靠搞好维修保养，使动力设备处于正常运行状态，不因故障停泊而耽误船期；靠争分夺秒抢船期。

1998年7月10日，"阳澄湖"轮在黄埔港卸货，上级指示卸完货离港洗舱，13日再靠回黄埔码头装货去秦皇岛，如果不能按时抵达，将损失船期4天。而当时的情况是，卸完货已是11日上午9时，离下载受货时间只有63小时。船长王喜全算一下时间，如果按正

常的洗舱、掏舱、通风的要求，再返回码头需要80个小时。时间相差近20个小时，为争取时间，没卸完货，王船长就开始申请引水，完货后20分钟就开航。11号下午5点船到锚地开始洗舱，边洗边通风，直至12号上午 11点，18个舱才全部洗完。舱洗出来了，但由于通风时间不够，掏舱下不去人。此时离靠泊装货仅剩下37个小时，为找到有效的解决办法，他们发动船员献策，最后采取用压缩机为空气瓶充气，给掏舱人员供气作业。为防止空气瓶、水泵与舱内设备撞击发生火花，又给气瓶加了包装，给水泵套上套子。12点钟正式开始掏舱，全船人员一直干到13日凌晨2点，洗掏舱结束。当日下午5：30分，船靠好码头，验舱一次通过并接管装货，终于抢出了近20个小时的时间。除了"三个保证"外，他们还急货主之所急，想货主之所想。比如货主要求船上超装油。在保证安全的情况下，他们尽量装最大吃水，港口吃水浅时，赶高潮抢靠、抢卸。虽然给船上工作带来了难度，但为了满足货主的要求，他们付出了辛勤的劳动和汗水。

一分耕耘，一分收获。满意的服务，终于赢得货主、租家的信誉。一次，船从锦州到广州黄埔卸货。在黄埔经检验，发现五舱的油质量不合格。厂方认定是船上的问题；而货主则明确讲，这是绝对不可能的，"阳澄湖"轮

这条船管理和工作质量是一流的，不可能出现这样的事情，你们还是从自己方面好好找原因。最后查明；是岸方将罐里的油底子打上了船。

在中远集团"1999年首次海上油运恳谈会"上，广石化麦文伟副总经理动情地说："阳澄湖"轮是近年来为本公司海上油运表现最好的一条船。"阳澄湖"轮从船长到普通船员都表现出了很高的素质，从未因岸方责任出现短货现象，也没有误过一次船期。到会人员纷纷表态，大远如果还有"阳澄湖"这样的船舶，货源的事包在我们身上了。于是，大远立即从南北美航线上调回了"鄱阳湖"、"映松湖"等4艘油轮投入到南北航线，很快获得了非常好的经济效益。公司领导们高兴地说，"阳澄湖"轮的可贵之处，不仅是创出了海上名牌，而且给大远和中远开发出了市场资源，这是最最可贵的。

2. 用严格管理铸就海上名牌

"阳澄湖"轮历任领导班子形成的一个共识是：企业决胜在市场，市场角逐比内功，内功高下看管理。"阳澄湖"轮在抓管理中，突出一个"实"字，着眼于一个"严"字。领导工作抓得实，严格规章制度，不做表面文章；船员工作干得实，严格岗位责任制，不松松垮垮。"阳澄湖"轮在贯彻执行上级的规章制度中，不断从实践中探索，寻找出一套适合船舶特点的有效落实方

法，形成了"阳澄湖"轮的管理特色。他们认真总结多年来管理工作经验，研究制订了《阳澄湖轮日常管理规则》。规则从内务标准到着装要求，从文明用语到礼貌待客，从安全措施到遵章守纪，都根据上级的要求，从南北航线的实际出发，作出了具体而明确的规定。

"阳澄湖"轮领导认为，在管理上不严格，就会危及船舶安全生产和服务质量。只有平时严管严训，关键时刻才能冲得上去。一次，"阳澄湖"轮靠泊大连寺儿沟码头，发现停靠在码头另一侧的一条油轮突然起火，未等船上警报拉响，全体船员已经快速赶到各自的岗位，随时准备离开，以保护船舶安全。在场的码头工人都为之而赞叹。

严格的管理，促进了船舶的安全工作。在落实国际安全管理规则和迎接国内外港口国大检查中，他们注重平时打基础，严格按照国际安全管理规则的要求一点一滴抓落

实，不单纯为了迎接上级检查搞突击，在应急演习中也不走过场，强调雷厉风行，船员齐刷刷，有股紧张劲。坚持用制度来规范和制约人的行动，把备检作为经常性每日每时的工作，作为促进船舶管理的手段，落实责任，跟踪检查。把保证航行安全作为落实这两项工作的重点。根据南北航线2~7月份多雾，下半年有台风，成山头、长江口以东海面、舟山渔场、台湾海峡、福建沿海、广东东部沿海一带小渔船多，香港担杆水道进出港口船抢道等特点，加强驾驶台和机舱值班，严格报告制度，及时采取有效避让和防范措施，保证船舶安全航行。近几年来，在国内外港口国检查

"阳澄湖"号轮

越来越严格的情况下，"阳澄湖"轮每次都能顺利过关，从未给货主带来任何麻烦。

3. 用真诚和信任赢得货主的心

如今的航运市场，说到底是货主和租家的市场。"阳澄湖"轮这些年来的经验表明，在竞争激烈的南北航线上，要保住老客户，增加新市场，在保质保量保船期的同时，还必须搞好与货主、租家及港口等全方位的关系，这是船舶占领生存空间的需要，也是优质服务的重要组成部分。他们在处理与货主租家的关系上，注意把握四点原则。

一是以诚相待。对货主或租家坦诚、老实，不藏心眼。比如，在初次与货主接触时，他们对船舶不放心，提出要开大舱盖量油。船上就实实在在给他介绍设计量油孔的科学性，并写出了书面保证，后来事实证明确实准确，他们就认可了，租家对此非常满意。

二是感情投资。船到租家、货主所在港，只要有时间，船上领导就下船走访，主动征求货主和租家的意见。有时租家、货主来船办公，船上热情接待，认真汇报工作，听取他们的意见。每逢过年过节，与租家互送东西，礼尚往来。有时货主上船，正赶上就餐，他们就像到家一样，同船员一起边拉家常边吃饭。由于船方与货主加强联系，密切了关系，增进了友谊。

三是不找麻烦不添乱，不提非分要求。一位老货主在谈到"阳澄湖"轮时说：在我租用的船舶中，有的船活没干先要钱，有时嫌钱少，不高兴；有的船员下船违法乱纪，被警方拘留，请我们帮助疏通关系放人；有的船办私事动不动向我们要车，"阳澄湖"轮从来没跟我们提出这样那样的要求，也从不给我们找麻烦，添乱子。同"阳澄湖"轮打交道，我们即放心又省心。

四是慎重对待和处理货主、租家的要求。有时货主、租家销路不好时，要求某个航次少装些货。遇到这种情况，既要考虑租家利益，又要考虑公司利益，船长就及时请示公司。根据实际情况，他们通常的做法是航次少装200~300吨货，使租家能够接受。除搞好与货主和租家的关系外，他们还注意搞好与港监、引水、码头工人的关系。以求得多方支持船舶工作。一次，"阳澄湖"轮靠泊西太平洋码头，岸上管线比较长，要爬一个400米的坡，他们让工人晚关四五分钟阀，管线里的几十吨油就抽进了船。如果关系不融洽，工人不干活，就少装几十吨。"阳澄湖"轮的经验证明，在国内南北航线的油运市场上，全方位地融洽感情，也是提高服务质量、增强经济效益不可缺少的重要环节。

4. 建设过硬的领导班子，抓船舶的全面建设

"阳澄湖"轮之所以能在改革大潮中"挺立潮头"，能在市场竞争中"露出头角"，一个决定因素是有一个坚强的领导班子。几年来，他们把班子建设放在首要位置来抓。强调用党的路线、方针、政策和上级指示统一班子成员的思想，抓好组织建设、思想建设和作风建设，用改革的意识，创新的思路、团结的愿望、实干的作风、表率的作用、奉献的精神带领船员管好党和人民交给他们的远洋船舶。

船长王喜全被称为"船舶的好带头人"。自1993年11月到1998年一直在"阳澄湖"轮工作，近5年的时间里休假总共不到5个月，连续6个春节都是在船上度过的。刚上"阳澄湖"轮时，由于按规定船舶航行时不能敲锈和动火，船舶锈迹斑斑，设备老化。看到这些他很心疼。他经过翻阅有关书籍和多次现场勘测得出结论，汽油闪点在28摄氏度以下，柴油闪点在65摄氏度以下绝对不会引起燃烧，不燃烧就不会引起爆炸。只要采取科学的态度和必要的安全措施，油轮可以搞维修保养。在他的带领下，"阳澄湖"轮的船员终于在甲板上敲响了中国油轮开展维修保养的第一锤，成为中国远洋史上第一个"吃螃蟹"的人。

王船长非常注重船舶领导班子成员之间的团结，他认为，企业最可贵的资源是"人和"。因此，无论哪一位政委上船与他搭班子，他都主动介绍船舶人员情况，介绍班子情况。对于公司组织开展的"凝聚力工程"，他更是从心眼儿里赞成，并在实际工作中努力去实践。他把船长与政委之间的团结看成是"维护船舶凝聚力的生命线"，看成是确保船舶"人和"的根本，并在实际工作中与几任政委积极合作。他常和人讲，"阳澄湖"轮能干到今天这个份儿上，几任政委立下了汗马功劳：老当益壮张天福，能工巧匠赵树平，任劳任怨初敬福，拼命三郎陈小兵，等等，个个都是好样的。

王船长已年近半百，患有严重的胃病，但他在工作中处处身先士卒，吃苦在前，享受在后；在待遇面前先人后己。爱人有病住院他没下船照顾一天，女儿结婚他仍在船上工作。从1994~1999年，公司先后发给他个人奖金近5万元，他都全部拿出来作为奖金分给普通船员和用于赈灾、扶贫。一个普通机工的母亲因病住院，手术需要一大笔钱，王船长和政委、轮机长每人捐了1 000元钱；一名服务员在上船接班的路上被小偷掏包，丢约1 000元，王船长拿出500元钱硬塞给那位船员，说："就当是咱俩一块叫小偷给掏了"；一年轻船员第一次在船上过生日，王船长掏出500元钱买了海鲜，全

船加酒加菜为他祝贺生日；每一次赈灾、扶贫，王船长都抢在前面捐款，一共捐出去近万元。自1993年以来，王船长已连续6年被公司评为"先进工作者"、"优秀共产党员"，荣获"大连市劳动模范"、"辽宁省劳动模范"、中远集团"十大先进生产者"、"优秀共产党员"、"特殊贡献员工"称号，荣获中国海员工会全国委员会颁发的"金锚奖"。

在王船长的带动下，"阳澄湖"轮已形成"爱船如家、艰苦创业、团结拼搏、无私奉献"的良好风气。张天福等几任政委都密切配合船长，真抓实干，联系实际开展思想政治工作，两个文明一起抓，使船舶管理水平不断上档次。政委承包的"责任田"被树为"样板田"。轮机长冯建民1993年到现在一直在"阳澄湖"轮工作，他刻苦钻研业务技术，听一听看一看就知道机器设备的状况。在这艘日本造的船上他逐步摸索出报废设备更换国产件的办法，为公司节约了大量费用。一次，为了检修一个设备，他冒着50多度的高温连续干了4个小时，晕倒在机器旁。泵匠刘文举在家休假，听说船回大连，他就上船帮助干活。机工长吴学峰在码头等拖轮上船时，捡了2根铁管拿到船上用。大厨李建平发现拖轮给他们送伙食时，一箱调料品（价值100多元）遗忘在拖轮上，船靠码头后晚上安排他回家，而

他没有回家，自己花30元钱打车把调料箱找了回来。

（四）"流动"的五星级饭店

五星级饭店，除了金碧辉煌的大厅、落地窗外的灯海、雪白的台布、金色的刀叉，还有心旷神怡的服务，这种服务也许是热带植物丛中似有若无的音乐，也许是晚上放在床头的一枝玫瑰，也许是服务生叫你名字的一声问候……

五星级的服务有固定条例，但体现更多的是一种高水准。

这种水准不是制度能完全涵盖的，它体现在真正用心付出的细节里。

中远的服务追求三个零：零距离服务、零缺陷管理、零投诉服务；采用有效手段，尽快做到三化，即服务规范化、个性化和多样化；不断提高"三个度"，即满意度、忠诚度和美誉度，这在中远的服务终端已经形成思维走向，也是中远服务品牌所追求的目标。

1. "交通部五星级先进客轮"

中远旗下的豪华型客货班轮"新鉴真"轮，是"交通部五星级先进客轮"，虽然"新鉴真"轮是条船，但服务一点都不比五星级饭店差。夏天，你一上船，会有一块凉毛巾送到你手上，冬天，会有一杯热茶呈到你面前。很多往返中、日两国的客商，出行时专门等候"新鉴真"轮。所以"新鉴真"轮承运的中外旅客一直位居榜守，年年

第一。

"新鉴真"轮有过一个有趣的小故事：

一次，上海市人大常委上船视察工作，上海远洋的总经理对人大常委们开玩笑说，谁的衬衣在"新鉴真"的任何角落蹭上一点灰尘，就赔谁一件白衬衣，结果人大常委们上客房、下机舱，还真没人蹭到一点灰尘。要知道，"新鉴真"轮是一条长157米、宽23米、1.45万载重吨的巨轮，要做到这一点多么不容易。全船60多名船员，在上海和日本停留的时间都很短暂，每次到港他们都把船上的每个角落仔仔细细地彻底清洁一遍。船上客房按酒店管理，最起码的一条是床要每天铺，船上有345张床，头等舱和一等舱还好说，二等舱里有两个上下铺，三等舱里有4个上下铺，而舱房很小，每天铺一次床得多大的工作量。况且38名客舱服务员还要兼顾餐厅、酒吧、歌舞厅、洗衣间、洗澡间、免税店等许多工作，常年坚持下来实在是要付出比一般服务员多得多的辛苦。

为了"新鉴真"轮的服务目标：语言标准化、餐厅酒店化、服务规范化、管理宾馆化，有些船员至今还不知道神户、大阪是什么样子。

一位华侨老太太，江苏人氏，已经80多岁的高寿，常年旅居日本。这位老太太可谓是"新鉴真"轮的一位特殊旅客。由于老伴已经过世，她每每思乡，就要乘"新鉴真"轮回故国一趟。老人两三个月就回国一次，在上海没有亲友。老人说，有时在家很闷，就想到"新鉴真"轮，想乘船走走，这些女服

"新鉴真"轮

务员就像她自己的亲孙女一样。对这位老人，"新鉴真"轮船员也倾注了很深的感情和很大的精力。每当看到旅客名单中有这位老人的名字时，船上就马上派人下船去接，帮她拿行李，扶她上舷梯，空闲时陪她说笑解闷。

陆地上的五星级饭店也能做到这些，但那种需要付费的职业素养，不是"新鉴真"轮亲人般的贴心交流。"新鉴真"轮每个航次都面对几百名旅客，并不是对她老人家一个人特殊，而是对每个需要关爱的人都如此真诚。船上有时会遇到一些脾性古怪的乘客。有的特别忧郁，向他问好，问他需要什么，都没有反应；有的极其烦躁，莫名其妙地发火；有的甚至扬言要跳海自杀。对这些乘客，服务员会对他们特别的关照，有机会就主动聊聊，在心理上疏导，保持心情舒畅，不让他们出安全问题。

对无人陪伴的儿童的服务一般只在民航，"新鉴真"轮义务地承担了这项服务，船上的女服务员带过的小孩中最小的只有4岁，一会儿要吃，一会儿要拉，哭啊闹啊，服务员就整天陪着、哄着。

"新鉴真"是一条客货两用船，运好各种货物也是一项极为重要的工作。一次大副孙学军和机电员在进行开船前的例行检查时，发现内装鲜文蛤的25号冷藏箱温度不正常。船一开航，立即组织了一个队伍，连政委也来

参战，大家将一包包25公斤重的文蛤从3米多高的箱内卸出来，在只有60厘米宽的过道中接力传到100多米远的地方重新装箱，经过两个小时的奋战，终于将800多包共18吨的文蛤及时搬了"家"，保证了海鲜的安全。

"新鉴真"服务的优秀，加上一周一个航次，时间短，船期准，特别受运送鲜活货物货主的欢迎，船上的218个冷藏箱位显得捉襟见肘，根本不够用，经过改造，可装246个箱子，才基本适应了需求。而同航线的其他船舶，空载率很高。

一个品牌要实现市场不败，只有不断地实现价值的提升。"新鉴真"轮用发自内心的真诚付出，最大限度地、创造性地满足客户的需求，这是"新鉴真"轮服务最核心的价值所在。

2. 文明、奉献在"燕京"

星级制管理所规定的要求与标准，经过训练不难达到，但要给人友善、温馨的感觉，则不是刚性的制度能规定出来的。

旅客乘上"燕京"轮即能感受到家庭般的温暖。华侨王天文先生在天津期间突发脑溢血，经多方救治未见明显好转，想回日本治疗。但各航空公司均婉言谢绝乘机，就在病情随时可能恶化的情况下，"燕京"轮承担巨大风险，同意运送重病旅客去日本。一路上船舶领导周密安排，提供了最方便的房间，

组织了专门服务人员精心护理，病人终于安全抵达日本，王先生的家属及所有迎接的人们都泪流满面，他年近八旬的老父亲含泪连连向"燕京"轮船员鞠躬道谢。

天津市中学生东亚交流团一行98人随船回国，船舶领导提前组织船员准备了天津包子，孩子们看到后欢呼雀跃，感受到了浓郁的乡情和家庭般的温暖。当得知有7名学生因在异国他乡而耽误了过生日，餐厅厨工连夜制作了一个精美的三层大蛋糕，免费送到孩子们的面前，让孩子们过了一个难忘的"集体生日"。

在"燕京"轮上，归还旅客遗失的日元、美元等现金及国际信用卡，已成平常事，还有摄像机、照相机、珠宝首饰、名贵手表等贵重物品，其中不少物品是费了很大周折才送到失主手中的。中国海员良好的道德素质，随船扬名中外。

应变的服务，不变的真诚，换取客户的忠诚。中日航线上的客轮很多，但专门等候"燕京"轮的不乏其人。专程乘坐"燕京"轮最多的旅客已达46次。

3. 一枝独秀"苏州号"

同在中日航线运营中的船舶中，还有一艘客船——"苏州号"轮。

这艘和天堂齐名的船舶，在市场营销中独辟蹊径——与几大著名旅行社合作推出"赴日游"、"海上浪漫游"活动；利用中日邦交正常化的纪念活动以及赴日手续进一步简化的商机，以项目开发的形式，重点开发旅游团体、留学团体和赴日研修团体，几个回合就客来如云。

"苏州号"轮以身手不凡的差异化服务，推出HDS（快运系统），以海运的价格，提供准空运的服务，创新的10英尺集装箱由于体积小，周转快，深受广大客户的欢迎。且两个10英尺的小箱比一个20英尺的大箱多收入200美元，把物流服务推向"极限服务"。在中日航线趋于白热化的状态，保持了良好的市场份额和收入。

创新的经营、科学的管理和优质的服务做到了100%客户满意率，100%安全率，100%准班准点率，100%货物完好率，100%人员无案率，五个百分之百，创造出"海上之家苏州号"的品牌。

（五）特种船队

恐怖袭击是一个让人痛心的问题，美国"科尔"号导弹驱逐舰曾经在也门亚丁港加油时遭袭，被炸开了一个巨大的窟窿，失去自航能力。由于当地修船的技术和设施都未能达到维修舰艇的要求，以及唯恐军舰在附近修理会再次遇到袭击或导致军机泄密等原因，不得不出巨资租用半潜船将"科尔"运回本土修理。

这种半潜船在航运业属于特种船范畴，其特长在于挑战海上超极限运输。中远航运及时跟进市场最先进水平及应客户要求，分别将具有全新设计理念、世界一流技术水平的两艘新型半潜船——"泰安口"轮、"康盛口"轮投入营运，挑战单件或成套设备超高、超大、超重等全球超极限货物运输。

中远航运此前已经拥有了亚洲仅有的两艘半潜船"沙河口"轮和"发展之路"轮。新型半潜船"泰安口"轮不但能装载特殊设备货物，在特定的条件下还可以协助深海打捞；此外，两艘同类船一起协助，可以直接进行海洋工程如海上石油钻井平台的定位安装作业等，类似上述船舰的承运更是游刃有余。

"泰安口"轮之所以被称为"亚洲第一轮"，其设计和建造，完全打破了传统观念的束缚，这艘中国第一次建造的新型半潜船，率先让高新科技进入航海领域，装置了轻巧的合推进和方向控制为一体的SSP电力推进系统及6 600V中压电力系统，两个系统在国际上首次装船使用。

装置在"泰安口"轮上的DP动态定位控制系统，只要在计算机中设定

"泰安口"轮装卸货物

好停船点的经纬度，它就会牢牢地停在这一点上，就像陆地停车一样，误差仅为半径1.5米。"泰安口"轮试航时曾遭遇8级风浪仍能定位，在海上停泊保持船位不变时也不用抛锚。这种突破性航海技术的应用，不但保证了船舶在各种情况下的安全，更主要的是解决了海上工程设备定位定向安装作业的根本问题，给海上开采业提供了极大的方便。现在许多公司都配合这两艘半潜船的形状，来制订它们油井架规格。

"泰安口"轮的造型与一般海洋船舶完全不同，其船头高大，驾驶舱高高耸起，但船身却是一大块低平的甲板，拥有一个32米×126米的装货大平台，有五六个篮球场大。在这种大平台上，普通长度的设备货物可以自由舒展；即使直径大于32米的设备货物，也可以跨越船舷而不致影响船舶的正常航行。承运货物的高度，只要所经过的海域、航道和所到的港口没有高度限制，货物将可以"任由天高"。装载那些大型浮装、混卸货物时，"泰安口"轮可以下潜深达19米，装货平台没入水深9米。

高科技的设备使需要处理的数据非常庞大，监测警报点多达4 000多个，一般的船用计算机处理的速度远远不能满足它的需求。因此，"泰安口"轮装置了LMAC55集中自动控制系统，应用了很多前沿信息技术和自动控制技术，采用光纤通信。从自动化程度角度而言，"泰安口"轮可以说是一艘"数字化"船舶。

"泰安口"轮运钻井平台

21世纪交通文化建设研究与实践

在半潜船特殊市场领域，新投入营运的"泰安口"轮卓然不凡，接连创下纪录：

首航，从印尼顺利承运重3 000多吨的新型船坞抵达韩国。

第2航次，成功受载新加坡有史以来首次建造的超大型深海石油开采设备前往美国，创中远装运货物单件重量最大的纪录。

第3航次，首次滚装、潜卸一个超大型收紧式海上石油钻井台，再次刷新单件货物的高度纪录，创下中远半潜船下潜深度的新纪录。

第4航次，承运的超大型石油天然气钻井台中央处理模块，刷新了其投入经营以来的单件货物重量最大、高度最高（相当于陆地的20层楼）、体积最大（123 264立方米）、价值最高4项新纪录，并成功地进行了精确到厘米的动态定位安装，此举开了世界超大型海上平台模块整体运输和海上定点组装一次到位的先河。

2003年金秋十月，"康盛口"轮首航，即打破了姐妹船"泰安口"轮所创的单件货物最高纪录——从新加坡浮装实际重达12 000多吨、高130米的钻油平台"RONTAPPMYER"号到印度KUTCH湾成功卸下，为国庆节献上了一份厚礼。

从一斑窥全豹，中远的特种船队是很令人瞩目的——拥有多艘半潜船

（世界仅有16艘），在重吊船经营领域，国内独中航运一家，还有滚装船、多用途船和杂货船等，为有特殊需求的客户提供服务。

中远最具高科技含量的特种船队，以雄居亚洲第一的实力，逐鹿于国际航运的高端市场。把不适箱的大型成套设备、各类车辆和船舶，以及其他有特殊装载要求的超高、超长、超重件等特种货物运输作为战略重点去开拓经营。

特种船服务是中远经济、科技、文化等综合要素的反映，中远航运是中远集团在国内首家以航运主业上市的公众公司，依托母公司遍布全球的远洋运输体系和业务网络，与世界知名公司如德国西门子、美国通用电气、瑞士ABB公司、B.P网莫斯公司、韩国韩重集团、中国石油和中国电力等形成了良好合作的长期客户关系。承运的主要货物为超大型特殊设备、特重特长大件，包括船艇、火车头、挖泥船、桥吊、成套设备和石油钻井平台等海上工程技术的特种货物。海上石油勘探开采项目的运输尤其是中远航运的强项，这些领域，目前国际上只有少数几家航运公司才能介入。

（六）文化滋养心灵　精神塑造品牌

在中海货运公司船舶文化建设的百花园中，上海分公司"长建"轮历经

几茬套派船员同心同德的努力耕耘，在创建"学习型船舶"的过程中，形成了富有特色的学习文化和饮食文化。

格言警句——"学习文化"露底蕴

"用文化滋养心灵、用精神塑造品牌"，这是"长建"轮深知学习是提高整体素质之源的心声，是他们面对航运业的高风险、努力建设百年中海的决心。

为了给船员业余学习创造条件，船上开设业余学校，选拔聘任了多名有一技之长的船员为教员，动员船员按照"精一门、会二门、学三门"的要求参加学习。他们把理论学习与工作实际相结合，形成"学习工作化，工作学习化"的氛围，船员在工作中遇到的难题和困惑，在业余学校得到了解答。木匠听了电机员讲授的绞锚过程中锚机的原理后，终于明白了锚机为什么不能直接从高速切换到停车的道理；水手们听了轮机长讲解的开关舱液压系统原理后，懂得了回油阀和开舱泵开关的作用和安全操作方法；大副像变魔术一样变化多端的绳结，引起了轮机员们的极大兴趣……

2003年11月21日，中海货运在"长建"轮召开创建"学习型船舶"活动交流会，与会代表们一踏上"长建"轮的舷梯，就有一种亲切感，船员们穿戴整齐一字形排在梯口迎接，肩章、胸牌一应俱全，站的位置也恰到好处，给人一种训练有素的感觉。走进船，首先来到货主接待室，布置得很整齐，醒目处贴着"以真诚树立信誉，以优质打造品牌"，让人一看就知道该轮船员的工作态度。从货主接待室出来，代表们参观了该轮船员自己动手布置的晾衣房、理发室、健身房和业余学校等。理发室和市面上的小理发厅一样，宽大的镜子，理发的转椅。大家对镜子旁边的对联很感兴趣："推剪梳理尽展船员新形象，我帮你助呈现工友一片情"，横批是"塑形象、展风采、聚人心、铸辉煌，一切从头做起"，一语双关。走进业余学校，教室里课桌、讲台摆放整齐，像模像样，听说都是船员们利用业余时间自己动手做的，材料是多余的床铺拆下来的，教室里贴着船舶精神、创造学习型船舶的要求。来到厨房，厨房里的不锈钢灶台能照得见人影，地上瓷砖光亮。厨房的门边放着很多调料，有一瓶红葡萄酒泡洋葱，政委说，这是从《海运报》上看来的，专门泡给高血压、糖尿病患者吃的。原来，周建华大厨针对个别船员存在的健康问题，实行个性化服务。"厨房天地小，服务责任大"，展现出周大厨的工作和学习态度。

集团党组书记李绍德在考察了"长建"轮的工作后指出："一分耕耘，一分收获，一艘有二十几年船龄的老旧船能有如此面貌，让我们看到了该船优良的船风，船员奋发向上的精神风貌和一流的管理水平。"

学习文化的创建使"长建"轮荣获了"上海市学习型团队创建奖",更主要的是"用文化滋养心灵,用精神塑造品牌"理念,犹如春风吹遍上海分公司的船舶,有力地促进了船舶文化和两个文明建设。

生日蛋糕——"饮食文化"见精神

民以食为天。即便在物质日益丰富的今天,尤其是在船舶这块浮动国土上,依然有着极其重要的地位。"长建"轮铿锵有力地提出了"吃出健康"的口号,一场"用心工作、用情服务"的船舶饮食文化建设的交响曲由此拉开了帷幕。

说来也巧,11月21日开现场会那天,正好是中海货运宣传部副部长严妙群的生日,因为参加现场会后当天下午就要同公司领导一起赶回广州,她托二部的同志办理机票事宜,通过身份证二部的同志得知此事。二部的同志无意中与大厨周建华说起,周大厨知道后,马上为小严做了个小蛋糕,上面还用巧克力裱上"生日快乐"字样,等大家上船参观的时候,周大厨把生日蛋糕呈献给严妙群,给她来了一个大惊喜。大家纷纷鼓掌向小严表示祝福,小严欣喜万分,她说这是她三十多年来过得最有意义、最开心的生日,她一辈子也忘不了。

有人奇怪,周大厨怎么这么仔细

啊,船员们却一点都不觉得奇怪。在船上,周大厨为了让船员吃出健康,推出了"船员保健食谱",实行人性化服务。他针对每个人的不同体质做药膳,有病治病无病强身。

船舶工会配合创建活动,开展了船员健康调查,建立了船员健康小档案,在船员"一日四餐、吃足吃饱"的前提下,推出了荤素搭配、粗细搭配、中西点结合、风味结合、营养均衡的《船员保健食谱》,并归纳总结,编写了由224个字组成的《船员饮食保健四字歌》。此举不仅受到了船员们的由衷欢迎,得到了集团和中海货运领导的肯定,而且得到了上海海运医院营养科专家的好评。

难能可贵的是,从"吃出健康"这简单的四个字中,散发出的是"用心工作、用情服务"——无价的理念和工作的动力。上海分公司因势利导,以"点"带"面",在"长建"轮上先后开办了多期"大厨观摩学习班"。"大厨观摩学习班"充分发挥了"金锚奖"获得者周建华大厨的品牌效应。同样的厨房设备,在周建华的手里,微波炉、搅拌机、电饭煲等都是能做出美味佳肴的法宝,他的现身说法,给前来观摩的大厨们很大启发,也激发了他们浓厚的学习兴趣。有一位观摩大厨提出,船舶航行时水汀缸有蒸汽,能做一些包子、馒头之类的干点,但船舶一靠码头抛锚，机舱就不供汽了，只能做一些面条或油炸类食品，长期下来，势必会影响船员的食欲，船员的工作积极性也会随之打折扣。而周建华大厨在机舱不供汽的情况下，利用电饭煲代替水汀缸，在蒸笼上盖上一层纱布使蒸汽无法溢出，照样做出包子和馒头，让前来观摩的大厨看在眼里佩服在心里。在周建华大厨"用心工作，用情服务"精神感染下，造就了一批乐于为船员服务、乐于奉献、尽心尽责工作、深受广大船员信任和爱戴的好大厨，使"吃出健康"和"用心工作、用情服务"的心声和决心，在各轮生根、开花、结果。

（七）大海的一半是海嫂

中海国际大连分公司有5个家属联络站，"秀月街家属联络站"是服务对象最多、参与家属最多、活动内容最丰富的一个船员家属联络站。这个家属联络站最早是由几位船员家属自发组织的一个联谊小组。1995年，机关干部穆大姐召集了几位船员家属，在她家中排练节目，自娱自乐。当时这几位家属都不会跳舞，穆大姐就拿着摄像机到公园拍晨舞人的录像，回家后几位大姐看着录像练跳舞，还凑钱买了一台录音机。大姐们不仅聚在一起搞活动，还互帮互助解决家中的困难。由于这个家属联谊组给大家带来很多快乐和帮助，没多久，更多的

家属自愿加入了这个小组。2001年，中海国际大连分公司成立了"秀月街家属联络站"。成立之初，联络站站长刘敏领着几位骨干家属首先建立了工作网络，对船员家属状况进行登记造册，对各家的自然状况做到心中有数。平时她们十分注重收集家属们的各种信息，以求得互相帮助。秀月街有200多户船员家庭，谁家有了困难，刘敏她们总会在第一时间赶到，及时为船员家属排忧解难。"有困难找联络站"已成了秀月街船员家属的口头禅，联络站也成了船员可以托付的"安全岛"。

1. 用真情去感动家属

船员家属徐叶的女儿因车祸而高位截瘫，面对如此打击，徐叶几乎丧失了生活的勇气。这时，联络站的刘敏等人来到了徐叶的身边，她们帮徐叶一起给女儿洗澡，陪她一起上医院为女儿看病。因为要给女儿治病，家中经济发生了困难，联络站的家属们知道后，自发捐款帮助徐叶度过难关。徐叶家住在5楼，每当她看到联络站的大姐们气喘吁吁地上楼到家帮助她做家务，她就会感动得热泪盈眶。她常说，如果没有联络站对我的帮助，我是不可能撑到今天的。

1998年9月，为了方便女儿外出，徐叶买了一套一楼的商品房，在装修时，由于施工人员不负责，使她家的便

池堵住了，污水溢的满地都是，搞得一家人不知所措。又是联络站的大姐们知道情况后，立即赶到徐叶家，不怕脏和臭，硬是用手捧、抹布擦，将房间搞得干干净净。同为联络站的一员，徐叶深为这个充满温情的大家庭而感动。

如今，徐大姐也是联络站的骨干分子，她要用自己的真情来回报大家对她的无私帮助，把联络站的温暖辐射到更多的船员家中。

船员小李因在船工作时被烫伤而回家休息，家中有一位常年有病行动不便的80多岁的老母亲，平时儿子公休时就照顾母亲生活，现在自己反要老母亲照顾，家中状况真是糟透了。刘敏从邻居口中得知小李的情况后，马上通知联络站的骨干家属上门看望小李，帮助干些家务，协助小李料理老母亲的生活。大年三十、元宵节，家属们自己掏钱买了年货、包好水饺与小李母子俩共度节日。平时则经常买些水果和干粮，代表公司看望他们，与他们聊天，增强他们克服困难的信心，让他们感受到企业的关怀和家属院海嫂们对他们的关心。

2. 用行动去凝聚家属

乔船长因病去世，他的妻子都大姐独自承受着家里的变故，抚养女儿，其中的困苦是可想而知的。都大姐是一个传统型的女人，家中发生了这么大的事，她都不愿连累别人，更不愿麻烦丈夫的单位，而是自己做一些小买卖养家糊口，独自承受着巨大的精神压力。联络站的大姐们看在眼里，急在心里，为了缓解都大姐的精神压力，刘敏组织了几个海嫂主动上门，和都大姐聊天、谈心，有文体活动拉她一起参加。2000年初，都大姐患了妇科肿瘤。住院手术时，很多家属自发守在手术室外，给她精神安慰。手术后，都大姐的身体很虚弱，海嫂们更是无微不至地照顾她，每天一早就去医院为她洗脸、喂饭、接屎、接尿，一直坚持到她痊愈出院。其中离医院较近的一位家属每天在家里换着样把饭做好，送到医院。家属院里很多家属听说都大姐的病情后，都到医院探望她，医院的护士和同病房的病友说：你的亲戚真多，对你照顾的太好了。都大姐眼含热泪地说："这不是我的亲戚，都是我们船员家属啊！她们比我的亲戚还要亲！"

都大姐出院不久，恰逢"三八"节，大家觉得她身体还没有恢复好，怕她累着，联络站搞活动时就不想让她参加，可都大姐说什么也要参加，她说每年的"三八"节搞活动我都参加，今年我更要去，虽然我身体不好，但我离不开大家，离不开我们这个集体。如今都大姐的家搬离了家属院，但她还是保持着与联络站的联系，只要联络站有活动，她必定参加。

机关家属曹大姐在单位不小心把

腿摔骨折了，她谁也没告诉，一个人拄着拐杖上医院看病，在楼门口碰到了刘敏，刘敏问明情况后，一边责怪她，一边安排联络站的曲妮和柳淑贞照顾她。曹大姐怕麻烦她们，想找保姆照顾自己，曲妮她们说："你的困难就是我们的困难，你放心，我们一定会照顾好你的。"从此，曲妮和柳淑贞每天上她家，帮助料理家务，白天陪她到医院做理疗，下午在家为她做按摩，分文不取，有时还自掏腰包为她买营养补品。由于腿骨摔伤使曹大姐心情很郁闷，刘敏就组织家属，在徐叶女儿的指导下，手工制作了一束绢花送给曹大姐。当曹大姐看到这束凝聚了联络站众多海嫂心意的绢花时，一阵阵的感动，她紧紧地握着刘敏的手说："联络站是我第二个家，你们是我最亲的亲人！"

在秀月街家属联络站有一位骨干成员，能文能舞，心灵手巧，什么难事到了她手里就能迎刃而解，谁家的下水道坏了、门把手掉了、电源跳闸了、水管漏水了，她都会修理，大家叫她"万能修"，她就是柳淑贞。

2007年3月16日23点，赵老轨家的水管突然爆裂，自来水流了一地，家中只有母女两人，她们马上找住在楼下的柳淑贞。柳看了情况后，一边通知刘敏，一边联系自来水公司，自己则拿起工具止住漏水。一个电话串来一帮人，家属们穿衣起床，赶到赵老轨家，淘水的淘水，擦地的擦地。由于半夜保修，自来水公司的值班人员不认识路，柳淑贞就打车去自来水公司接维修工人。大家一直忙到凌晨3点，才在赵家母女两人的泪眼送别下回家休息。

一天，一直帮助别人的刘敏家也犯难了，厨房的门坏了，关不上，无耐，刘敏找来柳淑贞帮助修理。柳淑贞看了后说，要买木料才能修。于是她们一起到市场去买。卖木料的老板一看两女人来买木料，不解地说，这是爷们的事怎叫娘们做？柳淑贞她们也不解释，买了木料回家把门给修好了。刘敏现在说起这件事，在夸奖柳淑贞的同时，也不忘加上一句："大海的一半是我们女人的。"

3. 用快乐去鼓舞家属

现在很多海员家属退休在家，每天无所事事，联络站就把她们组织起来，经常搞一些健康有益的活动，让她们走出家门参加社会文化活动。

每年的"三八"节，联络站都要组织家属开茶话会、联谊会，邀请公司领导和公休船员参加，大家在一起畅谈公司发展状况，表演一些小节目，唱唱卡拉OK，非常热闹。每年五月的"母亲节"，联络站则组织家属游金石滩，徒步走滨海路。2007年的"母亲节"，联络站组织了30多名家属和船员，在大连市滨海路上举行了一次以"我与奥运同行，健康时尚年轻"为主题的徒步走活动，家属们一路走一路唱，情趣盎然，焕发出了青春活力，吸引了很多游客的目光。

几年来，联络站的徒步走活动都有主题口号，如"众志成城，抗击非典"、"增强体质、走向健康"、"放飞心情，演绎童年"、"拥抱大自然、健康又快乐"、"大海情缘、你我相连"等。

"海嫂演出队"是秀月街家嫂联络站的品牌组织，经常参加大连市、区和文化馆的演出，还上过大连电视台和大连广播电台的直播节目。但是"海嫂表演队"的队员们一直有一个愿望，就是在舞台上为自己的海员表演节目。这个愿望终于在2006年12月8日实现了，那天，她们在中海国际举办的"海员，我爱你"文艺晚会上，尽情地展示了中国现代海嫂的风采。为了这台演出，"海嫂表演队"推辞了去沈阳参加舞蹈比赛；为了这台演出，"海嫂表演队"用了半年时间准备舞蹈节目和演出服装；为了这台演出，"海嫂表演队"提前一个星期来到上海排练节目，她们都

是50岁左右的人了，但她们克服训练强度大，舞蹈动作复杂，组合节目多，质量要求高等困难，完成整台戏的表演。海嫂表演队的演出服装都是她们自己缝制的，尤其是敦煌飞天舞的服装，她们用了好几个晚上才缝制完成。表演队队长尹翠娥患有高血压，到上海后，硬是克服了水土不服，身体不适，坚持做好每一个动作，没有因个人影响集体。队员张李清在上海演出期间，适逢丈夫上船工作，她愧疚地说："我老公每次上船前，我总是为他包饺子，并且送他上船， 这次我……"。刘敏在沪演出期间，适逢丈夫生日，她就在电话里深情地为她丈夫唱生日歌。在这台文艺晚会上，"海嫂表演队"的精彩表演获得了一阵阵的掌声。一位观众看了海嫂们的演出，抑制不住兴奋的心情，当即赋诗一首：敦煌飞天舞翩跹，流光溢彩魅力牵，琵琶一曲添古韵，海嫂情动鼓万帆。

多年来，以刘敏为代表的联络站的全体海嫂们，以她们无私的奉献精神，稳定了船员家属，稳定了船员队伍，她们无愧为中国海运事业的奠基石。

第七章　航海文化建设的代表人物

一、艰苦创业　忠于祖国

（一）远洋楷模

航海是一项古老而又常新的艰苦行业，是一项英雄才能从事的事业，贝汉廷船长就是他们中的杰出代表。他先后到过世界上40多个国家和地区的80多个港口，把自己的一生无私地奉献给了祖国的远洋运输事业，并为这一事业作出了重大贡献，1985年病逝在远洋船长的岗位上。著名作家柯岩曾将他的先进事迹写进报告文学《船长》，他在"汉川"轮的事迹曾一度录入了中学语文教科书，深深地影响了几代人。

1. 责任心和事业心

1979年3月，53岁的贝汉廷在入党申请书上写道："作为一个新中国的远洋船员，我愿一辈子在海上工作，以船为家，刻苦钻研航海技术业务，为党的远洋事业积累更多的经验和资料。我要为祖国实现四个现代化，为社会主义建设，为我国远洋事业的发展作出应有贡献。"这既是他对组织的庄严承诺，又是他献身祖国远洋事业的人生写照。

1978年，贝汉廷在中远"汉川"轮工作。"汉川"轮第九航次运输装有152吨滑石粉，其中的一部分装在冷藏舱上层柜中。船到伦敦港的前3天，接到公司电报说伦敦港拒卸滑石粉，让改去其他港口中转。贝船长和政委感到问题很严重。如果伦敦港拒卸滑石粉，那么压在冷藏舱上层柜下面的440吨冷藏货也得中转。冷藏货的中转费用很大，这样国家就要增加几万元的外汇开支，这笔钱不能白白浪费。船抵伦敦港后，

贝汉廷船长

贝船长立即找工头和工会负责人做工作,向他们说明滑石粉的包装良好,工人们卸货时可以戴口罩轮流作业,滑石粉是用来做化妆品的,没有什么危险性……经过耐心友好的说服工作,码头工会方终于同意卸货,为国家节约了中转费9 600多元外汇人民币和440吨冷藏货的中转费数万元。贝船长又趁热打铁,同对方谈判,较好地解决了中远船今后来伦敦港卸滑石粉的问题。

当时,国外货主常用中远船的大吊,从不付费,大家也没有想到应该向货主收费。有一次,在意大利某港,贝汉廷从港口资料中发现浮吊装货昂贵,而这次要装大件货,货主开始申请浮吊未成,就提出用船上的大吊装货。贝汉廷研究了装货条款,觉得应向货主收费。他先与代理探讨这个问题,提出船方收费的理由是:船上大吊占了全船造价的1/10;用船上大吊,使用船上水手,增加额外工作;用大吊钢丝受力,马达要转,机器要磨损,还要开一部发电机等,这些需要很多费用,能白白地用吗?代理觉得有理,贝汉廷就委托他代表船方向货主交涉,结果货主同意支付50%的大吊使用费。贝汉廷又对代理做了大量的工作,最后,代理决定,今后所有中远船都收大吊使用费。

在任何时候,贝汉廷船长总是负起国家和公司主人的责任,不仅想到自己所在船舶的利益,更考虑到整个中远系统和国家的利益。

2. 爱国主义和国际主义

把分内的工作做好,就是为国争光,是贝汉廷热爱祖国具体而实际的体现。贝汉廷认为,国外很多人根本没有来过中国,他们从来不知道中国是什么样,中国人民是什么样。我们的船去了,挂了五星红旗,就代表着中国。我们外面工作得好坏,对国家的影响是很大的。我们把工作做好了,就是为国争光;做不好,就会给国家丢脸。

1978年4~6月,贝汉廷在西欧凭借智慧和过人的勇气,利用"汉川"轮甲板空间,精心配载了按常规需用一艘半船才能全部装完的国内急需的化纤成套设备共44个大件,将近5 000立方米,从汉堡安全优质地运到天津新港,创造了高产纪录,为国家净得利润100多万元外汇人民币。德国人赞扬说:"这样的杂货船,装货达到这样的水平,在汉堡还是第一次。"当地装卸公司为"汉川"轮创纪录的配载拍摄了100多张照片,记录存档。这次成功的装配,贝汉廷花费了不少心血。他根据代理提供的资料,以科学的态度分析了这批化纤设备的特点,组织驾驶员分析了"汉川"轮的技术状况,分析了海上气象条件,形成了初步方案。为了把货安全、合理地装上船,在贝汉廷指导下,驾驶员们又在码头堆场上对每件货物的体积比例做模型,在甲板布置图上进行模拟配载。经过无数次调整排列，使近5 000立方米的44个大件都取得最佳的装载位置。

1981年3月，贝汉廷在荷兰鹿特丹港，把净体积6 000多立方米的34大件成套设备，有条不紊地装在甲板舱盖上，创造了"汉川"轮开航以来装货最高纪录，再一次震惊了鹿特丹的海运界和新闻界。

1979年3月，中美正式建交后，贝汉廷作为友谊的使者，驾驶"柳林海"轮出色地完成了开辟中美航线的任务。船到美国西雅图港后，他拜访了港口和美国当地的许多部门和重要官员，接待川流不息的来访者，承担大量的外事活动，在电视里和美国观众见面时表达了中国人民对美国人民的深厚友谊。在极其繁忙的活动中，他有效地组织了安全运输生产，又以圆满的洽谈和有力的交涉促使美国装卸公司积极配合，实现了运输计划。在他指导下，"柳林海"轮受到美国人民的赞扬。他们说："你们这次首航西雅图港太成功了，我们也分享了你们的荣誉。西雅图的电台、报纸、电视台这几天是为你们办的。这里的人都向着你们。""你们不但是海员而且是友好使节。"这些美国友人的话赞叹了"柳林海"轮在国际的光辉形象，更是对贝船长工作的高度评价。

贝汉廷的国际主义精神和人道主义精神，也体现出一位远洋船长的高尚情操，同样为祖国赢得了荣誉。1978年12月12日，地中海的狂风暴雨中，塞浦路斯"艾琳娜斯霍浦"号货轮遇难并即将沉没，发出求救信号时，风浪很大，连续有6艘船无情地从旁边驶过，大家认为死神已经光临，生命已到了尽头。这时，"汉川"轮巨大的船体和灿烂的五星红旗出现在风雨中，有人边哭边喊道：

"是中国船，我们得救了！中国人在保护我们，现在不用怕了！"

贝汉廷船长为了其他来往船舶的安全，又以"汉川"轮为标志，把甲板灯全部打开，通宵守候在遇难船近旁。一夜间，用无线电先后警告了6艘驶近的船舶，防止了碰撞事故。

3. 专业与博学

上海远洋运输公司4条"川"字号船的冷藏舱，由于外国船厂设计有问题，绝缘不好，造成多次货损，但厂方拿了很多资料说明不是绝缘不好而是船方管理不善造成货损，厂方拒绝承担保修责任。贝汉廷是学航海的，缺乏冷藏技术知识，可是不从理论上找出依据，厂方是不会承担责任的。能否在设计上找出毛病呢？贝汉廷整整花了3天时间，终于在图纸中发现了问题。冷藏舱大梁上面的绝缘体只有80毫米，而其他地方都是160毫米，过去货损都是出在这个部位。贝汉廷抓住这个设计上的问题与厂方交涉，在事实面前，厂方无可奈何地同意了保修。其他3条"川"字号船也都作了保修。4条船的费用共约70余万美元，全部由厂方负担。

贝汉廷船长精通外语。他的英语基础是在中学读书时打下的，已经能够背诵莎士比亚和惠特曼的作品。法语是晚上去补习班学的。后来他又自学了西班牙语、意大利语和德语。关于外语的地位和作用，他有着独到的见解。他认为，航海是一门实用技术，海员要以技术业务为主，这是关键。英文是工具，

陈宏泽船长

这个主次要分清楚。但是英文非常重要，在航海上，特别是远洋运输业，没有这个工具不行。人家讲的你听不懂，你自己的又表达不出来，怎么跟人家打交道？贝汉廷船长能够出色地从事远洋业务活动，进行外事交往，广泛结交朋友，正是得力于他那纯熟的外语。由于精通外语加上他的文学、音乐素养，他能够同德国人谈歌德、贝多芬、舒曼，同英国人谈拜伦、莎士比亚，同意大利人谈帕格尼尼……使外国朋友感到由衷的高兴和钦佩。

贝汉廷船长的一生是不断学习、勇于探索的一生。直到生命的最后，他还在收集集装箱运输方面的资料，研究集装箱费率问题，并且向国外索取有关材料。但当他所需要的资料从国外寄到上海时，这位优秀的航海家已经永远告别了他所热爱、并为之奉献终身的远洋运输事业。

（二）新中国远洋第一船长

陈宏泽是新中国远洋的第一位船长。1921年出生于广东省中山县一个华侨家庭。早年毕业于广东省海事专科学校。1950年参加香港招商局13艘船起义，1960年调中远广州远洋运输公司，担任新中国第一艘远洋船——"光

华"轮的船长。陈宏泽一生为中国航海事业勤奋奉献，值得后人永远怀念。

1960年，大批华侨在印尼受迫害。为了接侨，我国政府在经济十分困难的情况下拿出26万英镑，当时约合人民币90万元，买下了"光华"这艘20世纪30年代建造的、行将报废的客货轮。当年7月，陈宏泽带领57名船员乘飞机取道莫斯科去康斯坦萨接船。上船一看，锚链磨损、风斗锈穿、舱室漏水、设备不灵、曲轴裂纹，几乎破得不能再破。但他鼓励船员："过去我们没有自己的远洋船，净受气；现在有了自己的船，一定要争口气。"在船员们的努力下，边开航边修理回到了祖国。1961年初，船到香港修理。陈宏泽教育船员能自己修的就不让船厂修，因陋就简，修旧利废，节省开支。陈宏泽和政委、轮机长一道发动各部门船员认真讨论公司的要求，编制了一个切合实际的修理单。在香港近两个月的修理中，船员们处处精打细算。船上的12只已经使用30年的木质救生艇，实在不能修理，换新的费用很大。陈宏泽带领几名船员跑遍了香港的所有拆船厂，寻找合适的铁壳艇。在他多次奔跑的努力下，终于把救生艇都更换了，只花了买新艇十分之一的钱。

为了管好新中国第一艘远洋船，陈宏泽参照海运局、中波公司、中捷公司的资料，结合实际，草拟制订了中远

史上第一套船舶管理规章制度。这些规章制度，对我国远洋船队的建设和发展起了积极作用，许多原则精神至今还适用。"光华"轮修船后就前往印尼接侨。当时接侨风险大困难多，陈宏泽一行出发前都庄严宣誓：忠于祖国，人在船在，接回难侨，完成首航。1961年5月2日夜，"光华"轮进入爪哇海时遇上大风浪，船体剧烈颠簸。陈宏泽胃病发作，脸色苍白，头上大颗汗珠滚滚落下，但他不吭一声，咬牙坚持指挥。此刻，他已两天两夜未下驾驶台了。值班二副劝他下去休息，被他婉言拒绝。他深知肩上的担子，不忘出发前的誓言。在党和国家的支持和关怀下，"光华"轮首航成功，胜利接侨归来，他们第一次把五星红旗打到国际海域，扬我国威，正如陈毅元帅参观"光华"轮时即席赋诗那样："中国海轮，第一次，乘风破浪。所到处，人民喜欢，吾邦新创。海运百年无我份，而今奋起多兴旺。待明朝舰艇万千艘，更雄放。"

陈宏泽同志在广远工作16年，他为广远公司的建立、发展、壮大，呕心沥血，作出了重要的贡献。他多次率船首航，开辟新航线，胜利完成国家交给的重要政治、经济和外交任务。继"光华"轮首航，开辟新中国第一条远洋航线后，同年底首航也门荷台达，开辟至红海的西北航线。1962年，"光华"轮以不定期客货班轮经营东南亚客货运

输，承担新中国成立后首次经营远洋客货班轮的业务。1963年4月，"光华"轮首航印度马德拉斯接侨，开通南亚航线。在当时严峻的外部环境中，陈宏泽不畏艰险，克服种种困难，先后六次率船出色完成接侨任务。他担任中国第一艘近10万吨油轮第一任船长期间，又写下了中国最大一艘船舶的航行管理笔记。此外，他还多次勇挑重担，率船执行运送我国援外工程技术人员、运动员、演员、使馆人员，担任沿海客运、军运和训练任务。他是我国远洋运输事业发展的见证人，是我国远洋事业开拓者之一。

1976年陈宏泽55岁那年，被调任香港友联船厂第一任总经理，他把对工作高度负责的精神也带到了香港。修钻井平台，在亚洲被日本、新加坡垄断。陈宏泽不服气，要为在港中资企业争口气。从1983年起，他悉心研究在船厂修钻井平台的可行性。由于缺乏足够大的船坞，面对平台只能望洋兴叹。于是他翻资料做研究，和工程技术人员切磋，度过了许多不眠之夜，终于用"沉箱法"替代了大船坞，解决了修平台的拦路虎，成功地完成"南海一号"自升式的钻井平台检修，改写了香港不能修钻井平台的历史。老厂受环境限制已无扩建余地，陈宏泽又积极筹划在青衣岛建新厂。从新厂规划、投资、选点、布局，他都亲力亲为，和有关人员反复研究推敲。日夜操劳使年过60的陈宏泽心脏病日见加重，先后两次被迫住进北京协和医院。在病床上，他念念不忘友联船厂发展计划。

1988年3月14日上午11点40分，这位新中国远洋运输事业的开拓者，省、市劳动模范，交通部先进工作者，永远离开了我们，终年67岁。

陈宏泽雕塑

陈宏泽的一生，值得后人永远怀念。现在，陈宏泽塑像矗立在广远公司的大厅内，人们瞻仰他那刚毅的面容，追忆他当年顶风踏浪的英姿，缅怀他和他那一代海员如江河日月般的业绩，以此深深地激励自己发扬光荣传统，为我国的现代化建设多作贡献。

（三）"海辽"轮首举义旗

方枕流为江苏无锡人，1916年出生，1938年毕业于上海海关总署税务专科学校。解放前历任船舶驾驶员、二副、大副、船长。1948年接受中共党组织的熏陶，1949年9月19日组织国民党招商局"海辽"轮首举义旗驾船起义，荣获毛泽东主席的嘉勉电。1950年7月，方枕流加入中国共产党，同年被评为全国劳动模范，并出席第一届全国战斗英雄、劳动模范大会。起义后历任大连航务局航务处副处长，中波海运公司黄埔办事处处长、航运处处长，广州远洋运输公司革委会副主任，大连远洋运输公司经理，辽宁省航海学会理事长等职。为广远、大远公司的建设作出了贡献。

"海辽"轮起义是中国共产党地下组织直接领导的第一艘海轮起义，方枕流也因此成为海轮起义船长第一

五分纸币上的海辽轮

人。"海辽"轮的成功起义，吹响了中国海员反对国民党黑暗统治、毅然投向光明的响亮号角，在全中国的海员思想上引起巨大震动，在中国海员史上留下了光辉的一笔。

1. 为起义周密筹划

"海辽"轮隶属国民党控管的上海招商局，是一艘航行于上海至厦门的客货班轮。1949年4月南京解放后，国民党军队已经溃不成军，随时准备逃离大陆，他们强招各招商局和船公司的船舶以抢运物资、撤退军队，规定船员不得擅自离船，声言对违抗的船员以军法论处。当时正逢岁修的"海辽"轮也在应征之列。看透国民党本质的"海辽"轮船员不愿离开上海，更不愿为国民党徒劳卖命。在中国共产党暗中帮助和解放区人民的热切召唤下，"海辽"轮全体船员在船长方枕流的带领下，积极策划起义，投奔解放区。

为确保起义万无一失，船长方枕流与船上起义核心成员多次研究，最后

决定,"海辽"轮在离开驻地香港后,立即沿香港到马尼拉航线向南航行,穿过巴林塘海峡,转向进入太平洋,远离台湾东海岸,绕道北上,经日本海域,沿韩国西海岸北驶入渤海,最后到达大连。沿着这条航线航行,可随时驶入太平洋中心避开国民党的搜寻。他们还从最坏处设想,准备武器,以防止起义时出现反起义暴动;万一起义失败,也绝不能让敌人生擒,作好以身殉节的准备。

为保证起义成功,方枕流船长和起义核心人员在中共党组织的密切配合和指导下,积极对广大船员进行宣传发动工作。1949年中秋之夜,"海辽"轮举行了一个意义非同寻常的"赏月会",方枕流船长希望利用这个吉日对船员进行深入教育,激发他们向往解放区的热情。赏月会上,方船长向全体船员致词:"月是中秋明,人是同心好。在这传统佳节里,我祝愿大家幸福。去年中秋节,我们在日本,因台风的原因没法和家人团聚。今年,我们因为被军队拉军差,已经在祖国的门口,却还是不能和家人团聚。月亮还是这样圆,我相信大家对亲人的心,如同这圆圆的月亮一样,几片乌云遮不住明亮的月光……我们只有团结起来,互相帮助才能克服一切困难,我们海员最珍贵的东西就是友谊和团结。"船长一席话深深打动了船员们的心。整个赏月会也达到了预期的

效果,船员们的心被进一步拉近。

就在这时,香港招商局命令"海辽"轮于9月19日从香港出发,驶向汕头运送部队。方枕流船长向船员们宣布了开航命令。此刻,每一位起义核心人员已经明白,盼望已久的起义时刻就要到了。

可也正是这个开航命令给"海辽"轮带来了新的麻烦。按原定起义航线要航行9天9夜,可是香港到汕头的航程仅需18个小时。这样大的时间差距给起义行动带来了巨大困难。怎样才不会引起敌人的怀疑呢?经过数个日夜反复研究,起义方案最终形成。

"海辽"轮一旦开航,报务员就立即用电台向汕头发报,以主机故障,需要抢修来拖延时间。如果能以此方法迷惑国民党,"海辽"轮可以争取到5天时间,航行1 000多海里,这样国民党便无法掌握"海辽"轮的真实动向;方船长等人还专门研究伪装船身方案,为此方枕流买了一本《船务录》,和起义骨干一起研究马勒公司船舶上层建筑的调漆配方,并备足漆料;"海辽"轮储备了两个多月的太平粮和副食品,申请添加可用一个半月的燃料和淡水;买了朝鲜半岛西面海域的海图和准备改装船舶使用的钢锯;大副仔细检查了救生艇的全部设备,配足了必要的物品。起义前的准备工作基本就绪。

2. 历尽艰险回归途

1949年9月19日晚18点，"海辽"轮在暮色苍茫中，悄悄地驶离香港，踏上首举义旗的征途。

按船上惯例，船出港后，报务员就要向目的港招商局拍开航电报，可这次航行与以往不同，报务主任马骏告诉报务员于振坤：没有船长方枕流命令，不得与任何电台联系。

晚20点，"海辽"轮驶近香港鲤鱼门，信号台发动灯语，询问船长船开往何处。方枕流有意用手电筒而不用信号灯回答，并把灯语打得模糊不清。对方一再表示看不清楚，要求重新回答。就这样，一来一回地周旋，"海辽"轮已驶过了鲤鱼门。之所以要这样做，为的是让汕头招商局知道我船是20日清晨开航的，这样就可以多争取半天航行时间。

船过鲤鱼门后，方枕流确定了改向驶往菲律宾海峡的转向点，并让起义核心人员马骏、席凤仪分头召集船员们到驾驶员休息室开会，并要他们掌握好会场。

实际上，船离开香港后，轮机部的几个船员已猜到了船将开往何处的意向，连忙去找轮机长张阿东商量。他们走进轮机长房间，正要交谈时，方枕流正好打去电话，请轮机长上来。这些轮机部人员更加疑惧。方枕流见到张阿东，向他讲了起义行动方案，请他支持，张阿东表示坚决拥护，保证听从命令。

船员们突然被召集起来开会，这是从来没有过的事情。他们预感到，一定有非同小可、与他们命运攸关的事情发生。方枕流船长在会上庄严宣布："我们海员深受国民党压迫之苦，现在国民党已是穷途末路。我们现在决定起义，脱离国民党的统治，开往解放区。"船长的言辞意外而令人震惊。少数船员在关键时刻还是显示出软弱和畏惧。大管轮由于极度惊吓，瘫软在沙发上。个别船员坚决反对，甚至说："我们不管什么国民党、共产党，我们只知道工作、吃饭。什么起义不起义，这是白白送死。船跑一天，飞机一下子就追上了。国民党一发觉，大家就都没命了。这太危险了！"

面对部分船员不稳的情绪，方枕流和起义骨干们又进行耐心解释：如果这次起义成功，意义将十分重大，到那时，大家可以回到家乡，不必再为反动派卖命，在外漂泊了。而且起义方案周密，万无一失。只要大家同心协力，安全完全可以保证。最后，除了仍有两位船员公开表示反对起义外，其他大多数船员都表示赞同或保持沉默。

方枕流在这种情形下没有任何犹豫，与大多数船员一起表明了誓死拥护起义的决心，并果断向二副鱼瑞鳞下令："'海辽'轮改向113度，全速驶向巴林汀海峡。"并向大家宣布："现在是1949年9月19日晚上9点。这是我们'海辽'轮解放的时刻,大家要永远记住这个时刻。我们现在正在驶向菲律宾海峡,然后,绕道太平洋,驶往解放区。我们有足够保证安全的措施。只要大家团结一致,我们就可以胜利到达解放区。"

大多数船员在大量工作后都纷纷支持起义,但仍有一小股反对起义的逆流从中作梗。他们暗中串联、密谋,妄图暴动,声称要打死船长。有的甚至深夜带着匕首摸到方枕流船长房间企图行刺。船上形势一度非常危急。关键时刻,舵工孙新祚坚决站在拥护起义者一边,并严词相告对方:"你们想过没有,船长要干这样的大事,难道就没有防备,没有武器来对付你们吗?再说,即使你们把船长打死了,船上还有很多拥护起义的人,除非把他们全打死。你们有这个种,就动手好了!"孙新祚的这席话,大大震慑了对方,也使这场一触即发、有可能造成流血事件的暴动彻底失败。

为了防止"海辽"轮被反动势力发现,方枕流指挥船员在19日夜便开始伪装船只,把"海辽"轮重新涂漆。他还亲自去甲板上指导调漆工作,同时在心存疑虑的船员之间耐心地做说服工作,少数反对起义的船员态度因此有所改变。包括船长在内的全体船员夜以继日地油漆船身,目的是使台湾国民党的飞机、军舰看不出"海辽"轮的真面目。他们用漆刷把救生圈上原来的"上海"、"海辽"字迹涂掉,改成英国的船名"MARY MOLLER";烟囱上,也换上了英商莫拉轮船公司的标志"M";为了消除"海辽"轮的外貌特征,起义海员还非常细心地把救生艇吊进大舱。

在船形伪装结束后,再启用船上电台迷惑敌人。马骏和于振坤日夜轮流值班,监听汕头、台北、香港三地招商局的通信情况。两台收报机也同时使用,多方了解敌情和气象,并按照常规和汕头招商局保持联系,以安其心。

20日上午,"海辽"轮分别给香港、汕头招商局发出当日驶离香港的电报。这样,"海辽"轮一开始就争取到一夜的航行时间。20日傍晚,发电告之汕头:主机滑动气门调节阀发生故障,在同安湾抛锚修理。此时,直接组织和指导这次起义的中共党员刘双恩从这封电报中也分析出,"海辽"轮已起义,并立即上报北京,通知旅大区党委,作好接应"海辽"轮的准备。从21日到24日,"海辽"轮不间断编造各种理由来迷惑敌方,以拖延时间。

25日傍晚,"海辽"轮监听到台北招商局发给香港招商局的电报,大意是:"海辽"轮主机失灵,现在同安湾抛锚修理,不能应差。另派"蔡锷"轮驶汕替代,顺道去同安湾查看一下"海辽"轮修理情况等。情况已经比较明显，对于"海辽"轮"连续修理5天未好"的状况，台北招商局可能已经产生了怀疑。为了给对方吃一颗"定心丸"，"海辽"轮又给汕头招商局发了一封电报："主机修妥，明日抵港。"此电一发，"海辽"轮立即关掉发报机，只听不应，严密监视敌情，全船加强瞭望、戒备。

25日晚，"海辽"轮收到香港海岸电台发出的台风可能影响港汕一带的警报。这对"海辽"轮很有利，使敌人对"海辽"轮动向更难捉摸。

27日傍晚，"海辽"轮过三八线后，改向直驶大连港。据地下党组织刘双恩同志所告，敌舰有时在渤海湾游弋。因此，这最后一段航程，必须加倍提高警惕，严加防范。方枕流下令按战时要求，全船实行灯火管制，不准一点灯光外露，驾驶台加强瞭望，电台加强监听。这是起义胜利的前夕，安全度过今晚，明天天一亮，就能看到岛屿了。全船的气氛既激动又严肃，方枕流怀着胜利在望、十分兴奋的心情，不断去驾驶台、电台等处查看。

28日清晨，伪装成"安东尼亚"号的"海辽"轮，悬挂着秘密约定的"船要进港加水"的国际信号旗，慢慢驶近大连港，约8点30分在港外锚地抛锚。"海辽"轮历经9夜8天的惊险航程，胜利地完成了党交给首举义旗的任务。

3. "海辽"轮上升起五星红旗

"海辽"轮成功起义，并顺利返航大连在海内外引起巨大反响，也受到中共中央的高度重视和热烈欢迎。中共中央办公厅驻旅大办事处主任徐德明是第一位在山顶观察到"海辽"轮抵港，也是第一位代表党组织上船，向全体船员表示热烈欢迎和亲切慰问的领导同志。

9月30日，受旅大区党委指示，同利公司副经理魏震东通知船长方枕流：10月1日下午3点，北京天安门将隆重举行中华人民共和国开国典礼，要"海辽"轮在船上举行升旗仪式，并亲手交给船长一面新的五星红旗。1949年10月1日下午2点57分，"海辽"轮提前3分钟举行升旗仪式。全体船员怀着无比激动喜悦的心情，向冉冉升起的五星红旗敬礼。几乎同时，收音机里传来毛泽东主席庄严宣告中华人民共和国成立的洪亮声音，船员们顿时欢呼雀跃、振臂高呼："伟大的中国共产党万岁"，"伟大的中华人民共和国万岁"，并立誓愿为建设新中国贡献自己的一切力量。在大连的欢迎会上，方枕流将船员们在航行途中精心设计、制作的起义纪念品请旅大区党委转交给毛主席。纪念品由舵盘与救生圈模型组成，铜版上刻着：敬献毛主席，你是新中国的舵工，你是人民的大救星。

1949年10月23日，沉浸在激动之

中的全体起义海员致电毛主席。

敬爱的毛主席：

我们"海辽"轮原是人民的运输工具，可是……被国民党反动政府用在违反人民利益的任务上。我们全体船员，被迫在船上替国民党工作，内心痛苦异常，渴望解放已久。这次在港汕应差途中，故毅然于9月19日正式宣布解放，首途归航，于9月28日晨安全到达东北。现在的"海辽"轮已重归人民所有了，我们愿为全国解放事业与人民航业尽最大努力。

1949年10月24日，毛泽东主席通过新华社给起义的"海辽"轮方枕流船长和全体船员发嘉勉电，电文如下。

"海辽"轮方枕流船长和全体船员同志们：

庆贺你们在海上起义，并将"海辽"轮驶达东北港口的成功。你们为着人民国家的利益，团结一致，战胜困难，脱离反动派而站在人民方面，这种举动，是全国人民所欢迎的，是还在国民党反动派和官僚资本控制下的一切船长、船员们所应当效法的。

毛泽东
1949年10月24日

10月24日，新华社发表了"海辽"轮脱离国民党，胜利驶抵东北港口的消息，以及"海辽"轮全体起义海员给毛主席的致敬电和毛主席给"海辽"轮方枕流船长和全体船员同志们的嘉勉电。

"海辽"轮起义，已记载于中华人民共和国大事记交通类第一页。

"只要我认定了正确的路，那我就要一直走下去，哪怕前面有刀的山，火的海……"这是青岛远洋运输公司船员严力宾生前一篇日记的摘抄。1989年11月18日，他以凛然壮举实现了自己的豪迈誓言，用自己的青春和热血在中国远洋事业的丰碑上撰下了不朽的篇章。

（四）远洋女政委

中远坚持独创的具有远洋特色的"生命线"原则，在中远的历史上，曾出现过许多富有传奇色彩的政委，其中就有一名女政委。

这名第一位远洋女政委，带着为中国妇女争光的热切希望，带着挑战大洋的豪迈气魄与14名姐妹一起出现在男人们的传统领地，成了海天之间一道亮丽的历史风景线。

那是1976年的夏天，焦湘兰接到组织通知，调她到广州远洋运输公司"辽阳"轮当政委。"远洋女政委"？！世上只有女飞行员、女司机，可真没有漂洋过海的船舶女政委。

在焦湘兰政委的故事里，我们或

许能看出政委在远洋船舶上的职责，以及这一职位的意义所在。

48岁已是4个孩子妈妈的焦湘兰，登上了新中国制造的万吨巨轮——"辽阳"轮。新中国远洋巨轮的女海员、女政委一时间成了媒体争相报道的亮点。"辽阳"轮处女航目的港是伦敦。当穿越红海第一次过苏伊士运河时，驾驶台上还发生这样一段小插曲。

引水员登上驾驶台，看见船长身边站着一位手拿望远镜，身材高挑，头发泛白的英姿勃发的中年妇女，又见正在操舵的是一位楚楚动人的年轻女子，便向船长问道："船长，船上有旅客吗?"

"没有。"船长回答。船长向引水员介绍："这是政委，这是二水"。这位老外心里马上打出了几个问号：女政委? 女水手?没听说过，女人行吗?他傲慢地连续下达舵令，试图考验一下外语学院毕业的二水付玉先同志的能力。焦政委把这一切都看在眼里，她鼓励小付说："老外是在考验你，也是在考验我们全体女海员，我相信你，你能行! 你就为我们先抢个头彩。"这个引水员每下一个舵令，就瞄一下舵角，反复多次之后，他一改傲慢的神态信服地竖起大拇指说："好，好，操舵准确，回答清楚!"然后，转过身向威严的女政委行了一个90度的鞠躬礼，又从怀里掏出一块象征他们国家女民族英雄的护身牌，送给这位他平生第一次见到的女性

船舶领导，以表示自己的敬佩之意。

船经过100多天的航行，在伦敦安全靠港。此时，港口代理、伦敦的华侨社团、妇女代表纷纷慕名而来，他们从女政委、女轮机长、女水手的身上看到了新中国妇女地位提高的事实，鲜花接二连三地从慕名者手中送到她们的面前。

有一次船靠意大利，大管轮患了急性阑尾炎，在当地医院开刀做手术，这给船上出了一个难题，大管轮这个岗位由谁顶替?船舶领导商量后，决定由三管轮小梁顶上，可这个小伙子怕完不成任务，不管怎么做工作都不敢接任。这个顶班任务就只能落在另一名三管轮陈美云姑娘头上，可陈美云也不敢接任。

这时焦湘兰发挥了既是船舶领导又是老大姐的作用，苦口婆心地做小陈的思想工作，说："如果公司从国内派大管轮飞来意大利，一是要花好多钱，二是赶不上，船马上就要开了，我们要为公司为船舶着想。你大胆地放手干，船长、我还有轮机长王亚夫大姐都支持你，敢不敢接替大管轮的岗位，这是对你、对我们全体女海员能力的考验。我们要发挥半边天的作用，男人能干的事我们女人也能干，男人不敢干的事我们女人敢干而且也能干好，为妇女争口气!"

女政委一席话，打动了小陈的

心，她毅然接受了大管轮的工作，顺利地完成了航次任务。船安全地开回了湛江港。靠港后，董必武副主席的夫人上船看望了远洋女政委以及全体女海员，并对她们的工作给予了高度的评价。

了解每个人的个性、技术底数加以激励引导，挖掘船员的潜能，是政委的职责，政委还要以实干的精神感动船员，以吃苦耐劳，重活苦活干在前的实际行动建立威信。在"辽阳"轮这块浮动的国土上，焦湘兰政委和其他船员一样辛勤地耕耘着。她用中国妇女特有的朴实情感，勤劳的双手，写下了一个又一个的感人故事。理货修补破损包有她手巧的特长，敲锈涂漆有她流下的汗水，防海盗夜巡逻有她移动的身影，发豆芽、做豆腐、下厨炒菜有她出众的手艺，文娱活动有她动人的歌声，谈思想，解心结有她春风化雨的话音。

当然，在航海的征程上，迎接她们的不仅是鲜花与赞美。大海同样会毫不吝啬地把无情的风暴强加在她们的头上。

那是"辽阳"轮第13航次，正赶上了印度洋的强季风。到底这风有多大，浪有多高，从"辽阳"轮被大浪砸凹的船首，造成6根龙骨变形的威力便可想而知。船体大角度地摆动，船员晕船呕吐很普遍，尤其是女船员。在驾驶台值班的女水手双手把舵，双腿还要夹一个桶随时供呕吐之用。

巨浪铺天盖地凶狠地往船上砸，船不停地摇。焦政委房间的沙发两头窜，一会儿左，一会儿右，那些没有固定的家伙全都跑到地板上滚动起来。她肚子里能吐的东西全都吐出来了，最后吐的只有又苦又涩的黄胆水。头脑昏沉沉的，身体软绵绵的。

没有经历过大风浪的人想象不到它的威力，整条船忽高忽低起伏的同时，还时而顺时针、时而逆时针自我旋转，加上低气压，人在船上，感觉五脏六腑就像是被放在石碾中碾压，又像有无数的虫在噬咬。而不时打来的排浪，在让整条船产生地动山摇的震撼的同时，也时不时让人的脑子产生阵阵激烈的触电感觉，头疼欲裂。正是这种痛苦的感觉，让我们理解了为什么世界各国作家总是喜欢把与大海打交道的船员、水手，与从不向命运低头的硬汉形象联系在一起的道理。

在这样艰险的情况下，政委是风雨中的一盏闪亮的灯，是艰难面前的率先垂范、荣辱与共。就是在这种情况下，女政委依然惦记着驾驶台、机舱的兄弟姐妹。她拼尽全力紧贴走道边，晃晃悠悠地一个房间一个房间地看望船员，询问他们的身体状况；她沿着楼梯紧拉扶手艰难地一个台阶一个台阶地登上驾驶台，又从驾驶台艰难地转到机舱，了解各岗位的情况，鼓励值班船员克服困难，确保安全航行。

连续的呕吐，长时间的晕船令她疲惫不堪。船员们见到女政委憔悴的面容，心疼地说："政委，风浪大，您就甭到处走了，我们能够顶得住，您放心回房间休息吧。"可女政委还是到各个点转了一圈，最后才拖着疲倦不堪的身体，走到餐厅，嚼了半口咸菜，抱坐在固定的餐椅上，任凭风浪摆布……

从1976~1981年，焦湘兰政委在远洋船上工作了大约30个月的时光，先后到达了英国、法国、德国、荷兰、意大利、比利时、新加坡、日本等十几个国家几十个港口，不仅为各国运送了各种各样的货物，为新中国的妇女争了光，真正肩负起政委的重任，并成为远洋特殊群体的楷模。

（五）碧海丹心

那是个让人刻骨铭心的日子——1989年11月18日。

那天下午，严力宾所在的中远青岛远洋运输公司武胜海轮正在香港合兴船厂修船。船厂工人盲目用气焊割换通风筒，焊渣掉进船舱底层物料间，点燃棉纱引起火灾。工人发现着火后，擅自劈开物料间的门，致使火势更猛。见此情境，工人们匆匆向船长报警后，迅速逃走。在危急时刻，为探明火情，严力宾一把抢过船友手中的呼吸器："现在下面很危险，你们不熟悉情况，让我来！"说完，便毅然冲进了浓烟滚滚的机舱……

时间一分一秒地过去了，严力宾却再也没有走出来……

大海呜咽，巨轮悲恸。

严力宾牺牲后，为表彰他的先进事迹，中华全国总工会、交通部、山东省人民政府、青岛市人民政府先后授予他"全国五一劳动奖章"、"雷锋式的好船员"、"优秀共产党员"等荣誉称号，党和国家领导人江泽民、李鹏、杨尚昆先后为他题词。严力宾的名字和他的精神也随着各种新闻媒介很快传遍了全国，一个学习严力宾的热潮迅速在中国大地上掀起。

一名普通船员，他看似平凡的事

严力宾同志

迹何以在千万人心中激起不息的波澜？

一名年轻机工，他短暂的一生为何让人永记心中？

对大海、对远洋事业，严力宾有着无限的情。他常说："我喜欢远洋，远洋才是咱男子汉的事业。"因为上船工作，严力宾几次耽误了考轮机员的机会，但他在普通机工的岗位上不断学习和研究，掌握了较高的英语水平和过硬的业务技术。他曾三次外派到加拿大太平洋公司船舶工作，其中两次都是因为工作表现突出，直接被外籍船长点名要的。由于船舶老旧，机舱内管道阀门的铭牌上粘了厚厚的一层油泥，辨认不清上面的字。多年来，不管外国船员也好，中国船员也好，虽然都感觉工作时不便利，可谁都没把这当回事。严力宾却利用休息时间，用洗衣粉溶液不厌其烦地一个个擦洗干净，直到露出全部英文名字。之后，他又逐个地翻译成中文，用红漆标在旁边，什么名字，怎么使用，看上去一目了然。

一次，船在大洋上遇到大风浪。当时，大舱内堆着200多个大油桶，时间一长，绑扎松了。这些油桶就像脱了缰的野马一样，随着船体的摇摆，不停地在大舱里来回滚动着。英籍船长十分着急，严力宾听说后，主动和另外一名机工赶到了现场。大舱内，油桶不断地滚动撞击着，"轰隆隆"的响声摄人魂魄，可严力宾毫无惧色，只见他瞅准两个碰撞着的瞬间，飞步跃了上去，用肩膀扛着撬杠顶住，然后由其他人集中到一起，再用钢丝牢牢地扎住。险情排除后，英国船长高兴地向严力宾竖起了大拇指。

还有一次，严力宾所在的船舶停靠在荷兰福利森根港卸货，5号克令吊突然发生故障。船上的英籍二管轮、大管轮修了半天也不行，轮机长修了一个多小时也无济于事。吃午饭的时候，严力宾对机工长郭培山说："咱俩去试试怎么样？"于是，利用午休时间他俩一起修好了克令吊。英籍船长和轮机长看到克令吊又重新开始工作了，感到非常奇怪。当了解情况后，不禁拍着严力宾和郭培山的肩膀连声称赞："好样的，了不起。"

合同期满后，英国船长给严力宾写下了这样的评语："希望严力宾能再来加拿大太平洋公司船上工作"。凭着自己的辛勤劳动和良好的敬业精神，严力宾在外国船员面前树立起了中国海员的良好形象。

作为一名共产党员，严力宾把服从公司命令当作自己的天职。每次调他上船，他总是按时报到，绝对不打折扣。1986年8月，他的爱人即将分娩，需要他在身边照顾，但一向不愿意给公司添麻烦的他，当接到调令时，一句话没说就按时上船报到了。第二年4月，他回家休假时，儿子已出生半年了。

严力宾曾先后在青远公司"福海"轮、"星宿海"轮、"武胜海"轮工作，但不管在哪条船，他都一丝不苟、尽职尽责。一次，他和机工小张一起对压载泵进口管灭漏，当将卡码、橡胶垫装上后，严力宾又进行了一次检查，发现卡码装得稍偏了点，并出现微小水珠渗漏，不细看的话，是根本看不出来的。强烈的责任心，促使严力宾不顾油腻，翻身钻到滑铁板下面。水从管子里喷出来，溅到热水管上，立即化作股股灼人的水汽，可他全然不顾，终于将卡码重新装好。小张佩服地说："工作虽不复杂，但严力宾对待工作的这种态度和热情值得我们每个人学习。"

对祖国的无比忠诚，对远洋事业的无限热爱，使严力宾经受住了各种形形色色的诱惑。1985年，船舶停靠澳大利亚墨尔本港，同船管事上大学时的澳籍外语教师恰好家住此地。教师的父母接热情地将严力宾和管事请去家里做客。闲谈间，两位老人劝说他俩到澳大利亚定居，除找工作外，还许诺拿出6 000澳元作为担保，让他们半年后能够加入澳籍，而且以后还能把夫人孩子一起接来。在一些人看来，这是求之不得的好机会，严力宾却毫不犹豫地婉言谢绝了。他说："国外再好，生活再优越，毕竟是他人的故乡，中国再穷，生活再苦，毕竟是生我养我的母亲，我绝对不做背叛祖国的事！"

由于严力宾技术娴熟，车、钳、铆、焊样样都行，而且工作勤奋，英籍大管轮彼特对他十分欣赏，每个月计算加班费，都多给严力宾记20个小时。严力宾不要，他对彼特说："我们4名中国机工都同样辛勤地为您服务，而你却给我多于他们的加班费，我受之不安。希望您能重新评价我的同事的工作。"

我们每个人面对家庭、事业、社会时，都肩负许多责任，责任让我们劳累，更唤醒我们的灵魂。中远人把在工作岗位的尽职尽责放在了第一位，并不断追求进步，像古语说的那样"止于至善"——力求做到尽善尽美。

中远的共产党员严力宾，用行为证明了，远洋工作需要全身心的投入，是要用生命去做的事！

江泽民为他题词"学习严力宾同志，做坚定的共产主义战士"；

杨尚昆为他题词"学习严力宾同志忠于党、忠于祖国、忠于人民"；

李鹏为他题词"远洋深处留下他的航迹，海员心中树起他的丰碑"；

不知道的人无法相信，就是这位普通的机工，以凛然壮举和青春热血在中国远洋事业的丰碑上撰下了不朽的篇章。

古罗马哲人提出见解：没有卑微的工作，只有卑微的工作态度。生活和工作中需要表现得气壮山河的时候并不多，更重要的是做好平凡琐碎的工作。中远船员从我做起，从小事做起，尽职尽责，高标准、高效率地做好防机损、防海损、防货损、防污染、防火、防爆、防海盗、防人身伤亡等各项工作；发挥主观能动性，抓船期，搞好降本增效，努力提高航运经营效益，哪一件事又离得开"尽职敬业"的基本职业道德呢？

二、求实创新 开拓进取

（一）在大海苍黛的底色上

持重，儒雅，身量不高。第一次见面时，我们怀疑起来：这就是在中远广州远洋运输公司颇有名气的船长叶龙文吗？

叶龙文是广远公司船长队伍中的先进典型。近10年来，他航迹遍及五洲四海，挂靠过500多个(次)港口，安全航行35万多海里，相当绕地球16圈，一次次出色地完成了运输任务。特别是从1984年5月起，他在长期出租的华铜海轮工作，锐意改革，科学管理，取得了两个文明建设的丰硕成果。5年中，该轮为国家挣回2 988万元外汇人民币租金；坚持边生产边修理，累计节省修理费850余万元港币；省下计划修船时间135天，将时间换算成租金，为国家多赚取140万元；年营运率达98%以上。

成绩带来了荣誉。叶龙文连续8年被评为公司先进生产者，1987年被评为广东省先进生产者，1988年被评为中远系统双文明建设先进个人，同年荣获广东省劳动模范称号，1989年被评为交通部劳动模范，并荣获全国劳动模范称号，1990年被评为广东省优秀共产党员。

红彤彤的奖状，光闪闪的奖章，在一般人看来，他的生活之路铺满了鲜花，幸运的星辰似乎总是照耀着他。但是，我们采访他和有关人员后，却看到了他的另一条路——那是充满赤诚、搏击、进取的人生之路……

1. "我的事业在船上"

在诗人笔下，大海总是那么充满诗情画意。然而，现实生活不等于诗。远洋运输工作长年吃风饮浪，身体损耗大，家庭照顾不上，其艰难困苦远非常人所能想象。困难使有些人彷徨却步，却从来动摇不了叶龙文为远洋运输事业奋斗不息的事业心。

他从事远洋运输工作30年来，先后在"光华"、"建华"、"华平"、"华铜海"等十几艘船上工作过，还曾外派到香港轮船有限公司工作。无论是在国轮上，还是执行外派、出租任务，他都兢兢业业、勤勤恳恳地工作，放在哪里就在哪里发光。

他，像一颗螺丝钉，把自己紧紧地拧在船舶上。

　　由于多年工作劳累，他患了严重的胃溃疡病。1982年3月，他休假回家乡浙江省慈溪县，不久因胃出血住院，胃切除三分之二。出院时，医生嘱咐他休养半年。他一直没有把这件事告诉公司。这一年，公司派他上"华铜海"轮，他二话没说，愉快地赶到广州接受任务。公司领导知道真情后，决定让他回家休息，待身体完全恢复后再派船，但他怎么也不依。领导只好同意他的要求，叮嘱他上船后注意休息，不要干重活。但他上船后，早把这一规定置于脑后，立即投入了紧张的工作。

　　1983年3月中旬，"华铜海"轮在苏联一个港口作业。叶龙文因牙周炎在医院做了拔牙手术。手术伤了神经，术后牙龈化脓发炎，发烧39℃连续一个星期注射抗菌素还不见好。同志们见他病成这个样子，都建议发报给公司换船长，劝他留在国外住院治疗。他想，船远离祖国，换船长不但给公司添麻烦，也浪费旅费，而留在国外治疗呢，也要付一笔外汇，国家还困难，作为一名党员船长更应带头节约。他谢绝了大家的好意，把道理讲给大家听，船员听了都很感动。叶龙文就这样坚持在船上一面打针吃药，一面工作，硬是挺住了。

　　病痛多次折磨着叶龙文，也牵扯着他那患难与共的妻子的心。妻子担心他再经不起海上的风浪，劝他调上陆地工作。他对妻子说："组织上培养一个船长多不容易呵，咱们考虑问题不能围着'我'字打转转。"他的那些当了企业家、发了财的亲友和同学，也都劝他停职回家，既可多赚钱，又能照顾身体和家庭。但他说："四化建设需要远洋运输事业大发展，我是党培养多年的船长，我的事业在船上，我不能离开远洋。"

　　一艘远洋轮有20几个工作岗位，每个岗位都有严格的职责分工。海上航行随时会遇到不测风云，严格的岗位责任制是必需的。但是，这种"铁路警察——各管一段"的状况，有时也会使船员的积极性受抑，影响船舶的活力。

　　针对这种状况，叶龙文大胆地提出了"定编减员"的改革方案和一些具体措施，得到了公司的支持。

　　从1984年5月开始，他领导"华铜海"轮实施新方案。

　　支撑这个方案的强大基础是实践。叶龙文从实践中潜心思考总结出的方案，又在实践中得到印证和不断完善。在确保安全生产的前提下，"华铜海"轮人数从定编35人逐步减到26人，实行多劳多得，保证激励机制的运转。这一改革，调动了大家的积极性，使船舶工作有了新的进展，出现了新的风貌。

　　修理大舱本来是厂修项目，他们揽过来自己干。大舱有18米深、32米宽，仅将7个大舱的左右舱壁、肋骨和前后凹凸不平的隔舱壁加起来，就有一公里多长。在航行条件下自修，困难不少。但叶龙文说："只要对公司有利，能省钱，干！"他和船舶其他领导一道，一方面动员大家发扬艰苦奋斗的精神，另一方面严密组织，分成上高组、地面组和安全组，将全船力量统一调整使用。全体船员起早贪黑，加班加点，单是敲铲下来的铁锈，就有10吨多，仅用两个航次时间就拿下了这个庞大工程，为国家节约100万元外汇人民币修理费和20天修期。日本一些修船行家见此惊叹不已，称之为"了不起的工作。"

2. 出租船舶的一面旗帜

出租，乍看起来是换了个主，船舶的一切都是为租家服务。但叶龙文心里有个"底数"：出租船舶营运好了，不仅政治上可以提高中国远洋船队的知名度，扩大我国的国际影响，而且经济上在为租家增加效益的同时，也为国家多创外汇收入。

安全就是效益。他始终把安全生产放在重要位置，做安全工作的有心人。不论船舶是离靠码头还是过狭窄航道，是复杂航区还是气象状况欠佳，他都坚守在驾驶台上，往往一站就是十几个钟头，有时都顾不上吃饭，顾不上睡觉。一次有位驾驶员见他因为太疲劳，眼睑浮肿，眼圈发黑，劝他回房歇一歇。他说："我们是出租船，安全上更

是马虎不得。没有安全，哪里谈得上经济效益和声誉。"

效益是个综合概念，时间是它的重要元素。以1988年为例，"华铜海"轮每分钟租金达8.5美元。时间确实是金钱。

叶龙文不仅驾驶着船舶，而且还驾驶着时间。他精心组织，狠抓船期，做到不管白天黑夜，无论刮风下雨，保证每次在装妥或卸完货一小时左右开航离港，从来没有浪费过租家的一块钱，令租家称心满意。

一次，"华铜海"轮在美国康福特港卸完矿砂后，租家电示开往新奥尔良港装粮。两港航程只有36个小时，

海上中华名牌——"华铜海"轮

21世纪交通文化建设研究与实践

有6个大舱需彻底清洗。叶龙文带领全体船员在抵港前备好舱，并顺利地一次性通过验舱。

租家从纽约派来的代表，起初不停地用手挠着一头栗色的头发，表示不相信。后来亲眼看了现场，顿时神色肃然，连称"奇迹"。

他用手指比划出一个"OK"的姿势，说："中国船员真行！"当场奖给该船5 000美元。

对租方提出的装货水尺、用油、港口使用等方面的工作，叶龙文总是精心计算，挖掘潜力，千方百计地予以合作。

"华铜海"轮每个航次除了装到最大水尺外，还在打净压载水和少装淡水上挖潜。叶龙文动员全体船员控制用水，每天用水从20吨减少到10吨以内，使每个航次为租家多装400余吨货，增加收入15 000多美元。

主机用油也有文章可做。叶龙文和轮机长经过反复分析测算，决定进出河道港口，主机改烧重油。该轮常去美国新奥尔良，在逆行密西西比河180海里处下锚，也常去委内瑞拉的奥里诺科河里的港口装货，一走相当两天的航程。主机改烧重油，一天可节约差价油费2 500多美元。

聚沙成塔，积腋成裘。叶龙文在为租家节支增收的同时，也为国家多赚取了一笔笔外汇。

合作赢得了信任。由于叶龙文主动多装货和节约开支，租家干脆破了例，不再下达具体装货量了，叫船长自己计算装载，租家说："有叶船长在我们放心！"

不少外国朋友说，"华铜海"轮是"中国出租船舶的一面旗帜"。

3. 强大的磁场

在"华铜海"轮能见到其他船舶不多见的现象：在船船员一般都能坚持十七八个月以上才换班，公休船员也都迫切要求返回该轮工作。船员们普遍反映"跟着叶船长苦是苦，累是累，但苦得舒心，累得值得！"

是什么神奇作用，使"华铜海"

轮具有那么大的向心力呢?

强大的磁场,主要来自船长叶龙文。

叶龙文认为,一个人就是浑身是铁也打不了多少钉,船舶要安全优质地完成运输生产任务,就必须通过党支部的政治核心作用,充分调动每个船员的积极性。这不能光靠行政管理,更重要的是靠思想政治工作,这样外聚内敛,才能形成一种整体力量。

在船舶管理中,叶龙文坚持两个文明建设一起抓。他不仅是安全生产的行家,而且还是思想政治工作的里手,积极支持船舶政委开展思想政治工作,并且自己带头去做。船员们说:咱们叶船长既是个好船长,还是个好政委。

1988年"华铜海"轮在日本自修大舱时,有些船员认为劳动强度大,危险,担心劳务报酬不能兑现,想打退堂鼓。叶龙文及时觉察了这一情况,提议召开支委扩大会、干部会。首先在骨干中统一认识,接着召开全船动员大会,用算账对比的方法对船员进行"三兼顾"的教育。引导大家认识"水涨船高"的道理,只有多作维修,为国家多节约,个人才能增加收入。高涨的工作热情像海潮一样澎湃起来。在叶龙文和政委带领下,经过两个航次的辛勤劳动,胜利地完成了自修大舱的任务。

汗水换来了胜利果实,公司机关给"华铜海"轮4.5万元劳务费的奖励,使多劳多得的原则得到了兑现。

叶龙文结合生产做思想政治工作,既抓倾向性的问题,又做到关心、理解、尊重船员,坚持将解决思想问题与力所能及地帮助船员解决实际困难结合起来。

有的船员长时间没收到家信,情绪低落,经了解家里闹矛盾,很想回家处理。船舶领导一面做劝慰工作,一面积极向公司反映情况,尽早安排公休。

有的青年船员,因长期出海,女友见不到船员的面,恋爱关系受到影响,船舶领导设法让他回到国内。

船员凡父母病故、妻儿病重,船舶领导都一一悼慰,并征询意见,尽可能满足要求。

船员家庭有困难,如子女入学就业、本人要求深造,凡是正当的要求,船舶领导都尽力帮助联系,或出函或推荐,只要能做到都不遗余力地帮助解决。

船员的生日到了,船舶领导为他加菜祝贺。

船员工作上做出了成绩,立即表扬给予奖励。

通过林林总总的小事,叶龙文把思想政治工作化作甘霖春雨,点点滴滴地渗入船员心中。"华铜海"轮充满了人情和友爱,充满了健康进取的气氛。

叶龙文认为,严以律己,率先垂范,这是无声的命令,也是最好的思想政治工作。他时时处处注意为人表率，说话就更有了号召力。

远洋船舶常年进出外国港口，经常与外商打交道，但叶龙文坚持做到两袖清风，一尘不染。一次，船在香港修理，一个物料商想趁修船之机多推销残次物品，诡秘地对叶龙文说：船长，你如能多购我的物料、备件，我会"关照"你的。说着乘旁无他人，掏出一叠港币放在桌子上。叶龙文严肃地说：要我慷国家之慨，捞个人私利，你打错了算盘！物料商见势不好，收回港币悻悻地走了。

像这样的事情，在叶龙文身上多得不胜枚举。他在生活上不搞特殊化，外国朋友赠送的礼品如数公开，按规定处理；工作上苦活重活抢着干，如掏污水井、清扫气道、高空作业、扫舱、敲锈，他样样参加，每天工作十几个小时；劳务费分配船舶领导不是拿最低一档，就是拿平均数；作风上平易近人宽宏大量，深受船员的爱戴。他就是这样处处用模范作用去影响和带动船员。

榜样的力量是无穷的。尽管"华铜海"轮长期出租在外，远离亲人，但船员们的思想稳定，心情舒畅，尽管工作紧张，劳动强度大，但是船员能从艰苦中尝到甜蜜。

衬托着大海苍黛广阔的底色，叶龙文用自己的实际行动塑造了一名共产党员的形象。

（二）海上真汉子

船舶的领军人物是船长，是他运筹帷幄，带领船员纵横海上，为中远创造财富和价值，他们比普通船员要想得更多，承担更重的责任。

连云港海边长大的船长庄茂奎，在看到大海上来来往往的大船时，就一直神往着做一名远洋船长。真正当上了船长后，他体会到了航海事业的艰辛，做一名船员特别是船长的不易。

1.安全教育深入人心

安全不能偷工减料，这是庄茂奎25年船长生涯的经验总结。

在关系船舶安全的问题上，他一直身体力行并严格要求。从第一天干船长，他就养成了一个习惯：晚上睡觉再晚，早上5点半左右会准时醒来，起来后先上驾驶台巡视一遍；白天再累，也从未在24点前睡过觉，睡觉前必须检查一遍全船安全防火情况。"琥珀海"轮进出长江需要17个多小时，但他一直坚持在驾驶台值守，困了喝杯咖啡，再困了，就用冷水冲一下脸。一次进长江时，一名船员看他比较劳累，便好心地对他说："船长，你下去休息一会儿吧，这里有我们呢！"庄船长回答说："这时候，驾驶台就是我的位置，你让我休息，出了事你能负责吗?!"

庄船长在船上积极开展安全文化

建设，建立了船员三级安全教育制度。每逢船员大会，他都要对新接船员进行传统教育、岗前教育、航线特点教育，让船员接受和理解"琥珀海"轮的安全文化，帮助他们尽快熟悉职责和工作。通过宣传、教育、学习和培训，"隐患就是事故，安全就是效益"的青远安全理念在"琥珀海"轮已深入人心。

2. 我能为祖国做什么

庄船长始终认为，作为一名船舶领导，必须时刻调准人生的"准星"，在任何时候，都不能老想着国家或企业欠了自己多少，而要更多地想想国家或企业给予了自己多少，自己能够为国家和企业多做点什么。

1985年，他所在的"谷海"轮到罗马尼亚卸货，眼看着货物快卸完了，可下个航次的任务还没有着落。公司通知卸完货后去准备美国装粮(并没有揽到货)。考虑到空载去美国给公司造成的损失，庄船长看在眼里，急在心上。为此，他徒步数公里到中国驻罗马尼亚大使馆商务处。负责的同志回复他说没合适的货，船长并不气馁，而是给该同志算了一笔账，说假如揽不到货源的话，国家和企业将遭受多少多少的损失。

该负责同志被船长的敬业精神感动了，终于给"谷海"轮安排了33000吨化肥。船长还不满足，说这哪够呀，再给想想办法吧。没办法，商务处又将别的船不愿装的3台钻机、20多箱拖拉机备件、270辆卡车交给了他。庄船长高高兴兴地回到船上，亲自安排船员对货物进行绑扎、理货。这一航次下来，"谷海"轮为公司赚取了370多万美元外汇。

船到青岛后，一位副总亲自上船慰问船员并当场许诺：每绑扎一道钢

庄茂奎船长

丝，发给船员8元钱。此事当时在青远上下引起了不小的轰动。

1999年，公司派他上"琥珀海"轮开辟沿海航线。当时，租家还租了其他几条船。结果不是少货，就是出事故，租家很不满意。而"琥珀海"轮，在他的率领下，不仅安全方面有保证，而且在抓船期、多装货，及无货损、货差方面，也最大限度地满足了租家。挑剔的租家在选择青远为他们长期合作伙伴的同时，也直接向公司提出条件：庄船长每次上船都必须多干一段时间。"琥珀海"轮往返于秦皇岛至江阴一线，所经航区复杂，靠离码头频繁，而且航线短、周转快，如果考虑到所担负的风险和所承受的压力，没有哪个船长愿意上"琥珀海"轮干。可庄船长在"琥珀海"轮一待就是四年，第一次工作了20个半月，第二次跑了20个月零一天，中间只休了7个月假期。四年里，他驾船进出长江248次，抛锚300多次，靠离码头438次，均没有发生责任性事故。

无论在什么船，庄船长总揣着一笔经济账。他的脑子就像一台电脑，每航次的运量、运价、船期、可控成本、船体折旧、港口使用费等，他都一清二楚。有一年"谷海"轮修船，公司批了45万元修理费，在山海关船厂修完后又安排去日本修理。修船过程中，他对日方的修理项目，每个项目派了多少人，安排了多少修时，用了多少耗材进行了详细登记。最后签字时，日方提供的账单与船长自己的统计不符。于是船长拿出自己的记录，日方一看就傻眼了，最终不得不在原来修费的基础上减掉了32%，让日本人真正领教了中国船长的厉害。

3. 心系中远，身献远洋

在庄船长人生的天平上，企业的利益永远是第一位的。他打电话打进了一个卫生间的故事，在"琥珀海"轮被传为美谈。

事情是这样的，有一次"琥珀海"轮到江阴利港卸货，从高频电话中他获知另一条船在"琥珀海"轮前面，为赶在这条船前面靠泊，他一方面命令机舱加快船速，以在时间上取得主动；另一方面，为保密起见，他抄起自己的手机(公司当时没配手机)与电厂和公司总部联系，前前后后总共打了两个多小时电话。最后"琥珀海"轮得以提前靠泊，节约了两天船期。虽然电话费加上漫游费花掉了船长1 700多元钱(在青岛当时差不多可以买一个小卫生间了)，船长的心里却十分高兴，因为与两天船期相比，自己花这点钱又算得了什么呢。

后来，老伴在交电话费时，感觉不大对劲，就问他"老家伙，给谁打电话花了这么多钱？"船长解释后，老伴埋怨道，人家都是公家手机私用，占公家的便宜，你却花自己的钱办公家的事。船长嫣然一笑，反问一句："你还不了解我吗？"让老伴听了哭笑不得。

前些年，远洋的待遇较低，但庄船长并没有因此而动摇献身远洋的志向。他的一个同学在新加坡一家公司做事，每次船去新加坡时，同学之间都要聚一聚。同学的老板对他很欣赏，想让庄船长辞职跟他干。庄船长摇摇头说："谢谢您，我这辈子就是干船员的料，况且没有青远就没有我的今天，离开青远我就不会干活了。"老板还不死心，后来又许诺拿出1 000万美元让庄船长在国内注册一家公司，而且按青远的工龄一年补偿庄船长1万元，外加10%股份。庄船长还是摇摇头说："我是一个农民的儿子，我所接受的教育告诉我，人不能忘本，所以我不能为了钱而做出背叛公司的事情。"如今，该老板已有上亿的资产，但庄船长从来没有为自己的这个决定后悔过。

36年来，满打满算庄船长只在家过了三个春节。父亲病重，妻子住院，家里盖房，孩子出生、上学就业等，这些节骨眼上，都因为他在船上，而没能帮上一点忙。船长常把自己比作一滴海水，而中远就是那浩瀚的海洋，是企业给了他施展才能的舞台，是远洋文化哺育了他，他的身心只为远洋而奉献。

（三）追求卓越是航海人的一种境界

1970年出生的辜忠东船长，是我国目前由交通部评定的最年轻的高级船长。作为船长，辜忠东以"安全没有任何理由"为理念，严抓船舶安全，他靠、离国内外港口570余个，进出港口超过1 140次，均未发生安全事故，至今已安全航行31.5万海里，实现了安全生产"七无"（无海损、无机损、无火灾、无货损货差、无工伤、无污染、PSC检查无缺陷）。

2005年5月24日，辜忠东作为全国唯一的海员代表，在人民大会堂参加庆祝中国航海日成立座谈会，并代表全国海员作了热情洋溢的发言。2005年7月，在首届"航海日"庆祝会上，辜忠东被评为全国"十佳"船长，获郑和航海贡献奖。2007年4月获上海市劳动模范称号。

1. 发现隐患绝不过夜

"安全航行没有任何借口"是辜忠东一贯遵循的准则。一艘价值数十亿元国有资产的船和货掌握在他的手中，他深感肩上责任重大。2005年，辜忠东在"新盐田"轮任船长，当时该轮是欧洲地中海航线的核心班轮，班期紧、周转快，靠泊装卸频繁，辜忠东和船员们曾创下了12天靠离码头22次的纪录。如此繁重的运输任务，给安全生产带来了极大的压力和挑战。为了保证船舶安全，辜忠东船长及时召开船员大会，要求每个船员时刻遵守规章制度和操作规程，切忌贪图方便省力而出现违章现象，同时加强监督检查。2005年6月23日，辜忠东在驾驶台后窗发现尾部上层一只集装箱晃动异常，他马上和大副组织船员前去检查，发现这只箱子有两只箱脚钮锁没有进位，虽然当时天色已暗，但辜忠东仍然要求立即整改，绝不让事故隐患"陪我们过夜"。

2005年第0020W航次，"新盐田"轮在马来西亚巴生港装货，港方配员误将一只危险品箱配在船舶生活区后部，辜忠东发现后，立即要求港方重新调整位置，避免了一起箱位错装事故。

2. 在学习中提升操船技艺

辜忠东娴熟的业务能力，来自于他孜孜追求的紧迫感和刻苦钻研的学习精神。面对汇集现代化设备仪器的船舶，辜忠东利用休息时间，阅读大量技术资料，并到实地查看，摸透船舶的"脾性"。"功夫不负有心人"，经过一段时间的摸索，他对5600TEU大型集装箱船的技术资料、导航设备、操纵性能、航线特点、停靠码头、远洋业务等了如指掌，并根据自己掌握的经验，总结汇集为《5600TEU集装箱船远东——西欧线船长航行手册》。这份《航行手册》已成为中国海运航行于远

东至西欧航线大型集装箱船舶的重要参考资料。

刻苦的学习使辜忠东练就了高超的航海技能。2005年11月13日，"新盐田"轮在苏伊士运河航行。17点，船即将抵达塞德港出口，引水员为准备离船下令停车减速。17点13分，为维持舵效，引水员下令再微速进。就在此刻，意想不到的险情出现了，由于主机空压机一根空气管连接处脱开，主机无法启动，埃及引水员闻讯后，急得跳了起来。在轮机长确认修复主机需要一段时间后，辜忠东果断地接了船舶指挥权。主机停车后，大船舵效越来越差，缓慢向右偏转，辜忠东冷静地下令左满舵，同时密切关注船首与岸边的距离。在船舶余速还有5节时，引水员要求辜忠东抛下双锚，辜忠东认为时机不当。在船速仅有2.5节时，他果断下令抛下双锚各1节入水，拖锚制动。17点25分，船舶距离岸边120米左右处被牢牢地控制住了。

3. 抓基础建设以培养船员综合素质

悬挂五星红旗的大型集装箱船，是一块流动的国土，船容船貌事关国家和企业的形象。为此，每到一个港口，辜忠东总要到码头巡视船壳状况，发现问题，及时安排船员争取在靠泊时间内完成保养。一次，在瓦伦西港，港方工人在码头施工时，由于操作不当，大量

的水泥浆溅上了船壳，等辜忠东发现，水泥浆已硬化，用高压水已冲洗不掉，只能组织船员站在软梯上，趴着船壳慢慢地刮。为了赶时间，辜船长合理安排船员轮番作业；休息时，他跑上跑下地给大家送茶。这种身先士卒和关心下属的精神，极大地激励了船员们的工作热情，经过6个小时的苦干，终于使船壳恢复了原貌。

辜忠东对船舶物料管理要求做到规范化、超市化、电脑化。他组织人员对全船的备件、物料、专用工具等，根据用途进行分类存放，并依据存放地点和位置，编制了6位数的地址码，然后输入电脑，使账、物、卡一致。多年来，辜忠东所服务的船舶在国外接受PSC和ISPS检查时，检查官们看到超市化管理的仓库，都赞不绝口，有的检查官甚至对仓库免检。辜忠东的一项管理，提升了中国海运船舶管理在国际航运界的知名度和可信度。

随着船舶科技含量的不断提高，船公司对船员的素质要求也相应提高。对此，辜忠东与船舶其他领导商量，决定把船舶建成学习型船舶，把船员组织起来，学英语、学电脑、学业务，把提高船员综合素质作为大事来抓，使船员们受益匪浅。与此同时，他精心组织船员技术练兵，使船员们的业务水平有了很大的提高。

（四）年轻的轮机长

王新全出生在苏北的一个农民家庭。小时候，他曾梦想着要当教师、当作家，甚至当科学家，却从没想过要当一名远洋船员。

后来，他从一个未见过大海的农家孩子，踏上了现代化远洋货轮，十几个春秋，为国家安全承运了200多亿元的货物；航程等于绕地球20多圈；发表论文及专著超过百万字；他搞的小革新、小发明和解决生产难题上千个，

王新全轮机长

创造经济效益3 000多万元……

1996年11月，中远5250箱位的第五代超大型集装箱船"川河"轮，在日本岛国的坂出船厂码头下水。那一天，坂出船厂一位日本老工程师，望望这艘日后成为中国最大集装箱船队"旗舰"的现代化庞然大物，又看看眼前穿着轮机长制服的中国青年王新全，十分诧异地问："您就是轮机长？今年多大年纪？"王新全充满自信地回答："是的，33岁。"老工程师肃然起敬："真了不起啊。在日本能在这样的船上当轮机长，都要超过45岁了。"

1. 从实习到发明工具

刚上船实习时，王新全被分配到自动化程度较高的"潮河"轮。开始，他还以为自己在学校学得不错，到船上肯定没问题。可是，他渐渐感觉到专业理论知识与实际相差甚远，要从一名优秀的学生成为一名优秀的轮机员，必须不断地学习、摸索，掌握更多的知识，积累更多的管理经验，全面提高自身素质。王新全说得好："如今做一个好工人，仅靠能吃苦、肯流汗不够了，仅仅掌握了解自己手头那点东西显然不行了，要不被时代及岗位所淘汰，就必须掌握超越岗位的技能。"

于是，他开始了漫长的探索之路。

1988年，王新全到"沐河"轮任三管轮，"沐河"轮的4台操纵吊杆及舱盖板均为液压操纵，液压管系从船尾的舵机间经生活区延伸至全船，每次操纵吊杆及开关舱盖时，液压油管产生的振动及发出的100多分贝的噪声，使人难以忍受。几任轮机员都没解决，大家也习以为常了。

王新全决定向这个老大难问题开刀。他经过仔细分析和查阅有关资料，认为问题出在液压系统，为了确诊液压系统的故障和部位，王新全从船尾的舵机间、生活区到液压吊杆及舱盖板的操纵平台，一个部件一个部件地检查。最后，他对全船液压系统进行放气检查，发现液压系统中存在着大量的空气。原因找到后，他对液压系统进行了全面检修，最终使"沐河"轮液压系统处于平稳的工作状态。

有一次，甲板上一根油管突然爆裂，深褐色的燃油带着强大的压力，喷涌而出。眼看一起重大污染事故无法避免。当时已经是傍晚，难以请到专业抢修人员。王新全仔细观察后，向船长提出在油管上直接电焊的抢修方案。油管上动明火，无疑是虎口拔牙。身边的同志担心这么做太危险。但为了抢时间，王新全还是请求船长实施他的抢修方案。船长考虑再三，同意了他的请求，船上的灭火组、材料组等几个应急小分队，也都进入紧急预防状态。

时间一分一秒地过去了。在其他同志的配合下，终于锁住油柱。事后，有同志请教王新全，你怎么敢冒险带油烧焊呢？他解释说，实际上，我在理论上是有把握的。一方面船用油燃点低；另一方面，油在油管里高速流动会把烧焊时产生的热量带走一部分，这样，燃烧的条件就降低了。在油管上烧焊，平时我看过专业人员干过，自己也曾做过练习，在技术上是有把握的。

随着职务的提升，王新全肩上的担子重了，他开始对自己提出了更高的要求。他对自己的要求不仅仅是排除隐患、解决问题了，还要求自己在工作中要有开拓、有创新。1991年，王新全在"花园口"轮的一次吊缸检修中，发现安装活塞连杆组件时既费时又费力，稍不注意就会碰坏连杆固定螺栓造成返工，这也是同类型船舶在吊缸检修时速度提不高的主要原因。看到这种情况，王新全反复琢磨，终于发明了一套主机吊缸检修用的专用导向工具，这种工具既能保护连杆螺栓在安装过程中免受损伤，又能提高安装质量和速度。原本要花近20小时的操作，一下减到7小时内，海员们称之为"新全导向轮"。他又向公司建议，将主机排气阀的检修期由说明书上的5 000小时缩短到3 000小时，这一建议后来成了公司此类船舶的管理规范。

来自江苏农家的王新全从集美航校毕业12年后，有9年是在蓝色国土上搏击风浪度过的。从最初级的轮机工干起，要登上轮机长这个位置，需要跨越

5个极严格的技术等级。而王新全在船上以出名的勤奋和钻研，在这段时间干完了一般人需要15年才能完成的工作。他凭借强烈的超前意识，总是还在本职工作岗位上时，就已经掌握了上一个台阶所需要的全套知识和技能。等他干到大管轮，许多有经验的轮机长都佩服地向他竖起了大拇指。

2. 从看书到写书

新一代的国企职工应该是什么样？王新全心中自有一把标尺，那就是既能掂得起扳手也能拿得动钢笔。于是从当实习生起，他便养成了边工作边做笔记的习惯。

王新全喜欢把工作经验写成文章，这在中远系统是出了名的。实习时他就养成了一个习惯：在工作的同时做笔记。不管是学术书籍上的资料，还是工作中解决问题的心得，他总是细心地记录下来。他的处女作《man—b&w6l70mc/mce型柴油机高压油管漏油监测装置分析》，详细阐述了平时不被注意的漏油监测装置的作用，稿子寄出不久，便在《航海技术》杂志上发表了。看到自己的文章变成铅字，王新全受到了很大鼓舞，从那时起他就一发不可收，先后写了《赫格隆液压克令吊重载卸货时逆功跳电初步分析》、《浅谈增压器k值的含义——兼析ihi—bbvtr201增压器轴向间隙的测量与调整》等文章在《航海技术》上发表。

1992年，船舶管理六处对"口"字号轮尾门尾跳液压系统进行技术改造，作为技术改造领导小组的成员，他利用一切业余时间，没事就在尾门尾跳附近转悠、琢磨，一个细节一个细节地搞清楚液压系统的工作原理，晚上常常打着手

王新全同志在工作

电，一个人爬进大舱，观察和分析升降机平台、尾门尾跳动力及液压油泵的工作情况，有时一蹲就是一个多小时。1994年8月，王新全与别人合著的《滚装船尾门尾跳系统管理》一书由人民交通出版社正式出版发行了。这是国内第一本系统论述滚装船尾门尾跳系统管理的专著，全书共46万字，而王新全一人就承担了全书1/3的写作任务，并对全书进行了统稿。

王新全是全公司第一个拥有个人电脑的员工。两年后当他被安排到当时最先进的第四代集装箱船——"飞河"轮，管理操作实现电脑自动化监控，先后写出了《simos rcs51主机遥控系统控制板的操作与使用》、《船舶柴油机微机监测及趋向分析系统简介》等多篇文章。

有一次，他们在印度洋上航行，突然接到附近一艘船的高频电话，说由于主机坏了，造成主机停车，失去动力，在海上漂泊。在船上干过的人都知道，船舶失去动力是最危险的，稍有风浪就会翻船。王新全一边通过高频电话询问情况，一边分析：计算机一般不会出现问题，之所以造成主机停车，很可能是操作程序不对。他便写了个程序传真过去，请对方按这个程序试试。不一会儿，高频电话里传来故障被排除的消息。这件事在公司内外产生了很大的影响。有的同事说："王新全真神，可以遥控解决问题。"王新全却谦虚地说："这哪里是神，我只是先走了一步，对计算机早钻研几年罢了。"

但王新全很快就发现，一天24小时不管何时有电脑报警，同事们总要请

21世纪交通文化建设研究与实践

他帮忙解决。看来，船上仅有一人懂得这门技术是不行的。于是他在波峰浪谷中挤出时间，结合船舶实际写出了《电脑操作指南》，后来又将其括充为《船舶柴油机微机监控系统及操作管理》一书，在理论研究工作者和具体操纵者之间架起了一座桥梁。

从背着一捆书上船，到自己写书，王新全已脱胎换骨。

在欧洲他接了一艘第四代集装箱船，航行到地中海，主机燃油回油管突然爆裂。虽然很快修好了。但他经过分析后断定是设计上的缺陷。据此，他们要求船厂赔偿损失，改进设计。厂方同意弥补损失，但拒绝承认设计上的问题。于是，王新全当场绘制了原理图，终于说服了外方主管工程师。在该船保养期间，他们提出了630项需要改进的不合格项目，其中，王新全和他的同事们就提出520项，内容涉及油路、电气、计算机及通信等数十个方面，为公司挽回300多万元的损失。

那位主管工程师说："真没想到中国有这么高的技术水平。"事后，两人结下了友谊，成了朋友。

多少年来，王新全就是这样，不断地提高自己，激励着周围的每一个人。参加工作12年，有9年时间是远洋航行中度过；12个春节，有7个是与大洋为伴。他发愤学习，知难而进，发表专著，攻克难关；面对外国公司的

诚意挽留和一些企业的高薪聘请，他不为所动，把自己的智慧和青春义无反顾地奉献给培育自己成长的祖国和企业。

这位中远"三学一创"的优秀代表，曾先后获得中远（集团）总公司、交通部和上海市劳动模范、新长征突击手、优秀共产党员等光荣称号；1998年荣获全国五一劳动奖章，后又被共青团中央、全国青联、全国总工会分别授予青年和工人的最高荣誉——"五四青年奖"。在一次中宣部、全国总工会、共青团中央等国家机关在北京组织的"五一"、"五四"纪念活动中，王新全同志两次在人民大会堂主席台就座，受到江泽民等党和国家领导人的亲切接见，得到党和国家领导人的肯定，不但为自己，也为中远集团8万名员工争得了荣誉。

王新全的产生不是孤立的，也不是偶然的。国家市场经济体制的完善，中远现代企业制度的进程，使王新全深刻认识到知识的重要。在他身上，既有老一辈劳模艰苦奋斗、无私奉献的品质，又具有新一代劳模追求知识的时代特征。王新全的经历证明，职工的命运只有紧紧和企业的命运联系到一起，个人的价值才能得到实现，个人的聪明才智才能得到发挥；也再一次证明，企业的发展，需要靠全体员工的共同努力，需要靠一大批优秀员工尽职尽责

的奉献。

三、热爱远洋　乐于奉献

（一）和着中海前进的脚步

今天已是轮机长的王书雷，提起自己的成长经历，感慨万千："没有中国海运的强大，就没有我的今天。是中海给了我成长的广阔平台。我为自己是一名中海人而感到骄傲！"

1997年，王书雷带着对大海的向往，带着对未来的美好憧憬，跨入了中海的大门。10年来，他从3.5万吨级的油轮到VLCC，从市场VLCC到中海自己的VLCC，从一名实习生到一名轮机长，和着中海前进的步伐，在自己的航路上，留下了一串串值得骄傲的记忆。

1. 和中海一起起航

1997年8月，在中国海运诞生的日子里，王书雷从上海海事大学毕业进入公司，和中海同步，开始了自己的职业生涯。

第一次海员生活，王书雷是在"大庆73"轮上度过的。这是中海油运当时最先进的灵便型船舶。面对船上纵横交错的管系和轰鸣的机器，聪明的王书雷在轮机长和轮机员的带教下，用心熟悉各类机器设备，把船上各类使用说明书通读了几遍，虚心求教，以最短的时间熟练地掌握了主、辅机工作原理

和操纵性能。那时，他白天跟着师傅们搞设备维护，晚上待在房间里写实习报告，研究各类机器设备的说明书。

经过一个套派期的磨炼，王书雷克服了难以忍受的晕船关，顺利完成了实习任务。1998年6月，王书雷走上了"大庆71"轮三管轮的岗位。

2. VLCC上的泵匠

20世纪90年代末，世界航运市场低迷，中国海运也遇到了很大的困难，船员岗位紧缺。为了拓展外派高端市场，争抢船员岗位，王书雷加入了开拓海外船员劳务市场的行列。1998年，他由主营油轮上的三管轮，变成了台塑公司VLCC"太平洋先驱"轮上的一名泵匠。

这是一段令他难忘的经历。由于公司是与台塑初次合作，船东对中国海运船员的技术并不十分信任，船长和轮机长都是外籍船员，中海船员经常要受到他们的刁难。在这种情况下，中海船员团结一心，同舟共济，顾全大局，一方面加班加点，维护船舶安全生产；另一方面自我加压，想方设法攻克各种技术难题，全力以赴为中国海运占领首个VLCC劳务市场拼搏。

身为泵匠，王书雷没有怨言，积极投入到艰苦的工作中去。他几乎每天都要工作16个小时。深达二十几米的泵舱，他每天不知要来来回回跑多少回，困了累了，就咬紧牙关，挺过来。这个套派期间，王书雷主管的货油泵从

未发生任何事故，确保了船抵各个港口的装卸油作业。中国海运船员的敬业精神和一流的业务技能，最终赢得了船东的充分信任。

3. 有思路的"工作狂"

王书雷是一位事业心极强的轮机员，一旦认定了工作目标，他会不惜精力，全情投入。他又是一位有思路的轮机员，抓住工作的关键，每次"亮剑"，势如破竹。

2006年初，王书雷在中海油运阿芙拉型油轮"松林湾"任大管轮。该轮主机有一段时间倒车启动时好时坏，特别是第一个倒车，经常出现开不出的紧急状况。由于船舶惯性很大，船在靠离码头时，每一次用车都是至关重要的操作，问题如不及时解决，会给安全营运带来很大的威胁。

"松林湾"轮是日本造船舶，很多设备都是进口的，由于掌握的技术资料不全，排查工作难度很大。一边是主机倒车没有得到根本性的解决，另一边是离船舶计划靠泊时间一天一天临近，怎么办？

问题就是课题。王书雷与轮机长一起，不分白天黑夜，投入紧张的排查工作中去。他顾不上每天航行值班的辛苦，刚下班就跑进房间仔细研究设备说明书，对照该轮主机出厂航行试验时的参数进行排查。从房间到机舱，由机舱回房间，他每天不知道要跑多少趟。

累了，他就在床边稍为休息，然后接着干。

就这样一连几天，终于，问题被找出来了。原来，主机启动油量太小，驱动力量不足以克服船舶惯性。加大油量后，这一问题被巧妙地解决了。

2004年9月，王书雷被派往中海油轮大型油轮"枫林湾"轮任大管轮。当他登上中国海运自己拥有的大型油轮时，一种中海人特有的自豪感油然而生。在这里，他全心投入工作，出色地完成了工作任务。

4. 当一名好学向上的航海人

王书雷认为，爱中海，必须体现到"有思路"和具体的"能干事"中去，而要做到这一点，关键在于学习。王书雷是一个学习不倦的人。他特别爱研究设备说明书。他认为，说明书就是最好的老师。有时间，他就和轮机员一起看说明书，掌握设备的性能和管理要点，和电机员一起研究电路图，仔细分析图中各元件的作用，直到弄通为止。学习使王书雷干起活来，思路清晰，有条有理，效率很高。

王书雷曾经到外派船舶工作过，英语听说读写能力都比较强。每逢船舶在国外接受检查，他会主动协助轮机长陪同检查官员。公休期间，他还自己掏钱参加英语口语强化学习。不懈地学习，使王书雷练就了一口流利的英语。

如今，王书雷已在7.5万吨级的新

油轮"狮子座"上担任轮机长。10年来，他多次荣获船员公司优秀轮机员、先进工作者、青年岗位能手和优秀共产党员等荣誉称号。

（二）水手长上了新闻联播

2006年5月30日，中央电视台新闻联播节目《劳动者之歌》栏目，专题报道了中国海运（集团）总公司水手长李伟雄的先进事迹，人民日报、新华社、经济日报、光明日报等中央媒体，新华网、人民网、央视国际网、新浪网等数十家网络媒体也相继进行报道，引起了社会强烈反响。6月9日，集团党组下发《关于开展向李伟雄同志学习争做一流员工的决定》，在中海全系统范围内开展向李伟雄同志学习、争做一流员工的活动。6月26~27日，李伟雄应邀出席全国交通行业精神文明会议，受到交通部部长李盛霖等领导的亲切接见。6月28日，作为优秀共产党员代表，李伟雄在中国海运纪念中国共产党成立85周年大会上发言，会前，集团总裁李绍德亲切接见了李伟雄。7月，中海国际"十佳"船员模范事迹报告会在上海、大连、广州巡回开展，李伟雄的先进事迹在集团广大职工中引起巨大反响。

1. 冰海里火热的工友情

2005年2月5日早晨，秦皇岛港码头上寒风阵阵，室外温度达零下5℃，码头缆桩上挂着冰碴子，雾气霭霭的海面上漂着一块块浮冰。

中海国际船舶管理公司管理的"宝中168"轮的水手长李伟雄和几个工友正在船头紧张忙碌着，进行离泊作业。突然，用来绑固引缆导向滑车的钢丝绳因受力过大被绷断，以千钧之力，向正在旁边作业的水手袁胜利等人疾扫过来。袁胜利当即被击伤，翻落舷外，跌入离甲板7米多冰冷的海中。面对突如其来的事故，水手长李伟雄头脑清醒，反应敏捷。他迅速扑到船舷察看袁胜利的情况，马上抛下救生圈。由于受伤落水，神志不清，袁胜利已无法抓住救生圈。李伟雄见状，一边指挥水手将引缆挽牢缆桩，一边大声呼叫拖轮靠拢协助抢救。接着，他敏捷地顺着直径只有24毫米的引缆迅速滑落到拖轮甲板面，手套被磨破了，手指磨出了血，但李伟雄浑然不知。此时，袁胜利已不再扑水，眼看就要沉入潜流涌动的冰冷的海面下，生命危在旦夕。李伟雄毫不犹豫纵身跳入海中，奋力游向袁胜利。他一边托住正在下沉的袁胜利，使其头部露出水面，一边喊叫抛来绳子施救。他凭着良好的水性，一边凫水，一边用绳子绑住袁胜利，在同伴的协助下，把袁胜利拉到拖轮上。

在大家紧张抢救袁胜利的时候，李伟雄却已筋疲力尽，无力爬上拖轮，只能紧抱住救生圈在海里挣扎，冰冷刺骨的海水急速耗尽了李伟雄的体能，很快，李伟雄的神志开始模糊起来……等大家回头再来抢救李伟雄，把他拉上船时，他已四肢冻僵，昏迷过去……同伴们含着泪水，一边不停地呼唤李伟雄的名字，一边用温水喷淋，帮他活动手脚。李伟雄清醒过来，他的第一反应是挣扎着叫大家找来一张凳子，把袁胜利趴放在上面，不停地挤压袁胜利的腹部和背部，把苦咸的海水吐出来。经医院抢救，肺部积水、脑部缺氧、生命垂危的袁胜利终于脱离了生命危险。李伟雄在医院简单治疗后当天回船又投入了工作。

有海上生活常识的人都明白，在零度以下的海水里，一个人浸泡水中的存活时间不超过15分钟。同事们问李伟雄，什么原因使他不顾生命安危跳进冰海里救人？他只是淡淡地说："他是我的工友，我不能不管。"朴实的语言，一如他走过的平实而硬朗的军旅生涯。公司领导深情地说："什么是危难时刻豁得出的党员，什么是阶级情谊，看看咱老李就知道了。"

2. 部队走出来的技术能手

"咱当过兵，不能让部队的光荣传统废了。"李伟雄从军多年，曾任特务连排长，在西南边陲自卫反击战中多次深入敌后侦察，获二等军功，是一个硬骨头的老兵。转业到船舶工作后，他坚持"学历不高，但能力要高"，刻苦钻研，对水手业务精益求精，练就一身过硬的本领，成为新时期"许振超式的技工人才"，是中海集团高技能人才队伍中的领军人物。

在李伟雄干过的船舶，每次验舱都是一次性通过，多次受到租家和船东的好评。他在"湛盛"轮工作期间，由他和同事配合修复的驾驶台滑动水密门，在无原厂备件的情况下，采用滚珠轴承代替的办法，不但在工艺上完全达到使用标准，也节约了本应厂修的工程费用。他有着精湛的烧焊技术，甲板部的烧焊工作基本上全由他包了。舱盖侧板由于锈蚀严重，时常会出现侧板开裂，滑轮移位，影响开关舱。李伟雄组织割换十几块舱盖侧板，对滑轮轴的定位也十分准确，使舱盖开关恢复正常。船东代表说："想不到老李的烧焊技术这么好。"

"百花山"轮船龄老，船况差，而且有4个克令吊，维修保养难度大。如果发生因克令吊故障影响卸货，将会损失船期。在湄州湾又是系浮筒自卸，工作量很大，许多人不愿意上这类船。他却不怕，平时对克令吊勤检查、勤保养，有时一天在克令吊爬上爬下十几次。原来水手换一根钢丝穿引、绑扎需要3个多小时，李伟雄大胆创新，对换钢丝的方法进行研究，采用钢丝对接套方法，换一根钢丝只需一个多小时，大大减轻了船员的劳动强度，船员们人人赞不绝口。

"宝中168"轮是一艘老旧船，船体结构存在一定缺陷，货舱污水井盖经常在卸货时被推土机压塌，造成大量的残煤流入排污管系，堵塞了管路导致打不出舱底水，他就自己动手测量、设计、烧焊了12个污水井盖支撑架，把井盖牢牢地支撑着，解决了船舶老大难问题，船长竖起大拇指，连声夸奖："有你在，我头不疼了！"

2007年，李伟雄上了5868TEU的大型集装箱船"新连云港"轮，在水手长这个岗位上，他一如既往地恪尽职守。

（三）满腔热情写人生

她是一位普通的女人，21岁时穿上了"白衣服蓝裤子"，做了一名客轮服务员，开始在蔚蓝之间追逐梦想……29年来，她用自己的真心、爱心、恒心和满腔热情诠释着自己平凡的工作，用乐观与坚强书写着自己多彩的生活。她就是中海客运获得过第七届全国职业道德建设先进个人、全国先进女职工、辽宁省五一劳动奖章、大连市劳动模范的王淑慧。

王淑慧从小就梦想着像父亲一样当一名海员，把自己的爱心奉献给每一位旅客，让每一位旅客都高兴而来，满意而归。但做海员的父亲深知其中的辛苦，坚决不同意独生女儿上船做一名

"伺候"人的服务员。可王淑慧就是认准了这条人人都说辛苦的路。21岁那年，王淑慧终于说服了父母，如愿以偿地穿上了海员服。照照镜子，王淑慧感觉自己神气极了，她暗下决心：一定要做一名出色的客轮服务员。性格开朗的王淑慧勤奋好学，从不娇气，笑容总是自信地挂在脸上。腿脚累肿了，父母看了别提多心疼了，她自己却满不在乎，在多次技术比武中都取得了优异成绩，荣获了"最佳服务员"、"三八红旗手"等荣誉称号。王淑慧快乐地工作着，父母的疼爱、丈夫的理解、儿子的聪明更是给王淑慧奋飞的翅膀增添了莫大的力量，同时她也把爱的幸福洒到每位旅客的心上。

然而，天有不测风云。1991年，正当王淑慧满怀信心干事业的时候，她的丈夫不幸患上了精神分裂症，不能正常上班、照顾孩子，没多久，父母又相继患病住进了医院。突然的变故使王淑慧的精神受到巨大打击。一边是父母、丈夫、儿子，一边是自己挚爱的事业，怎么办？在公司调令面前，她痛苦、犹豫、挣扎，她害怕从此再也不能做船员。最后，她还是毅然返回了船上，以一个共产党员的态度向领导保证决不耽误工作。从此，王淑慧一肩挑两担。船到大连后，她一干完活便抓紧时间回家为丈夫、儿子洗衣做饭，去医院照顾老人。然后擦干眼泪，振作精神，

一个充满爱心和自信的王淑慧又出现在旅客面前，她把欠家人的爱全部转嫁给了旅客。服务中，她是盲人的眼睛，聋哑人的向导，残疾人的拐杖，老人的儿女，小朋友的阿姨。一次，一位身高仅1米多一点的侏儒老人从大连乘坐"海洋岛"轮去上海，在近30个小时的航行中，王淑慧常常去照顾他，问他需要什么。听说老人身上带的钱不多，便自己掏钱为他买了饭菜，一直照顾到船抵港后送老人上车。王淑慧说："一个残疾老人，身边又没有亲人，经受的痛苦要比常人多得多。想想自己是独生女，常年在海上，父母在弥留之际，做女儿的都不能在身边尽孝，实在是太可怜了。残疾人更需要情，需要爱。"后来这位老人来信说："我是一个在很多人眼里都多余的人，但我万万没有想到在自己60岁的时候，还能受到如此尊重，让我终生难忘……"王淑慧就是这样满腔热情地对待每一位旅客，没人统计过她到底帮助过多少人，只知道许多旅客都知道"海洋岛"轮有一位热心的服务员叫王淑慧。一次，两位来自北京曾接受过王淑慧帮助的老大娘和老大爷专门上船找王淑慧，说只要看一看王淑慧，心里就踏实了，就像FANS崇拜明星一样。后来，王淑慧也真的成了"明星"——大连市"百名主人明星"，还获得了"中海十佳双文明标兵"。

2001年4月，公司决定调王淑慧到公司最重要的售票窗口——大连火车站售票处工作。王淑慧想，只要她一点头，就意味着她将从此告别大海，也将意味着接受新的挑战。在作出决定之前，王淑慧利用公休时间自愿做了一段时间的市场调查，走访了市内100多家旅行社及众多客户，收集和征求了大量反馈信息，购买了许多有关市场分析的资料进行研究，归纳整理出了30多条合理化建议，全部被采纳。这次调查经历，使她明白了自己的人生价值不只是在船舶，在陆上也同样能够实现，况且也离不开为旅客服务，只要公司需要，她就应该承担起这个责任。就这样，王淑慧当上了一名售票员。

大连火车站售票处是众多船公司和代售点最激烈的竞争之地。面对形形色色的旅客，揽客的高八度声音冲击着人的耳膜，处处散发着竞争的火药味。担任火车站售票处副主任的王淑慧在想，光凭嗓门大绝不是最好的办法，必须靠智慧和优质服务。在招揽旅客中，王淑慧处处留心观察，什么样的人可能坐什么样的船，买什么等级的票，应该先介绍什么，后介绍什么，才能最大限度地让过往旅客心甘情愿地买自己公司的船票。她带领同志们编制了售票员优质服务标准和服务质量管理程序，还编写了《售票员之歌》；带领售票员到各轮熟悉舱位布局，以便在售票时向旅客作详细说明，让旅客们享受到"购票一乘车一登船"的一条龙服务。她把积累了23年的船舶服务经验全部带到了新的岗位上。工作中，她以身作则，用实际行动将优质服务的理念传递给同行的姐妹们。有一年的腊月二十七，一位牡丹江来的老人身上仅有的800元钱在买票时被盗了，报案后，一直在牡丹江车站靠拣剩饭菜熬了3天3夜也没等出个结果。就要过年了，无奈之下，老人只好硬着头皮上了火车。他多么盼望路上能遇上了好心人，帮他回到家里呀。他真的遇到了。王淑慧得知老人的情况后，先为老人垫付了票款，又给老人拿了几包方便面和路上急用钱，平安地将老人送上了船，然后打电话通知老人的亲属老人所乘的船名和班次。在她的带动和影响下，火车站售票处的整体服务水平得到了大幅度提升，售票额节节攀升，先后被评为中国海运、大连市巾帼文明示范岗和青年文明号。

现在的王淑慧到今年5月就正式退休了，虽然她对自己工作近30年的岗位有些依依不舍，但她说，人总是要退的，公司的发展更需要有知识有文化的年轻人。现在，她在自家附近开了一家服装修改店，门头都是她自己设计的，刚开张就吸引了不少顾客光临，周围的邻居们也都过来捧场。大家看好的不仅是她的手艺，更看好的是她的热心。我去她的小店时，看到她招呼客人时依然像是在服务旅客一样，

文明、礼貌、热情。

（四）愿做巨轮上一颗坚实的螺丝钉

他身高只有一米六，身材矮小，脸庞瘦削，一双眼睛透着平和而睿智的光芒。他就是赖丕参，中海集团菠萝庙船厂一名普通的工人，却在船台上谱写了一个个动人的故事。

1. 技师优胜洋专家

2005年12月23日，希腊籍外轮格雷文诺进菠萝庙船厂修理，该轮的主机凸轮轴一个凸轮及传动齿轮在航行中产生故障被打坏了。主机是船舶的动力中枢，而凸轮轴是控制主机定时供油、配气等的重要部件，如果其无法正常工作，则意味着主机和整艘船都要"瘫痪"。该轮船东请来了德国的专家进行"诊断"，专家提出了将整条凸轮轴进行换新的修理方案。这个方法肯定可行，但其弊端也显而易见：成本高，工作量大，如一堵墙，破了一个洞，却要拆了重建，船东及机务人员均不同意。能不能通过更换坏件，使整条凸轮轴恢复呢？船方将眼光转向了修船厂。

曾经对多艘船舶主机成功进行改造的机电车间接手了该项目，技师赖丕参又一次领衔攻关。他和技术组的成员经过深思熟虑，确定了更换零件后进行调整中线的修理方案。他和工人们一起奋战，春节仅仅休息了两天，就回到

岗位上摸爬滚打，亲自对凸轮轴承孔进行调试。工夫不负有心人，经修复后的凸轮，其最大跳动量牢牢地控制在0.2豪米的规范内，比船东允许的要求0.5豪米精确得多。该轮主机修复安装后，一次性试车成功，各项技术指标得到了BV船级社验船师的认可。船东给予了高度的赞扬，并给了相当高的工程费。

与船舶打交道已经33年的赖丕参，经他修理的船舶不计其数，凡是轮机的"疑难杂症"，他都能"手到病除"，这次也不例外。

2. 十年磨炼成巧匠

赖丕参参加工作前，只有初中文化学历。1973年，他进入菠萝庙船厂做一名钳工。那时船厂还是创建初期，环境十分恶劣，整天要跟那些庞大的蒸汽机器打交道，所有重件都要肩挑臂抬。许多同一批进厂的人没干多久就走了，他咬着牙挺了下来。

身材矮小的他，踏进船舶机舱，看到那些庞大的蒸汽机器，就暗下决心要钻研技术，用知识的力量征服它。他陆续参加了船厂举办的各种培训班，还买来《钳工工艺》、《船舶柴油机》等教材自学。在修船生产中，他虚心向师傅请教，将机械设备画成草图反反复复地进行研究，逐渐摸到了一些门道。在10年钳工生涯中，他用心干，用心记，做到样样精通，成为船厂首批工人技师。

1983年，他担任了机电车间钳二工段长。工段长属于兵头将尾，在车间生产中是最忙碌的，不但要对每一项工作都了如指掌，还要协调好人力、物力，解决修船现场遇到的各种难题。他用"精、严、紧"的三字经去管理队伍，每一项工程，他都认真安排，领着大家一起干，特别是组装调试等关键时刻，他都在现场组织施工。工人们说，有赖师傅在身边，心里就像吃了定心丸一样。

1993年，他觉得右膝越来越疼了，有几次疼得抬不起来，要拖着走，到医院检查，才知道是出现了骨质增生。说实在的，这对于长期要求摸高爬低的修船工作来说，的确是一种考验，有时候疼得受不了，晚上睡觉前，他就用热毛巾敷，活络活络，第二天又挺起来上班。他在工段长这个位置上一干就16年，工段的人员换了一茬又一茬，但这个工段一直以来都是车间的主力军，修理质量合格率100%，受到了各方面的好评。

在机电车间，几乎每一项技术革新项目都与赖丕参紧密地联系在一起。船舶主机轴承经常会产生严重磨损或腐蚀的现象，以前只能通过换新来解决，不仅花费大，而且时间长。他通过自学，苦练轴承补焊技术，终于掌握了这门技艺，为菠萝庙船厂填补了该项技术空白。RT52型主机的缸头排气阀原来只能靠人工研磨，费时费力，研磨时间要两个工作日，他与大家一起研究，提出了应用车床加装磨头的磨削方法，不到两个小时就可以磨好，工效高，质量好；以前，呼吸阀试验，单个呼吸阀就要近1个小时，他参与设计安装的专用试验平台，5分钟就可以试妥；近年来，他还参与设计了造水机修理专用工具、机器或零部件的水（油）压试验平台、循环酸洗机改造、液压弯管机等20多项技术工艺革新，应用效果较好，提高了工效，降低了劳动强度，提升了产量，缩短了修期。

3. 言传身教授人以道

赖丕参是车间工人的"活教材"，他总是满腔热情、毫无保留地将经验技术传授给青年一代。船舶机械种类繁多，每艘船又千变万化，只要是找他解答工作上遇到的问题，他能够将机械的结构、原理、性能、故障和修理工艺一一道出，这一点在每一位曾经向他讨教问题的人那里得到一致认同。他还将自己的学习体会整理编写了一份教材，利用晚上时间给职工上课，使车间职工的修理技术有了明显提高。

不少人说，赖师傅手下无弱兵，这其实是赖师傅言传身教的结果。他认为工作上没有捷径，只有脚踏实地地干，才能干出一番成绩。在他的教导下，谭良发、何广辉、黄雨星、卢少卫等职工，现在成了厂里生产科长、车间主任或生产骨干。

赖师傅工作出色，厂里也多次想提拔他担任中层干部。他说："机器是由各个零部件组成的，它们都有大有小，各有各的作用。缺少一颗螺丝钉，也会使整台机器运转产生影响。人也一样，不管职位高低，都有他的作用，关键是哪个岗位更适合。我愿意做一颗坚实的螺丝钉，留在生产一线，更好地为修船生产发挥作用。"

赖丕参1997年和1998连续两年被中海集团评为"文明标兵"，2000年获中海集团"优秀党员"称号。2001年，他获得了中国海员工会系统授予的"金锚奖"称号，2006年，又获得"全国交通技术能手"的殊荣。

一名普通的工人能获得如此之多的殊荣，是因为他将自己紧紧拧在企业这台巨大的机器上，拼搏进取，岗位创优，为企业的发展创造了巨大的价值。

（五）秦淮女儿有志气

邓延梅是中远广州远洋运输公司大管轮樊顺林的妻子。作为园丁，她培养了数以千计的接班人；作为妻子，她全力支持丈夫的航海事业；作为儿媳，她对老人尽心尽孝；作为嫂子，她把两个小叔培养成人；作为母亲，她使孩子学业有成。

1. 扎根溧水，走自己的路

1968年，17岁的邓延梅响应党的上山下乡号召，离开南京市到溧水县实验小学当了一名教师。

光阴荏苒，转眼就是9个年头。9年里，她辛勤耕耘在教书育人的天地，成为多个先进班的优秀教师。就在这时，上山下乡知青纷纷回城，她的同学陆续返回南京，父母也为她联系了一份好工作，等待她回去上班。已经回城的同学多次打电话写信劝她早日离开溧水，她心动了，并办理了必要的手续，准备回城。想不到在她给孩子们上的最后一堂课时，改变了她一生的命运。在课堂上，几十双殷切的目光看着她，孩子们深情地说："邓老师，我们不让你走！""我们听话！""我们离不开您！"教室里充满着一片挽留声、哭泣声……这一切，使深爱教育事业，深爱孩子的邓延梅感动，她毅然放弃了回城的念头，继续留在溧水。这一留就是整整32年。

一个偶然的机会，邓延梅结识了刚从大连海运学院毕业分配到广远工作的樊顺林。经过长达8年风风雨雨的相互"考验"，他们终于走到了一起。婚礼是简朴的，没有喜庆的爆竹，没有好友的祝贺，更没有盛大的酒宴。樊顺林仅花30元钱给妻子买了一件红色棉衣罩衫，就在小学一间平房里成了家。有的人对邓延梅这样的好姑娘嫁给海员不理解，说"嫁给一个跑海的，整日守空房，和守活寡有什么两样？"但邓延梅认为，她爱的是樊顺林朴实憨厚、上进心强、一心扑在事业上。邓延梅没有被世俗偏见牵着鼻子走，她坚定地走自己的路。

新婚第三天，广远公司来电报让樊顺林速往青岛报到上船。当时丈夫舍不得离开家，舍不得离别新婚妻子，准备向公司船员调配部门请求推迟上船。新婚妻子也舍不得丈夫走，蜜月刚开始，今后又不知何时再见面，真是相见时难别亦难。但邓延梅又想：工作需要樊顺林，接班人在等着自己的丈夫。她只好说："走吧，小局服从大局，千万不要因个人得失给领导添麻烦。"于是，她替丈夫打点行装，利用婚假送丈夫到青岛上船，在那湛蓝的海边依依不舍地挥手告别。樊顺林出海后写信告诉妻子，当同船船员问他结婚3天怎么舍得离开妻子？樊顺林风趣地回答是老婆"逼"走的；当问到结婚花多少钱时，樊顺林说："老婆说与我结婚得了一件无价之宝，一颗真挚的心。"

上天好像有意捉弄人、折磨人。当他们的女儿来到这人世间后，是老师们用担架把邓延梅抬回冰冷孤寂的小屋。数天后，丈夫出乎意料地出现在妻子面前。樊顺林请航次假回家，他顾不得旅途劳累，也顾不得挤车买票被人抓破脸的疼痛，在女儿的脸蛋上亲个不停。第二天早上，当丈夫挽起袖子，准备去洗尿布尽做爸爸的责任时，邮递员送来加急电报，要他速速返船，船要提前离港开航。丈夫看着月子里的妻子和刚出世的女儿，无奈地说："嫁给我这个跑海的，真苦了你。"此刻，邓延梅的心在颤抖、在流泪。一个女人在最需要丈夫安慰和帮助的时候，丈夫却走了，来也匆匆，去也匆匆。可邓延梅又想，电报就是命令，说什么也不能耽误船期。她强装笑颜地对丈夫说："你放心走吧，我身体棒棒的，会照顾好自己，也会带好孩子。"丈夫走了，邓延梅心头泛起一阵惆怅，但她没有后悔自己选择的路，纵有千难万难。

2. 做好媳妇，经受考验

樊顺林是地地道道农民的儿子，老家距县城15公里，上有双亲，下有两个不懂事的弟弟，两间茅屋，家徒四壁。

1983年，对邓延梅一家来说是个灾难年。上半年，丈夫年迈的爷爷奶奶相继病逝，一家人东拼西凑了些钱才把丧事办完。接着，丈夫的母亲又暴病去世。按当地风俗，长子必须在家主持丧礼。婆婆家人执意要给樊顺林发电报，要樊顺林回来。邓延梅深知丈夫从事远洋航海的工作性质，不愿让他分心，并且即便是发了电报，船漂在大海上，一下子也回不来。邓延梅左说右说，亲友们就是不让步，她一急"扑通"一声跪在地上，哭着恳求不要发电报，并答应丧事一切开支由她负担。亲友终于答应了她的要求。她费尽心机把丧事办的妥

妥帖帖。方圆几十里的乡亲都说："樊家出了个好媳妇。"

丧事办完后，她落下一身债。有人出主意，叫她把公公家的一头猪卖了顶债。但她没有这样做，因为当时面临春耕生产，农民种地要本钱啊。当樊顺林公休回家，村里人告诉他邓延梅如何操办丧事后，他抓住妻子的手紧紧不放，深情地说："这么大的事你都帮我办妥了，我不知怎么谢你，母亲在九泉下也瞑目了。"

时隔3月，更大的灾难又一次降临，樊顺林的父亲患晚期肺癌。邓延梅接到公公的诊断书心如刀绞。于是四处借钱带公公到南京、上海等几个大城市求医，中药吃了几麻袋也未见效。总算盼到樊顺林回家休假，可没几天，公司来函调樊顺林去广州学习。樊顺林看着病中的父亲和有孕在身的妻子，樊顺林犹豫起来，去还是不去？邓延梅还是那句话，"家里有我，一切都会照顾好的，你放心走吧！"在邓延梅的积极支持下，丈夫怀着忐忑不安的心情离开病危的父亲。邓延梅遵守诺言，在隆冬季节，用课余时间挺着七八个月的身孕，拄着拐棍踏着积雪去看望照顾公公。她看出公公心事重重，便主动提出今后负责照顾两个小叔。临终前，公公含泪对亲友说："我儿有福气，娶了个心地善良的好媳妇啊！"公公去世后，为了不影响丈夫学习，邓延梅没有把不幸告诉

丈夫，一个人承担着悲痛。直到丈夫各科取得优秀成绩归来，才知道父亲已离开人世。

公公过世后，邓延梅把一个13岁和一个16岁的小叔带在身边，供他们上学读书，帮助他们安排就业、结婚成家。多年来，邓延梅既是嫂子，又是母亲，从夏天置办蚊帐到冬天添置衣服，从生病照顾到成家立业，全放在心上。

过去有人说当海员的家里富有，可以享受免税"八大件"等，可是邓延梅家一件也没有，一件也买不起，钱都用在还债了。邓延梅淡薄金钱，一直过着清贫的生活。

3. 面对厄运，永不低头

邓延梅和樊顺林结婚后的这些年，是在风风雨雨中走过来的，就像起伏的大海波涛。他们的两个孩子自幼体弱多病，常常咳嗽发烧。白天生病还好，晚上发烧常急得邓延梅望着漆黑的窗外团团转。十多年来，她不知度过多少个那样可怕的夜晚。记得一次，儿子患了肺结核，邓延梅带着孩子去医院打针，风雪交加，她推着自行车出门没走几步，连人带车摔倒在泥水中。她强忍着泪水，挣扎着抱起孩子回家换衣服，再出门，又滑倒。此时的邓延梅又急又气，狠狠地拍了儿子一巴掌。看着孩子红红的脸蛋和滴着水的衣服，她心软了，泪水不住地流，后悔不该打孩子。真的，丈夫不在身边的女人有多难啊！

孩子生病在医院打吊针，她一边守着孩子，一边批改学生作业；孩子打完吊针，她常常又饿着肚子赶去给学生上课……

有道是：屋漏偏逢连夜雨，船破偏遇顶头风。厄运接二连三地降临到邓延梅头上。他们的女儿樊雯在只有11个月时，因患肺炎在医院看病，注射了过量的卡那霉素导致两耳失聪。从此，樊雯被划入聋哑人的行列，再也听不到妈妈的呼唤，发不出正常人的声音了。命运给他们这个小家开的"玩笑"实在太大了，打击太残酷了。

正当她极度彷徨、苦恼、悲伤之际，看到报上介绍中华聋儿语音听力康复中心可以利用助听器帮助聋儿说话后，便带着女儿到北京住了一个月，白天陪女儿上课，晚上又模仿老师的方法教女儿发音。工夫不负苦心人，女儿终于能张开小嘴含糊地喊"爸爸"、"妈妈"了。从北京回来，不论是酷暑还是严寒，邓延梅每天都对着镜子、借助图片和实物一遍遍教女儿，从形象的事物，如花、鸟、鱼，到抽象的事物，如好、坏、丑；从单词到句子，不厌其烦地教。她花在女儿身上的精力比一般家长不知多多少倍。"天道酬勤"，女儿7岁那年终于能和其他孩子一样高高兴兴地背上书包上学了。尽管这样，她并未轻松。白天老师教女儿认字，晚上她教女儿发音，让女儿看着她的口形反复读，并一句句地写在笔记本上。十几年来，她写了十几本笔记。

邓延梅在和女儿的接触中，发现女儿善于用画表达心中所想所说，便有意识地引导培养，让女儿参加学校美术小组，利用节假日带女儿去写生。从县城的石桥、古塔到南京市的梅花山、中山陵，从家中的实物写生到丈夫船上的甲板素描，都留下她母女的足迹和汗水。

"种瓜得瓜，种豆得豆。"邓延梅的心血终于结出硕果。县里举办少儿迎春画展，女儿的作品"螃蟹"被评为最佳作品。1993年暑假，她又带女儿去南京艺术学院学习。南京80多岁的书画家端木仲森看了孩子的画后提笔疾书，鼓励她要"奋勉"；书画家田原夸孩子的画充满情趣。《南京日报》等十几家报刊登载了女儿的事迹和她的画。女儿的作品还在北京、深圳、日本、土耳其等地参赛。在日本名古屋举行的第19届国际儿童画展中，女儿的一幅《夏夜》获得银奖；在建国40周年活动中，女儿的山水画又获得三等奖。县里还为孩子举办了个人画展。

邓延梅不但注重女儿的智育，还注重德育，教女儿自立、自强、自爱、自尊。在家中，女儿自己洗衣、扫地、整理房间、接待客人；在学校，她要求女儿和同学们一样倒垃圾、整理教室，为班组画报头，在社会，参加义务写春联等，不让女儿成为特殊的人。女儿的成长，得到学校和社会的认可。樊雯先后被评为学校"十佳队员"、"南京市少年优秀标兵"、"全国百名好儿童"。1991年樊雯的名字被编入《中华少年英杰辞典》。

邓延梅多年的付出也得到了社会各界的认同和回报。在县里她被评为"优秀班主任"、"优秀教师"，并获得"南京市优秀教育工作者"、"南京市优秀辅导员"、"南京市十佳家长"、"南京市十佳优秀好妻子、好妈妈"、"江苏省十佳家庭文明标兵"等称号，1988年又破格提升为高级教师。1999年邓延梅被评为"中远集团优秀船员家属"。邓延梅家庭被交通部、全国海员工会评为交通系统"文明家庭"，2000年评为"全国文明家庭"。

后　记

　　本书是交通运输部"交通文化建设研究"22个子课题之一—"航海文化建设研究"的主要成果，课题研究由中国远洋运输（集团）总公司承担。为做好研究工作，中国远洋运输（集团）总公司高度重视、认真组织，成立了研究领导机构和工作班子，动员全集团的文化研究资源开展课题研究工作，在深入调研的基础上，制订了课题研究大纲，明确了成果形式，在形成研究报告之后，经过成果转化编写了本专著。

　　本书系统阐述了航海文化建设的基础理论，重点展示了航海文化建设的实践成果，力求理论性、实践性和指导性相统一，以期为我国全面深入推进航海文化建设奠定理论和实践基础，力求对航海文化建设实践起到指导作用，对航海从业者起到教育作用，对社会公众起到宣传作用。

　　本书的最后完稿，得益于交通文化建设研究指导委员会的有力指导，得益于业内兄弟单位的大力支持，得益于中远集团各航运公司企业文化研究人员的积极参与和辛勤付出。课题组全体成员自始至终身体力行，花费了大量的时间和精力查阅历史资料，赴有关单位调研和采访，以确保课题研究和专著编写沿着积极、严谨、集成与原创并举的正确轨道前进。在本书送审、评审过程中，来自交通运输部、科研院所、行业内部及社会各界的有关著名学者专家，对航海文化课题研究的原则性、前瞻性、探索性给予了积极鼓励和有益指导，对本书的立意、结构及表达方式等给予了坦诚、客观的评价，提出了宝贵的意见和建议。在本书出版之际，我们谨向大家一并表示诚挚谢忱！

　　我们相信，随着航海文化建设研究与实践的不断深入，本书目前尚存的不足与疏漏一定会有机会得到充实和补正。我们也希望广大读者提出批评和建议！

编者

2008年12月

参考文献

[1] 孙光圻.中国古代航海史（修订本）.北京：海洋出版社，2005.

[2] 王祖温.弘扬航海文化建设航海强国.http://finance.sina.com.cn.

[3] 上海市企业文化促进会.企业文化新论.上海社会科学出版社.

[4] 上海市建设交通党委宣传处.建设交通行业文化研究文集.

[5] 姜云.看不见的管理—企业文化.中国人力资源开发网.

[6] 徐玉基.浅淡企业文化建设中融合的作用. 交通政工研究总80期.

[7] 庞顺根，刘少青.与时代同行——交通行业文化通论. 江苏人民出版社.